かたちある生

——アドルノと批判理論のビオ・グラフィー——

入谷秀一

大阪大学出版会

目次

――先人たち

――後継者たち

――ビオグラフィーの哲学的問題圏へ／自己と他者との間で

凡例

・アドルノのテクストからの引用はズーアカンプ社の全集および遺稿集を用い、これを略号と巻数、頁数で示した。詳細は巻末の文献表に記してある。また引用する際、邦訳があるものは最大限に参照したが、筆者自身の責任において訳文を変更した部分もある。

・ドイツ語および英語原典から引用する場合、原文がイタリックになっている部分は傍点、ゲシュペルト（隔字体）は太字、» «は《 》、› ‹は〈 〉、„ "ないし‚ 'は『 』で示した。

・引用文に下線が引かれている場合、筆者による強調を示す。

・引用文中の［ ］内の言葉はすべて筆者による補足的な挿入である。

・日本語文献からの引用については、すべて原文のまま掲載しており、用語・表記の統一は図っていない。

かたちある生
――アドルノと批判理論のビオ・グラフィー――

入谷　秀一

序章　アドルノという気がかり

一、アドルノの単純ならざるビオ・グラフィー

二〇世紀ドイツ最大の哲学者の一人、「批判理論」で知られるフランクフルト学派第一世代の代表者、ブリリアントな著述家・文化批評家、ファシズムを生き延びたユダヤ系知識人、売れない音楽家、時代遅れのブルジョワ、ヴァルター・ベンヤミンのエピゴーネン、非政治的日和見主義者――これら数多くの看板の一つとしてテオドール・W・アドルノ（一九〇三―一九六九年）に当てはまらないものはないが、どの一つとして彼を語り尽くすに足るものはない。当然だ、それが人間というものだ、というかもしれない。しかし彼の場合、人間というファサードさえも丁重に断りかねない類の「人間」なのだから厄介である。彼は大人であることも子供であることも拒否していた、とかつての教え子であるユルゲン・ハーバーマスは回顧しているが、(1) アドルノ自身が主著の一つである『否定弁証法』（一九六六年）で示唆しているところでは、彼の望みは「よき動物」になることだった（Vgl., GS6, S. 294.）(2)。人間と動物を峻別し、成熟した大人と無知な子

どもを峻別し、権威的に自己を主張するような教師・講壇哲学者は、最も嫌悪するものだった。では彼は、周囲と自分との関係を、もっというなら、世界と自分との関係をどういう具合にイメージしていたのだろうか。これは突拍子もない問いだろうか。いや、何しろわれわれは自然を抑圧し、世界や他者を道具化することで自己保存をはかる理性的動物である、というのがアドルノの首尾一貫した思いだったのだから、彼がこの生存の法則が内包する倫理的な暴力性を省察し、これを克服するためのメチエ（技法）について自己批判的に考察し続けた、という推測は決して空想的なものではないはずだ。

アメリカ亡命期の生活を綴ったエッセイ『ミニマ・モラリア』（一九五一年）の中でアドルノは、大学でのパブリックな活動と家でのプライベートな生活とを区別し、どちらも如才なく楽しむアメリカ風のライフスタイルを批判しているが、(3)彼の場合、哲学者の人生が単なる生とは違うものであるとすれば、それは必然的に生そのものに何がしかの犠牲を強いることを意味していた。いや、これは書き方が少々まずい。アドルノが認識していたのは、そもそも「単なる生」など存在せず、どんな人間であれ、他者に巻きこまれ、また他者を巻きこむことでしか生き延びることができないという、人間存在の根源的な政治性だといえる。その罪連関（Schuldzusammenhang）の強制力をかいくぐって生き抜くためには——それは逃れようもないものだから——いかなる反省が哲学者に可能かという問題が、彼の全テクストを貫く根本モチーフにある。この反省によって、彼は世界と自分との間の距離を設定した。別言すれば、カント的ともいえる一つの禁制（タブー）を自己に強いたのである。最小限に要約するならそれは、世界に直接触れ続けることはできない、というふうに定式化できるかもしれない。突然の死によって中断された遺稿『美の理論』で彼はこう言っている。「…芸術は現実に手を伸ばし、触れるやいなやぴくっと手を引っこめる。芸術の文字はそうした動きの印である。芸術作品におけるその配置は現実の歴史的本質の暗号であり、現実の模写ではない。」（GS7, S. 425.）——これはアドルノそのものではないか！　不思議なことだ。同時代の誰よりも他者からの感化を受けやすく、また臆面もなく他者を批判し、快楽について、感情、とりわけ愛について、そして身体について思いをめぐらしていた彼が、これらへの盲目的没入を根源悪とするようなメチエを、自らのうちに血肉化してしまったのだから。「偽りの世界では一切の享楽は虚偽にすぎない。幸福のために幸福は断念されることになる。そうやって欲求は芸術のうちで生き延びる。」（GS7, S. 26.）ここでアドルノが言うには、『判断力批判』においてカントは、こうした欲求を「無関心の適意」である美的判断へと転移させる前代未聞の試みを遂行したという。だが人間の利害関心や感覚的享楽への願望は本当に消え去ったのだろうか。すぐさま続けて彼は述べる。「定かではないが、カント的な無関心のうちには享楽が潜んでいる。」（Ibid.）そう、アドルノはいつも決まって、この「定かではない」ものの存在が気にかかり、自らが抑圧したはずの敵の影によって駆り立てられる。美神セイレーンの歌声に近づくオデュッセウス一行が、自ら動きを封じてマストに立ち一心にその歌声を享受する命令者オデュッセウスと、聴覚を奪われひたすら船をこぐという労働に奉仕する部下たちとに分裂していたように、生（ビオス）とテクスト、彼が感じたことと、彼により書かれたもの、要するにアドルノと「アドルノ」とは、ある深淵によって隔てられている。彼のビオ・グラフィーはかくも分裂的なのだ。しかしこの深淵を見すえなければ、何一つとして理解したことにはならない。

「芸術作品における形式とは、なでまわした手の痕跡が残されているものすべてだ、といった隠喩的な言い回しが浮かんでくる。」（GS7. S. 216.）読み誤ることはもはやあるまいが、残されているのは手ではなく、その痕跡全体にすぎない。テリー・イーグルトンが示唆しているように[4]、身体について――とくにナチスがこれを美的イデオロギーとして政治的に利用し尽くした後――雄弁に語ることがタブー視された世界において、なおも身体について語ることができるか、という二律背反を、アドルノほど真正面から受け止めた哲学者はいない。どれほど抽象的な語彙が並ぼうとも、彼の文章には肉体の身ぶりの痕跡がつきまとう。そしてここから受ける読後感に、本書は忠実に付きそいたいと思う。彼は美的経験というものが、その内容の「善悪」を問わず、どれほど人間の生に犠牲を強いるか、どれほど「単に生きること」の地盤を揺さぶるか、よく理解していたに違いない。アドルノ自身にとってそうだったように、美は危険極まりない教育者なのだ。だからこそ彼は、文化産業が日常的に送り出す商品の物神的性格について、あれほど神経過敏に反応したのだ、といえる。

いくつかの伝記（ビオグラフィー）は、アドルノが他者の影響を受けやすい、きわめてミメーシス（模倣）的な人間だったことを伝えている。彼はときに畏友であるベンヤミン以上にベンヤミン的にふるまった、とはよくいわれる逸話である。彼の交友関係や思想的影響関係を特徴づける固有名を挙げるだけでも、膨大な数になるだろう。カール・クラウス、ジークフリート・クラカウアー、ハンス・コルネリウス、オズワルト・シュペングラー、アルフレート・ゾーン＝レーテル、マルティン・ハイデガー、エトムント・フッサール、ベルトルト・ブレヒト、ジクムント・フロイト、エルンスト・ブロッホ、エーリッヒ・フロム、アンリ・ベルクソン、マックス・ホルクハイマー、カール・マンハイム、ポール・ラザースフェルド、ジョルジ・ルカーチ…一九三〇年代、若きアドルノの鏡像として指名され、また彼によって敵視され、歪められ、道具のように扱われた同時代の思想家を列挙するだけでも、なかなかの数ではないか。思想史家たちはそこに、自分たちの歴史的好奇心を満たしてくれる絶好の材料を、つまり人間関係の多彩な綾というものをいくらでも見いだすことができるし、望むだけ語ることができるだろう。しかし他方で、残されたアドルノ自身のテクストを読むにつけいつも直面する事柄、ある種の哲学的感慨ともいうべき思いへとわたしを駆り立てるのは、どれをとってもこれぞアドルノだと思わせる文体によってテクストが構成し尽くされている、その途方もない技法的努力の跡なのだ。『美の理論』に登場する固有名は数えきれないほどだが、ここでも彼は、誰のところにも長くは留まらない。ベンヤミンとは対照的に、他者のテクストから彼が長く引用することは稀であり、たいていの場合そのまなざしは一瞬で、極めてそっけない。「非同一性の哲学」と「脱構築の哲学」という符牒でもってアドルノとしばしば並びたてられるジャック・デリダがテクストの精妙な解釈の森を慎重に遊歩するのに対して、前者の場合、「定かではないが、カント的な無関心のうちには享楽が潜んでいる。」という具合に、まずテーゼが立てられ、具体的な典拠も特に示されぬまま、一方的に断定が下される。よしんば典拠があったにせよ、テクストの引用が不正確であることも少なくない(5)。解釈対象からすばやく手を引っこめるこの身ぶり、距離感覚には、何か真に考えさせるものがある。結局のところ、彼は誰からも学ばなかったのだろうか。

実はこの学習や教育の問題こそ、本書のプロジェクトの底流をなしている当のものだといってよい（わたしの知る限り、この問題に触れているのは、エドワード・W・サイード、デリダ、ジュディス・バトラー、そしてアドルノに関してシェリー・W・ニコルセン、コンラート・P・リースマン、三原弟平らが残したテクストだけである(6)）。もちろんそれは、多少啓蒙主義的に書かれた後期アドルノの論考を教育学の見本として受容するという平凡な試みを指しているのでは決してない。ここ数年、何かにつけてアドルノについて物を書き、そのテクストを利用し、応用し、消費し、また自分自身アドルノによって翻弄されながらいつもわたしが突き当たってきたのは、そのテクストの隅々にまで浸透している次のような教説だといってよい。すなわちひとは、自分の意のままになるもの、好きなものだけを学ぶことはできない。そしてまた一方的に他人を教育し、テクストをコピーするように自己の分身に仕立て上げることはできない。むしろひとが自らを発見する可能性は、他者と、あるいは「敵」と同一化するという危険へと自己の身をさらすような不断の運動において以外ないのだ、と。それはたとえば、われわれが鳥の歌声を真に経験するのは楽器を通してであるという、カントが聞けば驚愕するような逆説に示されている(7)。加えてこうした逆説は、テーゼとアンチ・テーゼを交錯させるアドルノ特有のキアスム的な文章のうちで繰り返し語られるだけでなく、彼のビオグラフィーそのものが体現しているところでもある。考えてみれば、意識哲学の代表とでもいうべきカントとフロイトの無意識を対比させた最初の教授資格請求論文（『超越論的心理学における無意識の概念』）、そしてそれが当時の指導教官だったコルネリウスから突き返されるという外的事情をひきずりながら書いたキルケゴール論、ナチズムの文化的イコンに仕立てられたリヒャルト・ワーグナーを政治的に批判し、美的に救出する目的で書かれた『ワーグナー試論』、実証主義の国アメリカで不本意ながら従事したラジオ・リサーチ・プロジェクト、権威主義的パーソナリティーに関する統計調査、そして自然を追放された理性の原史について、自らの亡命体験と重ねあわせながら論述した『啓蒙の弁証法』のオデュッセウス論など、望むと望まざるとに関係なく、まさに自己と他者とが交差する複雑な磁場から彼の思想は形成されてきたといってよい。いや、これまた言い方がよくない。もしアドルノであればこういうかもしれない。「アドルノの思想」などという代物など御免だ。そのようなものは、せいぜい出来の悪い商品として知的慰み物になるのが関の山だろう。それよりもわたしから学んでほしいとすれば、否、わたしについて気にかけてほしいとすれば、それは、自ら望み、また社会から強いられた思考がたどった運動の痕跡全体である、と。アドルノのアクチュアリティが考えられるとするならば、この痕跡が暗号のように語りかける真実内容をおいてほかにない。自己と他者とが、その境界も不透明なまま互いを巻きこんでいるという構造に、自己を放棄せねばならないという不安と、今とは別の自由な生き方が約束されているという希望とが二重写しになって表れる。そこに、見通しの立たない様々な評価制度のうちを漂流し、確信もないままに分裂症気味に自己について物語り、他者に向けてアピールしなければならない現代人の置かれた立場と通底する何かがある――。

アドルノ、そしてフランクフルト学派という二〇世紀ドイツ精神史の偉大な遺産は、わが国では長らく引き裂かれた状態にある。美学や文化史という観点からアドルノに接近する者は、早々にアドルノとベンヤミンをカップリングし、しかるのち伝統的な哲学の色彩を色濃く残すアドルノを後に残し、ベンヤミンに耽溺してしまう（ドイツではこの典型としてノルベルト・ボルツを挙げることができる）。またある者はフランクフルト学派第二世代のハーバーマスを、まったく学派の流れから独立した存在とみなし、討議倫理や政治哲学の分野に恭しく移し替える。この脱コンテクスト化は、ハーバーマス自身が「わたしはフランクフルト学派という派閥に属したことはない」と宣言している以上、そして自身の主著『コミュニケーション行為の理論』でアドルノはもはや古いと断定している以上、決して間違ったものではない。とはいえ、生活史（ライフヒストリー）の脱自然化に警鐘を鳴らす最近のハーバーマスの考察の中にも、また社会の物象化を論じる第三世代の代表者アクセル・ホネットの議論の中にも、アドルノの残響は間違いなく揺曳している。他方、アメリカではすでに一九七〇年代にフレドリック・ジェイムスンやマーティン・ジェイがアドルノを紹介し、八〇年代にはサイードを完全に魅了した。また、よく知られているように、ミシェル・フーコーはアドルノ・ホルクハイマーの共著『啓蒙の弁証法』に自身の問題意識の先駆的形態を見いだした。どうやらデリダはアドルノについては不気味な沈黙を守ったようだが、現代ではバトラーが倫理学の立場から、イーグルトンが美学の観点から鋭いアドルノ理解を示している。が、こうした再読・再受容の系譜は、わが国ではほとんど無視されたままである。

しかし問題は、どうやらアドルノ自身にもありそうだ。前述したように、「アドルノの思想」といったものを遺漏なく提供してくれるような手っ取り早いテクストは、彼には存在しないのである。誤解を恐れずにいうなら、カントの三批判書、ヘーゲルの『精神現象学』、ハイデガーの『存在と時間』に比肩するような「主著」は、どうも見当たりそうにない。長らくアドルノの主著と目されてきた『否定弁証法』は、あまりにも有名になりすぎた。他方で初期の哲学・芸術論、あるいは『ワーグナー試論』、『ミニマ・モラリア』、『美の理論』などは、不当に低く評価されてきたきらいがある。それはこのエッセイ的な作品群が、「非同一性」や「アウシュヴィッツ」といったアドルノ的な決まり文句を読者に十分に提供しなかったからではないだろうか。要するに市場受けしなかったのだ。その上彼のドイツ語は、途方もなく難解だときている。

アドルノは耳心地のよい物語も完成された体系も提供しない。むしろ彼の言論は、いつも他者の言葉にパラサイトし、物知り顔で批評と判断を垂れ流し、「事象の客観性」という名目のもと、他者の言説をバラバラにし、意表を突く概念上の配置換えを執行する。そしてこの変奏の際限のない繰り返しから、思いがけなく彼自身の教説が飛び出してくる。そこで読者ははたと止まる。たとえば次の通りだ。

［手紙という］形式は［書くという］最初の衝動の邪魔をすることはないが、この衝動と手紙の受信者との間に第三者、すなわち書かれることによる形態化を挿入する。あたかもこうした客観化の法則のもとで、場所と時間という誘因にもかかわらず、そしてその誘因のおかげで感情の動きがはじめて正当化されるかのように。…手紙を書くことで、硬直した語という媒体において生命あるものが偽装される。手紙のうちでひとは孤独を否定できるが、にもかかわらず遠方の者、孤独な人のままでいられるのだ。

（GS11, S. 584f.）

ベンヤミン書簡集の序論として書かれたアドルノの『手紙の人　ベンヤミン』の一節である。ここには彼自身が、そうでありたいと望んだ世界との関係が垣間見える。無論、実際の彼がそうだったかということについては、一般的に判断を下すことができない。何しろ若きアドルノはベンヤミンに宛てた手紙の中で、ベンヤミンのカフカ論について「…この労作ほどに、わたしたちが哲学的な確信において一致していることが、わたしに十全に意識されたことは、いまだかつてなかったと思います。」（BB1, S. 90.）と前置きした後で、さっさと自分のカフカ論に基づいてベンヤミンのそれの不十分さを指摘してまわるという一方的な愛を実践しているのだから。が、ともかくも「手紙のうちでひとは孤独を否定できるが、にもかかわらず遠方の者、孤独な人のままでいられるのだ。」という一節は、彼が自己投影の相手として指名し続けたベンヤミンとの関係から彼自身が一般化し、引き出してきた教説では、ある。

かくのごとく、アドルノにおいては愛憎を含んだ様々な交友関係、あるいは彼自身の欲求とその断念とが幾重にも交錯する仕方で、その思考全体を重層決定することになる。もしひとがアドルノの全体像について、つまり「アドルノとは誰か」という前代未聞の問いに応えようとするならば、結局のところ、彼が知的交流を持った様々な人間とのやりとりついての知見を実証的に積み上げるだけでなく、そもそも他者との相互依存的な関係から学び、また学ぶことを拒否しつつ生存すること、まさにそのアンビヴァレントな関係性の只中で自己というものについて語ることがどのような作法からなされ、どのような倫理的意味、政治的効果を持ち、どのような経験を切り開くかということを徹底して考え抜くべきなのだ。

何とかまとめ直せるとしたら、こうなるのだろうか。他なるものと一致したいというミメーシス的欲求と、それから距離を置こうとする理性的判断が、アドルノの場合、具体的な他者との関係においても、また感じたものについて書くという局面においても、完全に一致し和解することなくせめぎあっているのだ、と。たとえばニコルセンが示唆しているところでは、芸術作品に向けられるアドルノのパースペクティブには「深み」を警戒し「表面」に固執する傾向、もっというなら、写真家的な側面があるという。(8) これはわたしの腑に落ちる。彼が実際の音楽演奏以上に、楽譜の重要性を強調していたことはよく知られているが、まさに彼は音楽をその直接的な体験からではなく、想像上の音楽進行を正確に見つめるそのまなざしに基づいて論じるのだ。またアドルノの好んだ sträuben（毛を逆立てる）という動詞は動物を想起させるが、同様に好んだ結晶化（kristallisieren）や地震計（Seismograph）という自然科学的な術語は、無機的なものへの志向を物語っている。かつて親密だったもの同士の関係性の破綻を思い起こさせる用語——denunzieren（密告し弾劾する）、annullieren（契約・婚姻の無効）、überführen（罪を認めさせる）など——も、彼のテクストには少なくない。アドルノを読むに際しては、こういう相反的な志向が交錯するさまを根気強く追跡することが必要となる。本書はこの試みを、先人たちとの関係・アドルノ自身との関係・そして後継者たちとの関係という観点から展開したものだといっていい。

二、本書の構成

アドルノが演じるこうした万華鏡的な絡まりあいを念頭に、まず本書は右でふれた相反的な志向が際立って浮かびあがる人間関係に着目した。すなわちワーグナーとフリードリヒ・ニーチェである。彼はこの先行者たちから何を学び、何を学ばなかったのか。

第一章では、『ワーグナー試論』においてファシズムのスポークスマンとして批判されるワーグナー像というのは、アドルノの長きに渡るこの楽匠とのかかわりの一面を伝えるにすぎないことを立証する。ワーグナーの総合芸術は、アドルノによれば、美の全体性を表現するために分業体制に組みこまれ、自己を道具化せざるを得ない近代人の歴史的運命をわれ知らず正確に記録している。メロディーの断片を組みあわせて全体を構築しようとするワーグナーの力技にはすでに崩壊の音が響いているが、この物象化の極北にこそ美的モデルネの後戻り不可能な歴史的経験がある。そしてそれこそアドルノの出発点となったのだ。彼がワーグナーの演劇的な身ぶりには目もくれず、むしろモノ言わぬ Instrument（道具＝器楽）のオーケストラ構成に注目しつつ救出しようとしたのは、まさにその強いられた美的幻想にひびを入れ、そこに隠された苦悩に言葉を与えることのできる、ワーグナー自身の作曲術の可能性にほかならない。（一）

アドルノはこの作曲術に労働、分業、テクノロジーによる自己道具化、物象化といった事態の縮図を見る。その意味で音楽は社会自身の拡大鏡として機能するような批判的契機を含んでいる、とされる。こうした洞察からすると、人口に膾炙したニーチェのワーグナー批判は、生（身体）にとって音楽がもたらす直接的な効果とは何かという生理学的観点に限定されすぎているようにアドルノには映る。だがそれは、本書の主張では、ニーチェ自身の音楽観によるところも大きい。確かに彼はアドルノにとって、人類史は理性が自然を抑圧してきた歴史であるという洞察の比類なき先駆者として名指されている。ニーチェはそこから、理性による身体の支配という構図を逆転させ、生の妥協なき肯定へと向かった。彼は生の理想を音楽と結びつけ、さらにギリシア悲劇における合唱隊の分析を通じて、舞踏と一体になって発せられる共同体的な声の集合に生のディオニュソス的な経験を見いだした。けれども器楽に対する声楽の優位という観点は、アドルノからすれば、音楽は自然の直接的な模倣であるべきだというロマン主義的芸術観にとらわれたままである。そこに自然支配の克服されざる誘惑を読みとるアドルノは、ニーチェの言説を通じて響きわたる生々しい「声」から距離をとり、彼を模倣する誘惑に抵抗する。フランクフルト学派の中で最もニーチェに近いといわれながらも、アドルノのニーチェへの言及が徹底して断片的なのはこのためではないか、と主張したい。

（二）

次に本書は、ワーグナーの作曲術（Komposition）からアドルノが析出した自己批判的な契機が彼自身の実際の文章構成（Komposition）にどの程度反映しているか、という問いに取り組んだ。これまたニコルセンの指摘通り[9]、何といってもアドルノを論じるのに避けることのできないのは、その唯一無比ともいうべき文体の存在なのだ。言葉というのは、サイードの言い方でいうなら——アドルノであれば、それこそが仮象（Schein）の本源的な働きであるというかもしれないが——今の生を終わらせ、埋葬し、それを別のもの、別の形式へ転移させることを可能にする「虚構《フィクション》」である。しかし人間によって創設された言葉はまた「第二の自然」となって後続するものたちの生を巻きこみ、これを支配する。自然と歴史とのこうした絡まりあいを彼は「自然史」とよび、そしてこれをほつれさせ、切断するような言語行為の地平を模索する。本書の主張ではこうした問題意識は、彼がフランクフルト大学の私講師時代に行った講演『自然史の理念』（一九三二年）にすでに表れている。そこで課題とされていたのは「歴史的存在がその最も際立った歴史的規定性において、つまりそれが最も歴史的である地点で、自らを自然的な存在として把握すること、あるいはもし可能であれば自然を、まさにそれが自然としての自己自身に最も深く固執するように見える地点において、一つの歴史的存在として把握すること」（GS1, S. 354f.）であった。

〈支配するもの–されるもの〉の一方的な構図を転倒させるような文法がここから希求されることになるが、これは「最も」を強調するアドルノの言葉が示すように、限界を経験するある種の極端な身ぶりを必要とする。彼の文体で極めて特徴的なのは、たとえば『啓蒙の弁証法』の一節に「神話がすでに啓蒙の遂行であるように、啓蒙はそのすべての歩みにおいて深く神話に自らを巻きこんでいる。」（GS3, S. 28.）とあるように、主文がある事実をテーゼ化すると同時に、その内容をこれに引き続く副文がすぐさま否定するという構図である。神話（反理性）と啓蒙（理性）という対立概念が実は絡まりあっていることをモンタージュのように実演してみせることで、それぞれの概念が自らに固有のものと主張する同一性が切り崩される。事柄を誇張し挑発するアドルノの文体は何より、われわれの習慣化された認識の枠組みや知覚を揺さぶる美的効果を狙っているのである。（三）

こうした枠組みや知覚は、彼自身の生活経験からいっても許しがたい側面を有している。アメリカへの亡命以来、彼にとってますます目につくようになるのは、社会全体を見わたす術を奪われた者が、分業化された特定の専門分野に習熟したり、芸術作品の一部のみを商品化したり、時間のすごし方に仕切りを設けるようになるといった物象化傾向である。そこには異質なもの、場違いなものを排除して同一のものを知覚し続けようとする硬直した美的感覚が反映している。これに対し亡命期に書かれた『ミニマ・モラリア』では、しばしば知識人の日常生活が主要モチーフとなっている。それは日常という前–学問的な領域が、特定の学問的コードによって見えなくなる以前の風景を、つまり多種多様な利害関心が錯綜しせめぎあっている社会状況の実相を如実に伝えるものだからだろう。とりわけ落ち着く場所を持たない亡命知識人にとっては、ある特定の価値体系の「内」側にいながらそれを「外」から見るという、パースペクティブの転換が常態となる。そして断章の一つ一つが独立している『ミニマ・モラリア』では、テクストそのものがそのつどこうした転換の舞台となり、自明とされてある事柄の異種混淆的な配置換えを上演しているといっていい。サイードを魅了したこの戦略は後年のアドルノのハイデガー批判において、一つの傑出した形となって表れる。

（四）

第五章では上述のような文体分析に即して、だが同時に、単なる文体分析ではない仕方で『美の理論』の理論的射程を明らかにする。その際、基軸となるのは、カントから学ぶアドルノという観点である。道徳的リゴリストとして『啓蒙の弁証法』や『否定弁証法』で辛辣に批判されるカントとは対照的に、『美の理論』や最近公刊されつつある講義録から浮かび上がるのは、『判断力批判』の著者を救出しようとするアドルノの明確な意図である。そこでわれわれが直面するのは、カントが自然美から析出した崇高の経験を芸術美に転移させようとする、アドルノの大胆な試みにほかならない。これを本書では、芸術が自然の representative（代弁者＝代表者）になるとはどういうことか、という視点と交差させつつ考察した。ある意味これは、自然の神話的な力の合理的な代弁者として登場するオデュッセウスという『啓蒙の弁証法』以来の問題の再来であり、間違いなくアドルノは『美の理論』でこのテーマを真正面から引き受け直したのだ。

図式的に言えばこう整理できよう。カントもアドルノも、自然の脅威を、自然をどのように represent（表象）するかという美的経験へと変換する。カントは趣味判断の局面ではこれに成功するが、崇高さが開示される局面では、自然は構想力（Einbildungskraft）の限界を超え、表示し尽くせないものとして表れる。これに対応するものとしてカントが持ち出すのは、人間に内在する道徳的理念の無限性である。つまり自然はカントの場合、構想力が自由にとらえる形態か、構想力の限界を超えた理念として表示される。自然の力を美的な「かたち」と取引しようとする、構想力という名のエージェント（代理人）の企図は道半ばで失敗するが、代わりに彼は理念との取引に成功し、結果として自然と道徳とを等価に交換するのだ。けれどもアドルノがここで注目するのは前者の「失敗」の持つ意味である。美と崇高の経験を分けるカントとは違い、アドルノにとっては自然をあるかたちに収めようとする想像力（Imagination）の破綻を極端なまでに推し進めることが重要となる。そこでは自然「らしい」自然が希求されることはもはやなく、むしろ自然支配の形式として様々なテクノロジーや社会機構を生み出した人間自身が、そうしたテクノロジーを限界まで用いることで、自らを破綻した自然の風景として叙述する。そこに表れるのは調和や満足、尊敬や讃嘆といった古典的な美的感情ではなく、苦悩である。沈黙する苦悩の表情を記録することだけがエージェントとしての芸術家の目的であると規定する点で、アドルノの目論みは、目的自体としての自然の在りようをその美的形態の表れに求めたカントの試みと再度交錯することになる。（五）

第六章〜第九章では、ポスト・アドルノ的な思考として、ハーバーマス以降のフランクフルト学派の世代がアドルノをどのように批判的に継承していったか、その「学習」の系譜を追跡した。まずここでは『権力への批判』（一九八五年）から近年の『物象化』（二〇〇五年）にいたるまでのホネットの研究を系統的にたどることによって、彼のアドルノ受容の道のりを「非同一的なものの承認」という切り口から再構成し、その意義を検討した。アドルノが取り組んだ身体の問題を、晦渋な美的経験に還元することなく、一つの社会理論の規範にまで練り上げる努力を首尾一貫して行ったという点に、ホネットの試みの比類なき独自性は存在する。（六）

次にわたしは、アドルノも危惧していた生の技術化・物象化という問題をバイオエシックス（生命倫理学）の視点からとりあげ、その対抗策として、出生前診断——出産前の受精卵に生物学的に手をくわえ、先行者（親）の意向を反映させることはある意味、究極の学習プログラムだといえるが——をめぐるハーバー

マスの議論、そしてハンス・ヨナスの責任倫理について考察した。（七）

さらに第八章では、前章で注目した生活史という観点を環境倫理学の分野にまで広げ、動植物を含めた有機体それぞれの持つ固有の時間を承認するよう強くうながす動機づけとして、アドルノのミメーシス概念に言及するホネットの考察の応用を試みた。（八）

そして第九章では、最近のホネットの承認論に再び注目し、われわれを取り巻く様々な価値評価の制度はどの程度まで、彼のいう個々人の対称的で平等な相互承認の営みを保証するのか、という社会哲学的課題に取り組んだ。（九）

本書の最期の二章は、ある意味では第一章〜第五章で明らかになった問題意識に立ち返り、これをより徹底した仕方で論究し直すものである。わたしは、バトラーのいう「呼びかけの光景」というテーマと取り組む中で、いつしか〈自伝と伝記の不可避的な絡まりあい〉という問題に行きついた。亡命者としてアイデンティティ喪失の危機を経験したアドルノ、ベンヤミン、サイード、そして自らの血族を苦しめてきた遺伝病に翻弄されたアリス・ウェクスラーらのテクストが物語るのは、単に生き続けたいという思いを、生について書き記したいという欲求へと転移させる動機が、まさに当の生の限界状況を自覚することから生じている、ということだ。これは現代と無関係な問題とは思えない。というのは自伝が氾濫し、だれもが自分の生について説明したがっている現代は、他方で、伝統として受け継がれてきた死生観、また人生にまつわる従来の説明形式や評価の価値基準そのものが疑わしくなっている時代だからである。

第七・八章で取り上げたように、バイオテクノロジーの発達は動植物の一生を極めて人工的なものに仕立ててきた。生まれること、妊娠すること、老いること、そして死ぬことの自然さは食品供給や衛生管理という名目から削除され、それが結果としてわれわれの生存を支えている。だがそれだけではない。生殖医療の発達やメディアによる個人の商品化は、まさにフーコーの生政治（ビオポリティーク）という言葉に象徴されるように、われわれ自身の生活史が共有・交換・消費可能なものとして表象（represent）可能になり、社会的な管理下に置かれるようになってきたことを物語っている。そして現在社会の隅々にまで浸透しつつあるのは、われわれの生をrepresent（代理＝代表）すると標榜する、換言すれば、われわれについて最もよく伝える伝記的身体として複雑極まりないネットワークを構成する、様々な評価制度にほかならない。それはまた、他者にとって「読むに値する」ものとして自己自身を物語るよう各人にうながす制度的圧力の主体でもある。こうした制度は人間の社会的生存を支え、そして同時にこれを脅かしてもいるが、そこでわれわれがくり返し直面するのは、自分について語りたいという欲求がどこまで自己自身に固有であり、どこまで他者から強いられたものであるか、その境界自体がますます不透明になりつつある、という現実だろう。

　たしかに人は、鏡に映る自分を見るように、語りの中で純然たる「わたし」をrepresentすることはできない。つまり純然たる自伝というものは存在しない。というのは自分をrepresentさせようとする言葉だけでなく、自伝の身体《コルプス》を構成する無数の思い出、積み上げた業績、出来上がった人間関係といったもの、言うなれば「　」で仕切られた「わたし」という作品を構成するもろもろの総体《コルプス》自体が、必ずしも自分の意のままになる所有物ではありえないからだ[10]。「わたし」を可能にするのがわたしのものではないということ、言いかえれば、わたしはわたし以外のものを巻きこむことで「わたし」を語ろうとすること、このことが意味するのは、わたしは「わたし」について伝記的に語ることしか可能ではない、ということではないだろうか。自己について語りたいという「自然」な欲求そのものが、自己を見つめる他者のまなざしの総体としての「社会」と相関的に形成されてきたものなのだ。そしてまた、そうしてわたしが書き残した「わたし」がどのように理解されるかということも、わたしの自由にはならないのだ。

　自伝と伝記とのこうした絡まりあいは、他者から学び、それを自己のものとし、またそれに基づいて他者を教育するという一連のコミュニケーション行為につきまとう、見通しがたい力関係とパラレルに考えることができる（アドルノを中心にした批判理論の系譜はまさにこれを如実に実演している、とさえ言えるかもしれない）。その意味で自伝や伝記は単なる特定の文学的ジャンルに還元されるものではなく、フーコーが示唆したように——そしてニーチェが自己告白の魅惑と危険とをキリスト教道徳という物語（ナラティブ）の制度に見いだし、これに抗ったように——自己や他者に対して告白や説明を強いる政治的装置として、哲学的に考察し直されるべきなのである。(十)

単に特定の思想家の自伝・伝記をモデルケースとして取り上げるのではなく、今や各人の生存を左右するほどになった様々な自伝・伝記的な評価制度のシステムをビオポリティークの問題へと敷衍する過程で、ビオグラフィー研究のより包括的な問題領域の開拓が可能になる。そしてまた、自伝と伝記のメビウスの輪のような絡まりあいは、コミュニケーション行為を、支配するものとされる者との反転的なせめぎ合いの場面として描き出すことになるだろう。その意味でビオグラフィー研究は世代間にまたがる生命操作の政治的ネットワークの倫理的妥当性を批判的に問うための強力な言説空間をも切り開くに違いない。これはわたしの今後の課題だが、最後の章ではこうした研究のための社会哲学的な理論構築の下図を描くのではなく、改めてアドルノという一個人のビオグラフィーにこだわり、苦悩する道具的理性としてのオデュッセウスという伝記的形象を彼がどう引き受けるに至ったか、改めて検証した。異郷の地で擬態と彷徨をくりかえすこのユダヤ人的相貌を持つ古代の英雄は、故国を追われアメリカで精神的同化を余儀なくされていたアドルノ達の自画像でもあるのだが、それだけではない。自然が約束する幸福や欲求充足を断念するよう命ずるオデュッセウスは確かに理性の犠牲者だといえるが、「彼はまた同時に犠牲を廃棄するための犠牲なのである。支配者としての彼の諦念は、神話に対する闘争として、諦念と支配とをもはや必要としない社会を代理するものである。自分や他者に暴力を振るうためではなく、和解のために、自分自身を統御しうるようになる社会を。」（GS3, S. 74.）——本書のサブタイトルにある批判理論とは、単にアドルノらフランクフルト学派第一世代とその後継者たちを指すのではない。以上概括した意味において、批判理論とは「正しき生」をrepresentするという課題そのものを言い表しているのだ。（十一）

三、かたちある生

序論というものは、本論を書き終えてから改めて起草される場合が少なくないが、本書もその例に漏れない。そこでこの場を借りて、本書のタイトルにこめた意味、そして結論めいたテーゼについても早々と記しておきたい。

再びアドルノの、やや人を驚かす言葉へと立ちもどって説明しよう。それはこの序論の第一節で引用した『手紙の人　ベンヤミン』の一節だ。いや、全てをもう一度引用したい。

［手紙という］形式は［書くという］最初の衝動の邪魔をすることはないが、この衝動と手紙の受信者との間に第三者、すなわち書かれることによる形態化を挿入する。あたかもこうした客観化の法則のもとで、場所と時間という誘因にもかかわらず、そしてその誘因のおかげで感情の動きがはじめて正当化されるかのように。…手紙を書くことで、硬直した語という媒体において生命あるものが偽装される。手紙のうちでひとは孤独を否定できるが、にもかかわらず遠方の者、孤独な人のままでいられるのだ。（GS11, S. 584f.）

手紙を書いた者とそれを受け取る者とを引きあわせるのは、書かれた手紙であり、しかもそれは、ひょっとすると単なるエージェント以上の存在かもしれない。というのは、語り手の感情が正当に語られているという感情を抱かせるのは、語り手自身ではなくそのテクストなのだから。手紙は偽装された生命だ、とアドルノは言う。当然だ、誰が手紙を書くのに現実の生命を差しだすだろうか。だが彼はまるで、われわれが単に生きる以上の存在となるためには、別言すれば、死という不可避の柵を越えてわれわれ自身の声を伝えるためには、しかもそれを正しく伝達するには、これがわたしだ、わたしという生だと思わせるエージェントが、ある仮象が必要なのだ、と言わんばかりだ。言葉は物理的には無機質以下の存在に違いない。だがアドルノは確かに、死せるベンヤミンの言葉、その手紙の形式にベンヤミンという生の「かたち」を垣間見る。「手紙のうちでひとは孤独を否定できるが、にもかかわらず遠方の者、孤独な人のままでいられるのだ。」――人はここに、仮象と知りつつそこに見入るアドルノの願望、一体化したいというミメーシス的欲望とその断念とが二重写しになっている様を見ることができるだろう。

われわれは様々なしがらみを逃れて「単なる生」を送りたいと願望するし、また他方で、孤独に死ぬことに我慢できず、「単なる生」では終わりたくないという願望を抱くものだ。そこから人は、評価制度が代表するような様々な生の「かたち」を敵視するとともに、これに執着し続けるようになる。だがそれは絶対的なものではない、つまり歴史的な変化を経ないまま同一的存在として学習され継承されるものではない。とはいえ、おそらくある種のかたちが、それこそ数え切れないほど多種多様な仕方や形態、制度や価値観として、生を支配することなく、生に寄り添うのだろうし、またそうすべきなのだろう。この生きているか死んでいるか判然としない、亡霊のようなかたちを通じて、ひとは他者と交わり、他者と一体化し、また他者から身をひきはがすのだ。かたちは見通しがたい物質的な力を持つ。その意味ではかたちそのものが実質的な内容を持っている。が、それは孤立した対象として取り出せるものではなく、アドルノが論じているように、他者から学び、また他者に支配されることを拒否する主体が他者との不可避の交わりにおいて知覚する力のせめぎあいの稜線のようなものだといってよい。そこにはまた、支配者と犠牲者、教育者と学習する者というポジションの絶え間ない交代が刻みこまれている。というのは、かたちが固定した実質を持たず、その意味で支配関係を形成するかたちがいかにア・ポステリオリに考案されただけの仮象であろうとも、世代を超えた生存の要求のためにそれを模倣しつつ受け入れることは、何らかの仕方で自らの生を犠牲にすることを意味するからだ。この出口なき連鎖を回避することは難しいが、しかし美の経験は、少なくとも別の身の処し方の可能性を浮かび上がらせることができる、とアドルノは考える。

芸術家は、自然自身が内包する利害関心とは無関係に、ただ自然のかたちを自由に描き出す――これは上述したようにカントの美的立場だ。だがアドルノの場合はこうだ。つまりわれわれもその一部である自然の利害関心のあからさまな表れとして物象化の様々なかたちがあるが、まさに芸術家のまなざしは、この物象化傾向に反対するのではなく、むしろこれを極端におし進め、理性と癒着した自然の限界、その支配体制のかたちの限界を自然自身に告白させる。だから自然はここでは、洗練された趣味判断が見いだす調和や満足を提供するのではなく、合理化された労働により自らに傷を刻み込んだ苦悩を開示する。たとえば写真というテクノロジーは、テクノロジー自身により押しつぶされそうになっている社会の歪みを思わぬ角度から切り取るだけでなく、その切り取りの所作により現実の流れというものを停止させ、これを要約し一つの風景へと変容させる。とはいえ、この切断と要約のモーションにこそ、批判の持つ解放的な潜勢力がある。というのは、かたちの限界を見定めるというのは、もっぱらその力が及ぶギリギリの境界線、それが表現される稜線に立ち、その内側に存しているであろう「深み」に立ち入らないことを意味するからだ。その意味でアドルノは筋金入りの形式主義者である。

いや、正確を期していうなら、表面を素通りして想定可能な深み（内面）とは結局のところ、外面の文字通り倒錯した鏡像に過ぎない、というのがいつものアドルノの論理なのだ（何でも性衝動に還元する精神分析は、知らず知らずのうちに商品の形態に酷似してくる、といった具合に）。従って、誇張され、露出させられた力のかたち、言わんとしていること以上のことを——それは結果的には言わんとしていることに反することになるが——言わされたものの身震いの表情が全てだ、ということになる。解釈者はその震撼の輪郭を記録する。たとえばアドルノが最も道徳的な感情として注目するものの一つに、はにかみがある。恥辱や照れは肌に表れる。この表面こそが、人が肉体を、しかもある社会的存在として規定される肉体の集団的な訴えを最も正しく知覚できる地平だというのだ。そしてシルビア・シュペヒトが言うように「最も極端な恥じらいこそが犠牲者たちについて語ることができる。ただそれだけが、その死に近づけるのだ。…恥じらい、それは何とかして戦慄をわが身に引きよせる、もしくはそれが無理でも戦慄に判断を加えつつこれを乗り越えようとする意志のことだ(11)」。肌の内側に深く浸入すれば、際限のない肉体信仰——労働と生殖にまつわる生産性第一主義がその好例だ——とヘドニズム(快楽主義)が支配するだろうし、肌から遠く離れることがあれば、道徳やシステムにまつわる空虚な説教が声高に叫ばれるだけだ。批判的な唯物論者であるためには、人は形式主義者でなければならない、そして現在において形式の最も豊かな可能性が残されているとすれば、それは美学の領域であり、もっというならエッセイというメチエである、というのがアドルノの結論ではないだろうか。

四、アドルノという気がかり

さて、最後に一言。『ミニマ・モラリア』にはアドルノの「ビオ」と「グラフィー」がほんの一瞬、重なるようなスナップ・ショットがある。亡命期の生活風景が描かれたこの一節は、たしかに彼の自画像なのだろうが、それだけではない。

文筆家は自らのテクストのうちに居を構える。部屋から部屋へと持ち運ぶ紙、本、鉛筆、下敷きによって無秩序が引きおこされるが、頭の中での彼のふるまいも同じようなものだ。思惟は彼の家具となり、彼はそこに身を横たえ、リラックスし、いらいらする。彼は思惟を優しくなで、使い古し、ごちゃまぜにし、配置換えをし、荒らす。もはや故郷を持たぬ者には、おそらく書くことこそが住まいとなる。その際彼は、かつての世帯持ちの生活の場合と同じように、避けようもない仕方でごみやがらくたを生産してしまう。けれども彼にはもはや倉庫もなく、そして残滓から身を引きはなすことがそもそも容易でない、ときている。だから結局それらを持ちだし自分の領域を満たしてしまうという危険に陥るのだ。自己憐憫に対して厳格であるという要求は技術的なものを含んでいる。それは思索的な緊張がゆるむことに極端に覚めた状態で対峙し、表皮のように仕事に付着するもの、単に居続けるものなどの全てを取り除くことである。それらはおそらく、以前はたわいない駄弁として暖かな雰囲気をかもし出していたもの、彼が育った場所であり、だが今ではかび臭く、気が抜けてしまっている。結局文筆家にとっては、書くことにさえ安住は許されないのだ。（GS4, S. 97f.）

「もはや故郷を持たぬ者には、おそらく書くことこそが住まいとなる。」という教説を引き出すのがアドルノだとすれば、これを脱臼させるように「書くことにさえ安住は許されない」と付け加えるのを忘れないのもアドルノである。そう、だからテーゼは無条件の恭順を強いる定言命法ではない。カフカの断片『父の気がかり』に出てくるあの謎めいた生物、アドルノ自身が無機的なものと有機的なものとを和解させ、死を止揚し生き延びる希望の形象と呼んだオドラデクのように（Vgl., BB1, S. 93.）、われわれを思いがけなく巻きこみ思い惑わせるもの、意のままにならない気がかりな断片として、アドルノの言葉は届けられる。[12]そこに彼のいう生存の意味が、ひそやかな学習のプログラムが記されているのだ。

（1）ユルゲン・ハーバーマス、『哲学的・政治的プロフィール　上』、小牧治・村上隆夫訳、未來社、一九八四年、二四六頁参照。

（2）本書の第十章の終盤で引用した、燕尾服を着た犬と踊るアドルノの夢が記された断片も参照。

（3）くわしくは本書第四章の第三節を参照。

（4）テリー・イーグルトン、『美のイデオロギー』、鈴木聡・藤巻明・新井潤美・後藤和彦訳、紀伊國屋書店、一九九八年、四七三頁参照。

（5）三光長治のエッセイからの孫引きとなるが、興味深いのはアドルノがヘーゲルの『美学講義』に出てくるvonnöten（「必要である」という意味の形容詞）のvonとnötenとを分離したものと考え、さらにnötenをNot（苦悩・困窮）の複数形と解した、というエピソードである（三光、『晩年の思想　アドルノ、ワーグナー、鏡花など』、法政大学出版局、二〇〇四年、特に「アドルノ再読——ワーグナーと小林秀雄をめぐって」の章を参照）。三光によればここには、ヘーゲルのコンテクストに「苦悩の意識」という芸術経験を読みとろうとしたアドルノ自身の欲望が投影されているが、この欲望の存立には他方で、Notという語を好んだワーグナーのテクストにアドルノが共感しつつ習熟していた、という背景が働いているという。

（6）サイード、バトラー、デリダについては特に本書第十・十一章を参照。後の三人についてはさしあたり以下の文献だけを挙げておく。Shierry Weber Nicholsen, *Exact Imagination, Late Work : On Adorno's Aesthetics*, The MIT Press, Cambridge, Massachusetts/London, England, 1999 ; Konrad Paul Liessmann, Zum Begriff der Distanz in der »Ästhetischen Theorie«, in : Gerhard Schweppenhäuser und Mirko Wischke (Hg.), *Impuls und Negativität : Ethik und Ästhetik bei Adorno*, Argument, Hamburg/Berlin, 1995 ; 三原弟平、『思想家たちの友情—アドルノとベンヤミン』、白水社、二〇〇〇年。

（7）本書第五章でも取り上げたが、『判断力批判』でカントは、田園の空気を満喫するために来訪した客人たちの前で、わざとナイチンゲールの真似のうまい小僧を叢林にしのばせ、客にこの上もない満足を与える主人の例を挙げている。無論このエピソードはカントの場合、自然美を欺く不純な模倣として弾劾されるにすぎないが、見方を変えるならばそれは、世俗の利害関心をはなれた「純粋な」自然美の演出がまさに「社交的な」享楽を意図した場面においてなされた例とみなせるかもしれない。それはともかく、アドルノが断片草稿『ベートーベン』で語るところによれば、自然美はまさに社会的な物象化の只中において開示されてくるものだ、とされる。さしあたり、この草稿から一節を引用しておこう。「造形芸術が事物の言葉を救うのと似て、歌はあるいは、鳥たちの言葉を救うものかもしれない、とベンヤミンは歌について語っている。しかしわたしには、救済は歌というよりはむしろはるかに、楽器によって成しとげられるように思われる。楽器は人間の声よりはるかに、鳥の声に似ているからだ。主観化と物象化との間をつねに等価関係が支配しているように、楽器は魂を吹き込むものなのである。これは音楽上のすべての弁証法的な原現象にほかならない。」(NS I-1, S. 248f.)

(8) Cf., Nicholsen, op. cit., chap. 5 : Adorno and Benjamin, Photography and the Aura. またアドルノは残された草稿『音楽演奏の理論によせて』の中で演奏についてこう述べている。「真の演奏とは作品のレントゲン写真である。その課題とは、感覚的な響きの表面下に隠れている全ての関係、連関の契機、コントラスト、構成を可視的にすること、しかもそれを、まさに感覚的な現象の分節化によって行うことである。」(NS I-2, S. 9.)

(9) Cf., Nicholsen, op. cit., p. 3.

(10) コルプス(ラテン語、英語ではcorpus、仏語ではcorps)という語は多義的で、それ自体が語源学的対象として興味深いが、本書では差し当たり次の二つの意味を念頭においている。すなわち精神と対比された(動物的)肉体や身体、ないし死体を指す場合と、Corpus Hippocraticum(ヒッポクラテス全集)の場合のように、作品や文書などの集成・総体を表す場合とである。

(11) Silvia Specht, *Erinnerung als Veränderung. Über den Zusammenhang von Kunst und Politik bei Theodor W. Adorno*, Mäander, Mittenwald, 1981, S. 124.

(12) オドラデクとは星型の糸巻きを「体」、そこから突き出た二本の棒を「足」として動く、人間とも動物とも植物とも事物とも判別しがたい生き物である。この二頁にも満たないカフカの断片『父の気がかり』についてハインツ・ヒルマンは興味深い洞察を示している。彼によればこの断片は最初、オドラデクに関する第三者的な視点からの父の観察に始まる(Vgl., Franz Kafka, *Die Erzählungen*, Roger Hermes (Hg.), Fischer, Frankfurt a. M., 2003, S.343f.)。「一説ではオドラデクという語はスラブ語に起因しており…」「この姿にも以前は目的に応じた形があった、とひと(man)は信じたくもなるだろうが…」といった具合である。しかし何のために存在するか判然としないオドラデクは、その不明瞭さによってかえって、使用目的に縛られた人間社会を逆説的に浮かび上がらせる。そしてここではじめて、父は「わたし(Ich)」として登場する——というより、登場させられる。「あいつはどうなるのだろう、と甲斐もなくわたしは問う。あいつは果たして、死ぬるのだろうか。死すべきものはみな、生きているあいだに目的をもち、活動し、自らをすり減らす。オドラデクはそうではない。…誰の害にもなりそうにないが、自分よりも生き延びると考えると、ほとんど胸が締めつけられる心地がする。」かくしてオドラデクの存在は、父を冷静な観察者の立場から引きずり出し、苦痛を与え、自問へとうながす。この作品はオドラデクに関する父の一方的な報告ではなく、まさに息子によって巻きこまれる父自身の告白でもあるのだ。「つまり家長［父］はオドラデクにおとらず重要なのであり、テキストは、主体と客体の関係をのべているのである。」（ハインツ・ヒルマン、「気になる子供オドラデク」、城山良彦・川村二郎編、『カフカ論集』、国文社、一九七五年、所収、二三二頁。）

――先人たち

第一章　全体性の幻想――アドルノとワーグナー

一、アドルノにおける「ワーグナーの場合」

美学とは、いうまでもなく美的なものについての学問である。そして恵まれた音楽環境に育ったアドルノにとって美の問題は、教授資格請求論文『キルケゴール　美的なものの構築』から晩年の『美の理論』にいたるまで、終始一貫して、自身のアカデミックな仕事を牽引する根本的な指標であり続けた。とはいえ、その難解で逆説に満ちたテクストを読めば読むほど、美に対する彼の論述が一筋縄ではいかないものであることを否応なしに思い知らされる。彼はそもそも、いわゆる「美しいもの」など全く問題にする気がなかったのではないか、と思われてくるほどである。戦後アドルノを訪れた徳永恂氏が回想しているところでは、個人的に話す機会が来た折、彼は開口一番「社会学を学びに来たのであれば他をあたるといい」と述べたそうだが、(1)他方でアドルノ本人は、社会的なコンテクストと隔絶されたところで展開される専門的な音楽研究や衒学的な語りに対しては、一切の共感も持っていなかった。芸術は社会によって生み出され、社会を――時には過剰なまでに劇的に――映し出し、そのため社会によって傷ついた存在である。そして真の芸術の指標は、無垢な美しさや純粋性といった観念に対する素朴で肯定的な態度ではなく、自分にも責任あるこの傷にどこまで向き合い、苦悩にどこまで耐え続けることができるか、という批判的意識にある。社会的生産物であるという事実、そして突き詰めてみるならただのモノである、という無力さに考えがいたることがなければ、芸術がその自律性を声高に主張することなどできようか。アドルノのテクストには、こうしたペシミスティックなトーンが鳴り響いている。それにしても、美に対するこうした醒めた見方、一種の禁欲主義は、自らも作曲家を志したことのある彼が音楽という、他の芸術様式と比べてもひときわ劇的、ダイナミックであり、人を陶酔に誘わずにはいられないジャンルを扱っていること、そして彼が同時代のいわゆる新ウィーン楽派が試みていた音楽形式に、音楽家としてのみならず、哲学者としての自己自身の存在を決定づける革命的なポテンシャルを見いだしていたことを考えるならば、ますます奇異に思われてくる。

本章が問題にしたいのはまさにこの点である。つまり、同時代の芸術運動への度外れな程の期待がある一方で、これに対する懐疑の意識が、期待に勝るとも劣らない強さでアドルノのうちに存在しつづけており、結果としてこのアンビヴァレンツがアドルノの特徴ある論述内容の、あるいは論述そのものの特徴あるダイナミズムの形成に大きく寄与することになったのではないだろうか。本章の見解では、これは彼が単に作曲家として成熟することをあきらめ、その知的活動を哲学の領域にシフトしていったという職業的な経歴によってではなく、(2) まさに同時代の音楽運動への彼のかかわり方そのものから説明可能である。そこには、その人本人というよりも、その音楽活動の総体に他の誰よりも過剰な期待が捧げられた人間が見いだされる。音楽家としてのアドルノは、この音楽史上の巨人、つまり第三帝国において最も愛された音楽家リヒャルト・ワーグナーに熱狂的に取り組んだわけでは決してない。が、それでもワーグナーは、アドルノ自身の知的活動の配置（Konstellation）を形成する上で、不可欠の存在であったように思われる。

彼は一九六三年の講演『ワーグナーのアクチュアリティ』において、ワーグナーに対する自分の立場を「魅惑と拒絶の間の振り子」(GS16, S. 546.) と形容し、続けてこう述べている。「だがそれは事柄そのもののヤーヌス的性格へと振りかえらせます。あらゆる優れた芸術がそのような性格を示すことは確実ですが、ワーグナーの場合は特にそうなのです。」(Ibid.) 美的なものが持つ魅惑と破壊力の両義性が、アドルノの「ワーグナーの場合」ほど際立つケースは他にない。彼にとってワーグナーは単なる音楽史の対象ではなく「事柄そのもの」であり、彼はこの楽匠に加えられたあらゆる批判にもかかわらず、ヴァルター・ベンヤミンのモチーフを用いるならば、救済できるものは可能な限り救済しようとした、ということができる。あまり指摘されないことだが、一九三三年の『ワーグナーに関するノート』(以下『ノート』) から一九六六年の『ワーグナーとバイロイト』まで連綿と続くアドルノのワーグナー批評から聞き取れるのは、最も有名な『ワーグナー試論』(以下『試論』) をむしろ例外として、全体として肯定的なトーンなのだ。[3]『ノート』における個々の具体的な洞察――ワーグナーの音色術、モダニズム、音楽における「啓蒙の弁証法」への注目からワーグナーを没形式的と評したニーチェへの牽制にいたるまで――をアドルノがその後、ほとんど変更なく保持し続けたことも含めて、これは驚くべきことではないだろうか。この救済の意味、方法、そしてその哲学的帰趨を改めて検討することが、本章の主たる目的である。

以上の問題設定により、考察は次のように構成される。自律した存在としての芸術への信頼と、そうした自律性を疑い、美的価値の権威性をそれが生成してきた社会的文脈に基づいて「脱神話化」すること、アドルノに内在するこの相反する志向は、これまでたびたび指摘されてきた。そこでまず、アドルノ研究の碩学アルブレヒト・ヴェルマーの近年の論考を手がかりに、こうした特徴を改めて整理する(第二節)。ただし本章は、ヴェルマーの議論の大枠を出発点としながらも、結論としてはこれに留保をつける方向へと進む。彼が描くアドルノにおいては、芸術の自律性に社会変革の美的ポテンシャルを期待するオプティミスティックな側面が強調されるきらいがあるが（そのためヴェルマーの考察は、根本においてベートーヴェンからシェーンベルクへと単線的に続くドイツ・オーストリア的な近代音楽の伝統しか認めなかった教養市民としてのアドルノの知的限界という、ありふれた帰結で締めくくられている）、わたしの見解では、そうした自律性に縁どられた見せかけの社会化プロセスに対する内在的な批判こそ、アドルノの音楽論を占める中心的モチーフであったように思われる。そこで次節では美的なものへのアドルノの近づきと遠ざかりの微細な揺れ動きを、実際に彼が置かれた一九三〇年代の社会的・文化的空間を再構成することによって（第三節）、そしてまたそこから生い立ってきた『試論』を検討することによって（第四節）、追跡し際立たせる。

現代に神話を顕現させようとするワーグナーの試みは失敗した。しかしその原因はアドルノによれば、ワーグナー個人にではなく、むしろ歴史そのものに帰せられる。その総合芸術は、美の全体性を表現するために分業体制に組みこまれ、自己を道具化せざるを得ない近代人の歴史的運命をわれ知らず正確に記録している（それゆえにアドルノは、労働に関するマルクス的観点は受け入れる姿勢を見せるが、ニーチェ流の心理学的診断は事柄にそぐわないと考え、断固として拒否する）[4]。しかし音楽は他方で、こうした近代的主体の抱えるコンフリクトを、移ろいやすさという自らに固有の論理によって表現する。体制の見せかけの永続性を、音楽はその仮象性によって解体するのだ（第五・六節）。

二、芸術の二重性格へのかかわり——アルブレヒト・ヴェルマーのアドルノ論を手がかりに

本節では二〇〇三年のアドルノ学会でヴェルマーが発表した論考『芸術の否定性と自律に関して。アドルノ美学のアクチュアリティ、そしてその音楽哲学の盲点』を参考に、美についてのアドルノの論述の構造的特徴を際立たせ、次に続く考察の下地を構築したい[5]。

ヴェルマーはまずアドルノがその遺作ともいうべき大著『美の理論』において、芸術をたがいに相反する性格から特徴づけている点に注目する。すなわち芸術は、自律的な存在としてその美的価値を無条件に主張するものである一方、それはまぎれもなく一つの社会的ナ事実（fait social）として、社会の生産過程や受容する側の歴史的状況に依存している、他律的な存在でもある。ところで、このような二重の特徴づけの背後にアドルノが美的領域の成立の歴史的プロセスを見ていることを忘れてはならない。芸術が本格的に自律的なものとなってゆくのは一八世紀後半からだが、そこでは真なること、善であること、有用であること、という諸学問の価値基準に対して「美的であること」の学問領域が独自に分化し、自立してゆく現象が、あるいは社会的には、芸術活動が宗教的意味あいを払拭し、さらに支配階級の文化的イベントというせまい活動範囲から脱してゆく過程が確認される。だがこうした芸術解放の動きは、他方で、美の新たな担い手である市民層の成立によって初めて可能となるものであった。とはいえ、前者に対する否定的な態度がそのまま後者への肯定的態度へとつながってゆくわけではない。むしろ近代芸術は、自らを生み出した市民文化との折り合いの悪さを常に感じつつ、反社会的であると同時に社会的存在たらざるをえない、というジレンマを絶えず抱え続けることになるのであって、こうした内的緊張は、複製技術が典型的に示すような一九世紀以来の産業構造とそれを大量消費する大衆社会の到来によって、ますます高まってゆく。

ヴェルマーはアドルノの芸術観のうちに右のような緊張が極めて先鋭化された仕方で表れていることを指摘しているが、その際彼が特に注目するのは、アドルノのテクストに見受けられる特有の進行性である。それは芸術作品を厳然たる社会的事物として「外」側からとらえる見方と、これとは逆に、単なる事物以上の意味を作品そのものの「内」的論理から析出しようとする見方との交錯によって特徴づけられる。端的にいうならそれは、客観的なものと主観的なものとの間で繰り広げられる振り子運動であり、アドルノが使った言葉でいえば、交差的（reziprok）な思考である。そしてそれは美の経験とそれに対応する言説が具体化してくる舞台である、とされる。

この舞台上ではどのような論述のドラマが展開されるのであろうか。まずいかなる芸術活動も過度に美化され理念化されてはならない、という禁欲的な命法が存在する。美は単なる社会的生産物であり、作品はモノに過ぎない。が、こうした醒めた断定がなされる一方で、これを覆すような仕方で、現状の社会的枠組みに対する批判的潜勢力とその表現——訳し方が難しいが、ヴェルマーは文字性(Schrifthaftigkeit)という語を用いている——が芸術に期待される。作品が大衆的なものであり、その影響力が広範囲に渡るものであればなおさらだろう。ある意味では、そうした脱日常的ともいうべきコンテクストを引きだすのは解釈であり、哲学である。したがってヴェルマーによれば作品と解釈、芸術行為と哲学との間には無限の相関関係が存在する。「美的な反省活動にはそれゆえ、疑わしいものとしての真理の諸地平からの反省的遠ざかりという契機、そしてまた知覚的な諸行為の確実性をぐらつかせるという契機が属している。両方とも、美的なものの外部における反省プロセスへの刺激となりうるのだが、その際このプロセスは自らの側においても、美的経験へと反作用することがありうる。[6]」

ただし他方で、わたしの見解では、ヴェルマーは美的活動とその外部＝社会との間の二元論的関係を最初から設定してしまっており、その結果として、社会的存在としての芸術がその内側から経験するコンフリクトへの注視がなおざりになっているように見うけられる。彼によれば、アドルノの場合芸術作品が含意する否定的契機は——自己自身に対してというよりは——旧来の芸術規範、もしくは慣行として浸透している社会的な約束事に向けられるのだが、そうした「外」への批判を首尾一貫して展開しうるのは、アドルノが同時代のドイツ語圏の音楽運動の「内」に、確固として肯定すべき規範的な価値を見いだしていたからにほかならない。だが逆にいうなら、アドルノが叙述してみせるドイツ・オーストリアの近代音楽は、今となっては、まさに彼の音楽理解の枠組みの狭隘さと伝統主義を物語るもの以外の何物でもないのである。もっとも、二一世紀の現在からすればその保守性がますます際立ってくる感のあるアドルノの音楽趣味の閉鎖性は、彼が精力的な音楽批評を続けていた一九五〇年代から今まで頻繁に指摘されてきた問題であり、ヴェルマーの論点は、それ自体としてはそれほど新奇なものではない。比較的最近であれば、音楽社会学というアドルノ的コンセプトの延長線上に自らの音楽論を位置づけることを公然と表明したエドワード・W・サイードが、やはり同様の疑問を呈していた。[7] アドルノに対する知的負債にもかかわらず、サイードは、シェーンベルクの一二音音楽を唯一の歴史の終わりと見なし、そこにいたるまでの文化的諸潮流をいわば大文字の「歴史」として描き返そうとする傾向の強いアドルノに、ヨーロッパの典型的な知識人に見うけられるような一種の文化帝国主義を感じずにはいられない。

サイードの洞察は否定しがたい。だが同時代の音楽に対するアドルノの関係は、それほど単純なものであっただろうか。ヴェルマーは「アドルノは昇格した近代芸術を神なき社会の目くらまし的連関とは別のものととらえた。だからこそ彼は、本物の芸術はその特殊な内実によってだけでなく、固有の意味を作り上げるその原則によって、経験に対してアンチテーゼ的な関係に立てると考えることができた。わたしが信ずるに、これは美的なものに関する彼の構成の弱点だ……。[8]」という。目くらまし的連関とはここでは、かつての伝統的・宗教的社会が有していた超越的次元の代わりをすべく登場した文化産業の持つ物神性一般を指しているのだろう。言うまでもなくアドルノにとってそれは仮象に過ぎない。が、だからといってシュールレアリズムに代表される二〇世紀のアヴァンギャルド芸術が「本物」だと単純に断ずるわけにはいかない。『美の理論』に「芸術作品は現存在に対するアンチテーゼとして仮象であるだけでなく、芸術作品が自ら欲しているものに対するアンチテーゼとしても仮象であるのだ。」(GS7, S. 161.) とあるように、逆説的ではあるが、美的なものへの根本的な懐疑こそアドルノ美学の主軸をなしている。既存の体制に抗すると同時に、単に美しいものという素朴さを断念するのが芸術というわけだ。この点に留意しなければ、そもそも数ある芸術形式の中で、なぜアドルノが、移ろいゆくものの最たる表現形式である音楽にこだわったのか、ということが見えなくなる。音楽は彼にとっては、単なる芸術批評の対象ではなく、彼自身の哲学的な論述の準拠点でもあった。確かにヴェルマーもまた、「文字性」という言葉で目配せを与えているように、近代芸術における断片的でモンタージュ的な作品の表現形式に注目し、そこに伝統的な生の意味連関の喪失という社会的事実、そして同時に——まさに芸術の二重性格そのものであるが——「伝統的で美的な規範、カテゴリー、形式原理の批判的分解（Dekomposition）」[9]の契機が存していることを確認している。しかしヴェルマーはそこに、過去の美的形式との対決という図式を読みとるだけで、そうした批判的な契機が他ならぬアドルノ自身の作曲＝論述構成（Komposition）の問題にまで影響がおよんでいることを考慮していない。したがって次節では、政治的にも重要な一九三〇年代におけるアドルノの知的プロフィールの形成過程を描きだすことによって、彼のアンビヴァレントな態度の具体的な輪郭を浮かび上がらせたい。

三、音楽・哲学・政治——一九三〇年代のアドルノの配置図

「アウシュヴィッツの後で詩を書くことは野蛮である。」——これはおそらく、アドルノの言葉の中でも最も人口に膾炙しているテーゼだろう。そこに込められているのは、歴史上未曾有の蛮行のあとで相も変わらず芸術活動という「暇つぶし」行為にかかわることの無力さではない。事情はまるで逆であって、つまりそれは、美が含意する恐るべき野蛮に気づくことなくなおも芸術に聖なるもの、無垢なるもの、理想化された世界といった類のものを期待し続けることへの罪深さを告発しているのであり、そこには民族的イデオロギーにまで昇華され政治化された芸術の暴力性を骨の髄まで経験した者の苦々しさが込められている。だが彼が終始一貫して自らを美学というカテゴリーに引き寄せて規定しようとしたことを考えると、そこには、

他ならぬ自己自身に向けられた極めて複雑な感情が含まれていることが見て取れる。この感情はアドルノの場合、公的および私的な側面を持っている。

政治と美学というテーマへの取りかかりとして、まず本節は終戦六〇周年を記念してドイツで製作されたドキュメンタリー・ドラマ『ヒトラーの建築家』(原題「シュペーアと彼」)を取り上げることにしよう。ドラマの主人公のアルベルト・シュペーアはヒトラーと親交が深く、またナチス政権末期においては軍需大臣という要職を務めることになった建築家である。ドラマのワン・シーンとして、かつて芸術家を志したこともあるヒトラーがシュペーアと首都ベルリンの大改造計画について談笑する場面がある。ベルリンを世界首都にするために一九三九年に立てられた計画である(完成予定は一九五〇年だった)。地上三〇〇メートル以上の巨大ドーム、帝国宰相官房、オリンピックスタジアム、パリのシャンゼリゼの数倍の長さと幅の大通りをはじめ、帝国にふわさしい大建築物の模型を二人が睥睨し、第三帝国の将来に思いをはせる。今となっては語るに足りない美的夢想だが、ドキュメンタリーはこうした夢想がもたらした政治的悲劇についても光を当てている。都市の改造と新たな建築のためには必然的に石材と労働力が大量に必要になる。膨大な土地も獲得しなければならず、都市整理のために住民を移動させねばならない。次第に、この要望は一方的で強制的なものへと変化してゆく。ベルリン市民の強制労働と強制移住がそれであり、後にこれは収容所への強制移送に変更される。標的となったのはいうまでもなくユダヤ人である――。

かくして美的問題と政治的問題が絡みあう。その最も典型的な例は、シュペーアが大会建築デザインを統括した一九三四年のニュルンベルクでのナチス党大会に見ることができる。この大会の様子はレニ・リーフェンシュタールが監督をしたドキュメンタリー『意志の勝利』に収められている。ヒトラー・ユーゲントをはじめ、国内各地から集まった数十万の党員が、古代ローマの建築を模した石造スタジアムを占め、その中央をヒトラーがゆっくりと歩き、演説台へと向かう。台の背後に翻るのは、途方もない大きさの鍵十字の旗の列であり、夜ともなると、スタジアムの周囲にしつらえられた数十台の巨大なサーチライトが天空に向かって照射され、この建物全体を、あるいは党大会全体を幻想的に浮かび上がらせる。リーフェンシュタールの映像の一部はリアルタイムに撮影されたものではなく、このドキュメンタリーのためだけに別途用意され、再現されたものを挿入していたことが現在では明らかとなっているが、無論ナチスの側にしても、重要であるのは大会進行を正確に記録し伝えることではなく、映像の効果そのものであったろう。クラウス・クライマイアーはドイツ映画史に関する浩瀚な自著の中で印象深い言葉を残している。つまり、単にある種のプロパガンダ映画がナチスと結びついたということ以上に、「ファシズムが自己を表現してみせる時の表現方法のいずれもが、はなはだ「映画的」に基礎づけられている」[10]ことが問題なのだ、と。「ファシズムとは、知覚に攻撃をかける美学的戦略である。現実を否定し、リアルなものを映画の映像、劇場のシーンへと変化させてしまう。」[11]『意志の勝利』は文字通り、同時代人の美的感覚へと浸透してゆく政治的意志のこの上もない勝利を物語っていた。映画は一九三五年にドイツ国家映画賞、同年ヴェネツィア映画祭で最優秀ドキュメンタリー映画賞、一九三七年のパリ万博でグランプリを受賞、国際的な栄誉に浴した。大小様々の鍵十字の旗、巨大な石造建築、おびただしい群集がとぎれることなく映しだされ、熱狂と静謐、政治的人為と自然信仰がたくみに手を結ぶ。ドキュメンタリーの中でヒトラーとその部下の演説以外に聞こえてくるのは、全編を貫く音楽だけである。ワーグナーの音楽――。

話を再びアドルノにもどそう。一九三七年から三八年にかけて亡命先のロンドン、ニューヨークで記された『試論』は、ワーグナーに関する単なる美学的論考ではなく、第三帝国において最も愛されたこの音楽家の分析を通じて、ナチズムを助長せしめた社会的メンタリティーの根本的特徴を明らかにすることを目指していた。そしてそれは、当時のフランクフルト社会研究所にゆかりのある知識人達の間で共有されていた、いわば公式のテーマであった。一九五二年にアドルノはこの『試論』を振り返りつつこう述べている。「彼の名前［ワーグナー］は現在のドイツ人の意識にとって心苦しくも解消しえないものを表している。依然として彼はドイツ文化の代表であり、――しかもそれは最も説得力ある意味において、野蛮さの爆発と不可分なのだ。」（GS13, S. 504.）だがそれだけではない。

右の文章はこう続く。「現代音楽は総じて彼の覇権に対する抵抗の中で発展してきたが、――にもかかわらずその要素の全てを彼に負っている。」（Ibid.）現代音楽の第一人者としてすでに当時有名だったアルバン・ベルクのオペラ『ヴォツェック』に魂を揺さぶられるほどの感動を経験したアドルノは博士論文執筆の翌年、一九二五年にウィーンに約半年間移り住み、彼のもとで作曲を学んでいるが、当時のウィーンは、新音楽の理論的指導者であったシェーンベルクを筆頭として、音楽の最も前衛的な試みがなされていた文化都市であった。現在われわれの手元にあるアドルノ全集は、ベートーヴェンを除けば、ベルク、シェーンベルク、それにグスタフ・マーラーを加えた三人こそがアドルノの音楽理解の地平とその理論的枠組みの源泉であることを明確に証言している。ところで、新ウィーン楽派と呼ばれるこの三者の生みの親は誰かといえば、その一人がワーグナーであることも、同様に明らかな歴史的事実である。初めてワーグナーに会ったとき、彼が外套を脱ぐのを手伝おうとしたが緊張のあまり一歩も動けなかったというマーラーはワーグナーの作品の最上の指揮者の一人であった。新音楽の地平を開拓したシェーンベルクは調性からの解放と不協和音をワーグナーに負っていることを告白しており、ベルクは楽劇の理念をワーグナーに学んだ。アドルノは個人的にも親しかったこのベルクを「極微なる移行の巨匠」と呼び、その音楽特有の進行性格を賞賛するだけでなく、自らの叙述形式に反映させようとするのだが、そのベルクに関してベンヤミンへの手紙の中でこう述べている。「…今日はこれだけ言わせて下さい。音楽における極微なる移行という概念が帰属するのは、わたしでは全くなく、無論、教科書的な音楽教説でもありません。そうではなくワーグナーが音楽を《移行の技法》と定義したのであり、そして全く疑いを得ないことに、ベルク流の手続き方法のあの諸特徴こそワーグナーに帰されるものなのです。」（BB1, S. 271f.）これは一九三七年九月、つまり『試論』執筆と同時期の発言である。批判すべき社会的対象としても、また肯定すべき美的形象としても、ワーグナーは影のようにアドルノにつきまとう。が、そもそも彼にとってこの二つは無関係ではなく、初めから一種独特の緊張関係にあったのではないか。というのは、彼が芸術に求めたのは何よりまず、まさにその美的経験がもたらす暴力的とさえいうべき開示機能によって、われわれが公然のものとして受け取っている世界理解の所与性に根底から揺さぶりをかけることだったからである。

時代を少しさかのぼろう。アドルノの伝記作者の一人であるハルトムート・シャイブレが示唆するところでは[12]、教授資格取得のため行われた一九三一年の講演『哲学のアクチュアリティ』は、アドルノの哲学的関心と、それまでアカデミックな領野の外部で彼が試みていた芸術論が初めて内的に結びついた論述として注目に値する。その内容をやや詳細にパラフレーズしたい。

冒頭の調子からして、挑発的で論争的な響きを帯びている。「今日、哲学的な仕事を職業として選択する者は、最初からして、かつて哲学的構想が抱いていた幻想を放棄しなければなりません。つまり思惟の力において現実的なものの全体を把握しようとする幻想を、です。現実の秩序と形態が理性のあらゆる要求を打ち砕いているのですから、正当化をことととする理性が現実の中で自らを見い出すことなどできないのです。認識者に理性が完全に現実的なものとして現れるのは唯一論争的にのみですが、その理性たるや、ただ痕跡と廃墟のなかにのみ、いつか正しくまた公平な現実性へいたるであろうという希望を授けているのです。今日自らを哲学と称するものが従事しているのは、現実性をおおい隠しその現状を永遠化すること以外にありません。」（GS1, S. 325.）アドルノは、当時すでに『存在と時間』（一九二七年）によってドイツ哲学界を席巻していたマルティン・ハイデガーの存在論を主に念頭に置きつつ、攻撃的論述を展開する。ハイデガー、新カント派、フッサールは今なお各々の主導的カテゴリーにそくしてプラトン以来の、事柄の本質的意味のイデア化を模索しているが、経験的諸学問がその方法および研究分野、探究のテーマを各自に独自の仕方で発展させている現在においては、そうしたプロジェクトはすでに自壊しているのではないか。そしてこの場合「そもそも哲学自身はアクチュアルであるのでしょうか。」（GS1, S. 331.）アドルノはハイデガーが現存在（Dasein）であるわれわれを歴史的な存在として、すなわち常に「差し当たり」という暫定的性格にそくしてのみ理解されるべきものととらえたことに一定の評価を与えるが、そこには依然として脱時間化された存在の超越的地平が控えていると断言する。これに対しアドルノが模索するのは、ある意味ではハイデガー以上に哲学的営みを暫定的なものとして特徴づけることである。

彼によれば、特殊なものを一般的なくくりに包摂しうるような象徴的意味を探求するという、従来の哲学が掲げていた全体性要求は頓挫した。というのは、そもそもわれわれの生活世界そのものがひび割れた存在だからである。「哲学が読解すべきテクストは不完全で矛盾に満ち、ひび割れており、その多くが盲目のデーモンに委ねられているのかもしれません。つまり、おそらく読解こそまさにわれわれの課題であり、それによってわれわれはデモーニッシュな暴力をより良く認識し、これを呪縛することを学ぶのかもしれません。」（GS1, S. 334f.）これはどういうことか。アドルノは先の引用で「痕跡と廃墟」という語を用いていたが、これは理性の営みを揶揄した単純なレトリックではない。彼は、今や現実というものは見通しの透明な体系のうちで秩序づけられるものではなく、文字通り痕跡・廃墟という寓意（アレゴリー）的性格から読み取るしかない、と主張しているのである（Vgl., GS1, S. 368.）(13)。一定不変な意味を探求（Forschung）する科学的営みとは違い、哲学的解釈（Deutung）においては、常に変わらぬ答えが用意されているわけではない。次の言葉は、この講演の骨子といってもよい。「真の哲学的解釈がかかわるのは問いの背後にいつまでも控えているような意味ではありません。そうではなく解釈はこの意味を突然また瞬時に照らし出し、同時に食いつくすのです。」（GS1, S. 335.）ただしこの場合アドルノは、哲学を秘教的な謎解きに還元するつもりもなければ、一種の価値相対主義的な立場を標榜する気もない。彼はベンヤミンと違い、寓意として読解される微細なものは孤立した事柄ではなく、それぞれ他のものに媒介的に結びつくような概念上の牽引力を、まさに歴史的真理の名残として保持している、と考える。「所与の現実を解釈することと、それを止揚することは、相互に結びついています。とはいえそれは、現実が概念に解消されるということではなく、現実的なものの形象を構成すると、そこから現実の実際の変革への要求がいつもすぐさま導出される、ということなのです。」（GS1, S. 338.）この「止揚」や「構成」への積極的意志は、アドルノに固有のものだ。要するに彼は、哲学の全体性要求を放棄し特殊なものの骨董的な収集に満足するのではなく、まさに特殊なもの同士の組合せを意図的に構成し直すことによって、意味の表面上安定した体系全体を宙吊りにすることを狙っている、と考えてよい。その方法として彼は弁証法に準拠点を求めるが、その実践はヘーゲルの絶対精神のような不動の中心を持たず、むしろベンヤミンによって示唆された唯物論的な立場を保持しつつ、相貌をその都度変化させる **Konstellation**（配置＝星座）の形象によって牽引される。この形象は、一見すると疎遠に見える伝統的で哲学的な術語や概念の規範性をモンタージュ的に突き合わせ、世界理解に安定した意味を与えている存在論的な前提を瞬間的に切り崩すよううながす（それゆえアドルノは同時期に物した断片『哲学者の言語についての諸テーゼ』で、暗にハイデガーを示唆しつつ、「全ての欺瞞的な存在論はとりわけ、言語批判的に脱魔術化される。」（GS1, S. 371.）と論じている）。

アドルノが講演の終盤で美的エッセイという形式の引き受けを宣言し、「後期の労作にはみられないような楽天的な見通しをもって[14]」マルクス的な世界変革の政治的実践は「哲学的理論においても正当化される。」（GS1, S. 338.）と大胆にも述べるとき、エッセイとして具体化するはずの上述のような媒介的経験に、彼がいかに過剰な期待を寄せているか、ということに今更ながらに驚かされる。特定の分野でしか通用しない約束事や専門用語によって組み立てられた学問的論述とは違い、エッセイは互いに折り合わないようなイディオムやコンテクストの異種混合による媒介を特徴とする。そして近代芸術を鑑みれば、そうした事態に最も深刻に向き合わねばならなかったジャンルこそ音楽にほかならない、ということになる。アドルノのこうしたスタンスは、驚くほど首尾一貫している。

「伝統的な音楽的形式でさえ、それが含む意味にしたがえば、常に内容自身を指していた。あらゆる音楽的内容がただ形式やその変容のうちで表明されたという事実は、すでに伝統的な音楽においても形式と内容、特にいわゆる表現というものが、互いに徹底して媒介されていた、ということを証言している。作品の地位をどう規定するかは、この媒介がどれほど深く成功したか、ということにかかっていた。」(GS16, S. 608.) 晩年に近いこのアドルノの発言(『新音楽における形式』、一九六六年)は、芸術作品を批評する際に長らく彼を導いてきた考えを如実に物語っている。近代音楽の場合、楽器のみならず、声楽や演劇的進行の様々な組合せが作品全体の身体、つまりその「声」を形成する。この声は孤立したフレーズやメロディに還元されうるものではないが、にもかかわらずそれらは、短い楽音の中に作品全体の流れを映し出す。この場合「声」とは何もアリアのような独唱曲だけを指すのではない。全体と部分の、そして形式と内容の有機的な関係そのものが作品に比類なき言語的表現を与える。だからこそ音楽作品においては、かの全体性要求を再び掲げることができるし、音楽が力を得るのは、そうした要求に照応する限りにおいてなのだ。一九五〇年代に書かれた論考『音楽、言語、そして現代の作曲における両者の関係』には、どきりとさせるような言葉がある。「音楽上の形式、つまり全体性において音楽的連関は真正のもの、という性格を獲得する。それは[音楽という]没判断的なメディアに判断の身振りを与える試みと切り離せない。時としてそれが徹底して成功するならば、芸術の敷居は論理的な支配意志の奔流とほとんど矛盾しなくなるほどである。」(GS16, S. 652.) 音楽には、何か極端な判断の身振りがともなっている。ゆえに音楽は、実際の言語行為以上に雄弁たることもできる。でなければ、芸術が哲学的な真理内容といったものに関与することなどできるはずがない。音楽は単なる個人的な趣味だという考えは、断固として退けなければならない！　それをアドルノに教えたのはワーグナーである。右の論考は、次のような言述へと接続する。「音楽はお飾りでもなく、個人的な慰みでもない。それは事態の切迫を表しており、この偉大な理念が一九世紀を生き延びることができたのは、ひとえにワーグナー的な［音楽の］言語化のおかげである。」（GS16, S. 661.）

明らかにワーグナーはアドルノの中では、ハイデガーにおける詩人ヘルダーリンのような決定的な位置は有してはいない。[15] しかもベンヤミンの圧倒的な影響下のもと、何もかも手探り状態で論述を進めていた一九三一年の講演は、ワーグナーはおろか、音楽についてさえひと言も触れていなかった。[16] だが音楽が単なる音以上の存在であることを誰よりも劇的な仕方で示したワーグナーが、アドルノにとってイデオロギー批判の対象に過ぎなかったはずがない。彼は批判的舌鋒を最も先鋭化させていた『試論』においてさえ「苦悩が甘美たりうること、そして快楽と嫌悪は単に横並びに硬直して相対しているのではなく、互いに媒介し合っているということ、これらを作曲家と聴衆はただワーグナーからのみ学んだ。そしてこの経験のみが不協和音に、すべての音楽言語を超えて拡がることを可能にしたのだ。ワーグナーの音楽において苦悶の享受ほど人を惹きつけたものは無い。」（GS13, S. 64.）と述べていたのである。

四、アドルノの『試論』

いずれにせよ、問題は単純ではない。とはいえ、亡命時代に成立した『試論』は全体としては、ワーグナーに徹底して批判的である。これには間違いがない。

アドルノのワーグナー論の中でも最長のこのテクストは、一〇章から構成されている。各章の表題は「社会的性格」「身ぶり」「モチーフ」「音響」「音色」「ファンタスマゴリー」「楽劇」「神話」「神と乞食」「キメラ」である。全体の流れとしては、ワーグナーの人物像の社会学的な記述から始まり、個々の作品の具体的分析へ、そしてそこに胚胎する音楽技術の問題性へと考察が進んでゆく、と一応は整理できる。このいわば外から内へと向かう（実際はそれほど単純ではないが）折り目としての第六章「ファンタスマゴリー」をアドルノは「本書の中心」（GS13, S. 506.）と述懐している。ファンタスマゴリーとは虚構、集団夢である。そしてその本質は、まさに自身を夢としてではなく真の現実としてとらえるよううながす、その幻惑性にある。それはどのようにして生まれるのか(17)。

アドルノが特に注目するのはオペラ『タンホイザー』におけるヴェーヌス山のワン・シーンである。たとえば彼はいう。「《妙なる遠くから甘美な響きがうながす》とすでにタンホイザーのヴェーヌス山のシーンにあるが、これはファンタスマゴリーそのものである。新ドイツ派はシュレーカーにおけるその自己解体にいたるまで、音響的まやかしである《遠くからの響き》という理念を保持してきた。つまりそれは、そこで音楽が空間化されて停止し、近さと遠さとが慰めの蜃気楼のように惑わしに満ちて交差し、遠くの様々な町とキャラバンが自然の情景のように近づけられ、社会的モデルが魔法のように自然そのものへと映し出され、変身させられるような、そうした響きのことである。…タンホイザーは異教的な太古の遠さから現れるバッカス祭を自己自身の身体という夢の舞台に映し出す。」（GS13, S. 82f.）異教的な女神（ヴェーヌス＝ヴィーナス）が騎士タンホイザーに語りかける「妙なる遠くから甘美な響きがうながす」という言葉は、太古の自然の遠さが音楽的な響きを通じて近づけられ、現前することを意味している。が、他方でこのように、いわば劇の進行という社会的出来事に対して自然の始源的な姿が垂直に交差することは、劇の時間的な流れがアルカイックな自然の留まりという無時間性へと解消されかねないことを物語っている。ワーグナーの楽劇の中では、作品全体が切れ目無く音楽の流れによって構成されるという時間的な進行性にもかかわらず、ピッコロフルートなどの素朴でいかにも反近代的な響きによってミニチュア的に表現される（アドルノ自身はこれを「縮小化」と呼ぶ）この自然の留まりが、そうした流れから内的な必然性を剥奪するのだ、とアドルノは主張する。だがそれだけではない。ワーグナーが表現しようとする自然のファンタスマゴリーは、彼以前のロマン主義的な自然とは本質的に区別されるが、それは前者が、その見かけの非現実性にもかかわらず、商品としての演劇という冷厳たる現実性から生まれてきたという社会的事実による。アドルノは述べる。「ヴェーヌス山は…劇場にとっては慣習的なバレエの要請から生まれた。このシーンはワーグナーの作品の商品生産の条件が直接的に現れている唯一の場面である。」（GS13, S. 87.）彼が念頭においているのは、『タンホイザー』のパリ上演の際に、バレエの場面を組み込むべしという当時のオペラ興行の慣習に従ってワーグナーがヴェーヌス山のシーンをバレエ音楽として再構成したといういきさつだろう。「ロマン主義的な音楽の仮象性が、一回限りの形而上学的形象を文字通りに体験させることにあるならば、ファンタスマゴリーは、イリュージョンを商品として何度も売り渡すことを可能とした」[18]というわけである。商業的な観点から構想され、分業的な労働から構成された音楽に現れるのは、「ほんもの」の神的経験ではなく商品の物神性であり、高橋順一が述べるように「ファンタスマゴリーに内在する「遠さ」への志向――美的仮象の絶対性を通じて可能となる「遠さ」としての始源的な全一性の経験への志向――は、それ自体「商品」世界（＝「近さ」の世界）の転倒した現れにほかならない」[19]のである。アドルノ自身こう述べている。「夢見る者は力なく自己自身の形象にまるで奇跡に会うように出会い、自身の労働の逃れようのないサイクルの中であたかもこのサイクルが永遠のものであるかのように留まり続ける。自分が作ったことを忘れてしまった物を、この夢見る者は絶対的現象だと思い込む。」（GS13, S. 87.）自分たちこそが夢の生産者であるという事実を隠蔽することに、まさに集団夢の特質があるわけだが、この倒錯した関係性は、後にアドルノがマックス・ホルクハイマーとともに「脱神話化＝神話への退行」というコードへと定式化する『啓蒙の弁証法』（一九四七年）の論理を先取りしている。

アドルノはまた、彼のマルクス的視点をうかがわせるような仕方でこう述べている。「商品としてファンタスマゴリーは幻想的である。非現実性の絶対的現実性は…交換価値に支配されつつ、交換価値を実現させるためだけに、意図的に自身の使用価値を真の現実として、つまり《まねのできないもの》として押し付けなければならないような、そうした現象以外のなにものでもない。」(GS13, S. 86.) とはいえ、一方にアルカイックでロマン主義的な美的形象、他方に商品としての交換価値を持つというファンタスマゴリーのヤーヌス的相貌を、『タンホイザー』の物語的構成やその成立根拠から導出するのが『試論』の試みのすべてではない。アドルノもまた「[ワーグナーの] 作品の動きがそこに入り込み、またあらゆる動きがそこから生じる…大規模なファンタスマゴリーは、音響というメディアと関係がある」(GS13, S. 82.) と言っているように、近代と反近代、ドラマの進行と自然への退行という弁証法をになっているのは大規模なオーケストラの構成によって多色的な相貌を見せる音楽そのものであり、まさにこの点にこそワーグナーのドラマの楽劇 (Musik-drama) たる所以が存しているといえよう。その意味でわたしにとっては、『試論』の第六章以上に、むしろこれまであまり注目されてこなかった直前の章「音色」の論述がより興味深い[20]。以下、この章の内容を追跡しよう。

この第五章の冒頭でアドルノはワーグナーの言葉を引用しつつ、次のようにいう。「《その音色自身が作用となるという仕方で》音楽的な出来事へと音色が生産的に参与すること、こうした含蓄ある意味での器楽芸術というものは、ワーグナー以前には見られなかった。作曲上の最も繊細な差異を、そしてそれに劣らず作曲上の複雑さの統一を、音色的なそれを通じて把握可能にしたのは彼が最初である。」(GS13, S. 68.) 周知のように近代的なオーケストラの編成と拡大はベルリオーズとワーグナーに端を発するが、とりわけ後者が行った革命的な試みは、オペラにおけるドラマの進行をより劇的(ドラマチック)に表現するために様々な楽器の音色を組み合わせたことに求められる。アドルノはここで、ワーグナーの管弦楽法において木管楽器が様々な音色を不自然さなしに組み合わせる媒介項として用いられていることに注目する。たとえば彼は述べる。「木管楽器は主観的な弦楽器の表情にいわば客観的な釣り合いを与えるべきである。同時にだが、間断なき形式の全体性という、ワーグナーによる伝統的なオペラに対する論争の内容を形成する理念のために、木管楽器はできるだけ親密に弦楽器の響きと結びつき、飛躍なしに自らをこれに接合すべきなのだ。」(GS13, S. 69f.) こうした音色の融和は木管楽器同士でも遂行される。一例としてアドルノは高音域のフルートと中音域のクラリネットの重なりにより「一種の浮遊し、振動する相互干渉的な響き」(GS13, S. 71.) が生ずることを指摘するが、彼によれば同時にこれによって、極端にいうなら、両者は単なる効果音へと自らを変容せしめるという。ゆえに彼は述べる。「特殊な音響性格の重奏を通じて個々の楽器から失われてゆくものを埋め合わせるのは、それらを途切れることなくオーケストラの音響の全体性へと挿入するという可能性である。」(Ibid.) オーケストラが人間の内面性を十全かつ自由に表現しようとすればするほど、その各パートは脱人間化され、単なる個別的器官として全体へ奉仕するように仕立てられる。この現象は楽器の組合せのみならず、それによって表現されるメロディにおいても顕著である。さらにアドルノは続ける。「調和のとれた音響における［音の］同時的溶解に対応するのが、《残響》という技術を用いて移行を継起的に、楽器によって表現しつくすことなのだが、この技術は後にトリスタンにおいて極度の名人芸へと引き上げられただけでなく、シェーンベルクそしてとりわけベルクにいたるまでの音楽をも拘束している。」(GS13, S. 72.)

アドルノがここで念頭においているのが『トリスタンとイゾルデ』の前奏曲であることには疑いの余地はない(ちなみに彼は一六歳のときにフルトヴェングラーの指揮でこのトリスタンを聴き、その演奏に圧倒されるが、これが彼のワーグナー初体験である)。この前奏曲については三宅幸夫の論考を援用しておきたい[(21)]。三宅によれば、一一一小節からなる前奏曲は第四五節-八三節の高揚部を中心にして、一度の中断もなく長く分節化された一つの線で成り立っている。とはいえ、この線は単なる息の長いメロディを表現したものではない。クレッシェンドとデクレッシェンドといった音量の強弱の繰り返しのほかに、ここでは、大雑把にいってしまえば、いわば斜め上に上昇する旋律が互いにそのはじまりと終わりを重ねるような仕方で並列的に置かれることによって、頂点へと向かう高揚が幾度も持続的に確認される仕組みで曲全体が進行する。一種のエコー効果が、一つ一つを取り出せば時間的な移ろいや断片に過ぎない旋律に空間的な重層性を与えているのである。この旋律はここでは、トリスタンの舞台設定に基づき構想された三つのいわゆる動機＝モチーフ（「トリスタンの憧憬」「イゾルデの憧憬」「まなざし」）とそのヴァリアンテとしての三つの動機という、合計六つの動機を指しているが、前奏曲ではこれらがそれぞれの響きの境界をぼかしつつ接合されることにより、全てが八三節の頂点＝二人の愛の高まりへと「止揚」される――しかもそれは結局のところ死によってのみ救い出されるものであることが、高まりからゆっくりと終息に向かう音楽によって証明されることになるのだが――格好になる。ワーグナーの「移行の技法」は、甚だ逆説的であるが、断片的な旋律を幾重にも組み合わせることにより、つまり個々の旋律の移ろいやすさを隠しつつ、それらを巧みに全体に奉仕させることによって、中心的動機である愛の持続的な現前を極めて自然な仕方で演出する。特に圧巻であるのは頂点へと向かう直前の八一‐八二小節における動機の重なりであり、そこでは「トランペットによる第二動機の縮小形を中心に、ホルン、バス・クラリネット、チェロによる第一動機の縮小形、木管楽器群による第三動機の変形断片、およびヴァイオリンによる第六動機の断片が重ね合わされて最後の頂点へと登りつめるのである。」(22)

こうした楽器法が創り出す無限旋律のメカニズムをアドルノもまた追跡しているが、彼によればその原型はオペラ『ローエングリン』の音楽にまで遡ることができる。そこでは「前楽節と後楽節の交差が次のような仕方でなされる。つまり二本のオーボエ、イングリッシュ・ホルン、そしてそれまで用いられることのなかった二本のファゴットという新規の楽器グループによる後楽節の音調が前楽節の終わりと重なる。しかしこの後楽節はフルートのみに任せられ、他方そのときまでフルートとユニゾンで導入されていた二本のクラリネットと第一ファゴットは、そこでは沈黙する。かくして、これまでの音の《残響》が新たな響きへと移入し、いかなる断絶も生まれなくなる、ということが成し遂げられる。」(GS13, S. 72.) 断片化されるのはメロディだけではなく各楽器の奏でる音響そのものだが、まさにそれは、断絶や旋律の急激な変化を感じさせないよう全体を組織化し、聴衆にとって耳ざわりのよい音を創り出すことを目指してのことなのである。「ワーグナー的伝統に連なる作曲家たちが、オーケストラの真っ只中で現れる独奏楽器のむきだしの響きに対して示す病的なまでの羞恥心が意味するのは、おそらくは、それが個々人の生き生きした仕事を、そしてまた、全体性自身における不正の契機を想起させはしないかという恐怖である。」(GS13, S. 78.) アドルノは、後に彼がエッセイ『ミニマ・モラリア』において定式化する有名な反ヘーゲル的テーゼ「全体は非真理である」を先取りするようにワーグナーの総合芸術の理念に潜むある不正を暴きたてようとするが、そこに彼が見いだすのは、個人の内面を意のままに表現することが可能となるまさにその地点において、音楽から個人の相貌がかき消される、という逆説的な現象にほかならない。音楽は、断片の継ぎはぎであることを巧みに隠しつつ現前し続けることによって、非の打ち所なき仮象性を手に入れる。聴衆の立場からいえば、個々の楽器の音を聞き分けるよう努力することなく、ただ「オーケストラの音」にのみ身をまかせればよい。ある意味ではそこでは、音そのものが消失する。「オーケストラの音響の《主観化》、すなわちばらばらな楽器の合奏が作曲家の自由なパレットへと変容することは、同時に脱主観化という事態でもあるのだが、それはパレットが音響の成立の全ての契機を聞こえないよう仕向ける傾向によって起こる。」(GS13, S. 79.)

さて、作品構成上の細々した点を追跡してきたが、最後にワーグナーについて最も精通していた同時代人から引用しておきたい。以下に挙げる言説はニーチェの『ニーチェ対ワーグナー』からの一節だが、そこではアドルノが器楽法の分析を通じて際立たせようとした無限旋律の没時間性のかかえる問題点が先取りされ、巧みな比喩で叙述されている。

近代音楽が現今、きわめて強くではあるが不明瞭に『無限旋律』と名づけられているものにおいて追求している意図は、海にはいっていって、徐々に底を踏みしめる確かな足取りを失い、ついには運を天にまかせて水に身をゆだねるというふうにみれば、明らかにすることができる。すなわち、人は**泳が**ざるをえないのである。それ以前の音楽において人は、あるいは優美、あるいは荘重、あるいは激烈といった変化を見せ、早くなったりゆっくりとなったり、何かまったく別のことを、つまり**舞踏**しなければならなかった。そのために必要な節度、一定の均衡のとれた時間と力の度合の保持は、聞き手の魂からたえざる**思慮深さ**を強要した、——この思慮深さから吹きこむこうした冷たい気流と、感激の十分温められた息吹きとの対抗に、すべての**優れた**音楽の魔力は基づいていた。——リヒャルト・ワーグナーは別の種類の運動を欲した、——彼はこれまでの音楽の生理学的前提をくつがえした。泳ぐこと、漂うことであって——もはや歩行すること、舞踏することではない…おそらくこれで決定的なことがいわれてしまっている。『無限旋律』はまさにすべての時間と力の均斉を破ろうと**欲し**、時としてこの均斉そのものを嘲笑する、——それは、以前の耳にはリズム上の逆説や冒涜とひびくものにおいてこそ、その豊かな発明の才をもっている。そうした趣味の模倣、支配からは、それ以上大きな危険は全然考えられないような音楽にとっての危険が生ずることであろう——リズミカルな感情の完全な変質、リズムに代わる**カオス**が…。そうした音楽が、まったく自然主義的な、彫塑のいかなる法則によっても支配されない俳優的演技や身振り芸術にますます緊密に寄りかかり、**効果**以外のなにものも欲しなくなるとき、この危険は絶頂に達する…。あらゆる犠牲を伴う表情の豊かさ、そしてポーズに奉仕し隷属する音楽——**これ**

ではおしまいである…。(KGW, Ⅵ3, S. 419f.)

五、中間休止――ワーグナー克服のまなざし

多くの点で不満が残るものの、わたしは音楽の専門家でない以上、『試論』への立ち入った分析をここでひとまず締めくくることにする。とはいえ、アドルノにとってのワーグナー問題の中心がその器楽法に潜む全体＝オーケストラと部分＝楽器群との弁証法的結びつきと、そこで成立する無限の響きという形象に存している、ということは少なくとも明らかになった。それを可能にするのは楽器同士のあまりに折り合いのよい音色の連動であり、『試論』はそうした楽器の代表例として産業革命以降の技術革新によって生まれた弁付きホルンを挙げているが(Vgl. GS13, S. 74ff.)、ジャズに用いられるサキソフォン、それにアコーディオンなどに対するアドルノの病的嫌悪は、こうした洞察の延長線上にあるといって差し支えないだろう。最も典型的な例は『試論』と同時期、一九三七年に書かれた論考『ジャズについて』に見うけられる。

ジャズ・オーケストラとともにさし当たって商品音楽は――印象主義の和声法や色彩法に見られたのと似たようなかたちで――芸術音楽の様々な成果にあやかろうとする。ワーグナー流のオーケストラは、半音階的な和声法の機能化傾向を追求するうちに、演奏法と音色を均等化して、ついには両者を交互に切れ目なく移しかえうるところにまで行き着いた。かくして作曲は《移行の芸術》になる。この方向にいちじるしく貢献しているのが、もっとも重要なつなぎの楽器としての弁つきホルンだ。さて、サキソフォンはともかくジャズにとってとりわけ特徴的な楽器であると考えられるが、その発明もおなじ傾向へと帰着する。サキソフォンは金管群と木管群を仲介すべく考案されたわけで、それ自体は両者の中間

に位し、材料から言えば金管楽器であり、演奏法から言えば木管楽器なのである。その《中性的》な性格は、この点に技術上の根拠をもっているわけだ。ワーグナーにあって著しい《デカダン》の兆候としてニーチェの目に映じた一種の心理的な洗練を、以上のことと関連づけて見ることができるかもしれない。無力と憧憬に取りつかれた男たち、タンホイザーや、トリスタンや、パルジファルなどは一様にそれに悩み、やがてそこから救済される。（GS17, S. 107.）

音色の細分化と重層化は一つ一つの音を注意深く聞き分けるよう聴衆を導きはしない。そうした聴取は曲全体に対する一定の見通しがあって初めて可能になるのだが、自らを全体だと偽る断片的な音色は単に個々の感覚を刺激するだけであり、その場しのぎの高揚をもたらすに過ぎない。だがこうした感覚刺激もまた——あるいはこれこそがまさに——人間の内なる自然と芸術とを取り結び、作品創造にとって不可欠となる根本的モメントの一つには違いない。一九六〇年代初頭の講義『音楽社会学序説』でアドルノは次のような言葉を残している。「音楽の機能にはいつも作用連関という芸術外的な要素が加わっていた。そしてこの要素は、音楽の自律性が聴衆の意識の中に構成されるために必ずしも都合のよくないこの時代の社会条件の下では必ずや力を得てくる。」（GS14, S. 220.）音楽技術の高まりが可能にするのは、個々の感情や本能のむき出しの表明であり、しかもその暴力的喧噪は、それを完全に自己の管理下で組織化しようとする音楽家の知的努力と、そしてさらに、音響を楽器によって道具化し商品化しようとする技術的プロセスと不可分である。だが聴衆にはこうした管理機構がまさに音楽的陶酔の真っ只中に現れることはうかがい知れない。音楽が一種の洗練された暴力と化すのは自然と技術とのそうした、悪魔的ともいうべき透過性に基づいている。とりわけ全体のために各楽器に部分的奉仕を強いるオーケストラは、細部にいたるまで分業化された労働のアレゴリーであり、それゆえに交響曲は、ワーグナーの時代のみならず、二一世紀の現代にいたるまで、様々な仕方でこれを裁断し、加工し、商業化することを企てるわれわれにとってどこまでも近い存在であり続ける。それは正確に人間的主体のネガである。

ちなみに以上の内容は、結論としては、フィリップ・ラクー＝ラバルトがハイデガーのワーグナー理解に見いだした結論と大枠において一致している。(23) 少々脱線するが手短に言い添えておくと、要するにハイデガーは、形而上学的な知の境涯といったものが生における体験、あるいは身体的な直観という世俗的次元へと移し替えられる構図が近代芸術の中で生起している、と考える。たとえば一九三六年の最初のニーチェ講義『芸術としての力への意志』において彼はいう。「ワーグナーの試みは挫折せざるをえなかったが、それは音楽が他の芸術よりも偏重されたためばかりではない。むしろ、そもそも音楽がこの優位を引き受けざるをえなかったことは、すでにその根拠を芸術全体へのますます高まる美学的な基本姿勢に持っている。それは、単なる感情状態から芸術をとらえ、評価するような立場であり、この状態のますますの野蛮化は、それ自身が自らを感情のおもむくままにまかせる単なる沸騰や充溢となる。(24)」そしてアドルノもまたハイデガー同様——実際、両者の根深い思想的対立を考慮すると、以上のようなテーマ的・時期的な共通性は注目に値するのだが——『試論』において「感性的な直観のうちに現前する理念という全体性の…構想は偉大な形而上学的体系の落とし子であり、この体系の衝動は、哲学的にはワーグナーが親しんだフォイエルバッハによって打ちのめされて以来、自らを美的な形態のうちで救出したのだ」(GS13, S. 101f.) と述べている。

『ジャズについて』でアドルノは、聴くことに対する聴衆の直接的であまりに無警戒な態度を徹底的に批判した後、「作品の世界にふさわしい注意とは、それを積極的・主体的につかみながら、同時に作品との間の距離を保つ類のものであろう」(GS17, S. 104.) と断言するが、彼はこれを単に聴衆にのみならず、音楽の在りようにも要求する。その際アドルノが注目するのは、主体を際限なく続く陶酔状態から断ち切る否定的モメントとして、音楽自身が自らを裁断するような仕方で刻みつける「中間休止」という技法である。それはいわば、音楽が自らに対して客観的になるように課してくる美的エポケー（判断停止）のようなものだといってよい。ただしそれはメロディの欠如といった消極的なものではなく、メロディ同士に安易な連帯や調和を求めることなく、むしろ個々のメロディの偽らざるむき出しの表情を引き出し、その苦悩を敢えて公然とさらすという意味では、過剰なまでに主体的な営みでもある。最も注目すべき証言は、『ジャズについて』と同年に物された『ベートーヴェンの晩年様式』に見うけられる。

いまは放置され疎外された風景をベートーヴェンは一つの形象にまとめたりしない。彼は主観性が打ち出す火によってこれを照らし出すが、それは、この風景がまさしく自身の力学の理念に従い作品の壁に突発的にぶち当たることによってである。彼の晩年の作品も過程であることに変わりない。ただし、発展としてのそれではなく、確かな中心や自発性による調和を許さぬ両極のあいだの燃焼として。…ところで他の何にもまして最後のベートーヴェンの特色となっている中間休止、唐突な断絶は、出発の瞬間にほかならない。…客観的なのはひび割れた風景であり、主観的なのはそれのみがこの風景を燃えたたせる光である。彼は両者の調和ある統合を図ろうとしない。むしろ分裂する力としてのそれらを、現在時において引き裂いて見せる。（GS17, S. 16f.）

アドルノによれば、ベートーヴェンの晩年の作品に顕著な不協和音は音楽家の混乱と才能の枯渇を意味するものではない。むしろそこには、産業化社会に移行しつつある近代の様々な亀裂を予感し、しかもその分裂した社会的相貌を美的なものの偽らざる風景として表現することを試みた芸術家の無限の明断さが存在する。中間休止が挿入されることにより、芸術作品からはロマン主義的な高揚や感情の充溢の契機が剥奪される。音楽や詩は――アドルノが特に念頭におくのは、ここでもハイデガー同様ヘルダーリンなのだが[25]――いわば散文化され、そのつど孤立した無機的な表情を露にする。だがそれは、自らが社会的な存在であるという事実と向き合った芸術家の批判精神の表れであり、だからこそ客観化された芸術は、単なる社会的客体以上のものとなる。中間休止をめぐるアドルノの思惟は難解極まりないが、そのエッセンスをひとまずこう要約しておこう。つまりそれは単なる音楽進行の「停止」ではなく、ある種の諦観の身ぶりであり、音楽を自己の統一的な表象のもとで意のままに再現させようとする作用連関——自然支配とはこの盲目的な作用連関のことだ——を断ち切る試みである、と。したがってベートーヴェンの晩年の作品に見られる彫琢の未完全性、あるいは音楽材料の裂傷と割れ目は、アドルノによれば——非常に意味深長な表現だが——「存在者を前にした自我の限定的無力さの証拠であり、その無力さの最後の作品なのだ。」(GS17, S. 15.)

六、全体性の幻想——回帰するワーグナー

ここにおいてわれわれは、主観と客観との間の交差的な進行性という、ヴェルマーがアドルノに見いだした論述的特徴へと——ただし若干異なったニュアンスにおいて——立ち返ることができよう。中間休止とはまさに芸術家の主観が自らの社会的な客観性をふり返る結節点を示す。そしてそれは作品の永遠性という偽りの自然性を内から破り、美的なものの運命である歴史的な移ろいという時間性を開示するのだ。だからこそこの美的エポケーは、アドルノが産業化した芸術の過剰演出を批判し、美的経験の限界点を際立たせる場面に用いる理論的準拠点ともなる。それは彼のいわゆる「否定弁証法」のエッセンスである。

ただしこれは、アドルノの音楽論という限定された、だが本章にとっては重要な文脈では「ワーグナーからベートーヴェンへ」といった道標の単純な切り替えを意味してはいない。それどころか彼は上述のベートーヴェンにおける「ひび割れた風景」を他ならぬワーグナーから強引に引き出し、ニーチェに対して擁護

する姿勢すら見せる。一九四八年頃のものと思われるベートーヴェン・メモの中で彼は次のような言葉を残している。

ワーグナーにおける表現の技術的反省は、表現に固有の内容の否定なのだ。だが補足しておかねばならないことに、この点はいまだ真理の全体ではなく、ほかならぬこうしたひび割れ、すなわち虚偽の真のイメージはすべて輝きをもち、それ自身が無限に感動させる点をもつ、つまり虚偽は同時に、歴史という日時計の針次第では真理ともなるのである。ニーチェはこうした点を誤解して、単に刺激や技巧過多といった範疇によってとらえたにすぎない。[26]（NSI-1, S. 25.）

結局のところ、アドルノにとってワーグナーとは何であったのか。彼はなぜ救済の試みを何度も繰り返すのか。そして救済とは、ここでは何を意味するのか。

音楽の持つヤーヌス的側面、すなわち自然と人為、神話性とモダニズム、暴力と自由といった両面は、互いを否定しながらも互いを必要とする関係にある。それは道具的理性による自然支配のエネルギーとなっているのが、まさに理性がとうの昔に脱神話化したはずの自然の神話的暴力にほかならない、という「啓蒙の弁証法」の構図と同じである。アドルノの見立てでは、ここからの完全な脱却は不可能であり、人間はその内側にあって苦悩し続けるシジフォス的な運命にある。しかしワーグナーは、音楽は人間を慰撫する健康的で素朴なものだという表面的理解をはるかに突き抜けた地点において、音楽の作用連関に内在するこのコンフリクトを徹底して経験することを試みた。『ノート』から一節を引用しておこう。「この作用はだが、ワーグナーの音楽の爆発力なのだ。つまりその全く革命的な牽引力であり、その力は音楽の自然材料を――そして結局のところ、単に音楽のそれに限ったことではないのだが――制御し、自由に変化させる。とはいってもその自由自身、おぼろげな自然衝動から生まれ、そこから自らの最も深い正当性を授かっているのだが。今日、トリスタンに表れるこのワーグナーに本来的なものを反自然的だとか曲芸的だと中傷するあらゆる試みは、浅はかである。」（GS18, S. 205f.）三〇年後、変わらぬトーンでアドルノはいう。「ワーグナーの芸術の内実においては、敵対的で矛盾に満ちた世界という芸術的意識がラディカルなものとなっている。…彼の音楽は減少することなき暴力に震えるが、この暴力は世界が整備された今日においても生き続けている。」（GS16, S. 549.）ワーグナーが隠しきれないその不協和音は、彼によれば、理性が手なずけようとして挫折する自然の「声」であり、両者の力関係の正しき地震計となっている点にこそ、その音楽の真理性が存している。

一九五二年にアドルノは『試論』を振りかえりつつ、ワーグナー救済のモチーフについてこう述べている。「…揺らぐことなく自己自身を主張するものよりも崩壊する形式のほうが、自らを形成する新たなものを指し示す。それは、スタティックに自らのうちに安らう存在ではなく、力のフィールドそのものであるようなあらゆる芸術に当てはまることだ。それゆえ作品の把握は、あれかこれかという固定した選択には従わない。パリサイ派風に厳格に肯定か否定か、進歩か反動か、真理か非真理か、成功か失敗かという具合に分かれたりしないのだ。」（GS13, S. 507.）啓蒙の弁証法に二面性があるように、救済は一方的な否定や肯定ではありえない。ワーグナーの「移行の技法」は、これまで見てきたように、徹底的に細分化・分業化され時間的な切片と化した音色のモザイク的な重ね合わせによって逆に脱時間的な印象を与える幻想が生じる、という相反的な特徴を含んでいた。これにより音楽は「破綻なき曲線」（GS18, S. 220.）にも、また「引き裂かれた偉大な形象」（Ibid.）にも映る。『試論』の批判的論点は前者に注目していたが、結局のところアドルノのまなざしは、初期に受けた後者の印象に忠実だったといえる。ニーチェと違いアドルノは、ワーグナーを取り巻く同時代的な喧噪から影響作用を受けることなく、むしろ学匠の総合芸術の試みをオーケストラの技術的分析という、作品の直接的受容からは一歩離れた次元から冷静にとらえることができた、という側面もある。彼の後年の論考『〈パルジファル〉の総譜に寄せて』（一九五六年）や『ワーグナーのアクチュアリティ』になると、ワーグナー音楽の過剰な俳優的要素をもっぱらそのスコアや器楽法に着目し解釈することで散文化し、その曲特有の身ぶり、すなわち音楽の進行に内在する身体的ともいうべき動きを現象学的に記述しようとする姿勢が際立ってくる――アドルノがブレヒトから借用した言葉でいうなら、これぞ「異化（Verfremdung）」の筆法というべきか。無限旋律のカラクリを器楽法の巧みな構成に見ること、これは一面では批判であるが、他方でそれは、音色の微細な差異と一つ一つの旋律のこだまを開示し、その連関に耳を傾けるようわれわれをうながす。だから、これはある意味では作品の解釈者である主体の側の問題なのだ。

芸術の自律化と商業化の過渡期、そしてドイツ市民革命とその挫折という歴史の転換点においてワーグナーが試みた総合芸術の理念がどれほど幻想であったにせよ、アドルノが――論考『音楽、言語、そして現代の作曲における両者の関係』から再度引用するが――「音楽上の形式、つまり全体性において音楽的連関は真正のもの、という性格を獲得する」（GS16, S. 652.）という立場を堅持する以上、彼はくり返しワーグナーに立ち戻るし、そこから学びうる、と考えている。[27] アドルノの耳は、単にスコアの微細な差異の解釈に満足すべきでない、と教える。というのは、テリー・イーグルトンも指摘しているように、純粋な差異というコンセプトは互いに通約不可能なモメントを浮き立たせるに過ぎず、そこにコンフリクトの生じる余地はないからである。[28] 社会の不協和音は、とにかく社会全体を見通そうと努力する者にしか聞こえない。

ワーグナーが救済されねばならないとすれば、その音楽が「引き裂かれた偉大な形象」としての近代社会の全的な写し絵――ただし一瞬の――だからである。そしてアドルノにとっては、まさに音楽とはそうあるべきなのだ。というのは、彼の著作『新音楽の哲学』のいうところでは、「ラディカルな音楽が認識するものは、人間の晴らされぬ苦悩である。人間の無力は、もはや仮象や遊びを許さぬほどに増大してしまった」

（GS12, S. 46f.）からである。つまるところ、音楽に対する彼の姿勢は恐ろしく真面目なのだ。とはいえ、音楽というメディアが人間存在をどこまで陶冶し、形作ることができるかということは、アドルノの音楽趣味を超えて、まさにわれわれ自身の生全体の問題として残されている。そして最後に補足しておくならば、哲学の形式としてのエッセイの成否もまた、まさにその「作品の困窮と希望が、人間の困窮と希望のための証人となるかどうか」（GS13, S. 508.）にかかっている。救済に必要なのは、苦悩を表現するだけでなく、そこからの解放を指し示すという二重の手続きである。そのためアドルノは、内容が相反する極論めいたフレーズや概念同士をテーゼのような形式で突き合わせる、という対位法的な叙述を徹底して求める。そこに表れている極端さや誇張は、彼のエッセイが単なる反体系的なつつましさを目指すものではなかったことを証言している。[29] 文体は、繊細でもあり、また反面、突き放すような無頓着さも感じさせる。たとえばこんな感じだ。「芸術が死に絶えることがあるならば、それは唯一、人間が平和に満ち足りた場合であろう。」（GS12, S. 24.）「芸術の非人間性は、まさに人間的なもののために、世界の非人間性を凌駕しなければならない。」（GS12, S. 125.）そこで束の間感じられるカタルシスこそ、アドルノの真骨頂である。

（1）　徳永恂編、『フランクフルト学派再考』、弘文堂、一九八九年、四三頁。

（2）　アドルノが一九二〇年代から三〇年代にかけて親しくしていた作曲家エルンスト・クシェネクとの往復書簡を見る限り、リブレット『インディアン・ジョーの宝』やシュテファン・ゲオルゲの詩を基にした歌曲集など、少なくともアルバン・ベルクの亡くなる一九三五年頃までは、いくつかの音楽関係のプロジェクトを彼が企画し発表していたことがうかがえる。クネシュクへの一九三五年三月八日の手紙ではアドルノは自身を「私みたいにあまり取りあげられることのない作曲家に…」（『アドルノ＝クシェネク往復書簡』、深田甫訳、みすず書房、一九八八年、九五頁。）などと形容している。

（3）龍村あや子の論考「T・W・アドルノの『ワーグナー試論』――「ファンタスマゴリー」と「神話」をめぐって」（『年刊ワーグナー・フォーラム２００６』、日本ワーグナー協会編、東海大学出版会、二〇〇六年）はこの点を見逃している。またスラヴォイ・ジジェクは、「一九五〇年代から六〇年代に折々発表された短いテクストで、アドルノはワーグナーへの立場を次第により積極的な評価へと変えていった」と書いているが、これは正確ではない（Slavoj Žižek, Foreword : Why is Wagner Worth Saving?, in : Theodor Adorno, ***In Search of Wagner***, Rodney Livingstone（transl.）, Verso, London/New York, 2005, p.viii.）。これに対して「アドルノのヴァーグナーをめぐる問題意識が驚くほど一貫している」と述べているのは高橋順一である。高橋、『響きと思考のあいだ――リヒャルト・ヴァーグナーと十九世紀近代』、青弓社、一九九六年、四二二頁参照。

（4）ニーチェのワーグナー論に対するアドルノの姿勢は、彼のワーグナーに対する姿勢同様にアンビヴァレントである。この問題については本書第二章のほか、以下の文献を参照。Vgl., Richard Klein, ***Solidarität mit Metaphysik? : Ein Versuch über die musikphilosophische Problematik der Wagner-Kritik Theodor W. Adornos***, Königshausen & Neumann, Würzburg, 1991, S. 56ff., 225ff.

（5）Albrecht Wellmer, Über Negativität und Autonomie der Kunst. Die Aktualität von Adornos Ästhetik und blinde Flecken seiner Musikphilosophie, in : Axel Honneth（Hg.）, *Dialektik der Freiheit. Frankfurter Adorno-Konferenz 2003*, Suhrkamp, Frankfurt a.M., 2005. なおアドルノに関するヴェルマーの著作では以下のものがよく引き合いに出される。Ders., *Zur Dialektik von Moderne und Postmoderne : Vernunftkritik nach Adorno*, Suhrkamp, Frankfurt a.M., 1985.

（6）Wellmer, Über Negativität und Autonomie der Kunst, S. 56. しかしこの「反作用」が何を意味しているのか――もしかしたらここに、芸術経験自体に内在する自己批判的契機が含意されているのかもしれないが――、ヴェルマーは詳細には語っていない。むしろ彼は「芸術作品は…信頼され、自明視されているものを《発光し返す》ことにより、その信頼性や自明性を揺さぶり、それによって芸術外で行われる反省プロセスをもうながすことができる。」（Wellmer, a.a.O., S. 255.）と述べるように、あくまで美的なものの規範的価値と社会経験との対立、そして前者から後者への働きかけ、という図式を強調する。

（7）特にエドワード・W・サイード、『音楽のエラボレーション』、大橋洋一訳、みすず書房、二〇〇六年、九八頁以下参照。

（8）Wellmer, a.a.O., S. 254.
（9）Wellmer, a.a.O., S. 253.
（10）クラウス・クライマイアー、『ウーファー物語―ある映画コンツェルンの歴史―』、平田達治ほか訳、鳥影社、二〇〇五年、四三七頁。
（11）クライマイアー、前掲書、四三九頁。
（12）Vgl. Hartmut Scheible, *Theodor W. Adorno*, Rowohlt, Hamburg, 2003, S. 61ff.
（13）ここでは、この講演の三年前にベンヤミンが『ドイツ悲劇の根源』で展開した象徴-寓意の対立図式が導入されている。この辺りの事情については以下の文献を参照。マーティン・ジェイ、『永遠の亡命者たち―知識人の移住と思想の運命』、今村仁司・藤澤賢一郎・竹村喜一郎・笹田直人訳、新曜社、一九八九年、一八八頁以下（第一部第八章「肯定的全体性と否定的全体性――批判理論流の学際的研究におけるひそかな緊張」）。
（14）ジェイ、前掲書、一九七頁。
（15）アドルノはベンヤミンにあてた手紙の中で自らの『試論』を振り返りつつ「ワーグナーはわたしの子供時代の星辰には属してはいません」といったコメントを残している（BB1, S. 344f.）。
（16）講演では、ただベンヤミンの『ドイツ悲劇の根源』だけが信用に値するテクストとして取り上げられている（Vgl., GS1, S. 335.）。さらに一九四九年に出版された『新音楽の哲学』では、アドルノはこのベンヤミンのテクストの権威に基づき、音楽における極端なものへの注視を、哲学的な真理内容の認識のために必要不可欠な課題として表明することになる（Vgl., GS12, S. 13ff.）。
（17）この第六章については、高橋、前掲書、四一六頁以下参照。本節の前半部分も、高橋の同書によるところが大きい。
（18）龍村、前掲書、四一頁。
（19）高橋、前掲書、四三九頁。
（20）戦後発表された『ワーグナーのアクチュアリティ』においてアドルノはこの音色分析の重要性を再度確認しているが（Vgl., GS16, S. 552ff.）、この洞察はそもそも、第一節で少し触れたように、一九三三年の『ノート』にまで遡ることができるアドルノの持論中の持論といえる（Vgl., GS18, S. 208.）。先に挙げたリヒャルト・クラインはこれを過小評価しているだけでなく、すでにアドルノが『ノート』で表明していた、ワーグナーの音色構成に対する肯定的評価を素通りしている（Vgl., Klein, a.a.O., S. 287.）。

（21）三宅幸夫、「《トリスタン》前奏曲における高揚と持続の技法」、『年刊ワーグナー１９８４』、日本ワーグナー協会編、音楽之友社、一九八四年。

（22）三宅、前掲書、七六頁。

（23）フィリップ・ラクー＝ラバルト、『虚構の音楽――ワーグナーのフィギュール』、谷口博史訳、未來社、一九九六年、一七六頁以下参照。

（24）Martin Heidegger, *Nietzsche : Der Wille zur Macht als Kunst, Gesamtausgabe Bd.43*, Bernd Heimbüchel（Hg.）, Vittorio Klostermann, Frankfurt a.M., 1985, S. 103.

（25）Vgl., *Parataxis. Zur späten Lyrik Höiderlins*, in：GS11, S. 447ff.

（26）さらに付け加えるならば、アドルノは一九三四年一〇月二八日のクシェネクへの手紙で次のように述べている。「中断のモメントは、オペラにおいてはいかなる事情があろうとその音楽を形成するモメントになるものであって、オペラの音楽はいかなる場合もけっして音楽の直線的継続としては理解できるものではありません（ヴァーグナーの場合でさえ、彼じしんの理論にもかかわらず、けっしてそうではありませんでした）。このモメントは、それ自体から繰り拡げられたあげく自然発生的な中心から純粋な「内的緊張度」に応じながら惹き起こされる劇的緊張を幻影に仕立てあげるものなのです。しかし、オペラが範疇を超えて叙事詩的で外延的なものへと規模を拡大していくとき、それが意味するのは、オペラの対象となっているのは、歴史そのものなのであり、けっして――それがたとい、サロメやエレクトラという意味で、図解され偽装されたものであっても――心理学ではないということです。」（『アドルノ＝クシェネク往復書簡』、六八頁。）この文面からもうかがえるように、ニーチェのワーグナー論に対してアドルノがしばしば見せる拒絶は、心理学への拒絶という側面が強い。たとえば彼は一九三一年にエルンスト・クルトの著作『音楽心理学』が公刊された折、すぐさまこれに「音楽の領野は実際にその心理学的な構成様式への立ち戻りによって解明されるのか、そして、音楽の心理学的な基礎づけは、クルトが依拠しているように、一般的で歴史的に相当無差別な諸概念を通じて完全に可能になるものなのか」（GS19, S. 349.）と反応している。

（27）戦後のアドルノのワーグナーへの言及には、かつて彼が美学に求めていた社会変革の理論的可能性を、音楽の「正しい」聴取を通じた人間形成（Bildung）という教育学的実践に転化したのでは、と思わせるところがある。それが最もあからさまに表れているのは講演『ワーグナーとバイロイト』の結論部である（Vgl., GS18, S. 223f.）。

（28） テリー・イーグルトン、『美のイデオロギー』、鈴木聡・藤巻明・新井潤美・後藤和彦訳、紀伊國屋書店、一九九八年、四八八頁参照。

（29） 一九五〇年代にアドルノのゼミナールに参加したアルフレッド・シュミットは「哲学するとは形式化することを意味する」というアドルノのテーゼを印象深く回想している。Vgl., Alfred Schmidt, Materialismus als nachmetaphysisches und metaphysisches Denken, in: Josef Früchtl und Maria Calloni（Hg.）, *Geist gegen den Zeitgeist. Erinnern an Adorno*, Frankfurt a.M., 1991, S. 34. また同じような感想をハーバーマスも表明している。Vgl., Jürgen Habermas, Eine Generation von Adorno getrennt, in: Früchtl und Calloni (Hg.), a.a.O., S. 51.

第二章　生の肯定か否定弁証法か――ニーチェとアドルノ[1]

一、ニーチェからアドルノへ、あるいはその逆

ともに音楽に優れ、また同時代の芸術運動に影響され、そして当代屈指の散文家、文化批評家として名を馳せたニーチェとアドルノ、この一九世紀と二〇世紀の代表的知識人の関係に関する研究が今もって僅少であるという現状は、わが国の研究者の怠惰に由来するものでは決してない。アドルノを第一世代とするフランクフルト学派におけるニーチェの位置価をめぐる研究は戦後、繰りかえし試みられてきたが[2]、ドイツにおいてさえ、アドルノにとってニーチェがどのような存在であったかという問題については、両極端の主張が混在しているのが実情であるといってよい。ペーター・ピュッツは一九七〇年代に「批判理論のすべての代表者の間でニーチェに最も近いのはアドルノである。[3]」と述べたが、これは後にヨーゼフ・フリュヒトルなどによって、なかば公式の見解として受けつがれてゆくテーゼである[4]。さらに、美的なものへの終生変わらぬ興味、反-体系的なエッセイ、そして極度に先鋭化された文体といった共通点から、両者の親近性が強調

される。また実際、アドルノとホルクハイマーによる『啓蒙の弁証法』の構想に、アメリカに亡命したフランクフルト社会研究所のメンバーによるニーチェの『道徳の系譜』研究が大きく寄与していることは、つとに知られたところである。だが他方でフォルカー・ゲアハルトのように「ニーチェへの度重なる言及にもかかわらず、アドルノとホルクハイマーがニーチェを真剣に受けとろうとしていない、という印象は禁じえない。…アドルノにとってニーチェは、一人の明敏でブリリアントな批評家、だがその他の点では欠点の多い、歴史に負うところの多い著者だった。」[5]と主張する者もいるし、実際ノルベルト・ラートは、アカデミズムの入り口に立った若きアドルノが断固とした態度で、ニーチェの「力の哲学」をファシズムのイデオロギーの苗床になる非合理主義と位置づけたことを伝えている。[6]

市民社会の没落と生活世界の危機が顕在化してくる二〇世紀初頭に青春を送ったドイツの若者にとって、ニーチェは避けて通れぬ道であった。この点アドルノも例外ではあるまい。一九三六年にはハイデガーのニーチェ講義がはじまる。同時期に、カール・レーヴィットが『等しきものの永遠回帰についてのニーチェの哲学』（一九三五年）、カール・ヤスパースが『ニーチェ、その哲学理解への手引き』（一九三六年）を公刊する。こうした注目の先駆けとなったのはアルフレート・ボイムラーやエルンスト・ベルトラム、ルートヴィッヒ・クラーゲスらの一連のニーチェ論であるが、さらに遡れば、トーマス・マンやリルケ、ヘッセやシュテファン・ゲオルゲ、ゲオルク・ジンメルにマックス・シェーラーなど、皆がそれぞれの仕方でニーチェを読み、大小様々な影響を受けていたことが指摘されよう。

こうした思想的動向に対するアドルノの表立った反応は、だが、一見すると冷淡であり、また反動的ですらある。レーヴィットが「当時のヘーゲルは今日のニーチェと同じく一種の合言葉だった」[7]と述べる一方で、アドルノはといえば、フランクフルト大学就任講演『哲学のアクチュアリティ』（一九三一年）以来、自らの哲学的方法を一貫して「弁証法的」と規定していた。その信念は驚くほど強固であり、終生揺らぐこ

となく保持されてゆくことになる。(8)

さらにわれわれは、アドルノの著作群に散在する数多くのニーチェへの言及にもかかわらず、それが単なる言及以上のものに発展することがほとんどない、という事実にも注目しなければならない。ニーチェによって思想家としての自身の後半生を決定づけられることになったハイデガーとは異なり、アドルノは、ニーチェの前では長くは立ち止まらない。文字通りニーチェは、アドルノにとっては思惟の真なる意味でのGegen-stand（対象＝自己に向かって-立つもの）ではないかのようだ。「《ニーチェのテクストの全体》というものは、たとえ断片的でアフォリズム的なものであろうとも、もはや存在しないということになると言うこともできるわけです。(9)」というジャック・デリダの言明を地で行くように、アドルノは、反-体系的で断片的なニーチェの言説をそのつど、まさしく断片的に引用する。かくして、カリン・バウアーが述べるように「ニーチェはアドルノの叙述に洞察の様々なひらめきを与える一方、アドルノのテクストにおいては、これらの洞察は折衷的な割り当てを受けることになる。アイデアの確認、あるいはその信用取り消し、そして真理の諸契機の供給といった機能を担いつつ、ニーチェの思惟はそこでは、ある程度まで脱-文脈化される。(10)」不完全な忘却と、それに負けず劣らず不完全な想起が繰りかえされる過程で、ニーチェは時に批判され、また時に肯定されるが、この適度な距離感覚には、何か考えさせられるものがある。それはバランスの取れた「よき」ニーチェ読者としてのアドルノを証言するものなのか、それともそこに表されているのは、むしろ、ニーチェに対する根本的な無関心なのか。

以上の論述から本章のテーマを三つにまとめよう。

第一に、右で問題としたように、アドルノにとってのニーチェという存在の意味について。

第二に、そもそもニーチェにおける生の思想を弁証法の精神でもって解明することの概念上の正当性について。これはすでに四〇年以上も前にジル・ドゥルーズが強く打ちだした論点である。

第三に、よりアクチュアルな問題として、ニーチェへのアドルノの批判的まなざしが今なお有効であるのか、という疑問。それはまた、世界史上未曾有の出来事である二度の大戦を経験しアウシュヴィッツという歴史的負債に苛まれたアドルノの世代ならいざしらず、現代において重要であるのは、むしろアドルノのあまりにペシミスティックな批判精神をニーチェとともに乗り越えてゆくことではないのか、という思いでもある。ドゥルーズは「ニーチェの「然り」は弁証法の「否」に対立し、差異は弁証法的な矛盾に、歓びや享楽は弁証法的な苦役に、軽やかさや舞踏は弁証法的な鈍重さに、美わしき無責任は弁証法的な責任に、それぞれ対立するのだ(11)」と述べているが、特に、戦後ドイツのあまりに生真面目すぎる民主化のプロセスを冷ややかに見つめるポストモダンの知的雰囲気が図らずも挑発的に問いかけたのは、「ニーチェをアドルノによる簒奪から守るのではなく、アドルノを——それも徹底した——ニーチェによる簒奪から守る(12)」ことの意味なのだ。

かつてニーチェは『悦ばしき知識』の冒頭近くで次のように述べた。「おそらくは笑いにとってもなお未来がある！『種が一切であり、個人は常に無に等しい』という命題——これが人間性へと血肉化し、絶えず各人にこの究極の解放と無責任への入り口が開かれるときがそれだ。そのとき、おそらく笑いが知恵と結ばれるだろう。そしておそらくそのとき、『悦ばしき知識』だけが残るだろう。ここしばらくは事情は全く変化せず、当分は現存在の喜劇が自己を『意識する』までにはいたらない。当分は相も変わらず悲劇の時代、もろもろの道徳と宗教の時代なのだ。」(KGW, V2, S. 44.) 約七〇年後、同じようにエッセイとアフォリズムにより構成されたアドルノの『ミニマ・モラリア』は盟友ホルクハイマーへの次のような献辞を劈頭にかかげ、公刊された。「わたしが友人にその幾許を披瀝した憂鬱な学問は、古来より哲学の本来的な領域として妥当していたものの、方法への哲学の変容によって知的に軽視され、説教めいた恣意へと陥り、そして最後に忘れられることになった一つの領域に関係している。つまり、正しい生についての教説に。」(GS4, S.

13）亡命先のアメリカから帰国し、変わり果てた故国において相変わらず倫理的な経験の可能性を模索し続けるアドルノに、ニーチェであればどのように応じただろうかと考えることには、単なる空想以上の意味があるのではなかろうか。

さて、以下ではわたしは、右に記した三つの論点のうち、もっぱら第一の論点に取りくむことにしよう。そこには、同時に第二、第三の論点へとつながる道筋も含まれているはずだ。まずわたしは、一九四〇年代に社会研究所のメンバーによって行われたニーチェ・ディスカッションの様子をラートの論考に基づいて俯瞰し、さらに『啓蒙の弁証法』の論述におけるニーチェの役割について整理する（第二節）。さらに、アドルノとニーチェが最も近づくコンテクストとして、両者のワーグナー論に注目しつつ、美的なものに対する互いの考え方の根本的な差異を際立たせる。アドルノは自然の模倣というロマン主義的な音楽観がもはや歴史的に有効でないという洞察を同時代の新ウィーン楽派のメンバーと共有しているが、彼がこの洞察を理論的に仕上げるようになるのは、ワーグナー音楽における非ロマン主義的ともいうべき響き、つまり、ニーチェにとっては副次的な問題にすぎなかった楽匠のオーケストレーションの技法を分析することによってである（第三節）。アドルノ独特の「否定弁証法」の発想もまた、彼のこうした音楽論に立ちかえることにより、これまで以上に鮮明な仕方で明らかになるだろう（第四節）。

二、ニーチェと『啓蒙の弁証法』との単純ならざる関係

一九四二年、ロサンゼルスにて、ヨーロッパの啓蒙精神がナチズムという野蛮状態へと陥った原因をめぐり、ドイツから亡命してきたフランクフルト社会研究所の主要メンバーの間でニーチェ・ディスカッションが始まった。ラートはこの議論の行方を大きく四つに分けて整理している。[13] すなわち（一）クラーゲスや

シュペングラーのように、ニーチェをドイツ・ロマン主義の系譜につらなる反啓蒙主義者として評価する立場（ルートヴィッヒ・マルクーゼ）、（二）これとは逆に、その反合理性がゆえにニーチェをファシズムの先達として批判する立場（ヘルベルト・マルクーゼ）、（三）啓蒙主義にも、また反啓蒙主義にも通ずる思想家として、両義的にとらえる立場（ホルクハイマー）、（四）ニーチェの仮借なき批判精神のうちに、社会のあらゆる支配形態に対する内在的批判の可能性を見る立場（アドルノ）。このうち、数年後の『啓蒙の弁証法』へと結集する論述を形成するのは、いうまでもなく（三）と（四）の立場であり、別言するなら、後のトーマス・マンが「ニーチェはなんといっても偉大な批評家、そして文化哲学者であり、ショーペンハウアーの流れをくむヨーロッパ第一級の散文家であり、エッセイストであった。その天才は、〈善悪の彼岸〉や〈道徳の系譜〉の時代に頂点に達した[14]」という場合のニーチェである。

ホメロスの叙事詩『オデュッセイア』は、故郷イタカへの帰路に際して、美しい歌声で人を惑わし船を難破させるという女神セイレーンの傍らを通ることになったオデュッセウス一行の様子を伝えている。オデュッセウスは船の漕ぎ手である同行者達の耳を蝋でふさぎ、船を女神に近づけさせる。他方、彼自身はというと、同行者を介してその身を帆柱に縛り、一人セイレーンの歌声を聞く。美しくも危険な歌声を享受するオデュッセウスは、計算された労働を命令する者ともなる、というわけである。アドルノ・ホルクハイマーの『啓蒙の弁証法』はこの物語を特定の史実に還元できる出来事と見なすのではなく、むしろ合理的労働による自然支配という原則の成立を物語るアレゴリーとして用いる[15]。彼らにとっては、さまざまな危険を自らの知力により克服し故郷へと帰還するオデュッセウスという自律した主体の形成過程を叙述するホメロスの叙事詩自体が、神話という言説形態からの脱却の試みを示している。

『啓蒙の弁証法』のこのオデュッセウスのモチーフが直接ニーチェに由来するものであるかは、明らかではない。だがラートはその可能性を示唆している[16]。彼は『道徳の系譜』の第二論文「『負い目』、『良心のやましさ』、およびそのたぐいのことども」から引用する。「ああ、理性、真摯、情動の支配、省察と銘打たれたこの暗鬱な事柄の全体、こうした人間の特権と飾り物のすべて、これらはいかに高価に支払われたことか！あらゆる『よき事物』の根底には、いかに多量の血と戦慄があることか！」（KGW, VI2, S. 313.）ニーチェはここで、禁欲主義や隣人愛に代表されるキリスト教道徳の歴史的由来として、債権者と債務者との契約関係に言及している。古来、他者への負債を支払うことができなかった主体に対しては、負債と等価値の刑罰が与えられていたが、生に対して肉体的に恭順するよう命ずるこの暴力的な刑罰の記憶が、キリスト教世界においては、「ねばならない」という負い目の感情を形成し、やがて道徳上の格率へと内面化される。ひとはもはや、無邪気に自らの生を享楽することはできない。あまりに大胆で過剰な享楽に対しては、キリスト教道徳は、それは不正ではないのかという告発をいち早く行うからである。かくして、生が自己自身に加えた理性という名の抑圧装置によって、ひとはますます凡庸な小市民へと弱体化してゆく。やがてひとは、自らが何の負債も負っていないにもかかわらず、享楽を非道徳的な悪と見なすことに何の疑いも持たなくなるだろう。だがニーチェにいわせれば、刑罰や苦悩がそれ自体として悪である根拠はどこにもなく、われわれはむしろ、それらがより高貴な意味を持っていたギリシア時代に立ちもどらねばならない。「ともあれ、**ギリシア人**といえども彼らの神々を悦ばせるのに、残忍の楽しみ以上に快い薬味を供するすべを知らなかった、というのは確かなところである。」（KGW, VI2, S. 320.）

ニーチェのこうした洞察が『啓蒙の弁証法』の主調音をなしていることは、確かに疑いをえない。実際、その第二章「オデュッセウス、あるいは神話と啓蒙」――アドルノの秘書的な役割も果たした夫人グレーテルの推定によれば、この章の主筆はアドルノである――の冒頭近くで、彼はニーチェへの知的負債をはっきりと告白する。「ホメロスの市民階級的で啓蒙的な要素への洞察は、初期ニーチェにしたがったドイツ後期ロマン派の古代解釈によって強調された。ニーチェはヘーゲル以来、啓蒙の弁証法を認識していた数少ない一人だった。」（GS3, S. 61f.）アドルノはニーチェ同様、オデュッセウス一行の運命に「理性、真摯、情動の支配」を見る。彼らがその生存のために支払ったものは、セイレーンの歌声を直接的に享受することの不可能性であり、これは一種のタブーとして、耳を塞がれたまま酷使された彼らの身体に刻みこまれる。自らの内的自然を抑圧することにより、社会的に合理化された労働が可能となるが、それにより人間は神話的な自然からの脱却を果たすことができるのだ。

　とはいえ、ニーチェへのアドルノの目配せのうちには、はじめから単純ならざるニュアンスが含まれている。第一に、右で言及された「初期ニーチェ」は自然支配というモチーフをそれほど全面的に打ちだすわけではない。それどころかニーチェは、少なくとも『悲劇の誕生』期においては、生と芸術との関係のうちに、自然との和解というロマン主義的な課題をはっきりと見いだしていた。自然はそもそものはじめから見た目以上に「不自然」な存在ではなかったかというラディカルな洞察、つまり、人間の内なる自然も含めて、あらゆる生ある自然物は、周囲世界をある合理的に首尾一貫した解釈図式によって認識するような観点を自己保存という目的のために備えているのではないか、という「生の光学」のモチーフが表立ってくるのは、ずっと後のことである。「存在者の**序列**の上昇にしたがう『偽装』の増大。無機物の世界はそれを欠くように見えるが、有機物の世界では狡智がはじまる。（中略）ギリシア人（オデュッセウス）。狡猾さは人間の向上の**本質**に属する…俳優の問題。わたしのディオニュソスの理想…すべての有機的機能と最強の生本能の光学、すなわち、あらゆる生が持っている誤謬を**意欲する**力、思考そのものの前提としての誤謬。『思考』される以前にすでに『仮構』されていなければならない。つまり同一の事例、等しいものであるという**仮象性**を**形成しととのえること**は、**等しいものの認識**よりも根源的なのだ。」（KGW, Ⅷ2, S. 216.）かくして、『権力への意志』の中ではニーチェは、『啓蒙の弁証法』と同様、オデュッセウスを西洋的な合理主義を貫く同一性原理の開祖ととらえるにいたる。そして彼にとっては、この合理主義に含まれる支配原理を否定することではなく、むしろそれが見せかけの道徳的原理へと中和する以前の姿、より高貴で、より力強く、より荒々しい原初的な状態へと立ちもどることが重要であった。つまりそれこそが、「生の肯定」という要請のもと、若きニーチェがディオニュソス的と呼び、晩年になるまで首尾一貫して保持することになる破壊と創造の原理である。

だが、理性崇拝や科学主義への有力な対抗軸として生の哲学がもてはやされた一九二〇年代とは異なり、生の概念がナチスの民族主義的イデオロギーへと結集し、未曾有の政治的「成功」をおさめた時代を生きるアドルノは、ニーチェの主張を額面通りに信ずる立場にはいない[17]。ニーチェは伝統的な諸価値の有する支配原理を倦むことなく告発したが、その彼が行き着いた「超人」の思想は、またしても一つの支配原理なのだ。「超人の意志は［カントのいう］定言命法に劣らず専制的である。二つの原理は、外的諸力からの独立を、つまり啓蒙の本質として規定された無制限の成熟を目指している。」（GS3, S. 135.）ニーチェが行ったデカダンスの告発はナチスの退廃芸術弾圧運動によって踏襲され、彼が賛美したギリシア的健康は「血と大地」という生物学的スローガンにとって代わった。ゆえにアドルノ自身、ニーチェ問題ともいうべき事柄へのかかわりを、次のように述べざるをえない。「しかし、ニーチェの啓蒙に対する、したがってまたホメロスに対する関係は、それ自体分裂したものだった。彼は啓蒙のうちに崇高な精神の普遍的運動を見てとり、その完成者として自らを自覚すると同時に、またそこに、生に敵対的で《ニヒリズム的》な力を見てとったのだが、ファシズムに先行する彼のエピゴーネンたちのもとには、第二のモメントのみが残されて、イデオロギーへと転落してしまった。それは盲目な生に対する盲目な賛美となり、それに身をゆだねる同様に盲目な実践によって、生命あるものはすべて抑圧されてしまう。」（GS3, S. 62.）

確かにニーチェ自身が生の創造性を仮象や誤謬を意欲する力と規定する場合、そこには彼一流の批判意識が働いているといえよう。エピゴーネンにはそれがない。そしてそれは近年のニーチェ理解にも相変わらず妥当する現象だと言えなくもない。幾ばくかの例を挙げるならば、たとえばローター・ヨルダンはデリダらの脱構築主義からニーチェを遠ざけ、真理それ自体といったものは存在せず、あるのはただ解釈にすぎない、というニーチェのディスクールをルーマン流のシステム理論やサイバネティクスの先駆けととらえる。名前だけはよく知られたニーチェのいわゆる永遠回帰説もまた、彼によれば、生物学的な自己言及システムの普遍化の試みと見なしうる。[18] さらに近年であればルーベン・ベリオスの試みが興味深い。彼は論考のタイトル「ニーチェの生命論的な唯美主義」そのままに、美についてのニーチェの判断基準を「生の上昇ないし下降」というメルクマールに還元し、習俗や道徳的価値といった社会的モメントにとらわれない欲動や本能の解放にこそニーチェ美学の本質がある、と考える。[19] その際ベリオスは、解放といってもそれは無秩序で混沌としたものではなく、そのプロセスは普遍性を有した何からの美的形式への具体化とパラレルであると——生がそうした文化的洗練により自らを偽って見せる点にこそ生と啓蒙との看過すべからざる内的連関がある、というアドルノ的な洞察はまったく顧みられることはない——結論づけている。だが、こうしたエピゴーネンの発生にも、それなりの理由があるのではないだろうか。

オデュッセウスの狡知にもかかわらず、あるいはそれだからこそ、近づきがたいセイレーンの記憶は確固として残ることになった。そしてタブーというものが一般的にそうであるように、女神の歌声は、その聴取が禁止されることによってかえって聖化され、文字通り近づきがたい魅力を発揮することになる。はなはだ逆説的だが、自然を超越的な地位へと押し上げるのは、自然から疎外された当人なのだ。そこに本来ありえないような欲望と享楽の可能性が生ずる。肉体を侮辱することによって「進歩」してきた社会は、やがて肉体を盲目的に賛美することになるだろう。だが注意しなければならない。「自然はもともと享楽を知らない。自然はただ必要を充足させればそれでいいのだ。あらゆる快楽は、昇華された情念に劣らず、昇華されない情念においても社会的である。それは疎外に由来する。禁制を犯すことになるのを知らないで享楽がなされるときにも、それはやはり文明の所産である。…享楽は、いわば恐るべき自然の復讐なのだ。」（GS3, S. 125.）これこそアドルノ・ホルクハイマーが啓蒙の弁証法と呼ぶ、合理主義と非合理主義、進歩と反動との絡まりあいにほかならない。そして生の貧困がゆえに生の充溢を求め、理性批判の仮借なさによって、かえってますますファナティックにふるまうニーチェの身ぶりに彼らが予感せざるをえなかったのも、同じ事態であった。

三、ニーチェ・ワーグナー・アドルノ

『啓蒙の弁証法』の中でアドルノは、明らかにニーチェが用いるアポロン的／ディオニュソス的という図式を意識しつつ、オデュッセウスとセイレーンとの出会いについて述べている。「幸運な、また不成功に終わったオデュッセウスとセイレーンとの邂逅以来、あらゆる歌謡は罹患してしまい、すべての西洋音楽は文明における唱歌の不条理に悩むことになったが、この不条理は同時に、あらゆる芸術音楽を動かす力の源でもあった。」（GS3, S. 78.）セイレーンの歌声は、危険極まりないほど病的であるという烙印を押されることによって、丁度プラトンが芸術《ムーシケー》に対して行ったように、「健全な」悟性的判断が支配する世界から追放される。他方で歌声にある「あらゆる芸術音楽を動かす力の源」に注目するニーチェは、このタブー化に潜む哲学者の不安を告発する。彼によればそれは生の強さに対する恐れに起因している。『悦ばしき知識』の「**我々がイデアリストでないのはなぜか**」と題された断章に注目しよう。「本当の哲学者といわれる者は、生が音楽である限り、もはや生に耳を貸すことがなかった。彼は生の音楽を**否定**した、——すべての音楽をセイレーンの音楽とするのは、古くからの哲学者の迷信なのだ。」（KGW, V2, S. 305f.）ニーチェによればこの「生の音楽」の欠如は、とりわけドイツ人哲学者の用いる無味乾燥な文体のうちに如実に表れる。生気を

欠いたその文体は、彼にとっては、プロテスタント的禁欲主義による生の無力化の具体的な症例にほかならない。したがって彼が音楽を通じて生の再生を企図するとき、その試みは、必然的に音楽と言語との根源的融合という課題に行きつくことになる。そしてこの課題に根本的な道筋をニーチェに示すのは、またしても古代ギリシアに関する彼の洞察なのである。

ニーチェは『悲劇の誕生』期に属する講演『ギリシアの楽劇』（一八七〇年）においてこう述べている。「生粋のギリシア人は器楽に対して常に馴染みがたいもの、アジアの異国から輸入されたものを感じました。本来的にギリシア的な音楽はあくまで声楽だったのです。言葉としての言語と音としての言語との自然な紐帯はまだ切断されていません。しかもそれは、詩人は必然的に自分の歌謡の作曲家でもあったほどです。ギリシア人は、唱歌による以外は全く歌謡を覚えませんでした。」（KGW, Ⅲ2, S. 19.）現在、管弦楽器の集合体として了解されているオーケストラは、語源的には古代ギリシア語のオルケストラに由来する。これは扇形の観客席と横に細長い舞台との間に設けられた円形の平土間を指しているのだが、ここでディオニュソス賛歌を踊り《オルケスタイ》、また歌った合唱隊（コロス）がギリシア悲劇の原型であることは、すでにアリストテレスによって指摘されていた。ニーチェはここに古代ギリシア人、および自己自身にとって本源的な芸術経験を見る。ディオニュソス的な生の充実の崇高なる姿は合唱に表れる。公然と歌われるこの秘儀にみちた声の集合——そこには、悲劇が特定の俳優による、知的ではあるが根源的なパトスを喪失した対話形式へと凡庸化する以前の、神的なものの生々しい経験がある——によってこそ、生はあらゆる苦悩から救済され、絶対的なものへと昇華する。断稿『音楽と言葉について』（一八七一年）は、彼のこうした洞察をさらに明瞭に伝えている。「高級な芸術音楽の領域でのわれわれ自身の経験を考えてみよう。もし自ら共に歌わなかったとしたら、われわれはパレストリーナのミサ曲、バッハのカンタータ、ヘンデルのオラートリオ等の歌詞の何を理解しただろうか? **ともに歌う者**にとってのみ、叙情詩は存在し、声楽は存在するのだ。」（KGW, Ⅲ3, S.

387.)

こうして見ると、彼が『悲劇の誕生』の序盤でベートーヴェンの第九交響曲に言及する意図もよく分かる。彼にとっては、ベートーヴェンがその終楽章に合唱を挿入したという事実は、アッティカ悲劇にはじまりルターの賛美歌を経てワーグナーの楽劇へと帰着する、西洋芸術の歴史的帰趨を証示するものにほかならない。「ディオニュソス的なものの魔力の下では、単に人間と人間との間の紐帯が再び結び合わされるだけではない。疎外され、敵視され、あるいは隷属していた自然が、その放蕩息子たる人間との和解の祝祭を再び寿ぐのだ。（中略）ベートーヴェンの『歓喜』の歌を一幅の画に変え、そして幾百万の人間が恐れおののいて塵に伏し、沈む光景へと想像をひろげるがいい。しからば、ディオニュソス的なものに近づくことができるだろう。」（KGW, Ⅲ1, S. 25.）[20] ニーチェのこうした思想がやがてワーグナーをも飛びこえ、時間の重力を克服し、永遠回帰の遊戯的運動の中を軽やかに踊り、歌い、笑うツァラトゥストゥラの文体へと結集することになるのは、周知の通りである。『この人を見よ』で彼自身述べるように、「崇高で超人的な情熱による、大波のような上下動を表現するための**偉大な**リズムの技法、掉尾文（Periodik）の**強大なスタイル**は、わたしによってはじめて発見された。『七つの封印』と題したツァラトゥストゥラ**第三部**の最後にあるような酒神賛歌《ディテュランブス》によって、わたしはこれまで詩と呼ばれてきたものを飛びこえ、はるか千マイルの高さにまで達したのだ。」（KGW, Ⅵ3, S. 302f.）

酒神賛歌の合唱は、音楽と言語、および身体的所作の根源的な結びつきを示唆する。すでにニーチェに先駆けて、ワーグナーは、古代ギリシアのこうした芸術観を自らの総合芸術の構想に取りいれていた。彼の楽劇は、肉体、感情、悟性という人間の三大能力を舞踏、音響、詩文に反映させることによって、人間全体の表現をめざす。それにより芸術は、自らが単なる技芸的営み以上の存在、ニーチェの先の言葉でいえば「疎外され、敵視され、あるいは隷属していた自然」そのものであることを、最も効果的に——ということは、最も不自然な仕方で、ということだ――われわれに示しかえす。いうまでもなく、ニーチェにとって最大の愛好の対象となり、またその後最大の嫌悪の対象となったのは、ワーグナーの楽劇のこうした表現力に潜む二重構造である。「**彼は音楽の言語能力を測り知れないほど増大させた**――、つまり彼は言語としての音楽のヴィクトル・ユーゴーである。とはいえこれは、音楽は事情によっては音楽ではなく、むしろ言語、むしろ道具、否むしろ演劇術ノ奴婢であれば**よい**、ということをまず認めることが、つねに前提されてのことだ。」（KGW, VI3, S. 24.）とはいえ、文体をできるだけ生と離反させまいとする、否、文体によって生を逆に鼓舞しようとさえするニーチェは、演劇に由来する音楽的パトスを疑ってかかることなど考えもつかない。「ドイツ人は読むとき耳を抽出にしまいこんでいる」（KGW, VI2, S. 198.）と非難するニーチェは、言葉が声として響き渡ること、別言すれば、言葉それ自体が生のディオニュソス的過剰と化すことを要求する。そしてアドルノはこれに敏感に反応する。「ニーチェは芝居がかっているということでワーグナーを非難すべきではなく、――なぜならあらゆる芸術、なかでも音楽は芝居と類縁関係にあり、ニーチェの複合文（Periode）のはしばしにも、ローマ元老院における雄弁家たちの音声のこだまが遠く十幾世紀のへだたりを超えて響いているからである――むしろ、芝居がかっていることを俳優である当人が否認していることこそ非難されるべきだったのだ。」（GS4, S. 176.）

ギリシア悲劇における合唱隊の分析から出発したニーチェは、歌曲とその担い手である俳優という観点にあくまで固執する。彼が賛美したのは、生気を失い固定化した形象を破壊するワーグナーの楽劇の音楽的効果だが、彼を激昂させることになるのも、そのあまりに没形式的な表現の過剰だった。この過剰は、アドルノの見たてによれば、本来は人為的な存在であるはずの芸術作品を歴史や社会を超越した絶対的次元へと押しあげる。制作《テセイ》されたものが、自然的《ピュセイ》なものという仮象を獲得し、合唱の響きは、ゆるぎない生の共同体――すなわち「民族」――の実在を主張するイデオロギー的性格を帯びる。ヒトラーの政権獲得後、アドルノが亡命先のイギリスとアメリカで起草した『ワーグナー試論』は、民族という集団夢《ファンタスマゴリー》につながるワーグナーの楽劇の批判的分析を通じて、ファシズムの論理へと誘う美的仮象に抵抗しようとする試みであった。この点からいうなら、よく指摘されるように、彼の試みはニーチェによるワーグナー・クリティックの延長線上に位置するといってよい。

ワーグナーが設計したバイロイト祝祭劇場はオーケストラピットを舞台下に設け、観客席はギリシアの円形劇場を模した高いせりあがりに沿って構成されている。音楽は純粋に舞台劇に奉仕するよう配置される。が、他方で舞台上の対話もまた、叙唱という仕方で音楽たるべく形作られる。音楽の流れは舞台上に空間化されるが、この空間自体が音を響かせる鏡と化す。残るのは音響、すなわち音の純粋な強度であり、つまりニーチェのいう「効果」というわけだ。アドルノは、ワーグナーを音楽におけるヴィクトル・ユーゴーと呼んだ先のニーチェをそのまま踏襲するようにいう。「ワーグナーの作曲は前言語的なものへと回帰するが、にもかかわらずその際彼は、擬似言語的な要素を完全に放棄することはできない。」（GS13, S. 32.）音響が声を発するのは、ただ声高に自らを響かせることによってのみである――と同時に声は、まさにその響きの空間的な現前性によって、自身を時間的に分節化し、劇進行を主導する言表として展開する可能性を自らふさいでしまう。ゆえにアドルノはいう。「ワーグナーの手法が要求するように、身振りとして自らを明白に具体化するためには、表現は決して謙虚であってはならず、要領よく自己をアピールし、そして反復による高まりによって誇張するものとならなければならない。同一的な反復のモメントはそれ自体としてすでに反省のモメントを含んでいる。あるものの表現への衝動が二度目に起こるとき、それは自己自身についての強調されたコメントとなる。が、外的で舞台音楽的な要素を主観的に飾りつけることは、ニーチェが純粋性をそう見なしたように、信用のおけない空騒ぎとしてしか作用しない。」（GS13, S. 36.）

だが、アドルノがニーチェと歩調を合わせるのはここまでである。声の現前性は見せかけの暴力性によって自らを永遠的なものとして偽る。しかしワーグナーの楽劇は同時に、この現前性をいわば脱構築する音楽的構造を内包している、と彼は洞察する。すでにアドルノは『試論』に先立つ『ワーグナーに関するノート』（一九三三年）――この『ノート』は前章で論証したように、フランクフルト社会研究所のイデオロギー研究の一環として企図された『試論』とは微妙に異なり、明らかにワーグナーに対して肯定的な姿勢を見せている――において、「忘れてならないのは、ワーグナーの芸術が語っているのは**劇場向きの**言葉だということだ。それは居間に、私室（camera）に適したものではない」（KGW, Ⅲ4, S. 375.）というニーチェの判断に真っ向から反対するように「フルトヴェングラーによるマイスタージンガーの室内（kammer）楽的に透徹し、穏やかで最後のフレーズまで有意味な演奏は、それだけでも、没形式的で肥満した響きにみちた空虚な芝居劇であるという従来からの異論を反駁するのに十分だったろう」（GS18, S. 204.）と述べていた。この『ノート』にはすでに、『試論』を経て『ワーグナーとバイロイト』（一九六六年）にいたるまで一貫してアドルノが保持することになるワーグナー救出の青写真が描かれている。そして彼がここで注目するものこそ、ニーチェがそのギリシア悲劇研究からして副次的と見なした器楽、すなわち、オーケストラにおける音の多色性である。「ワーグナー的音響の本来生産的な次元は、だが、オーケストラにある。［『試論』の］第五章はその論及にあてられている。」（GS13, S. 500.）

この第五章「音色」については前章でくわしく述べたので、ここでは『ノート』と『バイロイト』の論述を紹介したい。先ず『ノート』について。ここには、その後のアドルノのワーグナー論を方向づける数多くの指標が散見される。重要と思われるものを三つ挙げておこう。一つは、先の引用にあるように、フルトヴェングラーのいわばアポロン的に透徹したワーグナー解釈であり[21]、さらに、一九二四年から公刊され始めたアルフレッド・ローレンツのワーグナー研究『リヒャルト・ワーグナーにおける形式の秘密』――これはワーグナーの音楽をバール形式、あるいは円弧形式に基づいて解釈したもので、アドルノは後の『試論』や

『バイロイト』においても繰りかえしこの著述に立ちかえり、辛口の彼としては異例なほど積極的に評価する――、そして最後に、ニーチェのワーグナー解釈への徹底した拒絶の姿勢である。この三つは連動している。アドルノはここで「ワーグナーに対するニーチェの論争的な権利はもはや今日、現在的なものではない」(GS18, S. 205.) と述べ、楽劇の非形式性に焦点を当てるニーチェとは逆に、おそらくローレンツからの理論的刺激もあったのだろう、ワーグナーを「われわれの音楽の質料の徹底した形成者」(GS18, S. 206.) と呼ぶ。学匠の管弦楽法に特徴的なこの形成の技法は、たとえばもはやアクチュアリティを喪失しているブラームスの唱歌やシンフォニーとは逆に、近代社会の行く末までをも生々しく証言する。でなければ、ワーグナーの音楽が後の新ウィーン楽派の前衛的な試みに与える重大な――アドルノは「革命的」とさえ表現する――影響をどう説明しえようか。その代表例として彼は、無調音楽の先駆けとして世界的に知られることになる『トリスタンとイゾルデ』の前奏曲に注目する。

前章で述べたように、トリスタン前奏曲は、様々な不協和音のポリフォニックな重なりによって明確な調性を欠いている。にもかかわらず前奏曲は、メロディーの無秩序な集合としてではなく、調和のとれた一つの時間的流れとして印象づけられる。この「ワーグナーにおけるヤーヌスの顔」(GS18, S. 220.) の秘密はどこにあるのか。それは、まさしくその管弦楽における音色の解放と再統合に存している。前奏曲には、トランペット、ホルン、バス・クラリネット、チェロ、ヴァイオリン、あるいはそのほか様々な楽器が参加しているが、これらが前奏曲の旋律をなすのは、長時間続くソロ・パートを織り交ぜることなく、ほかの楽器の音色と容易に調和しやすいメロディーへと各楽器の音色を断片化すること、つまり、楽器の徹底した分業化とそれに伴う音色の細分化によってである。リヒャルト・シュトラウスが楽器同士の異なった音色を結びつけるホルンの接着剤的な役割にワーグナーの音響技術の特徴を見たように、アドルノは、ほかと融合しやすいクラリネットの多用という現象をワーグナーに確認する。また、ワーグナーが、一つの旋律の各部分を多くの楽器パートの重層的な連なりによって構成しようとする試みに注目する。前奏曲のメロディーが多色的でありながら途切れや中断といった印象を与えることなく、むしろこの多色性によってかえって旋律の、内側から無限に発展するかのような力強い高まりが表現されているのは、このためである。

あたかもスーラの点描画のように、詳細に見れば微細で孤立した旋律やモチーフの緻密な配置が、全体として見れば没形式的で流れるような、ささくれた所もほころびも見あたらない曲進行を織りなす。『バイロイト』の中でアドルノは、第一次大戦中に聴いた当時ベルリン・フィルの常任指揮者であったアルトゥル・ニキシュによる『ヴァルキューレ』の忘れられぬ思い出について、「その演奏はわたしには爆発の連続でした。…いずれにせよわたしが当時受けた印象は、破綻なき曲線というよりも、引き裂かれた偉大な形象といったものでした」（Ibid.）と述べているが、数年後に演奏されたゲオルク・ショルティ指揮の同じ『ヴァルキューレ』は彼に「破綻なく自らを高め、いわば延々と続く楽章」（Ibid.）という感想を言わしめることになる。この両義性こそ楽匠の真骨頂である。ロマン主義的に響くワーグナーのいわゆる「無限旋律」を支える基盤は、徹底して分業化されたパートを指揮者の力量がいかに組み合わせるか、という点に求められる。その意味で彼の管弦楽法は、アドルノによれば、疎外、労働、支配といった近代社会特有の構図を、あるいは、分業的な生産関係に組みこまれることによってかえって自律性を喪失し、引き裂かれることになる近代的個人を映しだす比類なき鏡でもある。と同時に、この現象を見せかけの全体的調和によって糊塗し、歪めて見せる鏡でもある。

ニキシュかショルティかという選択でいうなら、おそらくアドルノが求めるのは、ニキシュのような演奏なのだろう。「声」が自らを自然的で普遍的なものと偽る傾向を示すのに対し、細分化された器楽（Instrument）の音色群は、分業的な社会体制のもとで道具（Instrument）としてのみ存在理由を与えられた近代人の身体の苦悩を、より赤裸々に歌い上げる。『バイロイト』でアドルノは――これは決定的な告白だと思うが――ワーグナーの肉体はわれわれの肉体である、とさえ述べている（Vgl., GS18, S. 220.）。メロディーの美的断片性、その乏しさは、真理性という点では声の過剰よりもむしろ雄弁なのだ。彼は、ニーチェには弱々しさとしてとらえられたワーグナーのデカダンスのうちから、むしろその弱々しさによって図らずも記録されることになる、生の社会的葛藤を聞き出そうとする。以上のような点をふまえるならば、『試論』の終結部に置かれた次のようなニーチェへの言及が意味するところも、よりはっきりと見えてくる。

ワーグナーの作品は市民階級の崩壊の初期を証言している。その破壊衝動は、作品における比喩のうちで社会の破壊衝動を先取りする。ワーグナーのデカダンスに対するニーチェの批判が正しいのはこの意味においてであり、決してその生物学的な意味においてではない。だが、崩壊しつつある社会が、いつかそれにとって代わるであろう別の社会の可能性を自らのうちに発展させているとすれば、ニーチェは、彼の後に二〇世紀のロシアの専制がそうであったように、市民階級の崩壊の初期とともに自由になったもろもろの力を見まちがえていた、ということになる。（GS13, S. 143.）

健康についてのニーチェの基準のほうが、ワーグナーに固有であった崩壊の無意識的な諸力とのかかわりによってワーグナー自身の壮大な弱さが獲得した批判的意識よりも優れたものであるかということは、問われてしかるべきだろう。ワーグナーが自らを統御するのは、破壊するものとしてなのだ。（GS13, S. 144.）

四、模倣への抵抗、あるいは強制なき模倣

アドルノは、ワーグナーの作品——決してワーグナー自身ではない——から聴きとれる「市民階級の崩壊の初期とともに自由になったもろもの力」を、ニーチェにおける健康のイデオロギーと対立させる。たとえニーチェのいう健康がいわゆる「病者の光学」と相補的な関係にあり、その意味で決して生物学的な本能や身体的な頑健さに単純に還元しうるものではないにせよ、「声」によって直接的に結ばれる生と音楽との関係に、アドルノが何かいかがわしいものを感じていることは確実である。それは何か。

そもそもニーチェはワーグナーにおけるデカダンスということで何を問題にしていたのか。ニーチェ後期の『ワーグナーの場合』より引用する。

何をもってあらゆる**文学的**デカダンスは特徴づけられるか? 生命がもはや全体のうちに宿っていないということでもってである。(中略) 生命、**平等の**活気、生命の振動や膨張がこのうえもなく小さな形態のうちへと押しもどされ、残余のものは生命に**乏しい**。(中略) 全体は、もはや総じて生きていない。それは合成され合算されたもの、人為的なもの、一個の人工物である。(KGW, IV3, S. 21.)

デカダンスは、生命の全体を解体する。ワーグナーの総合芸術は、アドルノが洞察するように、見かけの全体性とは逆に、バラバラにされ、破片と化した芸術的形象のいわばモザイクにすぎない。が、続けてニーチェが最大限の賛辞を捧げるのは、これまたアドルノ同様、まさにワーグナーにおけるこの死する微細な形象にほかならない。

二重の意味で、これは驚嘆すべきことである。というのはこれは、ニーチェがアドルノのいう「ワーグナーにおけるヤーヌスの顔」についてはっきりとした洞察を示していたことを証拠立てているのであるから（これに関するアドルノの沈黙は完璧である——第三の驚嘆）。ニーチェは右の引用に続けて述べる。

繰りかえしいうが、ワーグナーが驚嘆すべく愛すべくあるのは、微小のものの発明、細部の案出においてだけである、——彼がこの点では第一級の巨匠であると、最少の空間のうちへと無限の意味と甘美さを押しこめる、われわれにとって最も偉大な音楽の**細密画家**であると宣言するのは、全面的に正しい。（KGW, IV3, S. 22.）

あるいは、以下に挙げる『ニーチェ対ワーグナー』からの引用も、見のがしがたい。

たしかに彼は極微なものの**巨匠**である。しかし彼はそれであろうとは**欲し**ない！彼の性格はむしろ大きな壁と大胆な壁画とを愛する！…彼の精神が別の趣味と傾向を——反対の光学を——もっていて、崩壊した家屋の片隅に静かに座っているのを最も好むということに、彼は気づかない。そこではひそかに、自己自身に対してもひそかに、彼は彼本来の傑作を描きあげるのだが、それはすべて短いものであり、しばしばほんの一拍子にすぎない、——そこで初めて彼は極めて優れた、偉大で、完全なものとなる。おそらくそこでのみ。——ワーグナーは深い苦悩を味わった人間である——他の音楽家に対する彼の**優位**がこれだ。わたしは、彼が音楽の中に**自己自身**を置いている一切のものにおいて、彼に驚嘆する。（KGW, IV3, S. 416.）

マーラー、シェーンベルク、アルバン・ベルクら新ウィーン楽派の道標になったのは、まさしくこの「極微なものの巨匠」という理念であり、自著『アルバン・ベルク』に「極微なる移行の巨匠」という副題をつけたアドルノ自身が、その証言者である。とはいえ、「いったい何をわたしの肉体全体は音楽一般から**欲しているか**」(KGW, IV3, S. 417.) と問うニーチェは、やはりアドルノの道標とはなりえないのだ。それはなぜか。改めて考えてみよう。

『悲劇の誕生』からはじまり、ワーグナーの芸術の人為性を批判する後期にいたるまで、ニーチェのうちには、芸術的理想としての「自然」が根底的に存在していた。無論これは、芸術行為は自然現象を正確に写しとるべきだといった自然主義的態度では全くない。そもそもニーチェの芸術観は、初期の『生にとっての歴史の利害』に表明されているように、過去的なものの単なる模倣や収集に堕してしまった一九世紀的な歴史教養主義への仮借ない批判を抜きに考えることはできない。とはいえ、そこでニーチェが模倣を否定するのではなく、むしろギリシア悲劇における合唱隊を模範とすることによって、模倣行為それ自体を超歴史的な次元へと引き上げる方向に向かう、という事実は注目に値する。たとえば『利害』の最後にニーチェはこう述べている。「われわれはみな、顧みて自分の本当の欲求に立ちかえることによって、混沌を自分のうちで組織化しなければならない。彼の誠実さ、有能で正直な性格はいつか必ず、いつも口真似し、追従し、模倣するだけであることに反抗するに違いない。そのとき彼は、文化が、根底において単なる偽装と隠蔽にすぎない**生の装飾**——というのは、あらゆる装いは装われるものを隠すのだから——以外の何ものかであることを把握しはじめる。そうすれば、ラテン的なそれとは対立した文化のギリシア的概念、内と外も、偽装も因襲もない、新しく改善された自然《ピュシス》としての文化概念、生と思惟と外観と意欲の合致としての文化概念が、各人に対して姿を現してくる。」(KGW, III1, S. 329f.) ただしこの場合、悲劇の再生は単なる文化的ルネッサンスを特徴づけるのではない。それは歴史に制約されない生の実相としての「意志」の活性化そのものに奉仕するべく調えられる。ニーチェは断片『音楽と言葉について』の中で「もっとも根源的な現象形態としての『意志』は音楽の対象である。この意味で音楽は自然の、ただし自然のもっとも普遍的な形式の、模倣と呼ばれうる。」(KGW, Ⅲ3, S. 383.) と述べるが、そこには、ただ個人の枠を超えてともに歌うことによってのみ、自己を普遍的に産出する存在としての自然に近づくことができるのだ、というニーチェの考えがはっきりと示されている。

ニーチェの模倣の問題に最も精通した一人であるフィリップ・ラクー＝ラバルトは、「音楽を世界ないし意志の『無媒介的な複写』として指定すること…、つまり根源的な一者の純然たる表出、存在そのものの声、物それじたいの現前化として指定すること」(22)のうちに、ニーチェにおけるディオニュソス的なものの存在論的優位を見いだしている。無論、ワーグナーへのあてつけのような形でニーチェが賛美したビゼーの音楽が、明らかにアポロン的な形式の明瞭性を示していることは、「音楽を世界ないし意志の『無媒介的な複写』として指定する」という構想への、ニーチェ自身の単純ならざる関係を示してもいよう。だが彼は――ラクー＝ラバルトも考慮してないことだが――陶酔に誘う劇場的身ぶりとは矛盾する形でワーグナーに存在する管弦楽の不協和音(つまりそれこそが、「崩壊した家屋の片隅」の形象にほかならない)が、自然の、そして古代ギリシアの反復的模倣という近代ドイツに特有の「病」に対するワーグナー自身の美的闘争から生じたものではないか、という考えにはいたらない。いうまでもなく、楽匠の管弦楽からアドルノがなかば強制的に読みとろうとするのは、まさにこの闘争の筆法なのだ。そしてアドルノはこの闘争を、自らを自然に似せこれと同一視することによって自己保存を図ってきた自然支配の論理そのものの克服という歴史的課題にまで拡大する。これこそ『啓蒙の弁証法』を貫く根本モチーフであったが、このモチーフは、これまたいうまでもなく、ニーチェへのアドルノの知的負債を証言するものでもあった。たとえば『啓蒙の弁証法』の次の一節に注目してほしい。

自然に対して意識的になされた適応によってのみ、自然は肉体的に弱々しい者の支配下に置かれる。このミメーシスを押しのけて登場する理性は、ミメーシスの単なる反対物ではない。理性はそれ自身ミメーシスである。つまり、死せる存在の模倣である。自然という霊魂の息吹きを解消する主観的精神は、自然の堅固さを模倣し、自分自身をアニミズム的な仕方で解消することによってのみ、魂を奪われた自然を征服することができる。模倣が支配のために役立つのは、人間が人間の前に擬人化された神として立つことによる。オデュッセウス的狡知の構図は、こうした同化を通じた自然支配である。（GS3, S. 75f.）

さらに、第二節で引用したニーチェの言葉を再び引用しておこう。右の『啓蒙の弁証法』のディスクールとの類縁性は否定しがたい。

存在者の序列の上昇にしたがう『偽装』の増大。無機物の世界はそれを欠くように見えるが、有機物の世界では狡智がはじまる。（中略）ギリシア人（オデュッセウス）。狡猾さは人間の向上の**本質**に属する…俳優の問題。わたしのディオニュソスの理想…すべての有機的機能と最強の生本能の光学、すなわち、あらゆる生が持っている誤謬を**意欲する**力、思考そのものの前提としての誤謬。『思考』される以前にすでに『仮構』されていなければならない。つまり同一の事例、等しいものであるという**仮象性**を**形成しととのえること**は、**等しいものの認識**よりも根源的なのだ。（KGW, Ⅷ2, S. 216.）

ニーチェは精神の「等しいものであるという仮象性を形成しととのえる」働きを徹底して告発し続けた。キリスト教的隣人愛にせよ近代ドイツの歴史主義にせよ、そこには、自分とは異なった存在の際限なき取りこみによる「差異」の消滅と凡庸化の危険が常にひかえているのではないか、と彼は考えた。それにしても、道徳ではなく生理学、精神ではなく身体へとまなざしを移すニーチェが、かくも強固に道具的理性をとらえてきた模倣（ミメーシス）の呪縛を克服しえているのかという点は、依然として疑問が残る。なぜなら、彼のいう身体を特徴づけるのは、とりわけ『この人を見よ』で繰りかえし確認されるように、消化と排除による異他的なものの同質化、我有化の運動であり、まさにこの精神に似た運動の首尾一貫性こそがニーチェにおける「健康」のバロメーターだからである。「できのよい人間は自分の身体によいものだけを美味と感じる。その限度を踏みこえると、彼の好みも食欲も消えてしまう。（中略）彼は自分が見たり聞いたり体験したりした一切のものの中から、本能的に集めて**自分の**総額を作りだす。つまり彼は一つの選択の原理であり、これにより多くをふるい落とす。交わる相手が書物であろうと、人間、風景であろうと、つねに彼は**自分の**仲間社会の中にいる。」（KGW, IV3, S. 265.）総額を作り出す体系として、身体はニーチェによって「大いなる理性」と呼ばれる。これは決して比喩ではない。身体は理性そのものなのだ。ところで、多少思弁を展開するなら、経験的身体としてのニーチェを超えて「ニーチェ」という名のもとに展開されることになるであろう、消化と排除の戯れ（おそらくこれは彼自身が「地上の大いなる政治」と呼ぶものと無関係ではあるまい）、つまり、ロドルフ・ガシェが「諸記号からなる完全に透明な身体の活動＝遊戯」[23]と空想する生の終わりなき肯定はどうやって可能となるのか。それは、他なるものの不透明な経験が、耳障りでない声へと身体化され、「翻訳」され、最終的には——もはやニーチェ自身ですらない——「わたし」自身の声として聴取されるからではないのか。『この人を見よ』で彼はいう。「どんな楽器であれ、どんなに『人間』という楽器が調子はずれであろうとも——わたしはかならずその楽器から傾聴に値するものを引きだすことに成功したものだ。万が一そうできない場合には、きっとわたしは病気なのだ。そしてわたしは幾度となく、『楽器たち』自身から、自分が**こんなにも**すばらしい調べを奏でるのを聞いたことがない、と聞かされたものだ。」(KGW, IV3, S. 267.) 人間的身体を楽器と等置すること、この発想自体は、前述の「ワーグナーの肉体はわれわれの肉体である」という言葉にうかがえるように、アドルノにとっても無縁なものではない。だが彼がそうするのは、技術的にも歴史的にも限界づけられた楽器が発する響きや音色、そしてそれらが互いに抑圧的-解放的にせめぎあう様子をいわば現象学的に記述することを通して、楽器自身に道具としての近代的身体の歪みを告白させるためである。精神を否定し、肉体を肯定するにせよ、その肉体的自然はすでに精神による文化的刻印を受けている。自然の想起が、自然というレッテルを貼られた人工物の単なる再生産でない保証はどこにもない。身体が発する声が自然で居心地のよいものだというのは、身体の物象化という社会的プロセスをあまりに軽やかに飛びこえてこそ成りたつイデオロギーにすぎない、とアドルノは繰りかえし強調する。(24)

結論を出そう。以上の論述から、アドルノの問題意識は極めて明瞭であるように思われる。つまり、ニーチェへの彼の不透明なかかわりは、まさにニーチェを模倣することへのアドルノの抵抗を物語っているのだ。ニーチェほど、道具的理性による冷徹な同一性原則によって抑圧されていた自然的生について雄弁に語りえた者はない。この意味でニーチェは、概念的把握からこぼれ落ちる非同一的なものの比類なき代弁者としてアドルノを先導する。と同時に、アドルノが不審の念をいだくのは、この代弁者が生について、別言すれば、(ニーチェ自身がよくいうように)自らの形式を内側から創造する生といったものについて、(25) あまりに雄弁に歌い上げるからである——観念論者が理性や精神それ自体を雄弁に語るのに似て。だが、音楽が自らの「声」をまず特定の楽器の響きのうちに見いだすように、あるいは、子供の生の営みが両親というすでに客観化され、社会化された存在者の模倣からはじまるように、生の存立は、自らに刻みつけられる他なるものの刻印によって初めて可能となるのではないか。アドルノはベートーヴェンについての遺稿の中でいう。「主観化と物象化との間をつねに等価関係が支配しているように、楽器は魂を吹き込むものなのである。

これは音楽上のすべての弁証法的な原現象にほかならない。」（NSI-1, S. 248f.）いわゆる否定弁証法とは、つまるところ、自己がそれに依存している他なるものへのまなざしを開示するものだ、と定義できる。この洞察に対応する形で、アドルノの思惟も相互参照的な戦略をとる。つまり彼は、身体を自らに似せようとする精神の狡猾さ——ニーチェがソクラテス・ヘーゲル的弁証法に見いだしたものがこれだ——を告発すると同時に、精神を自らに似せようとする身体の傲慢、すなわち、社会的生の不協和音を「声」の透明な現前性へと濾過し、永遠化しようとする素朴さを暴露するのだ。

けれども注意しよう。これは模倣行為それ自体の否定ではない。むしろ、こうした二重の手続きにおいてアドルノが意図しているのは[26]、おそらくは、精神と身体との関係において、一方が他方に依存するという支配の構図が永遠であるという超越的・超時間的な幻想そのものを打ち破ることであり、それによって、彼がしばしばミメーシスという名で目配せを与える、強制なき模倣関係の地平を切り開くことなのである[27]。

（1）本章に限らず、本書全体において、ニーチェからの引用は以下の全集を用い、これを略号（KGW）と巻数、頁数で表示した。Friedlich Nietzsche, *Nietzsche Werke, Kritische Gesamtausgabe*, Giorgio Colli und Mazzino Montinari（Hg.）, Walter de Gruyter, Berlin/New York.

（2）Vgl., Peter Pütz, Nietzsche im Lichte der Kritischen Theorie, in : *Nietzsche-Studien, Bd.3*, Walter de Gruyter, Berlin/New York, 1974 ; Reinhart Maurer, Nietzsche und die Kritische Theorie, in : *Nietzsche-Studien, Bd.10/11*, 1981/1982 ; Norbert Rath, Zur Nietzsche-Rezeption Horkheimers und Adornos, in : Willem van Reijen und Gunzelin Schmid Noerr（Hg.）, *Vierzig Jahre Flaschenpost : ›Dialektik der Aufklärung‹ 1947-1987*, Fischer, Frankfurt a.M., 1987 ; Josef Früchtl, Radikalität und Konsequenz in der Wahrheitstheorie. Nietzsche als Herausforderung für Adorno und Habermas, in : *Nietzsche-Studien, Bd.19*, 1990.

（3）Pütz, a.a.O., S. 177.

(4) Vgl., Früchtl, a.a.O., S. 431.

(5) Maurer, a.a.O., S. 67.

(6) Vgl., Rath, a.a.O., S. 74.

(7) Karl Löwith, *Von Hegel zu Nietzsche, Sämtliche Schriften, Bd.4*, Metzler, Stuttgart, 1988, S. 223.

(8) 当時、アドルノの周辺においてニーチェに対する警戒感が拡がっていたのも確かである。ジョルジ・ルカーチが『ファシズム美学の先駆者としてのニーチェ』（一九三五年）を論じるにとどまらず、レーヴィットもまた、フランクフルト社会研究所の年刊誌『社会研究誌』の中で、先にあげたヤスパースの論考を論難している。レーヴィットはこれを、ニーチェの持つ歴史意識、時代に対する批判意識を捨象し、彼を（ヤスパース流の）宙に浮いた実存哲学者に仕立てようとする無意味な試みだ、と激しく断ずる。同様の論調は同年刊誌のホルクハイマーによるヤスパース書評にも見られるが、ここからは、ナチスによるニーチェの政治的利用の動きに神経質たらざるをえない両者の、ヤスパースの鈍感さへの苛立ちが見てとれる。Vgl., Max Horkheimer（Hg.）, *Zeitschrift für Sozialforschung, Jahrgang6/1937*, Deutscher Taschenbuch Verlag, München, 1980, S. 405ff.

(9) ジャック・デリダ、ジル・ドゥルーズ、ジャン＝フランソワ・リオタール、ピエール・クロソウスキー、『ニーチェは、今日？』、林好雄・本間邦雄・森本和夫訳、筑摩書房、二〇〇二年、三〇九頁。

(10) Karin Bauer, *Adorno's Nietzschean Narratives : Critiques of Ideology, Readings of Wagner*, State University of New York Press, 1999, p. 219.

(11) ジル・ドゥルーズ、『ニーチェと哲学』、足立和浩訳、国文社、一九七四年、二三頁。

(12) Früchtl, a.a.O.

(13) Vgl., Rath, a.a.O., S. 74-80.

(14) Thomas Mann, Nietzsche's Philosophie im Lichte unserer Erfahrung, in : ders., *Leiden und Größe der Meister*, Fischer, Frankfurt a.M., 1982, S. 846.

(15) この点については、次章の第二節も参照。

(16) Vgl., Rath, a.a.O., S. 88.

(17) この歴史的洞察についてはマーティン・ジェイの見解に従った。ジェイ、『弁証法的想像力』、荒川幾男訳、みすず書房、二〇〇四年、六六–六七頁参照。

(18) 特にVgl., Lothar Jordan, Nietzsche : Dekonstruktionist oder Konstruktivist ?, in : *Nietzsche-Studien, Bd.23*, 1994, S. 235ff.

(19) Ruben Berrios, Nietzsche's Vitalitic Aestheticism, in : *Nietzsche-Studien, Bd.32*, 2003.

(20) 合唱隊に叙情詩、音楽、そして劇場の理想的統一を見いだし、ソクラテス以降のギリシア悲劇の変遷をこの統一の内部崩壊の歴史として叙述する『悲劇の誕生』の発想は、西尾幹二の報告によれば、ニーチェのプフォルタ学院時代の課題論文『オイディプス王のコロスの最初の歌』(一八六四年)にまで遡る(西尾幹二、『ニーチェ 第一部』、中央公論社、一九七七年、二四三頁以下参照)。学院のコーラス・グループの一員として賛美歌を歌うことを無上の喜びとし、また幼馴染と結成した同人グループ『ゲルマニア』でも幾度となくコーラスの作曲を手がけるニーチェにとって、言語の明晰性と音楽の叙情性との綜合は、彼の美的実存そのものにかかわる根本的な課題であった。またこの論文の中で、二つの綜合を天才的に成しとげている例外的人物としてワーグナーが名指されていることも、ニーチェの音楽観の形成過程を考える上で極めて興味深い。『悲劇の誕生』における合唱隊のあつかいについては、身近なところでは次の論考も参照。林湛秀、「ニーチェの『悲劇の誕生』――「合唱隊」の解釈をめぐって――」(『クヴェレ』第五〇号、大阪大学言語文化部編、一九九七年、所収。)

(21) これについては渡辺護、『リヒャルト・ワーグナーの芸術』(音楽之友社、一九八七年)、第一一章「ワーグナーとフルトヴェングラー」も合わせて参照。

(22) フィリップ・ラクー＝ラバルト、『近代人の模倣』(大西雅一郎訳、みすず書房、二〇〇三年)、一八八–九頁。さらにここではサラ・コフマンのニーチェ論にも触れておこう。ミメーシスの問題への言及が全くないものの、彼女の言述からは、自然＝声の模倣というニーチェの美的理念がその言語観の形成にまで寄与している様子がうかがえる。「彼〔芸術家〕は〔人間という〕種そのものに、否、自然の存在それ自体に、自己を同一化してしまっているのでなければならない。この状態においてこそ、芸術家は全体と合一しつつおのれを表現するのであり、彼の「自我」が全体を象徴するのである。芸術家は世界の一つの隠喩となり、そういうものとして永遠の存在を映し出す媒介となる。」(サラ・コフマン、『ニーチェとメタファー』、宇田川博訳、朝日出版社、一九八六年、二五頁。) さらに次の言述も見のがせない。「この〔『修辞学講義』・『言語についての断章』〕場合のニーチェは、ルソーに、とりわけ『言語起源論』の最初の四章の立場にきわめて近い。この著作によれば、「最初の言語は、単純で方法的な言語となる以前に、歌う言語であり情熱的な言語であ」った。そして「比喩的な言語が最初に生まれ、本来的な意味は最後に発見された」のである。ニーチェにもルソーにも、或る種の形而上学を特徴づける、音楽と声の特権性が見受けられるわけである。」（前掲書、二五九頁。）

(23) ロドルフ・ガシェ、「『この人を見よ』あるいは書かれた身体」（『現代思想』一一月臨時増刊号、特集：ニーチェの思想、青土社、一九九八年、所収）、二六二頁。

(24) 明らかにアドルノは、彼の全生涯を通じて、声楽にわずかばかりの価値しか与えていない。「声」に対する彼のあからさまな嫌悪に関しては、音楽家としての個人的な来歴、新ウィーン楽派の受容以来の前衛音楽への理論的擁護（と、その結果としての民謡や唱歌の軽視）、ドイツにおけるいわゆる「歌声運動」が内包するロマン主義的・民族主義的な自然回帰の志向がナチス・ドイツのイデオロギーと結びつくことになった忌まわしい歴史経験など、複数の理由が考えられる。アドルノの声楽へのかかわりがうかがえる論述としては、『歌謡の状況』（一九二八年）、『合唱音楽と誤った意識』（一九六八年）、彼のベートーヴェン論における重要な証言（NS I-1, S. 249.）などが挙げられるが、ここでは論考『学士音楽の批判』（一九五六年）からやや長めに引用をしておきたい。彼が声楽の持つ難点（と、彼に思えるもの）をここまで要約して述べた箇所はほかにない。「…だが、いくつかの決定的な点で［歌声運動が］ファシズムと共通していることは明らかである。つまりそれは、いわゆる若者と呼ばれる、活動的ではあるが社会的には漠然としたグループにアピールする態度、国民とそのけがれなき自然な力と称するものへ取り入ろうとする態度、個人に対して集団が優先する態度、感受性やあらゆる主観的なニュアンスを非難するのに劣らずまた知性をも誹謗する態度、そして退化現象を何かより根源的なもの、より純粋なもの、いやそればかりか、進歩そのものよりも進歩的なものとして吹聴しかねないやり口などである。」（GS14, S. 89.）

(25) 生の形態化が内側から生じる、別言すれば、社会的諸組織は結局のところ有機体の内的闘争として説明できるのではないか、というニーチェの発想については、ヴォルフガング・ミュラー＝ラウター、『ニーチェ論攷』（新田章訳、理想社、一九九九年）の特に第三章「内的闘争としての有機体／ヴィルヘルム・ルーのフリードリヒ・ニーチェへの影響」を参照。

(26) **reziprok**（相互的）ともいうべきアドルノのこの二重の手続きは、「歴史的存在がその最も際立った歴史的規定性において、つまりそれが最も歴史的である地点で、自らを自然的な存在として把握すること、或いはもし可能であれば自然を、まさにそれが自然としての自己自身に最も深く固執するように見える地点において、一つの歴史的存在として把握すること」（GS1, S. 354f.）という、彼のうちたてる「自然史」のテーゼを想起させるが、実際これは彼の否定弁証法の根幹をなすものである。これについては次章でくわしく論じる。

（27）これをラクー＝ラバルトは、模倣に対する断念を含んだミメーシス行為としてヘルダーリンのポエジーに求めている。ポエジーは自然の「声」の複製、自然の延長ではなく、端的にその代理者なのだ。「ヘルダーリンが発見する抗争とは、それゆえに、ミメーシス的な［mimétique］抗争そのものである。この意味によれば、ミメーシスとは自然の模倣というより、自然ないし「ピュシスの」ポイエシス〔産出的詩作、根源的創造〕への代補性［補助かつ代理 suppléance］なのである。」（ラクー＝ラバルト、前掲書、一八七―八頁。）さらにここでは、アドルノが『パラタクシス――ヘルダーリンの後期叙情詩に寄せて』（GS11, S. 447-491.）で試みたのも、中間休止（Zäsur）という技法によって模倣行為自身の脱我有化を図ろうとする、ヘルダーリンのポエジーの軌道を明らかにすることではなかったか、と指摘しておきたい。

――形成された思想

第三章　アドルノの「自然史」について――その理論的可能性の再検討

「君の眼の棘は最上の拡大鏡である。」（GS4, S. 55.）

一、アドルノの歴史哲学をわれわれはどう評価すべきなのか

第一・二章では、伝記的な史実も交えながら、いわばアドルノのワーグナーおよびニーチェに対する近さと遠さとを慎重に「聴き分ける」ことを通して彼の思想の輪郭を浮かび上がらせてきたが、ここでは徹底して理論的な考察に終始したい。さて、本章があつかう問題は、端的にいうなら、アドルノの哲学はどこまで歴史的であり、また歴史的でないか、という問いである。彼のテクストに見うけられる一般的傾向を大胆に要約すれば、そこには一見するとまるで相反する二つの志向が確認される。つまりアドルノは、事柄をその独自の歴史性、可変的な在りようにそくして微視的にとらえようとする一方で、変化することなき超歴史的な原則――たとえばホルクハイマーとの共著である『啓蒙の弁証法』における「自然支配」の概念がその代表例だろう――をそうした個々の事象を包括的に解釈するための巨視的な図式として用いるのだ。この両者の絡まりあいは、繊細な美的感受性と暴力的な独断が混在し、常に両義的な意味あいを見せるアドルノ固有の文体を根底において構造化している当のものだといえるが、これまでの研究は、わたしの見解では、この構造を明瞭な仕方で際立たせることについても、あるいはそこに潜む問題点を析出することに関しても、十

分な回答を提示してきたとはいいがたい。差し当たり以下では、ここから浮かび上がる課題を、アドルノをめぐる現在の論争と照らしあわせながら大まかにスケッチし、本章の問題設定により明確な輪郭を与えたい。

右で示したコントラスト、つまりアンケ・ティエンのいう「体系的論考と歴史的論考の混交」[1]が今なお未解決の問題であることは、二〇〇三年のアドルノ学会におけるジグハルト・ネッケルの興味深い議論に如実に表れている[2]。彼はここで半世紀前にアドルノが下した時代診断のアクチュアリティを再評価しながら、社会の市場化、隅々まで管理化された官僚機構、野蛮化した文化産業等々、これらが抱える全体主義的な支配力は、断片的で非体系的であるものの首尾一貫したアドルノの後期資本主義批判の正当性をますます確かなものにしている、と述べる。だが他方でネッケルは、それ自体がすでにフランクフルト学派の伝統となっているハーバーマスのアドルノ批判に従い[3]、そうした時代診断が依拠している理論的枠組みの老朽化を指摘することも怠らない。つまり、アドルノの歴史的洞察は理性自身の自己反省という思考形式に多くを依存しているが、それは常に単数の主観-客観関係に基づいたもので、個々人の間における相互主観的な関係を全く考慮していない。ゆえに自己反省のプロセスがラディカルに遂行されればされるほど、その反省内容は一方的で狭隘、独断的なものになり、最後には全体主義に対する批判それ自体が全体性のイデオロギーと化すだろう、と[4]。このアポリアはだが、常に多様に解釈可能な仕方で開示された世界が互いのコミュニケーション行為を媒介として十全に保持されることで克服しうるのであり、この行為理論の導入の後では、古びた批判理論は「もはやわれわれのものではない」[5]のである。かくしてネッケルは、必ずしも明瞭でないこうした理論と実践のコントラスト——それは彼の論考の副題「理論の老朽化—時代診断の革新」にも表れている——からこう結論づけざるをえない。すなわち、文化産業の奔流を漂流する主体について「アドルノは極めて驚くほどアクチュアルな診断にいたるが、それはまた、この診断が近代的主体に関する彼の一般的な見解に必ずしも対応していないからにほかならない…[6]。」

ネッケルのこの曖昧な帰結は、ある意味では、アドルノをめぐるこれまでの解釈史がたどってきた相反的な動きを象徴してもいる。つまり、一方において理性の自己反省を通じて獲得される非同一的なものの経験に政治的実践の開かれた地平を期待するフレドリック・ジェイムスンやマーティン・モリスの理論的洞察、あるいは『啓蒙の弁証法』で展開される市民的主観性の概念を超歴史的な構造モデルとして一種の「マクロ理論」へと引き上げるカーステン・フィッシャーの試み――もっともこれらは、いずれの場合も先のハーバーマス的批判を克服しきれているとはいいがたい――があり[7]、他方でノルベルト・W・ボルツやノルベルト・ツィマーマンの論考が示すように[8]、もっぱらアドルノの美学論、文学論に対象領域を限定しながら、そうした非同一的なものの経験の歴史性を、その非体系的テクストにそくしてまさに非体系的に解釈しようとする試みがある。とはいえ、このいずれがアドルノ理解の仕方として正当であるかという問いは、たいして重要ではない。というのは、まさしくこうした相反性こそが彼のテクストとその特有の修辞的文体を特徴づける本質的モメントにほかならないからだ。具体的な例として『啓蒙の弁証法』からいくつかの文を取りあげてみよう。

「啓蒙の犠牲となる神話は、しかしながら、それ自身がすでに啓蒙に独自の生産物であった。」(GS3, S. 24.)

「神話がすでに啓蒙を成しとげているように、啓蒙はその全行程において深く神話に巻きこまれている。」(GS3, S. 28.)

「自然が打破されることにより自然衝動を打破しようとするあらゆる試みは、ただ一層ますます深く自然衝動へと陥るだけに終わる。」(GS3, S. 29.)

「畏怖すべき自然からの解放の過程に思考は成立したが、この解放は結局完全に隷属させられるだろう。」(GS3, S. 125.)

典型的にアドルノ的ともいうべきこうした文からうかがえるのは、主文がある事実を公式化すると同時に、その内容をこれに引き続く副文がすぐさま否定するという構図、あるいは逆に副文の内容を主文全体が転倒させるという動きである。意味論的にはこうも表現できるだろう、つまりわれわれが日常親しんでいる思考形式はその自明性を喪失し、そこに隠れていた本性（Natur）がなまの自然（Natur）として暴露されるが、それは、この思考が歴史的に形成してきた権威性が短文の形式によって意図的に強調されることを通じて遂行されるのだ、と。アクセル・ホネットによる近年のアドルノ解釈はこうした、文体上に現れる極端な揺れ動き、事柄上の相対化と絶対化との対比を積極的に評価している。たとえば彼は述べる。「《交差配列法《キアスム》》の形象、つまり二つの文成分ないし単語の交差によって、今まで見慣れた意味連関に対して瞬時に新たな光があてられるが、その結果、自明的であった事柄はもろくも崩れ去る。[9]」さらにホネットはこの交差の意義を「挑発」という機能に見る。つまりここでは、慣れ親しんでいる価値体系の持つ意味とその無意味さとが挑発的に対比させられることによって、われわれの生活世界の自明性、その同一性そのものが揺さぶられ、ある変化へとうながされる、というのである。したがって彼は、とりわけ『啓蒙の弁証法』がいまなお有するアクチュアリティを、その意味が客観的に論証可能な事柄上の真理性にではなく、それまで覆い隠されてきた事象の新たな側面を開示する修辞的効果に見いだす。

だがこうした効果はどの程度まで有効なものだろうか。つまり、この開示的な働きが既存の意味連関の無力さを露呈させることを通じてのみ、もたらされるのであれば、別の観点から言えば、非同一的なものの経験がまさに伝統的な同一哲学との対決という構図においてのみ開示されるのであれば、アドルノの現代音楽論がそれ自体として強烈な文化保守主義的色彩を帯びているように、彼のテクストがどこまで事柄上の歴史的変化をうながす批判的インパルスを有し、またどこまで有しえないのかということは、全く不明瞭なままにとどまるのではないか。なるほど、アドルノのいうように哲学的営みはそれほど一義的で単純なものではなく、様々な光の彩を見せる一種のプリズムであるかもしれない（Vgl., GS6, S. 66.）。だがこのプリズムの持つ幻惑的効果を不問にすることは、アドルノのアクチュアリティそのものを曖昧化させることでしかない。カール・F・ゲイヤーが批判理論に与える「形而上学的な問題設定に対する近さと遠さ[10]」という両義的ポジションに、もはやわれわれは満足するわけにはいかない。むしろまず必要なのは、こうした曖昧さのメカニズムを明らかにし、適切な仕方で限界づけることだろう。

以上のような問題設定に基づき、本章の論究は次のように構成される。まずホルクハイマー・アドルノによる歴史哲学的考察とその問題点が取りあげられるが、それはこう総括される。確かに『啓蒙の弁証法』は、体系的に位置づけられることのない具体的事実のそのつどの歴史性に焦点を当てるが、その記述は常に彼らがいわばメタレベルのコンテクストとして導入する自然支配という原則に基づいて展開される。人間の歴史的営為をその多様性にそくしてとらえようとする意図と、この多様性をわれわれの根源史（Urgeschichte）である自然支配というひとつの意味に包摂する方法との不均衡、これこそ『啓蒙の弁証法』の複雑な力場を形成している当のものにほかならない（第二節）。次にわたしはこの力場の構造を明らかにするために、アドルノの思想形成にとって重要な意義をになうことになる初期講演『自然史の理念』に立ちもどり、自然と歴史という対項から構成されるこの術語の詳細な分析を行う（第三節）。そして最後にこの分析の所見を用いて、彼のテクスト全体を規定する修辞的戦略の理論的射程を限界づける（第四節）。

二、歴史は存在するか――『啓蒙の弁証法』をめぐる論争のスケッチ

まずわたしはホルクハイマー・アドルノが市民的主観性の発展の原型としてあつかうオデュッセウスの叙事詩が『啓蒙の弁証法』の歴史哲学的な枠組みにとってどの程度まで構成的な役割を果たしているかを探り

たい。ここで彼らは、オデュッセウスの一行の女神セイレーンとの遭遇を三分割された図式、すなわち神話（セイレーン）、支配（オデュッセウス）、および労働（同行者達）との間の相互関係にそくして説明する（Vgl., GS3, S. 49ff.）。ポイントを短く要約しよう。自らを船のマストに縛りつけたオデュッセウスはセイレーンの誘惑に身をさらすが、それは彼が船の漕ぎ手である同行者達の耳を蝋で塞ぎ、ひとり彼だけがその幻惑的な歌声を聴くことによってである。実際にセイレーンに接近する危険を冒すのは同行者達だが、彼らは女神の声を直接聴くわけではない。この声がいかに危険に満ちあふれたものだったかということは、オデュッセウスが一連の出来事を事後的に想起し説明することによってのみ再現前化される。彼は自然の神々へ捧げられる犠牲者として、また同時に社会を統御する司祭として行動する。そしてそれによって、畏怖すべき神的なものと直接的にかかわるというリスクを巧みにかわすのである。

こうした「狡知」に基づいて自然のデモーニッシュで生き生きとした力は言語化され、誰もが近づける一般的対象、いつでも表象可能な「像」となるが、それは同時に、自然の実相から遠ざかることを意味する。これこそ啓蒙のプロセスである。「神話は啓蒙へと、自然は単なる客観性へと移行する。人間は自らの力の増大のために、その力を行使する当のものからの疎外という代償を支払う。」（GS3, S. 25.）理性のこうした巧みな戦略はオデュッセウスの冒険譚の全体を特徴づける。「冒険を敢行し、自らを保持するために自己を投げ棄てるに際して自己が用いる機関は狡知である。航行者オデュッセウスは自然の神々をうまくまるめこむが、それはかつて市民化した旅行者が多彩なガラス玉を象牙と称して原住民に提供したのと同様である。」（GS3, S. 66.）しかしながら、他方でオデュッセウスのエピソードは、その内容にそくしていうなら、再びセイレーンの傍らを通るというリスクを冒すことができないという、取り返し不可能な行為を叙述してもいる。犠牲者オデュッセウスは社会の解放者へと、自然の諸力は社会が要求する支配と統御の権力へと変容するが、この変容それ自体がここでは後戻り不可能な必然的出来事、つまり一つの歴史的運命として意味づけられる。われわれがそこから自らを解放したと考える荒々しい自然は、社会的存在としてのわれわれが依存せざるをえない理性の抑圧的な原理へと姿を変えるのである。

かくして啓蒙のプロジェクトは、常にそれに相反する動きと並行的に進行することになる。市民的主観性がその将来へと投影する近代化のヴィジョンは、同時に自己自身の前史の後追いであり、無意識的に展開される模倣であり、つまりホルクハイマー・アドルノのいうミメーシスである（Vgl., GS3, S. 75f.）。道具的理性としての主観性の歴史はそれゆえ、決して直線的な発展軌道を描くのではなく、常に自らに対立する志向へと反復的に回帰する一種の円運動として示される。『啓蒙の弁証法』ではこうした動きが「ヨーロッパ的文明の原典」（GS3, S. 63.）として他のあらゆる歴史的局面に読み込まれているが、この意味でジェイムスンの次の洞見は全く正当である。「固辞されるべきことは、アドルノとホルクハイマーの『啓蒙の弁証法』の構想に特有の独創性は、彼らが…『啓蒙』を『常にすでに』見いだされるプロセスとして記述している点に存する、ということである[11]。」

ほとんど形容矛盾のようにも思われるこの変化なきプロセスという構想は、わたしの見解では、それに関する互いに全く対立した解釈を引き起こしており、それは『啓蒙の弁証法』を全体としてどう読解すべきか、という論争を今なお牽引している。すなわち、もしわれわれの歴史全体がいわば啓蒙による自然の自然科学化のプロセスとして説明されるとすれば、そして文化的存在としてわれわれが生産し意味づけるもの全ての存在論的な根拠が理性による社会的統御という支配原理に還元されるとすれば、歴史はティエンが示すように著しく「普遍史的」な必然性の様相を帯びて現れるだろう[12]。この場合われわれに残されるのは、啓蒙の運命という、ただ一つの社会の発展史がある、という事実だけである。しかし他方でフィッシャーが主張するように、この支配という原理が「超歴史的」性格を帯びてくるとすれば、つまりわれわれのそのつどの行いが全て、それが道徳的に正か不正か、歴史的に実りあるものであるかそうでないかにかかわらず、あるものを支配することを意志する人間の自然的本性の法則性に還元しうるのであれば、われわれはそれらを評価し意味づけることの必然性すら失うことになるだろう。歴史自体がここでは、端的にいうなら、存在しなくてもよいものとなる[13]。とはいえ、以上のような二つの解釈路線、つまり普遍史的な意味づけも自然支配の構造モデルも、いずれもが『啓蒙の弁証法』の構想の一面を言い当てているにすぎない。

後者の構造モデルに限っていえば、確かにそれは神話と啓蒙との共犯関係を単に歴史的にのみならず、人間学的、さらには精神分析的にあつかってみせるホルクハイマー・アドルノの方法論と一致するようにも見える。そこでフロイトおよびマルクスと関連づけられ、展開されている議論は、おおよそ次のようなものである。つまり人間の内的自然の抑圧、隠蔽、そして忘却が無意識的に遂行されることによってわれわれの自己意識の表面上の安定性は保持されるが、それがいかに脆弱なものであるかということは、たとえば商品ないし資本主義的な価値観に対する物神的な信仰が典型的に示している。だが一応の「脱神話化」が啓蒙によって遂行された近代社会においては、ひとはこのフェティシズムに隠された、神的なものを希求する自己自身の荒々しい心性をそれとしてとらえることはできない、と。とはいえ、もっぱら文化産業に対する批判のために導入されるこの精神分析的観点は、説明方法としては決して無制限に拡張された仕方で用いられているわけではない。仮にあらゆる文化的な意味連関が性的衝動に還元され、理性的動物（animal rationale）としての人間が単なる動物（animal）としてとらえられるにせよ、その瞬間に精神分析は、アドルノが「精神分析の慣習化はそれ自身の去勢化という作用を免れない。つまり部分的に否定され、あるいは部分的に認定された性的モチーフは、完全に毒気を抜かれ、取るに足りないものとなる」（GS4, S. 73.）と述べるように、それ自体が一つの流行商品、社会的な生産物となってしまうだろう。啓蒙と神話の共犯関係は、まさにそれが人間の社会的、歴史的な営みと自然状態という二つの側面の絡まりあいによって構成されている限り、その根源をどちらか一方にのみ還元することは到底できないのだ。

むしろここでは、精神分析との関連でいえば、前述のホネットやマーティン・ジェイが言及し[14]、またアドルノ自身が「精神分析においてはその誇張だけが真理である」(GS4, S. 54.) と述べているように、誇張ないし強調という開示方法が持つ生産的意義を見逃しえない。この場合とりわけ参考になるのはジャン・バールスの論考であろう。彼は精神分析の用いる「想起」の治療効果に注目するが、それは単に自身の歴史的経験を客観的に定義可能な意味の総体として思い出すことにではなく、むしろ想起という身体的行為がそうした経験を、歴史の中で歪められ忘却されるに至った自然の苦しみ (Leiden) や不安として、つまりある種の「病」として表現する点に求められる。この病理性はバールスによれば、それが極端な仕方で表現されればされるほど、社会的抑圧と自然的本性との無意識的な共犯関係の反復から逃れるための解放のインパルスをもたらす[15]。つまり、すでにシルビア・シュペヒトが芸術論という枠組みにおいてある程度洞察していたように、あたかも自然的所与としてなかば自明化されている歴史的了解、換言すれば、歴史的進歩と自然への退歩とが織りなす相互依存的な関係が挑発的にデフォルメされつつ美的表現という形態をとることによって、この相互依存に適当に折り合いをつけているわれわれの日常的な世界了解が変化する実践的契機が生じるのである[16]。そしてそれは『啓蒙の弁証法』のレトリックが示すように、たとえば近代的に洗練された文化スタイルが根底においていかに動物的な野蛮さに満ちたものであるかということを強調することによって、あるいは逆に、事柄それ自体にそくして成されるように見える自然科学的探求の過程を、人間の知的欲望に基づく歴史的営為として物語的に叙述することによって、つまり共犯関係をになう両者を極端な仕方で照らし合わせることによって遂行される[17]。それはバールスの図式を用いて言うなら、思考の次のようなメカニズムを思考自身が演ずることを物語っている。「最も進歩し学問的に基礎づけられた文化は、典型的に《アドルノ的》にいうなら、まさにそれが自らを最も進んだもの、あらゆる神話を超越したものと思いこむ地点において、最も懸念すべき事態へと落ちこむことになる[18]。」

アドルノの哲学的戦略の中心はまさにこうした両極端な揺れ動きの記述に存している。そしてそれは、彼が初期講演『自然史の理念』（一九三二年）において自然と歴史との関係を次のように図式化してみせた時から首尾一貫している。そこで課題とされているのは「歴史的存在がその最も際立った歴史的規定性において、つまりそれが最も歴史的である地点で、自らを自然的な存在として把握すること、あるいはもし可能であれば自然を、まさにそれが自然としての自己自身に最も深く固執するように見える地点において、一つの歴史的存在として把握すること」（GS1, S. 354f.）である。アドルノの思考形式をその修辞的表現ともども、最も端的に言い表しているこのテーゼは、しかしながら、なお十全に理解するには少し不明瞭だろう。ましてこのテーゼのかかえる特有の問題点を析出するためには、これが話題になっているコンテクスト全体を取りあげ、詳細に検討する必要がある。

三、「自然史」という思考形式の道のり

三―一　講演『自然史の理念』の理論的射程

すでにこの講演の冒頭に示されているように、問題となるのは自然史という術語の概念的規定ではない。むしろここではある「観点の変動」（GS1, S. 356.）が「この両方の概念［自然と歴史］を、それらが純粋な崩壊において止揚される地点へと駆り立てること」（GS1, S. 345.）を通じて試みられる。特に講演の後半に注目しよう。ここではジョルジ・ルカーチとヴァルター・ベンヤミンの議論の援用によって両概念の対比が示す事柄への一層立ち入った論及がなされる。まず取り上げられるのは、ルカーチの言う「第二の自然」、

すなわち、人間によって生産され形成されてきた社会についてである。その原初的な意味は、われわれにとっては失われて久しい。「人間により創造され、また人間が喪失してしまった事物の世界として、彼［ルカーチ］はこの世界を慣習の世界と名づける。」（GS1, S. 355.）慣習はすでに生き生きしたものではなく、事物と商品に象徴される没意味的な事項となっている。ゆえに社会は現代人にとっては、親密さを欠いた謎という性格を帯びて生起してこざるをえない。そしてそこでは、没意味性が際立てば立つほど、世界は意味を剥奪されたなまの表情を、つまりその物質としての自然本性をあらわにする。とはいえ、こうした没意味性は決して最初から無意味なものというわけではなく、むしろ歴史的事実の移ろいやすさの表徴として了解されねばならない。たとえば生気をなくした客観物として現前する廃墟は、歴史的存在が朽ち果ててゆくプロセスへと想像を誘うが、そこでは、まさにそのプロセスが体現する一度限りの根源的な出来事性が物語的なイメージを通じて開示されてくる。ベンヤミンのいうアレゴリー（寓意）の本来的な働きはここに見いだされる。「ベンヤミンがとらえるのは…かつて根源的にそこに存在し、過去的なものへと移ろい、そしてアレゴリーのうちで意味を帯びてくる、つまり文字的なものとしてアレゴリーのうちで回帰してくるような、そうした何か根源史的な根本諸現象が存在する、ということである。」（GS1, S. 359.）だがアレゴリーとして新たな仕方でその意味が読解されてくるこの現象には、当然のことながら、オーソドックスな伝統として保持されるべき持続的意味は拒まれたままである。したがってここでは、意味の取りもどしという行為そのものが一回的で移ろいやすいものとして特徴づけられることになる。

こうして歴史的に解読された世界は再び自然連関へと後退する。だがそれは、ベンヤミン／アドルノにとっては極めて積極的な意義を持っている。つまり彼らはこのプロセスを、民衆の犠牲としてエトナ山の火口へ身を投げることにより自然との和解を図ったエンペドクレスの英雄譚のように、没落がそのまま自らの自然本性との和解につながるような道筋と見なすのである（Vgl., GS1, S. 363.）。歴史的創造と自然への退落はこの移ろいやすさのうちで弁証法的に関係しあう。「歴史的なものが現れ出てくる場合、それは常に自然的なものへと指示し返され、さらにこの自然は歴史的なもののうちで没落する。逆に《第二の自然》が現れ、慣習的世界として到来する場合、それは常に、まさに移ろいやすさのうちにその意味が明らかにされることを通じて解読される。」（GS1, S. 359.）

さて、自然と歴史の対比は以上見たような議論から、内容的にはより具体的な形で示されたが、さらにこの対比を方向づけている方法論の骨格を改めて整理し、その問題点を析出してみよう。

アドルノが「彼［ベンヤミン］は第二の自然の再喚起を無限の遠さから無限の近さのうちへと取りもどし、それを哲学的解釈の対象となした」（GS1, S. 357.）と述べる時、そこでは二つの対極、つまり解釈されるべき意味の沈殿する「根源史」とその意味が浮かび上がってくるわれわれの現在的世界が、中間に他のいかなる史実上のモメントも介在させないような仕方で重ねられている。それは彼の「移ろいやすさとしての根源史は絶対的に現前的である」（GS1, S. 360.）というテーゼにはっきり表されている。だが実際の解釈作業が常にこの、いわば相互に指示し合うような両極によって構成された垂直的観点に基づいてのみ遂行されるとすれば、それはアドルノがこの講演の前半にてハイデガーの歴史理解の解釈学的「循環」に潜む存在論的な没歴史性を批判する場合と同様の事態が（Vgl., GS1, S. 353.）、自分自身にも妥当しかねないことを意味する。ゆえに彼は自らこう述べざるをえない。「他方で《そのつど新しいもの》、歴史のうちで弁証法的に生産されたものは実際、自らを先史的なものとして呈示する。…ここには最も重大な困難さが横たわっている。」（GS1, S. 364.）歴史の到達点（慣習の世界としての現在）と出発点（根源史）とが重ねられるこの二重化した視点は、後の『啓蒙の弁証法』における啓蒙と神話の関係に見てとられるように、それ自体が解釈のあらゆる場面に適用可能なメタレベルの概念装置として機能する傾向を見せる。[19]（一）

だが『自然史の理念』には、すでに見たように、これとは逆のパースペクティブも確認される。つまり第二の自然を通じてその根源史が字義通り、どれほど根源的なものとして解読されようとも、この第二の自然それ自身が意味の喪失の経験に基づく移ろいやすい視点である以上、解読作業によって開示されてくる意味は常に「仮象」という存在性格を免れえない。「それ［第二の自然］は仮象的である、というのは、現実性はすでにわれわれから失われてしまっており、意味あるものとして理解しようにも、それは空虚なものになってしまっている…」（GS1, S. 364.）まさにそれは、不連続的に回帰し、エッセイという形式においてのみ微視的、断片的に語られうる。「それゆえエッセイは偉大な哲学の形式から小さな美学の形式へとなったのである…」（GS1, S. 343.）（二）

ゆえにここでは、アドルノの考察一般の端緒となる「第二の自然」という現在時に関して、二つの相反する志向が確認されよう。一方でそれは、そこにおいて歴史の到達点（終わり）が自らをその根源史（始まり）の側から了解する、しかもその際、この「間」に存在する歴史の様々な具体的局面を一切捨象し飛び越えるという意味において、不変的な同一性を保持する。が、他方で現在は、歴史全体をそのように包摂する巨視的視点がまさに有限的で移ろいやすい微視的な存在性格のもと現れざるをえないという意味において可変的なのだ。かくして第二の自然は、ウルリッヒ・ミュラーがいうように二重性格——右の（一）（二）——を帯びて現れる[20]。

この二重性格はその後のアドルノの思想にどのように反映されているだろうか。無論『自然史の理念』と後年の『否定弁証法』（一九六六年）との、しばしば話題になる密接な関連が注目されるにせよ、この初期講演からそれ以降の彼の全ての哲学的発想が生起してくるわけでは決してない。前者が示していたのは、W・マーティン・リュドケがいう「自然と歴史の一般的弁証法[21]」、すなわち根源史と慣習化された現代とを、考察が展開されるべき地平の両端として対比させるような一種の形式的な構造分析に過ぎない。とはいえ、共に現代を人類史全体の行きづまった最終局面としてとらえようとした二人の思想家、すなわちニーチェとマルクスを受容するとともに、分析はその形式性を脱し、それ自体が極端な内容的意味あいを帯びて現れてくる。自然史をあつかった『否定弁証法』のパラグラフにてアドルノは指摘する。道具的理性によって隅々まで社会化された世界では、全てが交換可能、再生産可能、支配可能なものとして現れることが自然なこと、まさに本来あるべき姿として了解される。したがって現代においては、自然と歴史との対立はある意味では存在しないのだ、と。「社会の自然法則は、それが変わることのない自然の所与性として実体化される限りにおいてイデオロギーである。」(GS6, S. 349.) 自然史のパースペクティブは、ここでは一つの時代診断、つまり資本主義は人間的本性からの帰結であり、また逆に自然支配への意志は歴史的必然性である、というシニカルな洞察へといたっている。

とはいえ、アドルノはマルクスやニーチェと異なり、革命を通じて資本主義の根本的止揚を図ることにも、あるいは道徳的ルサンチマンという文明化された自然的心性を超人という発想に基づいて克服することにも、何ら期待を寄せることはない。彼は自身が展開する議論が右のように極端に誇張された帰結をその始まりとすることを十分自覚している。というのは、彼の一貫した姿勢は、彼がフランシス・H・ブラッドリーの言葉として引用するように「すべてが悪い地点では、最悪の事柄を知ることが良いことに違いない」(GS4, S. 94.) というモットーだからである。だが超越へのいかなる形而上学的誘惑ももとより、社会のより良き状態への具体的で積極的なイメージも持ちえない限り、彼は自ら歴史の終わりとして修辞的に表現するコンテクストを超え出てゆくことはできず、いわばそのつど先延ばしにされる終末論的なペシミズムのうちにとどまらざるをえないのではないか。

しかしながら他方で看過しえない、それどころか決定的な事実は、アドルノが「最悪の事柄」を極端な仕方で描写するのは、まさに彼がこれを単なるイデオロギー、すなわち仮象として無力化する場面においてである、ということだろう。(一) の立場は (二) で示された移ろいやすさへと置き移され、言ってみれば、そのつど価値の転倒を経験する。ミュラーの言う「より良きものへの転回の期待を基礎づける…崩壊過程の変化[22]」が期待されるのはここ以外にない。そして彼の生涯にわたる現代音楽への哲学的関心の根底に潜む中心的モチーフも、ここ以外にないのである。

三-二　否定と抽象、あるいは美学化する批判理論

ポイントをできるだけ短くまとめよう。アドルノによれば音楽の重要な機能は、個々の演奏に備わる固有の流れ、その進行性によって日常的な時間了解を変容させる点にある。無論ここでも現実的な問題として、この進行性が日々われわれが親しんでいる同質的時間の線的な進行（過去-現在-未来）に全く依存しない、ということはありえない。とはいえ、演奏の質的内容に目を向けてみれば、曲全体が個別的な楽音の単なる量的な組み合わせにとどまらないことは明らかだろう。むしろそれは常に個々のメロディー、あるいはそのつど変化するリズムとの有機的な連動によってのみ成立する。とりわけ多声的性格の強い現代音楽はこの傾向を顕著に反映している。ベルク、シェーンベルク、それにヴェーベルン等の作品においては、メロディーがそのつど、曲の主題を代表する中心点として現れるために、そこでは「美的瞬間の拡がりは一つの同時性となり、中心へと並列的に秩序づけられたその個々の瞬間は濃密に組み合わされる。そのためこれらの瞬間は…その同時性を通じて、それがあたかも唯一の瞬間であるかのように現れる。[23]」古典的交響曲に見られる綜合的な統一性とは異なり、現代音楽は一度限りのメロディーの瞬間的な高まりのうちに演奏全体の主題を聴取するよう働きかける。だがアドルノがとりわけ注目するのは、そうした高まりとともにもたらされる、どこまでも先鋭化してゆく主観的高揚の経験だけではない。この先鋭化が有する比類なき特色はむしろ、後に引き続く他のメロディーを喚起するために、まさにそうした高まりを、この高まり自身が打ち消さなけれ

ばならない、という点にある。ワーグナーのトリスタン前奏曲が典型的に示していたように、一つのフレーズの没落は別のフレーズの発現を準備し、かくして演奏全体の進行はこの相互に入り組んだ上下運動にそくして分節化されてゆく。したがってここでは、音楽に求められるのは、直接的所与としての単体のメロディーがいつまでも主張してくる無媒介性、その素朴な眼前性を打ち破り、いかなる事象であろうとも常に他の事象との関係性のうちで弁証法的に規定される存在であることを批判的に透視する力、すなわちヘーゲルのいう「否定」である。

この場合われわれは、質料から精神を解放する働きを音楽の流動性、その否定作用に求めたヘーゲル美学のモチーフを、再びアドルノの美学理論に見いだすことができる。[24] だが同時にここでは、ポスト近代的ともいうべき二〇世紀的な芸術理解の潮流が彼の思想的背景としてあることも見すごしえない。つまりそれは、ルカーチが現代社会の意味喪失の不気味さを思惟の一つの出発点としたように、事柄の抽象化それ自体が美的経験の中心軸となるような動きである。それはアドルノの未完の大著『美の理論』の根本主題として、その学的考察を根底から支えている。持続的に継承されるべき伝統の意味連関が崩壊した後、残された芸術上の可能性とはどのようなものだろうか。それは伝統の内容そのものを抽象的にデフォルメすることによって、そうした極端な形式化のうちに意味喪失の経験を端的に反映させることではないだろうか。「そのような抽象性は、何かカント的な美的基準のような古い形式的性格とは全く関係がない。むしろそれは挑発的に展開される、今なお生が存在するのだという幻想への挑戦であり、同時にそのための美的遠ざかりの手段である。そしてこの遠ざかりは伝統的な空想を用いてはもはや遂行されない。美的抽象化は当初からむしろ、ボードレールの場合抽象化された世界への反動としてなお未発達で寓意的なものだったが、図像化禁止（Bilderverbot）がその原則だった。…意味の大崩壊の後に現象は抽象的となる。ランボーから現代の前衛芸術にいたるまで、そうした脆さが極度に規定されている。」（GS7, S. 40.）仲正昌樹もこう述べている。

「…〈商品〉はその抽象性によって〈交換価値〉の基盤である〈等価性＝同一性〉原理を強化することに寄与しているのに対し、モデルヌの芸術作品の抽象性は、それが一体何のために存在しているのか理解できない苛立ちを我々の内に引き起こす。つまり抽象的な〈同一性〉に仲介されるコミュニケーションのリズムを乱すのだ。[25]」抽象絵画、表現主義からエッセイという形式、そして現代音楽にいたるまで、これらはアドルノによれば、今まで慣れ親しんだ伝統的な世界了解をその徹底した形式性においてデフォルメし挑発する、という意味において共通している。無論ここに不可避的なジレンマが内在しているのも確かだろう。「偶像の黄昏」（ニーチェ）を体現するポスト近代的な芸術運動は、理性自身に由来するその過剰ともいうべき抽象性と形式主義によって最終的には自らの無力さを、その苦悩の表情とともに明るみにせずにはいられないからだ。だがこの無力さの告白こそ、極度に先鋭化した個々の楽音が演奏全体の構成のために互いを打ち消しあうように、啓蒙の力によって抑圧されてきた自らの自然的本性をあらわにし、これと和解するための最後の可能性なのである。アドルノの文体の極端な揺れ動きを構造化しているのは、こうした力と無力さとの弁証法にほかならない。

だが右のようなプロセスは、実際に絶えず変動する歴史的現実をとらえる上でどの程度まで有効な思考モデルとなりうるのか。無力さの告示を通じての和解というヴィジョンは、それがどれほど美的イメージとして魅力あるものであっても、理論として粘り強い論証に耐えうるものではないのではないか。このヴィジョンは先に示された極端に二重化した視点を丸ごと飲みこんでしまうがゆえに、アドルノの美学的考察の枠組みではしばしば、個々の事象が持つ独自の歴史性が、形象として明確な像を示すことのない根源史的な自然状態へと還元される傾向を示す。そこでは個体は、ベルンハルト・リップが「彼［アドルノ］はそれ［ユートピア］を異なるものの自由な共同と名づけるが、それが意味しているのは明らかに、類縁関係にないもの同士を一つの謎めいた無差別な関係へと組みいれるような表現の綾である。[26]」と述べるように、想起することのみが可能な理想郷としての共同社会という、実質を欠いたはなはだ曖昧な連帯性へと溶解してしまう。彼の歴史哲学の問題性が最も先鋭化して現れるのはまさにここ以外にない。われわれが直面するのは、つまりは次のような問いである。すなわち、確かに彼は形而上学的な留まる今（nunc stans）といった時間了解を拒否し「永遠性はそれとして現れることなく、最も移ろいやすいものを通じて破れ開かれてくる」（GS6, S. 353.）と主張するが、この「最も移ろいやすいもの」という、いかなる比較対照の試みも拒否する最上級的表現が常に「同じもの」を意味するとしたらどうか、と。

四、結語——移ろいやすさの経験にむけて

美的経験のいわば現象的限界として現れるユートピアの理念は、その仮象性によってかえって無制限に拡張されうる。アドルノはすでに『自然史の理念』の中で「あらゆるものをあたかもひとつの漏斗に引きこむような性格」（GS1, S. 364f.）を、仮象の持つ神秘的なモメントと見なしていたが、このモメントが歴史解釈の視点として個々の事象に無差別に適応される場合、ハートムート・シャイブレの次のような批判に直面するのは必至である。「ゆえに疑いようもなく、あらゆる芸術のパラダイムとしてのアドルノの音楽論は…批判理論とその限定的否定の絶対化が抱える理論崩壊の過程に対応している。この限定的否定はまさにこの絶対化を通じて抽象化してゆくのである。」(27)

しかしながら、他方で決して見すごされてならないのは、アドルノの弁証法を特徴づけるこの「限定的否定」の本領は、制限なく流動化する美的経験以上に、むしろ彼のいう「客観的なものの優位」という社会哲学的発想に求められる、ということだろう。芸術の問題に限っていえば、それは、いかなる芸術家であろうと作品の創造過程において彼が用いる道具や資料、既存の方法論やその時々の慣用的な価値観によって表現

上の制限を受ける、あるいはこれらとの絶えざる緊張関係を通じてのみ自身を分節化しうる、ということを意味している。その意味でアドルノは理想化された自然状態との和解という美的イメージへの回帰を観念論的に語るわけでは決してない。「社会は美的な形式法則が断罪するような単なる否定性ではなく、その最も問いに値する形態において、自らを生産しまた再生産する人間的生の典型である。」（GS7, S. 335.）芸術家の生産力と社会の生産関係とのそうしたコンフリクトが生ずる典型的なモメントとして『美の理論』で取り上げられている事例、それは技術である。最後にわたしは彼のこの技術論を一瞥し、そこに胚胎している理論的可能性の一端でも示そうと思う(28)。

技術は単なる机上の理論と異なり、その具体的な現れとしての物象化が運命づけられているが、それにより技術は、それがいかに最先端なものであっても、社会は絶えず後戻り不可能な仕方で年を重ねてゆくのだという冷厳たる事実によって、必然的に古びたものとなる。個々の芸術作品がどれほどその固有の普遍性を主張しようとも、この点では他と変わることはない。「芸術の歴史はかくも二律背反的である。バッハの最も重要な器楽の皮下構造は疑いもなく管弦楽というパレットによってのみ世に現れることができるが、それはバッハにはかなわぬことだった。だがまた、中世絵画に遠近法の技能を期待するのも愚かなことだろう。それは中世絵画からその特殊な表現を奪ってしまう。——進歩は進歩によって追い越し可能となる。」（GS 7, S. 314.）そのつど古び、また新しくなる技術によって具体化される芸術の形態、事柄を拡張していうなら、われわれの生の文化的様式そのものが、ここでは必然的に歴史的な相貌を帯びざるをえない。特定の時間性とともに具体化するこの表情は、まさにそれが客観化され固定化された「顔」となるや否や、社会の歴史的変化とのコンフリクトに巻きこまれてゆく。移ろいやすさを身をもって経験しなければならなくなるのだ。だが現代技術を決定的な仕方で特徴づける複製可能性は、自らに備わった再現能力によってこの移ろいやすさを覆いかくす。パターン化し商品化した「顔」は一つの偶像となるが、これこそアドルノが文化産業のイデオロギー的性格と考える没歴史化、平均化、ないし一様化のメカニズムだろう。[29]

これに対し、とりわけ現代音楽に特有な不協和音が示すのは、単なる理性の偶像ではない。その社会的相貌を楽器（Instrument）を通じて打ち出すという意味では徹底して技術的たらざるをえないものの、楽器がそこで奏でるのは、道具（Instrument）的理性自身に由来するその過剰なまでの形式主義によってデフォルメされたメロディー、形ばかりの調和という幻想を自ら放棄するような個々人の苦悩の表情なのである。そこでは音楽は、以前述べたように、個々のフレーズがそのつどメロディー全体を形成すると同時にこれを打ち消すといった並列的進行によって、力と無力さとの間の移ろいの弁証法が一つの歴史的ドラマとして演じられる舞台となる。「客観化する技術と芸術作品のミメーシス的本質との緊張に決着がつくのは、慌しく逃げ去り移ろうものを、物象化に抵抗し、かつこの物象化とともに、持続するものへと救い出す努力においてだろう。」（GS7, S. 325f.）

アドルノはこうした現代音楽の進行（Prozess）性格をそのまま、主体が主体自身に負荷する社会的苦悩を意図的に浮かび上がらせるための記述上の手続き（Prozess）として、驚くべき徹底さにおいて自らの哲学へと導入した。これまでの考察が示すように、それは、全てをその支配下に置こうと意志する無制限の権力装置として極端な仕方で先取りされた道具的理性の未来像と、無力化され理想化された人間の自然状態という原初的イメージとの交差的な重なりによって、表現上の強度を構成する。彼がうながすのは、しかしながら、この表現内容をそのまま受け取り、右のような歴史の両極を実体的なものとして絶対化し、終末論的ペシミズムか自然回帰かの選択を行うことではあるまい。むしろ重要なのは、一方から他方への移ろいという手続きそれ自体の経験なのではないだろうか。アドルノのレトリックは意味地平の新たな開示を通じて世界理解の変化をもたらすが、同時に、容易に変わることのない人間の自然的本性を改めて振りかえるよう、目配せを送る。そこに示されているのは、その見かけの内容とは逆に、人間的理性への妄信もその無力さへの諦念もともに否定するような倫理的態度なのである。『否定弁証法』で彼がいうように、「弁証法は、それが絶対主義に対立するようにこの相対主義にも鋭く対立するが、それは、弁証法がこの両者の中間的な立場を模索することによってではなく、固有の理念にその非真理性を突きつけることのできる極端さを通じてである。」(GS6, S. 45f.)

とはいえ、この極端さが単なる修辞的技術に終始することなく、まさにこの科学技術の未曾有の進展の時代に事柄上の確固たる真理性を保持しうるのは、経験諸科学の実証的な裏づけによる学問的補完はもとより、生活世界という学以前の実践的経験のうちで、自らの生の様式を社会の急激な歴史的変化に応じて形成しつつも、他方で見かけ上ほど変わることのない人間的心性に対する鋭敏な感覚が保持される度合いに応じてではなかろうか。アドルノの自然史の理念の理論的射程はまさにここに求められよう。

実際アドルノの「限定的否定」や「媒介」といった厄介なタームは、崩壊するもの、自分では意のままにならずその掌中から逃れていくもの、一義的理解を拒むものを何とか繋ぎとめ、表現しようとする努力を要請するものだ、といえる。そして奇妙な言い方をするならば、アドルノの場合、この努力がいかに「挫折するか」をパフォーマティブに演じることが重要だったのではないだろうか。仲正の引用文にあったように、モデルネの美学は、文化産業を貫く抽象的な同一性原則に抵抗するために、その抽象性を極端にまでオーバードライブさせることで、理解しがたい経験をとことんまで煮詰める姿勢を見せたのである。アドルノ以降の批判理論の世代はそうした文化エリート主義に反発することから出発したのだが、たとえばホネットにとって重要なのは、理解しがたい経験を一部の芸術家やその受容層に求めることではなく、公共的なコミュニケーション・ネットワークによっては理解してもらえないという集団的苦しみ、承認してもらえないという不正意識を適切な仕方で分節化するための社会哲学的な枠組みを構築することだった。これについては第六章で論じることにしよう。次章では、上述したようなアドルノの美学的枠組みを特徴づけるレトリックの問題をなおも追跡してゆきたい。それにどういう意味があるのかと問われれば、差し当たりここではこう言いとどめておく。すなわち自己の経験についていかに表現するかということは、彼にとっては、エドワード・W・サイード同様に、知識人としての自己のビオグラフィー、別言すれば、理論自体の社会的生存にかかわる客観的で政治的ですらある課題だったのだ、と。

（1） Anke Thyen, *Negative Dialektik und Erfahrung. Zur Rationalität des Nichtidentischen bei Adorno*, Suhrkamp, Frankfurt a.M., 1989, S. 66.

（2） 以下の論述についてはVgl., Sighard Neckel, Die Verwilderung der Selbstbehauptung. Adornos Soziologie : Veralten der Theorie—Erneuerung der Zeitdiagnose, in : Axel Honneth（Hg.）, *Dialektik der Freiheit. Frankfurter Adorno-Konferenz 2003*, Suhrkamp, Frankfurt a.M., 2005, S. 188ff.

（3） これについては主に本書の第六章を参照。

（4） 全体主義的ラディカリズムとも形容すべきこのハーバーマス的なアドルノ批判の図式については、たとえば以下の文献を参照。Vgl., Jürgen Habermas, *Theorie des kommunikativen Handelns, Bd.I*, Suhrkamp, Frankfurt a.M., 1981, S. 489ff. ; ders., Die Verschlingung von Mythos und Aufklärung. Bemerkungen zur *Dialektik der Aufklärung* - nach einer erneuten Lekture, in : Karl Heinz. Bohrer（Hg.）, *Mythos und Moderne*, Suhrkamp, Frankfurt a.M, 1983, S. 418ff. ; Albrecht Wellmer, *Zur Dialektik von Moderne und Postmoderne. Vernunftkritik nach Adorno*, Suhrkamp, Frankfurt a.M., 1993, S. 95ff.

（5） Habermas, Die Verschlingung von Mythos und Aufklärung, a.a.O., S. 405.

（6） Neckel, a.a.O., S. 203.

（7） Vgl., Fredric Jameson, *Late Marxism : Adorno or the Persistence of the Dialectic*, Verso, London/New York, 2007 ; Martin Morris, *Rethinking the Communicative Turn. Adorno, Habermas, and the Problem of Communicative*

Freedom, State University of New York Press, 2001, pp. 193ff. ; Karsten Fischer, *„Verwilderte Selbsterhaltung“. Zivilisationstheoretische Kulturkritik bei Nietzsche, Freud, Weber und Adorno*, Akademie Verlag, Berlin, 1999, S. 151ff.

（8） Norbert W. Bolz, *Geschichtsphilosophie des Ästhetischen. Hermeneutische Rekonstruktion der „Noten zur Literatur“ Th. W. Adornos*, Gerstenberg, Hildesheim, 1979 ; Norbert Zimmermann, *Der ästhetische Augenblick. Theodor W. Adornos Theorie der Zeitstruktur von Kunst und ästhetischer Erfahrung*, Peter Lang, Frankfurt a.M./Bern/New York/Paris, 1989.

（9） Axel Honneth, *Das Andere der Gerechtigkeit. Aufsätze zur praktischen Philosophie*, Suhrkamp, Frankfurt a.M., 2000, S.85.

（10） Carl Friedlich Geyer, *Aporien des Metaphysik- und Geschichtsbegriffs der Kritischen Theorie*, Darmstadt, 1980, S. 195.

（11） Jameson, op. cit., p. 100.

（12） Vgl., Thyen, a.a.O., S. 66.

（13） Vgl., Fischer, a.a.O., S. 152.

（14） Vgl., Martin Jay, *Dialektische Phantasie. Die Geschichte der Frankfurter Schule und des Instituts für Sozialforschung 1923-1950*, Fischer, Frankfurt a.M., 1976, S. 135.

（15） Vgl., Jan Baars, Kritik als Anamnese : Die Komposition der *Dialektik der Aufklärung*, in : Harry Kunneman und Hent de Vries（Hg.）, *Die Aktualität der Dialektik der Aufklärung. Zwischen Moderne und Postmoderne*, Campus, Frankfurt a.M./New York, 1989, S. 221.

（16） Vgl., Silvia Specht, *Erinnerung als Veränderung. Über den Zusammenhang von Kunst und Politik bei Theodor W. Adorno*, Mäander, Mittenwald, 1981, S. 10ff., 71ff.

（17） Vgl., Honneth, a.a.O., S. 86.

（18） Baars, a.a.O., S. 216.

（19） ハートムート・シャイブレはこの脱歴史化の傾向を、二重化した視点が引き起こす「ズーム効果」と名づけている。Vgl., Hartmut Scheible, *Theodor W. Adorno*, Rowohlt, Hamburg, 2003, S. 115.

(20) Vgl., Ulrich Müller, *Erkenntniskritik und Negative Metaphysik bei Adorno. Eine Philosophie der dritten Reflektiertheit*, Athenäum, Frankfurt a.M., 1988, S. 62–64.

(21) W. Martin Lüdke, *Anmerkungen zu einer »Logik des Zerfalls«: Adorno-Beckett*, Suhrkamp, Frankfurt a.M., 1981, S. 79.

(22) Müller, a.a.O., S. 68.

(23) Zimmermann, a.a.O., S. 96.

(24) Vgl., Scheible, Geschichte im Stillstand. Zur Ästhetischen Theorie Theodor W. Adornos, in: Heinz Ludwig Arnord（Hg.）, *Theodor W. Adorno*, München, 1977, S. 108.

(25) 仲正昌樹、「複製技術時代における脱物象化の可能性――〈ミメーシス〉をめぐるベンヤミンとアドルノの差異」、情況1・2月合併号、特集：フランクフルト学派と批判理論の可能性、一九九九年、情況出版、所収、五九頁。

(26) Bernhard Lypp, Das Negative und die ästhetische Indifferenz. Abschließende Bemerkungen zu Adorno, in: Hartmut Schröter（Hg.）, *Parabel. Technik und Kunst. Heidegger: Adorno*, Münster, 1988, S. 85.

(27) Scheible, Geschichte im Stillstand. Zur Ästhetischen Theorie Theodor W. Adornos, a.a.O., S. 109.

(28) 特に以下の箇所の議論を参照。Vgl., GS7, S. 308–327.

(29) 遺伝子技術に関する最近のハーバーマスの議論はこうした技術論と無関係ではない（くわしくは、本書の第七章の議論全体を参照）。彼がそこに予見する社会的問題は、端的には次のようにまとめられよう。すなわち、たとえ近い将来この技術が遺伝子操作の万能を誇るようになったとしても、人為的に製造された「理想的」人間は、まさにその理想とするものの設定がその時々の社会的価値基準に左右されるという意味において、自らが成長するに従ってこの基準とのコンフリクトを残酷なまでに経験しなければならなくなる、と。これについては特に Vgl., Jürgen Habermas, *Die Zukunft der menschlichen Natur. Auf dem Weg zu einer liberalen Eugenik?*, Suhrkamp, Frankfurt a.M., 2001, S. 34.

第四章　知識人の住まう風景――アドルノとサイード

一、アドルノとサイード――交錯する二人の漂泊者と知識人の使命

テオドール・W・アドルノとエドワード・W・サイードの著作に親しんだことのある者であれば、サイードが亡くなる数年前にイスラエルの新聞紙上のインタビューで、自らをアドルノの唯一の、そして真の後継者だと表明したことについて、深く考えこまざるをえない。サイードはインタビュアーであるアリ・シャヴィットの「あなたの発言はとてもユダヤ人的です」という、挑発的とも無神経とも、はたまた和解の表徴ともとれる言葉を受けて、インタビューの最後にこう言う。「もちろんです。わたしこそ最後のユダヤ人知識人なのです。あなたは、他にはこんな人間をだれも知らないのです。あなたの同胞たるユダヤ人知識人たちは、いまやみな、垢抜けない地方の名士になっています。…だから、わたしが最後の一人なのです。アドルノの唯一の真の後継者なのです。こんな言い方はどうでしょうか――わたしはユダヤ系パレスチナ人である。」(1) 亡命、移動、故郷喪失、それに各人が自らの生について、その始まりから終わりまでを偽りなく語

ることの不可能性、その両端をただ一本の線で結ぶことの不可能性、血と民族と土地所有についての神話を破壊すること、これらは――アドルノ的な問題系に性急にも引きつけることが許されるのであれば、これを「非同一性」の問題と呼ぶこともできようが――『ジョゼフ・コンラッドと自伝の虚構』（一九六六年）から始まるサイードの知的プロフィールを特徴づける根本的テーマだった。パレスチナの代弁者という枠を超え、多元文化主義を支えるべき人文学的な伝統をかたくなに主張するサイードがネオコン的言説のかまびすしいアメリカで孤立感を覚えるとき、アメリカに亡命し、文明の野蛮さについて徹底して考え、妥協なくこれを批判した『ミニマ・モラリア』（一九五一年）の著者の姿が脳裏をよぎったと想像することは、それほど難しいことではない。実際、サイードはラジオ講演集として公刊された『知識人とは何か』（一九九四年）の中で、知識人を「亡命者にして周辺的存在であり、またアマチュアであり、さらには権力に対して真実を語ろうとする言葉の使い手(2)」と定義し、その最も先鋭的な代表者としてアドルノを挙げていた。そして彼によれば、アドルノのエッセイ『ミニマ・モラリア』はまさにナチズムを逃れ、アメリカで不本意にも開始された亡命生活によって生みだされたといっても過言ではなく、その文体は「亡命がときとしてあたえてくれる異なる存在様式、特異な＝脱中心的《エクセントリック》な視座(3)」を色濃く反映しているのである。

　確かに知識人論は、『ミニマ・モラリア』の隠れたる主要テーマといってよい。この本の冒頭、マックス・ホルクハイマーへの献辞の中でアドルノは「［本書を構成する］三部の中でそのつど出発点となったのは、亡命下の知識人の身近な私的領域である。」（GS4, S. 16.）と述べているが、実際にそこで叙述されているのは、私的領域を全く許さないほど規格化され、公のもとにさらされる生活世界である。亡命知識人とはいっても、アメリカ生活の中で彼らが部外者を決めこむのは欺瞞にすぎない。「自他に対する忍耐強い診断、そして災いから逃れられぬにせよ、災いからその盲目性という致命的な暴力を削ぐように試みること、これ以外に助けはない。」（GS4, S. 36.）とアドルノがいうように、自らもその一部となっている現代社会の日常について多方面から省察するという課題が、比類なき雑文の傑作ともいうべき『ミニマ・モラリア』を貫いている。サイードがここから引用する断章はそうした批判意識を如実に伝えており、アドルノを読むサイードのまなざしの正確さを証言して余りある。以下、その全文を引用しよう。

文筆家は自らのテクストのうちに居を構える。部屋から部屋へと持ち運ぶ紙、本、鉛筆、下敷きによって無秩序が引きおこされるが、頭の中での彼のふるまいも同じようなものだ。思惟は彼の家具となり、彼はそこに身を横たえ、リラックスし、いらいらする。彼は思惟を優しくなで、使い古し、ごちゃまぜにし、配置換えをし、荒らす。もはや故郷を持たぬ者には、おそらく書くことこそが住まいとなる。その際彼は、かつての世帯持ちの生活の場合と同じように、避けようもない仕方でごみやがらくたを生産してしまう。けれども彼にはもはや倉庫もなく、そして残滓から身を引きはなすことがそもそも容易でない、ときている。だから結局それらを持ちだし自分の領域を満たしてしまうという危険に陥るのだ。自己憐憫に対して厳格であるという要求は技術的なものを含んでいる。それは思索的な緊張がゆるむことに極端に覚めた状態で対峙し、表皮のように仕事に付着するもの、単に居続けるものなどの全てを取り除くことである。それらはおそらく、以前はたわいない駄弁として暖かな雰囲気をかもし出していたもの、彼が育った場所であり、だが今ではかび臭く、気が抜けてしまっている。結局文筆家にとっては、書くことにさえ安住は許されないのだ。（GS4, S. 97f.）

ここに描かれているのはアドルノの生活風景だけではない。彼のテクストが示す知的風景そのものだ。雑然とした部屋の風景がそうであるように、雑文は、拘束力をもって個人を呪縛するフィールド――それが特定の土地であれ、専門家集団の隠語が飛びかう旧態依然とした学問領域であれ――から追放された者の特権である。「だが」とアドルノは続ける。そうやって収集した知見も洞察も、永遠に価値の変わらない自分の功績として部屋に飾っておくことはできない。懐古趣味への誘惑を冷笑する彼の筆致は、時に恐ろしいまでの残酷さを帯びる。「…現在の汚水をかぶらない純粋な状態に過去を保っておきたいなどというのは、愚かで感傷的な願いだ。無防備状態で悲運にさらされ、そこから別のものとして蘇ることだけが、過去に残された唯一の希望である。しかし絶望して死ぬ人間は、どのみちその全生涯が徒労だったのだ。」(GS4, S. 190.)

『ミニマ・モラリア』はその副題「傷ついた生活裡の省察」が示すように、ナチズムの台頭によりアメリカへと渡り、身の置き所を失ったアドルノ自身の生活記録という性格が強い。しばしば指摘されるが、他の作品に見られない自伝的要素が顕著であり、ゆえにアドルノ個人の思想が最もあからさまに表れているといえる。しかしそこには、「単に居続けるもの」、「現在の汚水をかぶらない純粋な状態」としての過去を積み上げようとする姿勢は一切ない。ここでも「『ミニマ・モラリア』のような自伝的テクストですら、伝記的・物語的・逸話的連続性を攻撃しているのだ。その本の形式は、まさにその副題——傷ついた生活裡の省察——を複製していて、非連続的な断章の連続であり、そのすべてが、なんらかのかたちで攻撃しているのは、ヘーゲルによって統括された疑わしい「全体」であり、虚構的な統一である。(4)」というサイードの洞察は正鵠をえている。

確かに、サイードを特徴づける知的な里程標を思いつくままに列挙するだけで、ユルゲン・ハーバーマスやアクセル・ホネットといった他のどのフランクフルト学派新世代よりもアドルノとの結びつきをうかがわせるテーマ系が浮かび上がってくる。(5) 何よりもまず、マージナルな存在としての自己認識がある。アドルノはホルクハイマーとともに『啓蒙の弁証法』(一九四七年)の中でナチズムによる反ユダヤ主義への対抗を試みたが、当のアドルノはしばしば、半端なハルプユーデ(二分の一ユダヤ人)として、ユダヤ人グループから排斥されるという憂き目にあうことになった。(6) サイードは一〇年以上に渡りパレスチナ国民評議会議員として活動してきたが、彼自身はキリスト教徒の両親のもと、エルサレムで生まれ、列強の植民地資本が強く残るエジプトの学校に通った。受けた教育は英国式のもので、彼を文学者として鍛え上げたのはアメリカでの大学生活だった。気づいたら喪失していたものの断片的な寄せ集めの記憶、あるいは奇妙な表現になるが、未だ現前しない共同体的な記憶へと思考を喚起する結節点となるもの、それがサイードにとっての「パレスチナ」であったといってよい。いずれにせよ、マージナルとは両者にとっては、マイノリティなりにマイノリティとしての自己同一性を確立できたということでは全くなく、むしろ彼らはその生涯の様々な局面において、字義通りのエキセントリック（特異＝脱中心的）な立場に置かれることになったのである。だが、にもかかわらず、というべきか、両者は共通して、ヨーロッパの伝統的な人文学的エートスの中で美的感性を鍛えあげた。幼少の頃からピアノの専門教育を受けており、クラシック音楽への造詣は唖然とするほど深い。グールドやシュトラウスについて熱弁をふるうサイードの姿は、シェーンベルクやマーラーについて縦横無尽に語るアドルノと重なる。それに、すでに手遅れであり、生が危機をむかえているという黄昏の境地のもとで自らを語らんとする強烈な意志の存在。断片的なものへの偏愛にもかかわらず、自らの生の全体を新たな仕方でとらえなおそうとする、隠しきれない関心がそこにある。それは自伝というメチエ（技法）への密かな欲望なのだが、彼らが自己同一的な自分語りの欺瞞を徹底して嫌悪していたことを考えるならば、両者の生に刻まれた傷の深さが逆説的に際立ってくるというものだ。また、アドルノは様々な領域を横断するスタイルとしてエッセイの形式を重視し、サイードはこれを、局地的な利害関心の袋小路を打ち破るアマチュアリズムの精神と呼ぶ。加えて、二人とも世俗を脱した孤高のアウトサイダーではなく、ある意味では体制に組みこまれ、微妙な立ち位置に立たされることを承知の上で——一方はコロンビア大学、他方はフランクフルト大学の教授として——後に続く者を指導する教育的役割を果たした、という点も忘れてはならない。無論、相違もある。双方ともに裕福な家庭に育ち、艱難辛苦あれども充実した生を送ったように見えるが、サイードの口調に現状への怒りと未来への希望が交錯して表れるのと比べると、アドルノのそれは常に憂愁に満ち、首尾一貫して懐疑的である。対立する立場の地政学的・文化的な絡まりあいをとらえる際にサイードが用いる「対位法」という音楽用語にはアドルノの影がちらついているが（そしてアドルノ自身もまた、事物の一面的な見方を転倒させてみせるポリフォニックな文章表現を好んで用いたが）、ベートーヴェンを音楽界のヘーゲルと見なす彼の歴史観を、サイードは断固として受け入れなかった。それに、サイードが早い時期から反シオニズムの論陣を張っていたのに対し、ドイツに帰還した後のアドルノは、政治的実践を敬遠し続けた。周知のように、戦後ドイツの文化的イコンとして輝きを放ったアドルノに対する六八年世代の失望は、ここから生じたのである。(7)

右に記したテーマ系の一つ一つを解きほぐし、細かく分析、検討してゆくことは――とりわけサイードとアドルノの本格的な比較研究が国内外を通じて、ほとんど成されていない現状においては――途方もなく魅力的な課題にちがいない。残念だが本章はそのすべてに目配りを行きとどかせることはできない。第一に文献学的な手法の限界が指摘される。というのは、サイードの、ほぼ手放しともいえるアドルノへの礼賛ぶりにもかかわらず、彼が真正面からアドルノについて論じているのは、せいぜい『晩年のスタイル』の一章にすぎないからだ（この本とて彼の死後公刊されたもので、サイード自身の編集上の意図が完全に反映されているわけではない）。だから、サイードのテクストのどの箇所にアドルノからの影響や離反が見られるかといった具合に、両者の思想的連関を逐一チェックするという手法は、初めから大きな制限をこうむることになる。けれども、そのこと自体は、「アドルノの唯一の真の後継者」と自ら公言するほど、彼がアドルノから引き継いだと自認してやまない課題に比すればたいした障害にはなるまい。それは反権力の側に立つアウトサイダーとしての知識人の生き方の問題にとどまらない。そもそも両者ともに、様々に絡まりあう権力の重層的なネットワークから完全に自由であることなど不可能だと思っていたし、そうした自由に基づいて書かれたと標榜する「テクストそれ自体」といったものは、まさに社会的不自由が生み出した幻想にすぎないと断罪していた。暴力を回避しながらこれを受け入れざるをえない、そうした問題含みの生を、まさに問題として公的に表明し、他者に伝えるために、知識人はテクストをどのように読み、また書かねばならないか――サイードとアドルノを生涯悩ませ続けた問題はこれだ。本章ではサイードが残した強烈な問題意識に触発される形で、アドルノにおける知識人論というモチーフを追跡したい。

アドルノに首尾一貫して流れる哲学的モチーフ、それは先取りしていうなら、所有という支配形式、自らに似せ、自己の存在に取りこむことで対象を理解したと思いなす同一性原理への批判意識であり、アドルノはこれを、何よりもまず美の問題という観点を機軸として展開する。次節でわたしはこの観点をまず初期アドルノの音楽論における市民的教養の構造分析のなかに確認し（第二節）、つづいてこれが、自己批判的な省察という仕方で教養市民の後継たる知識人のあり方にまで敷衍される行程を、『ミニマ・モラリア』の言述から浮かびあがらせる（第三節）。

アドルノがアカデミズムの門をくぐったとき、彼の目の前に広がっていたのは廃墟であった。これは単に哲学が学問として、そのアクチュアリティを喪失していたという意味ではない。皮肉でも何でもなく、彼には哲学的体系は、安易な自己同一化や自己投影を寄せつけないその廃墟的性格にそくして肯定的に読みとるべきテクストだ、と映った(8)。学者としての頭脳のみならず、彼の生全体がそう実感したのだ。以来、砕け散ったもの、疎外され、追放されたものという美的形象が、彼の思考の通奏低音となった。それは故郷をはなれ、さすらう者を映しだす。と同時に、さすらう者を歓待する共同体を想像する。そこにこそ、知識人の住まう風景があるのだ。アドルノのテクストにいかに頻繁に風景（Landschaft）のモチーフが登場するかということは、わたしの知る限り、ほとんど指摘されたことがない。確かにそれは固定されたイメージへと視覚化することの極めて困難な――まさに彼のいう図像化禁止という公準に従った――「ひび割れた風景」

(GS17, S. 17.) であるのだが、これにくりかえし目配せを与えることで、彼は、昔からあるもの、所有者の定められたもの、同一のものとして風景を固定し、商品や知的占有物に変えてしまおうとする様々な圧力に抵抗しようとする。アドルノのハイデガー批判の最も明瞭なメッセージにあるように、最低でも「理論は、考える者が美的既製品を製造するのを妨げる力を持たねばならない」(GS6, S. 451.) のである。抵抗は美的論述の体裁をとるが、それを牽引しているのは、異質なものを権力やテクノロジー、学問的知見を用いて自己所有化 (Aneignung) ——アドルノが最も嫌悪したであろうハイデガー的用語の一つ——しようとする、人間の根源的欲求への批判的まなざしであり、そこにわれわれは、彼の隠れた政治的メッセージを読みとることができるだろう(第四・五節)。

二、内面性の批判——アドルノのシューベルト論とキルケゴール論

論ずるに値する芸術作品というものには、いわゆる常識と呼ばれている当世風の価値観から逸脱したところがある。アドルノは、『ベートーヴェンの晩年様式』(一九三七年) の冒頭で、自然物になぞらえることのできない芸術作品について、こう述べている。「大芸術家の晩年の作品に見られる成熟は、果実のそれには似ていない。それらは一般に円熟しているというより、皺を刻まれ、引き裂かれてさえいる。おおむね甘みを欠き、渋く、棘があるために、単に賞味されることを拒んでいるのだ。そこには古典主義の美学がつねづね芸術作品に要求している調和がすべて欠けており、成長の痕跡より、歴史の痕跡がより多くにじみ出ている。」(GS17, S. 13.) 作品は、いわば反自然的な存在であり、ここに美的なものの社会的な意味がある。アドルノには、美と社会は領域的に——これは無論「学問領域」としても、というニュアンスを含んでいる——隔絶されないという考えが、人生行路の比較的早い段階から確立していた。とはいえ、芸術は社会の単

なる鏡ではない。作品は確かに社会的な生産物ではあるが、むしろ晩年のベートーヴェンの音楽には、極めて無表情で、突き放したところがある、と彼はいう。その音楽は社会的なもの（というのはここでは、トリルの連鎖やカデンツ、フィオリトゥーラといった古典音楽の慣用のことだが）を廃棄しているのではない。が、それらは調和を欠いた仕方で、むき出しのまま置かれている。安易な理解を拒絶するこうした作品が開示するのは、逸脱や疎外、脱中心化の経験であり、それは老境にある者が一般的にいだく、自らの生の全体が仕上げられ、落ち着きつつあるという感覚の対極に位置する。音楽は、社会から引退し、自宅に引きこもった者の室内ではなく、不協和音にみちた「ひび割れた風景」をイメージさせる。(9) アドルノが語るベートーヴェンの晩年の作品に表れているのは、サイードが見るところでは、エグザイルの経験である。アドルノの洞察を受けてサイードは述べる。「…音楽という媒体を自家薬籠中のものにしていた芸術家〔ベートーヴェン〕は、にもかかわらず、みずからが組み入れられていた既存の社会的秩序体制とコミュニケーションを絶ち、体制との間に矛盾にみちた疎外関係をこしらえた。ベートーヴェンの晩年の作品は、エグザイル〔故郷喪失者、亡命者〕の形式を構成する。(10)」このエグザイルという概念をサイードは極めて象徴的な意味あいで、つまり価値観、境界、力関係などが固定してしまったフィールドに落ち着くつもりのない「非体制順応的知識人」（アレックス・デミロヴィッチ）の姿勢を表すものとして用いる。そしてまた彼はこうした態度をアドルノに、またアドルノが論じるベートーヴェンに読みこもうとする。しかし風景と故郷喪失の経験については、私見でいうなら、アドルノの初期の音楽論『シューベルト』（一九二八年）の方が、より多くを証言している。

さて、アドルノの『シューベルト』は言及されることの僅少な論考で、彼自身その出来に不満をもらしている（Vgl., GS17, S. 10.）。けれどもそこには、シューベルトの個々の作品分析という枠組みをはるかに超えて、後のアドルノの思想につながってゆく芸術理論の発想の数々が見うけられる。その「多くが…ひどく抽象的なものにとどまっている」（Ibid.）若書きの叙述は確かに錯綜し、理論的叙述の部分では難解を極めており、言葉足らずの印象は否めない。寓意的形象といったベンヤミン的用語もあれば、和解や結晶化といった術語や「形象の歴史とはその崩壊である」（GS17, S. 20.）といった定式のように、アドルノ読者におなじみの言葉もある。ブロッホからの影響も無視できない[11]。しかしここではコンテクストを限定し、「シューベルトの風景について厳密な意味で語られねばならない」（GS17, S. 18.）とするアドルノの問題提起にそって論を進めよう。彼によればその風景とは死と放浪、故郷喪失のパノラマにほかならない。これはどういうことか。

アドルノはまず、叙情詩人としてシューベルトは彼自身の感情を自由闊達に表現することができたという心理学的見解のみならず、天才シューベルトは崇高な霊感や天啓の受け皿だったとする形而上学的理解をもしりぞける。両者はいずれも、作品をその「内側」から生み出す主体としてのシューベルトを想定しているが、そうした主観主義は知らず知らずのうちに、作品をその創造者たるシューベルトの心的問題に還元するだけでなく、シューベルト自身を一種自己完結した人格とみなしてしまう。作品を語るのに三人娘や女店員に翻弄されるシューベルトという伝記的な逸話が常に持ちだされる傾向が行きつく先は、せいぜい「小市民的な感傷性という忌まわしい対象」（GS17, S. 21.）としてのシューベルト像にすぎない。子供じみたロマンチシズムで充たされた牧歌的世界は、実際に彼が置かれていた歴史的状況も、彼が格闘した音楽的素材や形式も覆い隠してしまう。アドルノはここに、ビーダーマイヤー様式に代表される一九世紀的な教養市民文化の欺瞞を見る。そこではたとえば日用品として流行した絵葉書が示すように、歴史は部分的に切り取られ、それ自体として自足した（つまり脱歴史化され、永遠化された）自然風景と化す。芸術作品の主観的把握の趨勢と文化の室内装飾化という客観的事実とは、根底において連関しているのだ。使用対象としてミニチュア化された風景は、すでに文化産業による芸術の通俗化の萌芽を含んでおり、音楽もこの運命に巻きこまれていく。メドレー形式の音楽の流行はその一端を表しているが、そもそもシューベルトを特徴づける接続曲（Potpourris）そのものがその嚆矢だったといえる。「だから接続曲も、それ自体において時間を持たない。接続曲におけるそれぞれの主題がすべて交換可能なことは、歴史抜きで寄せ合わされたあらゆる出来事の同時性を示している。この同時性から、それを地獄の様相において反映したシューベルトの風景の輪郭が読み取れる。」（GS17, S. 23.）

だが「地獄の」という形容詞が示唆しているように、シューベルトの接続曲が証言するのは、同時代のオペラ接続曲のような見せかけの居心地のよさではない。その「乱雑で月並み、倒錯し、社会的な既成秩序に極めて不適合な接続曲の世界」（GS17, S. 21.）が映し出すのは、大地に根を張った主題が植物のように系統立って成長する様子ではなく、むしろ生と死のはざまで変奏と転調をくり返し、あてどもなく彷徨する者の姿にほかならない。シューベルトの――伝記的逸話でないのは無論のこと、その心的傾向でもなく――作品自身が、接続曲という音楽形式においてさすらい人の断片的ありようを告げるのだ。パースペクティブの変化しか起こらないという没時間的な接続曲の形式は、実質なき「単なる形式」ではなく、明瞭な人生行路の見えないエキセントリックなさすらい人の音楽的形象である。アドルノはいう。「どの地点も中心に対して同じ隔たりを持つというこの風土のエキセントリックな構造は、堂々巡りするさすらい人の前に明らかとなる。発展はここでは全く場違いであり、最初の一歩も最後の一歩と等しく死のかたわらにあり、あちこちの地点を訪ねていっても、この風土そのものはどこまでもついてまわる。というのは、シューベルトの主題のさまよう姿も、水車小屋の男や冬の最中に恋人に捨てられた男のそれと全く変わらないからだ。これらの主題のかかわるのも歴史ではなく遠近法的な周回であり、そこに生ずる変化も、すべて光の変化でしかない。」（GS17, S. 25.）さすらい人はここでは、ただ追憶においてのみ故郷を夢見る。そして音楽家の身震いするような筆致は、移ろいゆく風景をまるで写真家が対象の真実を一瞬のうちに写し取るように射抜くのだ（Vgl.,

GS17, S. 28.）。ゆえにシューベルトの語る言葉は方言だが、それは土地に根づくことはない。シューベルトから風俗芸術や郷土芸術に通じる道は存在しない。しかしながら、アドルノによれば、故郷喪失の底なしの絶望にあっても、希望はある。そしてそれは、まさにメロディーの間歇的な転調によって、人間を大地に拘束する自然の神話的な強制力から解放する点に存している。「慰めは死者の頭上に揺るぎなくあって請け合うのだ。希望は残っている、自然の忌まわしい呪縛の圏域はお前の終の住処ではない、と。」（GS17, S. 31.）音調の微細な変化に限定されているものの、シューベルトの移ろいやすい音楽的形象は、文化的な保証を付された風景画的パノラマが主張する永遠性という仮象を崩壊させる力を秘めている、とアドルノはとらえているようだ(12)。

彼はシューベルト論の終盤で次のようにいう。「…社会的にはシューベルトの世界は、それが現にあるものを決して素直に確証しないのと同様、市民的あるいは小市民的な音楽生活には実に不相応である。彼をどうしても楽人に分類したい者は、せめてその話題になっている楽人が社会的には落後者で、職人というメタファーが表す単純素朴さよりも曲芸師や奇術師などの放浪する人々、そのさすらいに近い存在であることを熟慮すべきだろう。実際シューベルトの行進曲の歓びも反抗的で、そこにうち立てられる時間も心的な発展というより、むしろ群衆の運動のそれである。」（GS17, S. 32.）アドルノはこの歓びを無政府的と呼び、革命という言葉すら用いている。が、ともかくこの、幾分マルクス主義的な雰囲気を漂わせる言述が目指しているのは、単に一九世紀的な文化に郷愁を寄せる教養市民階級に対する批判ではあるまい。問題は、偉大な作品はそれを生み出した芸術家と同様に自立した存在であって、歴史や時間経験に干渉されない内面世界を確立している、と考える知的枠組み自体にある。音楽が響き渡る風景が、全体が容易に俯瞰できる狭い額縁に体よく収まるはずがない、というアドルノの声が聞こえるようだ。

彼のこうした問題意識は、一言でいうなら「内面性の批判」と呼ぶことができよう。そしてその矛先は、歴史を無視して不易なるものの形而上学へと引きこもる（と彼が考える）同時代の哲学にも向けられる。ここで少し、彼が一九三〇年代はじめに書いた教授資格請求論文『キルケゴール　美的なものの構築』に言及しようと思うが、それはもっぱら、アドルノのテーマの首尾一貫性を確認するためである。

彼はこの論文においてキルケゴールを、外的な現実性に背を向け孤立した知識人の典型として描きだす。ファンタスマゴリーを提供するものとして批判の俎上に載せられているのはここでは、自然の風景画というより、都市生活者のプライベートな空間である。「キルケゴールの審美主義の表明につきまとっている、狭く私的な実存の騒々しい真剣さ。のらくら者《フラヌール》や伊達男《ダンディ》が歩きまわることができるような社会的風景の明確な経験の完全な欠如。」（GS2, S. 18.）実存的主体が自らを反省（Reflektion）する舞台、それは金利生活者としてのキルケゴールが市民生活を営む室内である。アドルノは実際にキルケゴールが暮らしていたと推定されるアパートのつくりに注目する。そこでは外とのつながりは唯一、窓に設置された反射鏡（Reflektion）によってもたらされ、外的世界はただ反射鏡の枠組みに収まる視覚情報としてのみ室内に入る仕掛けになっている。その室内には数々の古めかしい装飾品が置かれている。花の形をしたランプ、紙の傘の切り抜き、葦の絨毯に囲まれ、『誘惑者の日記』の主人公は東洋世界への航海を夢想する。居間にはエキゾチックな小物が無差別に並べ置かれるので、脈絡なく想像をめぐらすには好都合である。実際には資本主義社会の生産物として一定の歴史的性格を有する製品が、ここでは「第二の自然」（ルカーチ）として、ずっと前からそこにあったような不変性を主張する。これが意味するところは、想像力が意のままに展開される範囲が室内（とその装飾品）に限定されている、ということだけではない。室内がそもそも、外的な風景のアレゴリーとしてしか、別言すれば、無制限の夢想のたんなる機縁としてしか機能しないのだ。それを最も典型的に物語っているのはキルケゴールがヨハンネス・クリマクスの偽名で書いた哲学断片に出てくる自伝的エピソードで、そこではヨハンネスは父と共に、室内をまるで外を歩いているかのように想像しつつ散歩する。楽しげな、だがそれでいてどこか憂愁に満ちた遊戯の中で、世界は蜃気楼のように彼の前に垂れこめる。想像行為そのものが、何かしら他者(=父)の声を通じて命を吹き込まれたものとして確約済みの、いわば約束された土地を思い描くに過ぎないからである。「何処へゆくかを決めるのはまったくヨハンネスに任された。そこで彼らは市の門を出て、町はずれのお城まで、或いは海岸へ、或いは大通りのあたりを方々歩き回ったが、すべてヨハンネスの望みのままであった。というのは、父にはすべてのことが可能だったからである。彼らがそのように室内をいったりきたりしている間に、父は彼らが見るあらゆるものを描写するのだった。」[13]——こうキルケゴールから引用しながら、アドルノは言う。「この囚われはしかし、同時に、自然的関係、つまり両義的な父と子のきずなの中への幽閉でもある。インテリアの比喩はそれ故、キルケゴールの哲学の一切をそうした関係の視座の中へ引きずり込む…。」(GS2, S. 63.)

アドルノは何も、知識人は安楽椅子を離れ市井の人たれとか、哲学者は現実の社会問題をあつかうべきだといった凡庸な主張をしているのではない。彼が問題にするのは、あくまでキルケゴールの言述につきまとう美的形象である。アドルノによれば、たとえばキルケゴールが沈黙をなつかしい室内の柔らかい照明に喩えるとき、その筆致は、超越や飛躍を希求するその宗教的志向にもかかわらず、室内を自分の身体のように掌握している者の身ぶりをなぞることになる。「キルケゴールの精神主義は何よりも、自然への敵対である。精神は自然に対して自由に、自律的に自己を主張する。それは精神が、外的現実においてもまた自己自身の内部においても、自然を魔力的なものとして認識するからである。しかし自律的精神が生々しく具体的に表れるとき、精神が最も歴史的な仕方で登場する場、すなわち対象なき内面において、自然は精神を掌握してしまう。」(GS2, S. 78.) 難解な言述であるが、要は、最も声高に自己を主張する「精神」自身が知らず知らずのうちに、自らと対立するはずの人間的「身体」のイメージを模倣する、ということだろう。[14] 神の「声」そのものが父の声と同様、耳という肉体的器官を代理(**Repräsentanz**)として無媒介に響いてくる、とされているのだ（Ibid.）。

どうやらアドルノには、内面化された声という美的イデオロギーがよほど気に障るものだったようで、小論『夜の音楽』（一九二九年）でもこう述べていた。「今なおわれわれは、あらゆる音楽をあまりに無造作に、内側からばかり考察することに慣れている。まるで安全な家の中にいるような具合にわれわれ自身が音楽の内側にいて、その窓はわれわれの目であり、その廊下はわれわれの血路であり、その戸口はわれわれの性器に相当すると考えているのだ。」（GS17, S. 57.）だが言葉が主体が意のままに掌握できる、閉じた記号体系ではないように、美の形象とは主観に還元できる体験内容ではなく、あつかいの厄介な客体ではなかろうか。それは歴史的かつ自然的な存在としての人間の様々な社会的営みがそこで交錯し、生の多面的な力関係が重層決定される、物質的ともいうべき側面を持ったコミュニケーション行為ではないのか。そして心理学にしろ精神主義にしろ、こうした営みをある特定のフィールド――それが感情の集合表象としての心であれ、文化的な人格、宗教的な主体であれ――に基づいて理解しようとすることは、力関係の固定化という事態を招かずにはいられないのではないか。アドルノの議論はとても明晰とは言いがたいが、その底流に響き渡るこうした問題意識は極めて明瞭である。言葉を用いるという時点でわれわれはすでに「外」に出ている。これをわれわれ自身の意志を直接的に反映したものとして「内」に取りこんだと錯覚する時、言葉は他を無視する抑圧装置として機能する。この「内」と「外」との複雑な弁証法に留意することこそ、知的活動の要諦ではあるまいか、と彼は予感する。

三、場違いなものを開示する試み――『ミニマ・モラリア』の風景

文化を室内に持ちこむことを可能にした初期産業社会においては、芸術も哲学も、その対象を、自分の意

のままになるような身体的所作の延長として表象する傾向にあった——これが若きアドルノの洞察であり、彼はこれを、キルケゴールの美的言説と室内装飾との関係に注目することで、教養市民層のイデオロギーとして暴露した。その際例として挙げられたのは歴史の風景化という事態である。一九世紀の教養主義は、文化を歴史から隔絶した風景へと縁どり、インテリアとして室内に置く。美のイメージは脱歴史化＝自然化されるが、アドルノによればこれは、文化の室内装飾化という歴史的動向による自然支配という裏面を持つ。そこには、自己の力がおよぶ範囲で自然を支配しようとする——それ自身が自然の一部ともいうべき——功利的なもくろみが働いている（おそらく後のアドルノであれば、これを「道具的理性」と呼ぶだろう）。だからこそ美的形象は、室内や身体という最も身近な「内側」に基づいてイメージされるものとなる。ここには、後の彼が「文化産業」というコンセプトのもとで展開する洞察の萌芽が見られる。すなわち大衆消費社会では、たとえばモーツァルトやベートーヴェンの交響曲はこま切れにされ、ラジオをはじめとする各種のメディアに挿入されてゆくが、芸術作品のそうした消費の仕方は、消費主体であるわれわれ自身の生が社会において「こま切れ」にされている、つまり全的な価値から疎外され、分業化された特定の専門分野にのみ習熟するよう方向づけられていることと連動しているのだ。最も極端な場合、われわれの表層的な感覚を居ごこちよく刺激するノイズがいつでも手に入るという美的所有の形態だけが、内面化の極北として残ることになるだろう（そして実際アドルノは、テレビのような新興メディアが跋扈しつつあるアメリカでこれを経験することになる）。このようにアドルノが美の問題を、それを支える生産-消費プロセスを含めた社会問題へと敷衍する試みを展開するのは、『音楽の物神的性格と聴取の退化について』（一九三八年）や『ワーグナー試論』（一九三九年）においてであり、この時期彼はナチスによる大学教員のアーリア化政策によって教授資格をはく奪され、イギリスに亡命しており、ホルクハイマーの主宰する社会研究所の正式な共同研究員となっていた。理論的洞察という点でも、現実の生活面からいっても、彼の視点はより外へ、社会へと向きつつあった。

さらにアメリカでの亡命生活を経て書かれた『ミニマ・モラリア』になると、批判の筆法はより鋭さを増し、表現はより切り詰めたものになってくる。アドルノは亡命以来、分業化された特定の専門分野に習熟する、音楽作品の一部のみを商品化する、時間のすごし方に仕切りを設ける、といった物象化傾向に、社会全体を見わたす術を奪われ、異質なもの、場違いなものを排除して同一のものだけを知覚しようとする歪んだ美的感覚を見る。と同時に彼は、彼が「内面性の哲学」と呼ぶものにますます、自らの汚れなきルーツとしての「根源的なもの」を我有化したいとする傾向を目撃するようになる。「俗世間を軽蔑する要求を掲げる内面性の哲学なるものは、先にそこにいた者の権利のほうが大きいという野蛮な獣性をとことんまで純化したもので、自己の優先権がまやかしであることは、土着の者たちの優先権がまやかしであることと同様である。」(GS4, S. 176f.) いうまでもなくこれは、ハイデガーがシュヴァルツバルトの山荘を哲学にふさわしい精神生活が営まれる場所として称揚した時、アドルノがハイデガー批判の総決算ともいうべき『本来性という隠語』(一九六四年)で再び持ち出すことになるモチーフにほかならない。哲学の分野において内面化の動向は、個人の実存的主体に重きを置くポスト・ヘーゲル的な思潮に見いだされ、若きアドルノはその筆頭にキルケゴールを挙げていたが、彼が本当に批判すべき同時代人として常に意識していたのはハイデガーなのである。後にナチスとのスキャンダラスな関係を告発されることになるこの哲学者がその主著ともいうべき『存在と時間』(一九二七年)で体系的に論じていた「本来性」という概念は、アドルノに従えば、社会的な生産関係や世俗にまみれたメディア・ネットワークを免れた各人固有の領域が存在する、と主張している。しかしそれは、「血と大地」というナチズムの民族神話にまで通ずるような、私的所有という名の幻想にすぎない。牧歌的な田舎風景というものが幻想であったように、物質的な関係を免れた純然たる精神生活などありえるのだろうか、とアドルノはいぶかる。内面性の批判という、美的経験にそくして考察されていた問題がここでは、自らに固有なものとして神話化された自然に郷愁をよせるドイツ人の知的エートスそのものを批判するという社会的課題へと拡大深化をとげている。だが、あまり先に進むまい。この懐疑はすでに若きアドルノを社会学に注目するよううながしていたが、実際に彼が、精神生活の幻想がズタズタに切り裂かれた後でもなお思惟の可能性がどこにあるかという問題に真に切実に向きあうようになるのは、やはり亡命先のアメリカでの根なし草的な生活をひとしきり経験してからだといってよい。もはや室内にひきこもることさえ不可能な、隅々まで管理下され、公的な検閲にさらされた社会生活がそこにはあった。

亡命時代のアドルノ・ホルクハイマー往復書簡を読むと、彼らがアカデミックな交流範囲における政治力学というものにいかに過敏になり、また彼ら自身、いかに政治的にふるまっているかということが伝わってくる。書簡では、社会研究所の活動資金をどう捻出するか、ということが度々話題になっている。彼らはドイツ人であり、かつユダヤ人でもある。またそのマルクス主義的な知的プロフィールから、共産主義者という疑いのまなざしも向けられている。亡命したドイツ人グループの中でさえ、彼らは安穏とはしていられない。「国を追われた者たち同士の関係には、土着の人間同士の場合以上にとげとげしいものがある。」（GS4, S. 35f.）という感想は、こういう状況から生まれたものだろう。その上、大学に安定したポストを持たない彼らは、様々な奨学金や有給のプロジェクトをめぐって亡命知識人同士で競争しつつ、実証主義的な風土に合わせて自己をアピールしなければならない。露骨に利己主義的にふるまわざるをえない立場からすれば、すでに競争社会の中で地歩を占めている利己主義者の方がよほど純朴な人種に思えてくる。「社会の魔法の手にかかると、同調しない者は否応なしに利己的な人間になり、一方、自分というものを持たずに現実主義に従って生きる者は無私な人間ということになるわけだ。」（GS4, S. 247.）中には、こうした状況の中でも安穏と、ヨーロッパにいたころと同じ大学教員としての知的生活に耽溺していられる者もいたのだろうか。「ブルジョワの亡霊」と名付けられた次の一節には、そうした者へのアドルノの呪詛が響いている。「いままではとっくにそれがlot（一区画の用地）になっているのも知らぬげに相変わらず自宅の庭の保存と手入れに余念のないブルジョワの手は、八方気を配って見知らぬ侵入者を庭に入れぬようにしているだけでなく、いざとなれば隠れ家をもとめる政治亡命者を拒む手ともなる。」（GS4, S. 37.）この「自宅の庭」には、学問的な領域というニュアンスを読みこむことも可能だろう。アドルノは他の箇所で、ヒトラーとはただのパラノイア患者にすぎない、と断じた亡命医師に触れている。医学というフィールドに限定すれば、それは事実かもしれない。しかし「利害関心を超越したとらわれのない、自由な判断という形式でものを考える人々は、現にそうした考えを無効にしてしまう暴力の経験というものを、その判断形式の中にとりいれることができなかった。」（GS4, S. 63.）特定の認識形式は、その背後にある力関係を覆い隠す場合もある。単なるパラノイア以上の怪物にヒトラーを仕立てたものは何か、という問いは、パラノイアにすぎないという学問的言説に囲われた心性の内側には届かない。これでは駄目なのだ。アドルノは続けていう。「ほとんど解決不可能の難題かもしれないが、真の課題は他者の権力にも自身の無力にも幻惑されないことにある。」（Ibid.）

アドルノは『ミニマ・モラリア』で知識人の日常生活を描写する。それは日常という前-学問的な領域が、特定の学問的コードによって見えなくなる以前の、多種多様な利害関心が錯綜し、せめぎあっている社会状況を如実に伝えるものだからだ。ラエル・イエッギが指摘するように、「日常生活の現象学」としてのこの著作のポイントは「公的であることと私的であること、正しきものと良きもの、一般的妥当と特殊的妥当との間の境界をそれほど安易に定めさせないという点にある。」(15) とりわけ、落ち着く場所を持たない亡命知識人にとっては、ある特殊な価値体系の「内」側にいながらそれを「外」から見るという、パースペクティブの転換が常態となる。そしてまさに、断章の一つ一つが独立している『ミニマ・モラリア』では、テクストそのものがその都度、こうした転換の舞台になっている。以下、その舞台劇をいくつかのモチーフに整理しながら見てゆきたい。どの場合でも、彼が試みているのは一種の「場違い」な経験を開示することである。

三―一　コンフリクトの証言者としての知識人

アドルノによれば、公的なものと私的なもの、一般的なものと特殊なものとが交錯する主観的かつ客観的な場であるという意味において、知識人の生は際立っている。しかし、もし彼が私的領域を公的なそれと切り離し可能なものとしてあつかうならば、欺瞞に陥るだろう。というのは（前節で示したことだが）、プライベートな領域というのは、それを占める調度品やレクリエーションの大半が出来あいの社会的生産物であるように、それ自体が公的な関係性によって分節化されているからだ。また他方で、独立自尊の主体や個人というものは全く存在しないと断言するのであれば、これまた虚偽の誹りを免れないだろう。というのは、単に黙って受け入れるしかないものとして社会の権力機構を記述するという姿勢は、当の社会自身が――学問領域の多様化や社会的分業という仕方で――個人にもたらした自由の力を無視することになり、社会を絶対視することによって個人だけでなく社会をも裏切ることになるからだ。一方で社会の大勢に肩入れし、他方で個人の私的な趣味領域に耽溺する、こういう相互排斥的な生活スタイルこそ嘘の塊ともいうべきもので、アドルノはこれを「Work while you work, play while you play」というモットーに裏打ちされたアメリカ的な生活スタイルに見てとった。知識人は、仕事は仕事の時間に、遊びは遊びの時間にといった具合に、生活時間を厳密に分割してしまおうとする社会的圧力に抵抗しなければならない。「時間割」と名づけられた断章八四で彼は言う。「仕事と娯楽の二者択一を認めないことほど、知識人にふさわしいであろう生き方と一般市民のそれとの間の明確な一線を特徴づけるものはない。」（GS4, S. 147.）しかしこれは、分割という事実を無視することを意味するのではない。たとえば勤労に思わぬ充足感を抱いたとして、勤労が余暇になるわけではない。逆に余暇の間に仕事上の発想がひらめいたからといって、余暇を取り下げるのは本末転倒である。とはいえ、こうした場違いの経験――それはまた、バラバラに孤立した生活時間によって人間の生が成り立っているわけでないことの証明でもある――がなければ、人間の全体像を想起するきっかけすら与えられなくなる、とアドルノは考える。お世辞にも明晰とは言えない『ミニマ・モラリア』の叙述の混乱は、そうした経験がかかえるコンリクトと、そこにある自由と解放の潜勢力を忠実に記録しようという実践の表れだといえる。

三―二　思い出は手短に

右に記したコンフリクトは、まさに『ミニマ・モラリア』の自伝的とも、また反自伝的ともいうべき叙述を規定している。このエッセイにはアドルノが自己自身の思い出を語る場面も、そう多くはないが存在する。想起とは彼によれば、変化を許さない同一性原理が幅を利かせる現代において非同一的なものとのつながりを確証させる数少ない手段である。人は想起することで、そうした一般的なものの圧倒的趨勢から個人的なものを救いだす。しかし他方で、アドルノが自らの過去について語る姿勢は、非常に控えめで手短である。そこには、個人の発展史によって紙面を覆いつくさないように努める姿勢がうかがえる。彼には、プライベートにかかわる内容を順序立てて物語ることでテクストを肥大化させることは、一般的なものの力に依拠し、なおかつそれを認めない欺瞞的行為に思えたのではないだろうか。アドルノは「スピーチは手短に」と題された断章六二で、たっぷりと時間をかけて自説を披露する学者の押しつけがましさに、その場にいあわせる他者への配慮を欠いた暴力性を読みとっている。「直接性のせわしなさがまやかしに通ずるのはいうまでもないが、余裕派の悠長も同様である。」(GS4, S. 111.) 彼は「時間割」が厳密に定められている現実を知っている。個人的な想起に与えられた時間がそれほど長くないことを知っている。(16) 加えて時間の序列に従うことには、どうしても排他的な占有に陥ってしまう、という側面がある。取り戻しのきかない時間にこだわることは、そこで経験された事柄の所有権をも自分だけに帰することにつながる、というのだ（Vgl., GS4, S. 89.）。実際、『ミニマ・モラリア』の断片は短い。一つ一つに付されたタイトルも同様に短い。アドルノは、まるで発言の時間を定められた回答者が、その制限を逆手にとって、自分の主張を切りつめ、十全たる配慮なく言い放つように、紋切型の警句や独断的テーゼを駆使して、ブルジョワ的社会の行きづまりを劇的に描いてみせる。それはまるで、事柄の単純化という趨勢に対抗するためには、それ以上の単純化を駆使する必要がある、といった具合である。その意味で『ミニマ・モラリア』は統計的な知見を実証的に積み上げたものというより、事柄の理論化、テーゼ化への暴力的衝動を——忘却するのでも乗りこえるのでもなく——飼いならすための、理性による自己反省の具体的プロセスそのものだといえる。たしかにそこには過ぎ去った伝統的社会へのノスタルジーも存在するが、アドルノのざらついた文体は、思い出に耽溺する前に、幾分暴力的に自分の身をひきはがし、そこからある種の教訓を引き出すということ以上のことをしない。思い出は大切だが、それが場違いであり尊大に押し付けられるものではないという道徳的感覚が、そこには存在する。

三—二　allusion（引喩）の技法——憑依と自己批判

アドルノは伝統に「憑依」し、その限界や暴力性を切り詰めた仕方でカリカチュライズする。これは変な言い方を許してもらうなら、伝統を真に受けすぎることによる自己否定といった類の戦略でもあるのだが、その手法は独特である。その表徴の一つをわれわれは、『ミニマ・モラリア』で頻繁に用いられるallusion（引喩）の技法に見てとることができる。引喩とは何か。通常それは、自分のいいたいことを、有名な詩歌・文章・語句の引用によって代弁することである。つまりそれは、ある種の文学的権威との関係をほのめかし、そこに自身を位置づける、という「従属」の所作を表す。たしかに『ミニマ・モラリア』の断章に付されたタイトルもまた、ゲーテやグリム童話などの教養市民文化を代表するテクストからとられたものが少なくない。が、アドルノはたいてい、その元の形を変えて引用することで一工夫加えている。たとえば「快感原則の此岸」（フロイトの論文「快感原則の彼岸」による）、「悪しき学友」（ナチス時代の流行歌「よき学友」による）、「小さな痛みに偉大な歌」（ハイネの「ぼくの大きな痛みから／小さな歌が生まれでた」による）、「最新機関」（フランシス・ベーコンの著作『新機関』による）、などである。理解すべき相手自身までまごつかせるような曲解によって相手の裏をかくことを試みているのかもしれないが、こうした奇矯ともいうべき擬態《ミミック》に対応する形で、書かれている内容も、元々のタイトルから想定されるものとはかけ離れたものになっている。概して『ミニマ・モラリア』には、タイトルと叙述の内容にズレがある場合が多い。そもそも知識人が競争社会の歯車として単なる専門技術者に堕したことを記した断章一のタイトルが「マルセル・プルーストのために」となっている点に、何か違和感を感じないわけにはいかない。ここには意図的なものを読みとるべきだろう（プルーストがブルジョワの典型だという一般的イメージをアドルノが知らないわけがない）。「最新機関」では、ベーコンが『新機関』で展開した啓蒙精神と科学的発想が、いかに人の身体や感情の技術的管理というグロテスクな事態に堕してゆくかが語られる。また断章八七の「レスリング・クラブ」。この名称は第一次大戦後ベルリンで活躍したギャング団をいうのだが[17]、実際にアドルノが論じているのは、実存哲学者達を取りまく疑似宗教的なエートスである。アドルノは超越と自由を志向する彼らの言説がどれほど（四角いリングのように）偏狭な世界で営まれているかを、レスリング・クラブという世俗的・暴力的な表象と重ねあわせることで、まさに公のもとに引きずりだす。重要なのは、こうして場違いなコンテクストに場違いな言葉が置かれることによって生ずる修辞的効果だろう。彼は、通常であればかみ合うことのない言葉を切り詰めた文章の中で交差させることにより、専門化集団がある特定の領域の中で展開し、基礎づけ、権威化し、自らの持ち分として主張する言説がいかに欺瞞に満ちたものであるかということを、瞬間的に開示してみせる。本章の第一節で全文を引用した断片もまた、亡命生活と重ね合わせながら、もはや知識人にとっては言葉さえも自己固有の所有物ではない、と表明していたことが想起される。

三-四　歓待の原風景

しかしながらアドルノは上述のような事柄を、定住する場所を奪われた者のパノラマとしてペシミスティックに叙述するだけではない。確かに、人間関係の疎遠さ、家族や共同体の崩壊、ゆったりした時間や土着的なものの喪失は、ルカーチの言葉でいう、人間的価値の物象化と自己疎外とを物語っている。これをもたらしたのは近代市民社会である。しかし他方でこの社会は、土地や血縁関係による呪縛から人間を解放し、サイードの好んだ言葉でいえば、他なるものとの新たなるアフィリエーション（養子縁組）の可能性をわれわれにもたらしたのだ。場違いな場所にいることには確かに違和感がある。しかしそこには、恐れ以上に、未知のものとの遭遇の予感がある。アドルノはこれを、『ミニマ・モラリア』においてまさに彼がかつてのブルジョワ的生活を回顧する場面で描いている。それは他者を歓待する際に呼び起こされる根源史といってもよいが、実際アドルノが、生活の喜びをこれほどあからさまに表明する場面はめったにない。「両親のところへ泊まり客があるとき、子供の胸はクリスマスの前などよりもっと大きな期待にふくらむ。ただ単純におみやげを貰えるからではない。生活の様相がそれによって一変するからだ。」（GS4, S, 201.）はるか遠い場所から来た客によって、家族や生活習慣、家といった「重力」から子供は自由になる。たとえその非日常的な時間がつかの間のもので、訪問が計画されたものではなく、ひたすら幸運頼みだと子供に映ったにせよ、あるいはだからこそいっそう本質的に、この幸運には意味がある。「一人の客によって木曜日は祝日へと聖化し、そのざわつきのなかでひとは、全人類とともにテーブルを囲んでいるように思いなす。というのも、客ははるばる遠くからやってきたからだ。彼の到来によって、子どもは家庭の彼岸にあるものを約束され、自分の家がこの世の終の住処ではないことを教えられる。」（GS4, S. 202.）最後の文に表明された約束は、アドルノが約二〇年前に、シューベルトのさすらいに見いだした希望と同じものだといってよい。『シューベルト』から再度引用しておこう。「希望は残っている、自然の忌まわしい呪縛の圏域はお前の終の住処ではない、と。」（GS17, S. 31.）実際、歓待の幸運にあずかる希望なしに、故郷喪失者たる近代人（これまたルカーチ的定義であるが）がエグザイルの生活をつづけることなどできるだろうか。

三―五　敷居を超える――愛すること・想像すること・贈ること

アドルノは、真の疎外状況は、逆説的だが、他者をあまりにも身近な存在と思いなすこと、つまり、親しい人間に自分の考えや趣味嗜好を投影し、自己と同一化する点にあるとみている。それは人を意のままになる物品としてあつかう功利的態度に通ずる。しかし、「最も身近な存在に潜む疎遠さを承認することによってのみ、疎外性は和らげられ、またそれが意識されもする。」（GS4, S. 207.）のであり、この相互承認の能力をアドルノはしばしば「愛」と呼ぶ。これもあまり指摘されないが、『ミニマ・モラリア』ほど彼が愛について論じているテクストは他にない。前にも触れたように、彼は過去的事実を正確に整理し、秩序づけ、時系列にそって組み立てることではなく、過ぎ去ったものが形を変えてよみがえることに、想起のポジティブな働きを見ていた。それは過去を懐古的に物語ることではなく、再生を想像することであり、まさにこの想像力こそが愛にとって本質的だとされる。「記憶は、どうしても亡びていってしまうものをつなぎとめようとする愛と切り離すことができないのではないか。どんな想像の発露も、現にあるものの要素を転移させることによって、それを信じつつ乗りこえようとする願望の所産ではないだろうか。」（GS4, S. 138.）この愛と想像力が最も発揮され、また同時にそれらが最も試される場面としてアドルノが考察するのは、他人に贈り物をするという日常的シーンである。贈るという行為にあって、人は厳密に想像しなければならない。それはエネルギーを、時間を要する。「本当に贈り物をする場合の幸福は、贈り物をする相手の幸福を想像することにあった。それは品物を選び、時間を費やし、自分の立場を虚しくしつつ相手を主体として考えること、要するに健忘症の反対を意味していた。」（GS4, S. 47）。実際、贈るという行為には、それに見合うだけのメリットがすぐさま支払われるわけではない。それは対価を期待できない労働である。しかしだからこそ、よき贈答の習慣は、せわしなさのうちでも時間的な幅をもって、他者とのゆるやかな連帯を保つためのモデルを提供してくれる。そして大半が亡命知識人によって構成されていた社会研究所の共同プロジェクトにアドルノが投影した理念もまた、これと似たものだったに違いない。自分の領分は守りつつ、同時に他者がその敷居を越えて入ってくる可能性に対して開かれてあること。異なる学問領域に向けられた好奇と批判のまなざし――それは決して、はなから無理解の態度を決め込むことではない。「精神的生産の個人主義に無反省にのめりこむことも、平等主義に見えてその実、人間侮蔑を含んだ代理交代制の集団主義を盲信することも、いずれも選ばないものに残された道は、共同責任の下に連帯して自由な共同研究を行うことである。」（GS4, S. 147.）

四、同時代人批判としてのアドルノのハイデガー論

『ミニマ・モラリア』以降、アドルノが戦後ドイツに帰還してから一九六九年に亡くなるまで行った知的活動を知識人論というコンテクストから整理し、要約することは、端的にいって難しい。知識人とはいまや特定のテーマではなく、彼の生を貫く現実そのものとなったからである。ある意味アドルノは、そこではじめて望むと望まざるとにかかわらず、代表的知識人たらねばならない、という公的な課題を真正面から引きうけることになったといってよい。帰還すべき国は、かつて自分から教授資格を剥奪し、同僚の知識人の多くを国外に追いやり、歴史上未曾有の民族浄化を行った国であり、戦前、戦中を通じてナチスと関係の深かった知識人がいまだに大学の要職についているような国であった。にもかかわらずアドルノは、ホルクハイマーと連携してフランクフルト大学と社会研究所を復興するとともに、彼がアメリカで学んだ経験主義と民主主義をドイツに根づかせるための教育プログラムを樹立する、という課題に希望を見いだしていた(18)。清濁併せ呑む覚悟で再び象牙の塔の住民となった、というわけだ。メディアに対する根強い不信にもかかわらず、社会的啓蒙を目的としたラジオ講演にも積極的に取り組んだ。五・六〇年代に矢継ぎ早に出版された著作は、戦前に比べて浩瀚なものが多くなったが、これは執筆のための時間確保に余裕が出てきた、という物理的な理由だけで説明がつくとは思えない。明らかに彼の大著志向は、逼迫した断章によって非体系的に組み立てられていた『ミニマ・モラリア』の場合とは微妙に異なり、精神的な余裕をうかがわせる。教育者として彼が目指したのは、やはり理性による啓蒙というカント的綱領であり、集団主義という名の半教養に陥らないようにするための、自律した個人の樹立であった。そしてこの個人はまた、全体主義に自己を同一視することなく社会全体を見わたす批判意識をそなえた主体として、ヘーゲル的な弁証法的思考とアメリカ的

なデモクラシーの政治理念を包摂する存在でなければならない、とされた。

アドルノは五七年にはフランクフルト大学の正教授となり、翌年には社会研究所の所長、六三年にはドイツ社会学会会長に選出される。彼はもう追放された亡命知識人ではなくなったのだろうか。体制側の人間になったのであろうか。いや、『ミニマ・モラリア』で彼が述べていたように、追放という外的事件以前に、彼はドイツ国内で「内的な亡命」（GS4, S. 64.）状態にあった。彼が示唆するように、時流の思潮や文化にどれだけおもねっているかということは、当人が国内外のどちらにいるか、という地理的要因だけでは判断できない。当然のことながら、遠くから冷ややかに見やるよりも、最も身近にいる者たちを真正面から批判するほうがはるかに勇気を要する——ましてその者が自分と同じ業界の同僚であればなおさらだ。その意味で、アドルノが一九六四年に出版した『本来性という隠語——ドイツ的なイデオロギーについて』はひときわ異彩を放っている。実際、このテクストにおいて同時代の知識人に向けられた批判・皮肉・当てこすり・揚げ足取り・罵詈雑言の舌鋒は、唖然とするほど激しい。しかしそれ以上に異彩を放つのは、哲学の専門用語と日常言語とを意図的に交えて編み上げられた、グロテスクとすらいいうるその混乱した文体だろう。アドルノがここで批判の俎上に挙げているのは、表題から推察されるように、確かにハイデガーであり、その取り巻き（と彼が考える者たち）である。が、それ以上に問題にされているのは、彼らに共通して見られる言語の特徴——すなわち、「隠語」——であり、その言語使用がもたらす居心地のよさを打ち破るために、アドルノはありとあらゆる戦略に訴える。

アドルノがこの『本来性という隠語』に持ちこんだ問題意識は、本章第二節で触れたキルケゴール論に端を発している。繰り返しになるが、かつて彼がキルケゴールに見いだしていた自己欺瞞のメカニズムとは、都市生活を拒絶し室内にひきこもり、内的生活を神話化する者が、その道具立てを他ならぬ都市生活によって生産されたインテリアに依存している、という物神崇拝の構図であった。三〇年代の正確なる再演が——

実際アドルノが問題にしているのは、三〇年代当時と六〇年代の現在が、同じ知的エートスで満たされている、ということなのだ——なされる。アドルノは『本来性という隠語』の中で、キルケゴールを再び「ドイツにおける市民革命の挫折の後の内面性の歴史」(GS6, S. 461.) に位置づけながら、この論点を確認している。「世の成りゆきからの内面性の逃避は、主観性の経験的内容そのものからの逃避でもある。…とどのつまり、隠語において内面性に関して残るのは、自分自身を選び出す連中たちの、他より優越していると自惚れる外面性の極限のみである。」(GS6, S. 462f.) 彼はこの本の冒頭で、ただ選ばれたという漠然とした確信以外に何ら具体的に確たる信念を持たない者たちの集会の様子を、いささか劇画めいた風景として描いている。「一九二〇年代の初めのことであった。哲学、社会学、おまけに神学にも手を出していた何人かの人間が、ひとつの集会を計画した。彼らのほとんどは、信条から信条へとくら替えした経験があった。彼らに共通していたのは、新たに獲得された宗教を強調することだったが、かといって、当の宗教そのものを共有していたわけではなかった。…だが彼らにとって問題なのは特定の教義や啓示の真理内容ではなく、心情であった。当時このサークルに惹きつけられていたある友人は、そこに招待されずにいささか気分を害していた。彼は、まだ十分に本来的ではない、とそれとなく告げられていたのだ。というのは、彼はキルケゴール的な飛躍を躊躇したからである。」(GS6, S. 415.) ——もっと引用したいのだが、続きは各自で読んでもらいたい。これは歴史報告ではない。アドルノは、知識人が住まうべき風景とは対極の光景、権威的なものに包まれていることの安逸それ自体を目的にした「反知性的な知識人」(Ibid.) の集合表象を、一筆書きのように一気に描ききってみせる。

そもそも隠語とは何か。それは特定の仲間内だけで通用するよう仕立てられた言葉であり、しかも言葉が指す内容よりも、それによって仲間同士で合意ができている、という確認のほうが重要になるような記号である。たとえばハイデガーが「Ereignis」というドイツ語に、通常の意味である「事件」というニュアンス以上のものを言い含めたことは、ハイデガー研究者であれば誰もが知っている。それはしばしば「性起」と訳され、事柄に固有の（eigen）在りようが現出してくるさまを指し示す。しかし問題は、ハイデガーが**Ereignis**ということで何をいおうとしているかということ以上に、研究者同士でこの言葉が話題になるとき、事件という日常的意味が——事件はハイデガーの哲学について思惟する「本来的な」場面ではあまりに通俗的である、という理由で——、この事件という意味に接ぎ穂されるあらゆる論述の可能性を含めて、予め排除される、ということにほかならない。誰も**Ereignis**について理解できなくても（そもそもハイデガー自身、何らかのテーゼへと一般化可能な答えを用意することよりも、問いを問いとして開いたままにしておくことに重きを置いたわけだが）、何かしら重要な事柄が切迫しており、自分たちがそれに向きあっているという漠たる合意だけは形成される。専門用語は何より、その言語使用に合意できないものを分別し、場違いなものを排除するための指標として機能する。しかもハイデガーが特殊なニュアンスをこめて新たに生命を吹き込む言葉は、何ら専門的な単語ではなく、日常的に使われる簡素なものが多い。それはたとえば**Dasein**、**Anruf**、**Sorge**、**man**、**notwendig**などであり、アドルノによれば、その極めつけが**Eigentlichkeit**（本来性）だ、ということになる。「〜は本来的である」といった場合、その語は、それが指示する対象の内実如何にかかわらず、そうでないものを非本来的なものとして、その外側、あるいは下位に位置づけ直す。ゆえに彼にしたがえば、ハイデガーがいくら否定しようとも本来性はある種の価値観を予め含んでいる。だからこそ隠語は、価値判断を下し、選ばれた者とそうでない者とを境界画定するような場面やシステムとたやすく折りあうことになる[19]。と同時に本来性は、本来そうであったものと後から人為的に作られたものとを峻別するための時間的な指標となり、そしてまた、根源的なものと派生的なもの、事柄の本来の所有者とそうでないものとを峻別する指標にもなる。自分たちに、その起源からして本来的に帰属しているものとして理想化され表象されるもの、それは技術や悟性といった人為的な「汚染」を免れたものとしての「自然」である。偽装された自然崇拝が胚胎する苗床が用意される。アドルノは、六〇年代の戦後復興期に再び頭をもたげてきたロマン主義的自然への回帰志向を目の当たりにし、モダニズムに退廃芸術という烙印を押したナチズム、そしてその尖兵となったドイツ青年音楽運動やワンダーフォーゲル運動を苦々しく思い出したことだろう。「だが理論は、考える者が美的既製品を製造するのを妨げる力を持たねばならない。」(GS6, S. 451.)

『本来性という隠語』は確かにハイデガー批判の書ではある。しかしアドルノはハイデガーの存在論内部における体系的矛盾を指摘することを目的としてはいない。それを行うには、ハイデガーが二重三重の予防線を張っており、少なくとも『存在と時間』の論述が何らかの具体的世界観や政治的メッセージへと直接的につながるものではないことを、アドルノは正確に見抜いている。そもそも、一九三三年当時に哲学者ハイデガーがナチズムに「偉大な精神」を見たことは政治的に誤りであった、というもの言い自体が、問題の所在を、特定の時局、政治的文脈、彼の職業的身分、用いられた術語の選択へと還元してしまいかねない。彼は一時ナチであったが、それ以降は違う。そして無論われわれは無関係である、というわけだ。しかしながら、隠語の使用に含まれる選別と合意、神話化要求、根源性志向、命令への服従といった強制――要するに、使用目的それ自体と化した権威のメカニズム――は、表現の謙虚さとは不釣り合いなほどの尊大さを伴いながら、まさにハイデガーが低く見積もった日常生活の様々な位相に表れてくる。六〇年代においても、また現在においても、場所や時間に関係なくそうなのだ。

確かにハイデガーの論述には、取り違えられるくらいなら理解されない方がまだましだ、といわんばかりの潔癖なスタイルがある。先にあげたDasein、Sorge、man(ハイデガーはdas Manという形で用いる)にしても同様で、これらは『存在と時間』においては、われわれが世界-内-存在する仕方である「実存カテゴリー」に関係しており、他のいかなるカテゴリーとも一致するものではない、とされる。死の概念についても同様で、そこでは死とは本来的には、各々の現存在に最も固有で際だった存在可能性を指すのであって、現実に起こる死亡事件や他者の死とは区別される。『存在と時間』とその発表後の数年間――それはハイデガーが形而上学のある種の再活性化を自らの課題として引き受けていた時期でもある――に彼が従事していたのは、いわば事柄にとって本質的とされる「区別」を体系的に構築することであり、そこではたとえば存在者と存在が、現存在と道具的存在者（das Zuhandene）、眼前存在者（das Vorhandene）とが、死ぬこと（Sterben）と落命（Ableben）と終焉（Verenden）とが、世界形成的（weltbildend）な現存在と世界貧困的（weltarm）な動物と無世界的（weltlos）な事物とが、相互媒介のいかなる可能性も提示されないままに、混同されてはならない事態として区別された[20]。こうした潔癖症が好んで表象する人物イメージは、アドルノに従えば、簡素な生活を営み、饒舌よりも沈黙の美徳を知っている（とされる）農民の姿であり、反対に嫌うのは議論をしかける知識人である。というのは議論は、ハイデガーが厳密に組み立てた分別の論理体系に異論をとなえ、日常的な言語使用からくる意味の多義性によって、事態を混乱させるからである。案の定、アドルノはこうした流儀を戦略的に多用することで、ハイデガーな術語を世俗へと引きずりおろす。住むこと（Wohnen）の困窮（Not）という、人間存在の本質についての崇高な問いを住宅難（Wohnungsnot）という卑近な問題と結びつけたボルノーの言述がモンタージュのように引用される。ヤスパースの言う現存在保護（Daseinsfürsorge）とは、実は社会保障（Sozialfürsorge）のシステムと深いかかわりがあるのではないか、とにおわせる。そしてハイデガー自身について言うなら「彼の言語が、自己自身を占有する権利としての主体性を移し置く各私性（Jemeinigkeit）という普遍概念は、ベルリン訛りのさもしさ（Gemeinheit）の変種のように読める。」（GS6, S. 489f.）といった具合である。土着のものに包まれている素朴さに冷や水を浴びせるようにアドルノはいう。「強制収容所の最悪の残虐行為は農家の二男、三男によって行われたという コーゴンの報告が、庇護性の言説のいっさいを裁いている。相続権のない彼らを蛮行へ突き落とすのは、庇護性のモデルたる田舎のひなびた生活環境にほかならない。」(GS6, S. 430.) これらは、揚げ足取りといってしまえばそうである。また、哲学的文脈に社会学や歴史学、言語分析を持ちこんでいるという批判もあるだろう。もちろんアドルノ自身が誰よりもこれを自覚している(Vgl., GS6, S. 524f.)。けれども彼は、場違いな場所に場違いな対象を配置し、場違いな仕方で論じることで、ある事柄はそれについて語られるにふさわしい学科や言語、方法論があるという分業の伝統そのものと対峙した。おそらく彼には、ハイデガーの思惟はアリストテレス以来のこうした伝統を額面上排除しながらも、これに最も依存しているように思われたのである。

五、終わりに——批判理論の身体

再びサイードについて語りたい。彼の知的プロフィールを象徴的に物語る風景がある。一九九二年に彼は家族とともにパレスチナの生家を訪れた。一九四八年のイスラエル建国によってその地を追われて以来、四十四年ぶりの帰還であった。しかし彼が生まれた家はすでに他人のもので、「そのことに対するはっきりとは説明しにくい感情が強烈な抑制作用を及ぼしたため、わたしはふたたびこれらの家屋に足を踏み入れることができず、中をほんの一瞥することすらできなかった。」[21]——晩年に物されたサイードの回想記のタイトルとなっている言葉、「out of place」は、直訳すると「場違い」である。彼はそこで、自分が幼年時代、いかに欧米資本によって保護された擬似教養主義的で「人工的な生活」を送っていたかを振り返っている。この生活の中心には、中東の文具販売で莫大な財産を築いた父親がいた。サイードの回想記には、こう過激なことをいってよければ、父殺しのモチーフがある。一九七五年に出版した『始まりの現象』——邦訳ではメインタイトル("Beginnings")をこう訳しているが、ここは小林秀雄ばりに『様々なる始まり』とでも訳したいところだ——の中で、歴史と血縁の絶対的な根源こそ唯一のはじまりである、という神話を否定しようと試みたように。

サイードはまた、『批評の未来』というエッセイの中で、著述スタイルを指し示す（weisend）ものと接触し動かす（berührend）ものに類型化したベンヤミンを引きあいに出し、アドルノを前者におく。特定の読者層に合意や一体感を公然と得ようと求める後者とは違い、アドルノの場合、そうした身体的接触の持つ抑圧的側面に敏感な分、読者との距離を保たざるを得ない。しかし私はむしろアドルノのタイプのような、広範な読者に指し示すというスタイルでの働きかけに、来るべき批評の潜在的な力を見いだしたい、といった内容を述べたあと、サイードはこう続ける。「だとすれば、少なくとも批評は、日ごろの学問的仕切りのなかに安住するのではなく、人間のさまざまな経験が持つ矛盾や不協和への対応たらんとすべきだ。テクストのもつ文化的権威や解釈的豊穣性というものが、伝統的に文学研究の中心領域を構成してきた反面、さまざまな言説や学問分野のなかに刻みこまれている諸矛盾は、テクストとの物質的抗争の場をかたちづくることになる。つまり、批評にとって問題となるのは、この矛盾をはらんだ場に直面したとき、何をなすべきかということだ。[22]」「物質的」というのは比喩ではない。というのは、くり返しになるが、テクストは、人間が時間をかけて収集し、分類し、ある社会的コードに従って叙述したものである以上、そこには——学校教育からメディア産業、大学の様々な制度のもとで展開されるプロジェクト、および官僚システムにいたるまで——社会システムと結びついた人間の身体的圧力の複雑極まりない絡まりが反映されているからだ。だからこそ、いわゆる文学的正典にも、哲学的古典にも制約されない脱領域的なまなざしが要請される、というわけだ。

おそらくこうした事柄は、わかりきったことであり、すでにいい尽くされてしまっているのかもしれない。しかし、これまたわかりきったことだが、脱領域といおうが、脱構築、脱中心、はたまたノマド、他者性、ヘテロトピア、エグザイル、アフィリエーションといおうが、手垢まみれになってしまったこうした名称自体に意味はない。ましてや、こうしたモチーフがアドルノとサイードにのみ付される特権だと言いたいのでもない。ただわたしは、書くということに必然的に付随する空間的で身体的なイメージへの彼らの感受性の鋭さを考える。テクストに沈殿する美的イメージが、領域確定という近代ヨーロッパの生んだシステムと絡みあっていることについて、彼らは首尾一貫して批判し続けた。[23]だからこそ、特にアドルノの場合、書くという行為そのものに、日常世界において交錯する社会的な不協和音を表現する舞台が設定されたのだ。ぶつ切りの短文、つながりの不明瞭なセンテンス、エレガンスとは程遠い、不自然で稚拙とすら形容できるその文体には、居心地の良さに押し潰されまいと格闘する過剰なまでの技巧意識が表れている。そこで彼がかろうじて希望を見いだした形象、『ミニマ・モラリア』にあったような客人を歓待する家のイメージは、決して永続的に住まうことのできる場所を指しているのではない。とはいえ、異質なもの同士が限られた時間、語ることのできる空間では、ある。実に逆説的なことだが、アドルノが戦後ドイツの大学教育システムをホルクハイマーとともに再構築する際に、否応なしに「父」の役割を引き受けたとき、彼らにあったのは、——極めて矛盾しており、またそれが結局のところ、学生紛争の騒乱の中、授業妨害と社会研究所占拠の危機にみまわれながら頓死する格好となったアドルノの晩年に結実するのだろうが——「子」である学生が社会を多角的に見るまなざしを養い、父性の象徴たる「家」の永続性を放棄するという望みであった。しかしそれは家そのものの放棄ではない、ということは、最後に言い添えておこう。[24]

それにしても、である。アドルノとサイードの知的活動は、それぞれに固有の首尾一貫したテーマにもかかわらず、あまりに錯綜しており、しかもとどまることを知らないので、時に彼らは際限なく反復と変奏を繰り返す書記装置のように思えてくる。生きることと書くこととの単純ならざる関係に鋭敏すぎるほど鋭敏だった彼らは、一体、書くという（広義における）労働に駆り立てられる自らの生を、身体を、どのようなものとして表象していたのだろうか。そして現在、もし批判的知識人が単なるアーカイブ（文書保管庫）でもなく、文化的刺激に機械的に反応するだけの存在でないとすれば、知識人はその住まいを、感受性の全体を、労働の意味を、そして自己の表現総体《コルプス》をどのようなものとして思い描くべきなのか――。

ただアドルノの場合、一つはっきりしていることがある。それは彼が、書記行為に自らを駆り立てるものについて、これを代弁し尽くすことの不可能性こそが批判理論の要諦ではないだろうか、と見なしたことだ。かくして『美の理論』では表現の戦略上のかく乱以上に、表現すること自体の失敗について、そしてこの失敗の持つ看過すべからざる意味について語られることになるのだ。ここで晩年のアドルノの視野に入ってきたのが、他のどんな哲学者よりも徹底して経験の有限性について考えたカントだったという事実は、事柄のなりゆきからすれば当然のことだったかもしれない。

（1）エドワード・W・サイード、『権力、政治、文化（下）エドワード・W・サイード発言集成』、大橋洋一ほか訳、太田出版、二〇〇七年、三〇五頁。
（2）サイード、『知識人とは何か』、大橋洋一訳、平凡社、一九九五年、一二頁。
（3）サイード、前掲書、九五-九六頁。
（4）サイード、『晩年のスタイル』、大橋洋一訳、岩波書店、二〇〇七年、三九頁。
（5）わたしの知る限り、サイードがアドルノに言及し始めるのは、ようやく一九八〇年代に入ってからである。もしかしたらこのアプローチのきっかけになったのは、フレドリック・ジェイムスンが『弁証法的批評の冒険　マルクス主義と形式』（一九七一年）で展開したアドルノ論かもしれない。全般的にサイードのドイツ系知識人への関心は、トーマス・マンやアウエルバッハなどを例外として、英米系のそれに比べて低いといわざるをえない。またサイードが自伝で語っているところでは、大学時代、彼は（アドルノではなく）むしろハイデガーの研究に没頭していた(サイード、『遠い場所の記憶――自伝――』、中野真紀子訳、みすず書房、二〇〇三年、二九七頁参照)。サイードが世俗批評の在り方を論ずるにあたって「世界内状況」といった造語を用いていること――明らかにハイデガーの「世界-内-存在」という術語を念頭に置いている――などは、確かにそうした研究の残響をうかがわせる。

(6) 次の論考を参照。井上純一、「拒否されたアイデンティティー――「ハルプユーデ」としてのアドルノ――」、『立命館国際研究』18巻3号、立命館大学国際関係学会編、二〇〇六年、所収。

(7) サルトルを論じた一九六二年の論考『アンガージュマン』は、アドルノのこうした姿勢を如実に証言している。最も重要だと思われるのは、以下の箇所である。Vgl., GS11, S. 429.

(8) たとえばアドルノの初期講演『哲学のアクチュアリティ』(一九三一年)から以下の箇所を参照。Vgl., GS1, S. 334ff.

(9) この「ひび割れた風景」をアドルノはベートーヴェンの晩年の作品に読みとるが、まさにこの風景を、サイードは彼の最良のアドルノ論(『晩年のスタイル』第一章)の中心にすえている。詳述はできないが、ここには三重のまなざしの交錯が見られる。つまりベートーヴェンの晩年の形式と、そこに芸術作品における晩年性の問題を見るアドルノと、その問題を受け継ぐ晩年のサイードという構図がそれである。もっとも、アドルノへの言及が増える時期がサイードに完治不能の病が見つかった時期と重なるという事実(これについては本書第十章でも触れる)から勘案すると、この構図はむしろ、自らが生の「晩年」にあるという意識が、芸術作品の晩年性をめぐるアドルノ的問題へのサイードの関心を助長させた、ということを物語っているかもしれない。例えば以下の箇所に注目してほしい。サイード、『遠い場所の記憶――自伝――』、V頁。

(10) サイード、『晩年のスタイル』、二九頁。

(11) アドルノがベンヤミンの知遇を得たのは一九二三年で、彼の『ドイツ悲劇の根源』が出版されたのは一九二八年である。若年のアドルノを震撼させたブロッホの『ユートピアの精神』は一九一八年に世に出ている。またアドルノ宛てのベンヤミンの手紙によれば、このシューベルト論について両者の間に幾ばくかのやりとりがあったようで、さらにベンヤミンはこの草稿をブロッホに渡している。Vgl., BB1, S. 9ff.

(12) ここには、自己保存を根本原理とする自然支配の逃れられぬ運命からの人間の解放を芸術に求める、後のアドルノの美学的関心の萌芽が垣間みえる。

（13）『キルケゴールの講話・遺稿集8』、飯島宗享編、大谷愛人・北田勝巳訳、新地書房、一九八〇年、一〇九頁。

（14）模倣（Mimesis）という言葉こそ出てきてはいないが、アドルノのここでの論述は、彼が後にホルクハイマーとの共著『啓蒙の弁証法』で展開する問題、つまりミメーシスと自然への退行というテーマを先取りしている。

（15）Rahel Jaeggi, »Kein Einzelner vermag etwas dagegen«. Adoros *Minima Moralia* als Kritik von Lebensformen, in: Axel Honneth（Hg.）, *Dialektik der Freiheit. Frankfurter Adorno-Konferenz 2003*, Suhrkamp, Frankfurt a.M., 2005, S. 116. またアレックス・デミロヴィッチの指摘も見逃せない。Vgl., Alex Demirović, *Der nonkonformistische Intellektuelle. Die Entwicklung der Kritischen Theorie zur Frankfurter Schule*, Suhrkamp, Frankfurt a.M., 1999. S. 526.

（16）ピエール・グロードとジャン＝フランソワ・ルエットは共著『エッセイとは何か』の中でアドルノのエッセイに触れ、こう述べている。「完遂すべきプログラムを手に入れることを避けて、エッセイはいつでも不意に中断されうるような仕方で構成されている。エッセイは、存在することの中断という作用を絶えず受けている。計画が突然だめになるという危険に脅かされているのだ。」（『エッセイとは何か』、下澤和義訳、法政大学出版局、二〇〇三年、一九八頁。）アドルノのエッセイが、不意の中断という不安を絶えず抱えた亡命生活の中で生まれたことを考えると、このコメンタリーは非常に意味深長に響いてくる。実際、『ミニマ・モラリア』の冒頭近くで彼は、ホルクハイマーとの共同研究が外的事情により中断したことがこのエッセイに着手することになった直接的きっかけであり、エッセイを接ぎ穂することがこの中断に対抗し、ホルクハイマーとの内的対話を継続してゆくことにつながる、と表明している（Vgl., GS4, S. 17.）。

（17）この指摘は『ミニマ・モラリア』の英訳者であるジェフコットに従った。Cf., Th. Adorno, *Minima Moralia*, Edmund Jephcott（transl.）, Verso, London/New York, 2005, p. 133.

（18）この方面の研究としてはデミロヴィッチの前掲書が詳しい。

（19）アドルノは、秘教的な雰囲気に満ちた集会、命令遵守が美徳とされる学校や官僚制度などを挙げている。

（20）ハイデガーは死という事柄における「死亡」「落命」「終焉」の区別——これは、この区別そのものが現存在をその他の存在者から存在論的に際立たせるための根本指標となるという意味で、現存在の実存論的分析論にとってこのうえなく重要である——を『存在と時間』の中で、極めてそっけなく断定的に遂行している（Vgl., Martin Heidegger, *Sein und Zeit*, Max Niemeyer, Tübingen, 2001, S. 247. この箇所については拙著『ハイデガーポスト形而上学の時代の時間論』、大阪大学出版会、二〇〇八年、六二頁以下も参照)。また人間と動物と事物それぞれの世界を差異化する試み(「世界形成的」「世界貧困的」「無世界的」)を提示するのは一九二九―三〇年の冬学期フライブルク講義においてである。ジャック・デリダは前者を『アポリア』(港道隆訳、人文書院、二〇〇〇年)で、後者を『精神について』(港道隆訳、人文書院、一九九〇年)で主題的に扱っている。両著作でデリダが一貫して問題にしているのは、――彼自身はこの二つのハイデガー論において一度、それも極めてそっけない仕方でアドルノに言及するだけだが(『精神について』、一二八頁)――アドルノと同じく、ハイデガーが展開するこうした区別――区別というより峻別――がどこまで持ちこたえられるものかということ、そしてこうした区別は、それ自体が依然としてヨーロッパの精神的伝統ともいうべき人間中心主義と目的論的世界観を含意しているのではないか、ということである。「人間と動物」と題された『啓蒙の弁証法』の草稿において、アドルノ・ホルクハイマーもこう述べている。「ヨーロッパの歴史上、人間の理念は、動物との区別のうちに表現されている。動物には理性がないということで、人間の尊厳が証明される。」(GS3, S. 283.) こうした区別は決してニュートラルなものではなく、両者に付される価値観とからみ合っている。デリダも論じているように、ハイデガーがいかに否定しようとも、「貧困」あるいは「無」といった術語は、ヒエラルキー化のメカニズムと価値評価を含んでいる。しかも(動物と区別された)人間存在としての現存在への接近を、その存在について論じるための言語への接近ともども可能にしているのは、まさにこうした価値論の可能性なのである(特に『精神について』、八八―八九頁参照)。事あるごとに人間存在を他のものから際立たせる身振りは、ハイデガーの首尾一貫した姿勢として確認しうる。他の箇所でデリダが慎重に引用しているところでは(『アポリア』、七五頁以下)、一九五七年の講演『言語への途上』においても、数十年前に展開した区別立てを繰り返すように、ハイデガーはこう述べている。「死すべき者とは、死を死として経験しうる者のことである。動物にはそれができない。また動物は語ることもできない。」(Martin Heidegger, *Unterwegs zur Sprache, Gesamtausgabe, Bd.12*, Friedrich-Wilhelm von Herrmann (Hg.), Vittorio Klostermann, Frankfurt a.M., 1985, S. 203.)

(21) サイード、『遠い場所の記憶――自伝――』、vi頁。

(22) サイード、『故郷喪失についての省察 1』、大橋洋一ほか訳、みすず書房、二〇〇六年、一六八―九頁。

(23) いうまでもなく、とくにサイードが『オリエンタリズム』(一九七八年)において representation(表象=代表)の問題を展開する際に念頭にあったのはこの問題意識であった。

(24) アドルノは、たとえば本章第一節で全文を引用した『ミニマ・モラリア』の断章にかいま見えるように、ときおり、家や家族を「自然支配」の強制力が発揮されるトポスとして叙述する。しかし、彼は決して私有財産制度そのものを否定し、土地や固定資産の絶対的な共有システム――要するに共産主義――に向かうわけではない。確かにアドルノは『ミニマ・モラリア』のほかの箇所でも「自分の家にくつろがないということはモラルに属している、と今日付け加えなければならないだろう」(GS4, S. 43.) と言うが、その直後に、それでも人が誰かに依存し、困窮するといった状態――それは結局のところ、所有関係の盲目的な存立に寄与することになる、とされる――を避けるためにも、やはり私有財産を(一定程度)所持することが必要だ、とも示唆している。所有物へのこうしたパラドクシカルなかかわりにアドルノが注意をうながしていることは、注目に値しよう。さらにいうなら、彼はこれを表すのに、当該箇所で技法(Kunst)という言葉を使っている。それは財産所有が、「よき」生活という意味での美的・道徳的な生活経験の形式に関係するものでもあることを表しているのだろうか。もしかしたら、最後の教養主義者たるアドルノは、かつてベンヤミンがゲーテ晩年の生活風景について触れたエッセイ(『ヴァイマル』)で述べたような、簡素な仕事部屋で行われる抑制された生活形式を思い浮かべていたのかもしれない。この点については『ミニマ・モラリア』の断片一六「礼節の弁証法のために」におけるゲーテへの言及が重要な示唆を与えてくれる。

第五章　震える理性——アドルノはカントから何を学んだか(1)

「自分の力でセイレーンに打ち克ったという感情と、その感情から生じる何もかも引き裂いてしまう思い上がりに対しては、この世の何であれ太刀打ちできない。」（フランツ・カフカ、『セイレーンの沈黙』）

一、問い——いかなる意味でアドルノはカント主義者であったか

「率直に言えば、いわゆる大哲学者の中でわたしが最もお蔭をこうむっているのはニーチェなのです——実際ひょっとしたらヘーゲル以上かもしれません。」（NS IV-10, S. 255.）——このアドルノの言葉を額面通りに受け取るわけにはいかない、というのは第二章で示した通りだ。逆にこれをそのまま受け入れ、アドルノをニーチェともども審美的で非合理的な神秘主義者として位置づけようとした一人に、かつてアドルノの助手を務めたユルゲン・ハーバーマスがいる(2)。この洞察は決して的外れだったわけではないが(3)、陰鬱な時代診断書である『啓蒙の弁証法』の共同著者であるばかりでなく、戦後ドイツにおいて——ハイデガー・ブームに代表される復古主義への執拗な批判的姿勢が示したように(4)——理性に立脚した啓蒙的立場をとり続けた大学人でもあるアドルノを誰よりも知っているはずのハーバーマスが、なぜこうした位置づけを断行したの

か、どうも釈然としない。もちろん、新しい時代意識を代表しようとする者は、前の時代との思い切った「断絶」を多少なりともパフォーマティブに演じるものだ。とはいえ、修正すべきものについては修正せねばならない。「最もお蔭をこうむっている」はずのニーチェについて、ついにアドルノは一本の論文も書き残さなかった。そして後述するように、美的神秘主義者の総決算であるはずの『美の理論』がくり返し救出しようとしているのは、ニーチェではなく、ヘーゲルですらなく、カントなのだから。加えてこうしたカントへの関心が突発的なものではないことは、ここ最近になって公表されつつあるアドルノの講義録が雄弁に物語っている。現在公刊されているものに限っても、一九五八／五九年の講義『美学』はカントの『判断力批判』を、一九五九年の講義『カントの《純粋理性批判》』は文字通りカントの主著を、そして一九六三年の『道徳哲学の諸問題』は『実践理性批判』を主題的に扱っているが、これらから伺えるのは、アドルノがカントに向ける、ある包括的で看過すべからざる問題意識である。そういうわけで本章では、いかなる意味でアドルノはカント主義者であったか、という点を論じたい。

わたしはカント主義者としてのアドルノ、という切り口を強調する。というのは実際、彼にとってカントは、大学での義務的な講義活動のためにお定まりのように選び出される哲学史上の権威という意味をはるかに超えた存在であったからだ。ロルフ・ティーデマンは一九五九年のアドルノのカント講義の編集後記にて、次のように語っている。「彼はたとえば、カントが放棄するつもりもなかったもの自体（Ding an sich）を非同一的なものの代行者として解釈したが、この非同一的なものにより、すべての客観をその主観的な構成に還元する観念論的な根源的虚偽が破砕される。」（NS Ⅳ-4, S. 423.）事態を先取りし、暴力的に定式化して言うなら、アドルノにとってカントの超越論的な問題設定は、単なる欲求充足や感覚的な直接性にも、また概念的な同一化原理にも還元することのできない「非同一的なもの」についていかに語ることが可能か、ということの比類なき範例なのであり、その意味で彼が念頭に置くのは人間カントの伝記的プロフィールではないのは勿論のこと、カント哲学の文献学的な理解の精密さでもなく、むしろカントが残したテクストから引き出すことのできる、ある経験の内実とその帰趨だ、と言うことができる。ここで帰趨、というやや曖昧な言い方をするが、アドルノによればカントはこの経験に対し、彼に続くシラーやフィヒテ、ヘーゲルのように体系的な統一性を与えることに失敗している。一言で言うなら、啓蒙の行方は不透明なままに留まっている。しかしながらアドルノは、カント哲学の意義をまさにこの「挫折」の内実に見なければならない、とくり返し講義の中で学生に強調する。そこには今なお近代啓蒙主義という「未完のプロジェクト」（ハーバーマス）が想起すべき事項として、理性が自己自身に対して定める限界が、平然と渡ることのできない境界線が存在するのだ。

二、形而上学と唯物論との間で——アドルノにおける超越論的思考？

超越論的な思考とは、つくづく不思議な思考である。それはカント的には経験的なものを排斥するような経験であり、一つの遮断、アドルノが精神分析風に表現するところでは、事柄との物質的な接触への恥じらい、つまり肉体的なものの禁制（タブー）によって特徴づけられる。文明により動物が放逐されるように、精神により肉体が葬られる。これはある意味近代人がくり返し試みる喪（Trauer）の作業だ、とも言える。けれどもアドルノに言わせれば、まさに身体——とそれに伴う快楽——を遮断せよという教えの只中に「一種の形而上学的な哀しみ（Trauer）が、忘れてはならないと同時に、それでもなお忘れるよう強制される最上のものを忘れるな、という契機《メメント》が表れる。」（NS IV-4, S. 268.）精神が放逐したはずのものの痕跡がある種の根源的な不安と憧憬とを呼び起こす。そしてこれがかえって形而上学的な思考を発動させる、少なくとも要因の一つとなっている、というのがアドルノの洞察にある。超越論的な領域は、一方で実証的で心理学的なものに、他方で思弁的で形而上学的なものにも関係しつつ、それでもなおそのどれでもないという引き裂かれの状態にあって、所有者の定まらぬ土地（Niemandsland）だ、と彼は言う。だがそれは、アラステア・モーガンが「思弁的唯物論」と呼ぶアドルノ自身の思考にこそ妥当するのではないか。(5)

とはいえ、あまり先を急ぐまい。以下では、なぜ彼のこうしたカント理解が日の目を見ることなく今に至っているかということについて考えたい。講義録が刊行されずにきたという要因もさることながら、少なくともその責任の一端は彼自身にも帰されるのである。

三、崇高——カント継承問題の射程

というのは、畏友ジークフリート・クラカウアーと『純粋理性批判』を読むことで哲学の世界に入ったアドルノであるが、カントとフロイトについて論じた教授資格請求論文（『超越論的心理学における無意識の概念』）を当時の指導教官であったハンス・コルネリウスに突き返されて以来、カントについては沈黙するか、極めて冷淡な態度をとってきたように見えるからだ。(6)そしてこの態度は、これまでアドルノ研究者がカントとアドルノとの関係についてとってきた態度と軌を一にしている。若干の例をあげるならば、スーザン・バック＝モース、マーティン・ジェイ、フレドリック・ジェイムスン、前述のティーデマン、アルブレヒト・ヴェルマーといった大御所たちがこの問題のために割いている紙面の分量は、アドルノとベンヤミンとの関係といったトピックに比べれば極めてわずかであるし、アドルノの没後一〇年の節目に出た論集『美の理論のための資料——テオドール・W・アドルノによるモデルネの構成』(7)、戦後フランクフルト大学に復帰して以降のアドルノの知的活動を詳細に追跡したアレックス・デミロヴィッチの『非体制順応的知識人——批判理論のフランクフルト学派への発展』(8)、ゲアハルト・シュベッペンホイザーが長年責任編集を務めている雑誌『批判理論のための年報』に収録された論考群[9]、そして一九八三年と二〇〇三年にフランクフルト大学で開催されたアドルノ会議などを見渡しても[10]、カントの影も形も見られない。

無論、例外もある。たとえばカール・ブラウンの『批判理論対批判主義―テオドール・W・アドルノのカント批判によせて』はカント解釈者の立場からアドルノのカント理解の難点を詳細に論じたものだが[11]、これはテクストを主に『啓蒙の弁証法』および『否定弁証法』に限定している点で、彼の当時の問題意識を矮小化している点が否めない。先走って言えば、アドルノのカント・クリティックは結局のところ、『判断力批判』で展開される自然美についての議論を『美の理論』でアドルノがいかに改編しつつ受容したか、という点を抜きにしては語れないのであり[12]、この継承問題はトム・フーンやJ・M・バーンスタインをはじめとしたアメリカの気鋭のアドルノ研究者たちの議論を活性化させる一方[13]、ジャン=リュック・ナンシー、フィリップ・ラクー=ラバルト、ジャン=フランソワ・リオタール、そしてポール・ド・マンといったいわゆるポストモダニストがカント美学のルネッサンスを試みる際の、隠れた牽引役にもなっている[14]。そこには、「厳密に理解するなら、形式美の崩壊後モデルネの時代全体を通じて、伝統的な美的理念として残されたものは崇高の理念のみだった。」(GS7, S. 293f.) というアドルノのテーゼをどう受容するかという、もう一つの継承問題が存在するが、これは崇高の経験が開示されるパースペクティブをアドルノが自然美から芸術作品に編成し直したことと関係している。しかし、こうした点を詳細に検討する前に、さしあたり『啓蒙の弁証法』と『否定弁証法』の議論を概観しておこう。

四、アドルノのカント批判――『啓蒙の弁証法』と『否定弁証法』

アドルノ・ホルクハイマーの共著『啓蒙の弁証法』がカントに与える評価は徹底して辛口なもので、その切り口はカント的な二分法、つまり超越論的自我と経験的自我との峻別をそもそも認めない、という点に集約される。第三章（補論Ⅱ）「ジュリエットあるいは啓蒙と道徳」で二人は、理性は特殊なものを一般的なものから導きだす能力だ、という『純粋理性批判』の一節に対し、次のように言う。「一般的なものと特殊なものとの同質性は、カントによれば、《純粋悟性の図式論》により保証されている。つまりそれは、知覚をあらかじめ悟性にふさわしく構造化している英知的メカニズムの無意識の作用のことである。」（GS3, S. 101.）この場合特殊なものとは、『啓蒙の弁証法』の文明診断的語彙にしたがえば、いわば規格化され大量生産された一般的なものにすぎない。近代を特徴づける社会的な分業体制が、カントの認識論にも色濃く影を落としている。いかなるものをわれわれが知覚しうるかということは、あらかじめ英知的メカニズムによる「事前の検閲」（GS3, S. 103.）やタブーによって無意識のうちに決定されている。そしてそこには、自然との直接的接触を――それは必ず動物的快楽に行きつくという理由で――禁止された自然自身の姿が投影されている。かくのごとくフロイトの術語を用いて解釈し直された超越論的自我は結局のところ、アドルノ・ホルクハイマーによれば、理性の抑圧装置以外の何物でもない。そしてその目的は、自らの内なる自然を支配しつつ自己保存を図ることにある。こうした診断は、ナチスによる組織化された殺人（ポグロム）と文化産業による大衆操作という、大戦中に両者が遭遇した歴史経験をカントに対し一方的に逆照射している、という側面が強い。もちろん、本書の第二章で示したように、当時彼らがルートヴィッヒ・マルクーゼ、ヘルベルト・マルクーゼらとともに吸収したニーチェの合理主義批判の影響も加味すべきだろう。

『啓蒙の弁証法』の考察は、一九六六年のアドルノの主要著作『否定弁証法』――特にその第三部第一章「自由――実践理性批判へのメタ批判」――にて一層批判的に展開される。ところで、ここでの議論には今から振りかえれば注目すべき二つの特徴がある。『否定弁証法』の当該部分で取りあげられているのは、タイトルから推察されるようにカントの『実践理性批判』だが、それだけでなく、『純粋理性批判』および

『人倫の形而上学の基礎づけ』も含まれる。このテクスト選択、そしてカント解釈の論点は、一九六三年の講義『道徳哲学の諸問題』とほぼ一致している。時期的なものを勘案すれば、この講義の内容が『否定弁証法』の考察に引き継がれている、と考えるのが自然だろう。しかし微妙な差異も見いだされる。それは第一に論述の内容ではなくそのトーンであり、講義では評価・批判様々なニュアンスを示しながら解釈されるカントが、「自由――実践理性批判へのメタ批判」の章では全体として、徹底して論駁されている印象を受ける。第二に、講義ではわずかであるが存在する『判断力批判』への目くばせが、後者では完璧に排除されている点が挙げられる。

周知のようにカントにおいては、意志によって自発的に決定されるのは道徳的行為のみであり、しかもその場合重要であるのは、その行為によって何をなしうるかという経験的項目ではなく、行為者の意志が、その行為によってもたらされる幸福や利益、その行為に付随する感覚的満足に一切依拠することなく、つまり人間を含む一切の自然のメカニズムに従うことなく、ひたすら普遍的立法としての道徳法則に従うという事実であって、カントはこれを義務と呼ぶ。そもそも「人倫性に関しては、われわれは自然の協力を必要としない」(KU, S. 385.)というのがカントの基本的立場である。この法則の強制力を主観が直接的に承認することを、彼は超越論的な意味における自由と呼ぶ。すなわち自由とは、義務の承認の純然たる形式である。実際『実践理性批判』で問題になっているのは、何らかの成文化された法律に準拠することではなく、自己が自己自身に与える強制に従うという命法の際立った主観的性格にほかならない。そしてそこでは強制力の発動は、自己を服従させることへの関心の表れである「尊敬」に基づいて説明される。カントは尊敬を、道徳法則の中心軸と見なしている。われわれの道徳的行為は、それが義務に適うものかどうかという外面的な事実ではなく、それが――そうした適法性に左右されることなく――義務に基づいてなされたものかどうか、という主観的な動機から判断されねばならない。ここには、強制という「他律」により主体の自律が確立されるというパラドックスが表明されているだけでない。パラドックスはまた、カントがこの強制力を叙述する際に「動機」――文字通りには「衝動のばね（Triebfeder）」――という心理的メタファーに依拠しているように、普遍的立法の基礎づけが尊敬という特定の心情に求められる、という点にも見いだされる。[15]まるで、理念的に想定される義務感情――これは自由が確立される最高の法廷として、文字通り比較を絶している――が個人に「自然に」備わる麗しい特性でもあるかのようだ。確かにカントの場合、人間を道徳的に特徴づける人格性（Persönlichkeit）は、比較衡量の余地を許さない英知界に属すると同時に、必然的に価値評価の相対性を免れることのできない感性界にも属する、とされる。つまり人格性は、ときに経験を超絶したものとして、またときに社会において評価される最上の品位として現れる。この曖昧さにアドルノは承服できない。要するにカントの心情倫理は、美的価値判断と無縁ではないのではないか、と彼は問うのだ。たとえばアドルノはシラーと比較しつつこう述べる。

ある行為を孤立させて考慮できないのと同様に、行為へと外化されないような善は存在しない。絶対的な心情は、行為へのいかなる特殊な介入をも欠いているのだから、絶対的な無差別、つまりは非人間的なものへと堕落することになるだろう。客観的に見れば、カントとシラー両者の思想は、自由に浮動する高貴なものという恥ずべき概念の前奏曲となっている。…哲学者としてのシラーは、カントに反対して、しかしひそかに彼と一致して、道徳と自然の宥和を思い描いていた。しかし現状の下では、この和解は見かけほど完全に人間的でも無垢でもない。自然はいったん意味を付与されると、英知的性格の構築が目指していた可能性にとって代わることになる。ゲーテの善美のもとで紛れもなく見て取れるのは、結局のところ残忍な転換である。カントはある書簡で、ユダヤ人画家が描いた自分の肖像画に触れているが、この書簡がすでに悪意に満ちた反ユダヤ主義のテーゼを使っている…。[16]（GS6, S. 291f.）

「高貴なもの」に接近するのは、どちらかといえばカントではなくシラーだが、アドルノはたいていの場合、シラーに手厳しい。それはこの『人間の美的教育について』の著者の高邁な思想に、美意識と道徳的価値とのある種の癒着を見いださずにはいられないからだ。無論カントは、いかなる英雄的行為も正義を保証しはしない、という論調によってこの癒着への警戒を怠らない。事実彼の場合、尊敬は単なる感情と等置されるものではなく、何かしら英知的な関心をかきたてるもの、と規定されるにとどまっている。しかしこの関心はアドルノに言わせれば、神話的パトスと絡みあっている。というのは自己が自らに対して与える法則以外に顧みるものがないという図式は、自然に対する命令者でもありその犠牲者でもあるという理性の根源史を、つまりかのオデュッセウスの形象の痕跡をとどめているからだ。[17]「なるほど**恐怖**はまず**諸神**（精霊《デーモン》）を産みはしたが、しかし道徳的原理によってはじめて**神**の概念を産出しえたのは実に**理性**であった」（KU, S. 376.）とカントは言うが、命令者としての理性のうちに、自然に対する恐怖とその抑圧という裏面を見いだすのが『啓蒙の弁証法』の作者たちである。「卑劣な行動がけっこううまくいきそうな見こみのある場合でさえ道徳的行動の方が理性的だと考えるカント的オプティミズムの根には、野蛮さへの転落に対する恐怖がある。」（GS3, S. 105.）

とはいえ、カントのいう超越論的自我を単なる同一者による支配のメカニズムへと還元することにためらいを見せる場面も、『否定弁証法』にはないわけではない。控えめに、アドルノは注のなかで述べている。「カントのうちには、整合的論理に反抗する契機、すなわち非同一性への追憶が生き延びている。…物自体と英知的性格を構築するということは、同一化の可能性の条件としての非同一的なものを構築することであるが、しかしそれは、カテゴリー的同一化の手をすりぬけるものを構築することでもある。」（GS6, S. 286.）[18]英知的なものは単に想定されるだけで、感性的所与として現前することはない。別言すればそれは直観することが禁じられているもの、カントの言葉でいえば超越論的仮象である。しかしアドルノは『否定弁証法』

の最後の章「形而上学についての省察」において、まさにこの仮象というあり方を積極的に評価しようという姿勢を見せる。そして実を言うなら、この著作で唯一といっていい『判断力批判』への目配せが見いだされるのも、この最後の章の次のような短い一節の中なのだ。「有限な実在によって超越について語られることは超越の仮象であるが、しかしカントがおそらく認めていたように、それは必然的な仮象である。だからこそ、美学の対象である仮象の救済は、その比類なき形而上学的意義を有している。」（GS6, S. 386.）

ゆっくりと問題の外堀を埋めていこう。『否定弁証法』の終盤に記されたこのテーゼは、アドルノがカントの言う自然美について――しかもカントの概念図式を大胆に配置換えすることを通じて――論じる際の問題意識をこの上なく明瞭に物語っている。芸術が模倣するのは自然ではなく自然美だという『美の理論』の有名な逆説が取り組もうとしているのは（Vgl., GS7, S. 111.）、まさに自然の仮象性をいかにして救済することができるか、という問題にほかならない。そこでは自然がそのものとして雄弁に語られるのではなく、芸術というエージェント（代理人）を介して、しかもただそのルートを経由してのみ語ることの可能性が追究される。仮象の担い手は芸術作品である。つまり『美の理論』においては、仮象が何を語るかということを決定するのは、自然の声を代弁するとされる、それ自体が自然の一部である芸術作品に他ならない。「隅々まで作られたもの《テセイ》、つまり人間的なものである芸術作品は、生まれるもの《ビュセイ》、すなわち単に主観のためではないもの、カント的に言えば物自体かもしれないものの代理をつとめる。」（GS7, S. 99.）では、いかなる意味でこのエージェントは真の代弁者たりうるのだろうか。これこそ『美の理論』の中心的問いだとわたしは主張したいが、この問いの解き難さは、その担い手が人間自身による制作物へと移行することで益々混迷の度を増してくる。まさにプラトンの時代より、芸術作品は真理でもないものを真理だと称して安売りするいかがわしい商品であると弾劾されてきたのではなかったか。

五、エージェントとしてのオデュッセウス——representation の問題圏へ

エージェントという人種は、いつの時代でもいかがわしい存在である。それはあるものに代わってそのものの真意を伝達すると、しかもそれを最も真摯な仕方で出来るのは自分しかいないと喧伝する——ある意味では自分は、あるもの以上にそのものの意図を、命令を執行するのだ、というわけだ。代理されるべき事柄を自分はよく見極めた。つまり自分は最も優れた「観察者」としてふるまったが、今や自分はその事柄を、事柄そのものを代表する仕方で執行する、あるいは執行するよう命令する、その意味では最も優れた「実践者」である。誰もこの真理についての命令と伝達の意義を疑ってはならない、ましてや真理の存在を疑ってはならない！　彼はこの「ならない」をあらゆる手段でもって保持しようとする。こう思い巡らしてみると明らかなように、オデュッセウスの例のエピソードはエージェントとしての理性の狡知をこの上なく如実に物語っている。なぜなら彼は、セイレーンの歌声を享受せねばならない犠牲者であると同時に、その声に近づくために同行者を指揮する命令者でもあるからだ。船が美神のそばを無事通過した後、彼は歌声の崇高さを伝える唯一の証言者として君臨するだろう。だがこれまた恐るべきことに、カフカの短編『セイレーンの沈黙』は別の解釈を提示している。つまりオデュッセウスの意図に気づいたセイレーンは歌わず、沈黙を守ったのだ。しかしオデュッセウスはさらにその上を行く。カフカによれば無邪気なオデュッセウスは、肝心のセイレーンのことすら念頭から消えるほどに、歌を聞いたという確信によって囚われていたかもしれないし、逆に狡猾なるオデュッセウスは沈黙を武器とするセイレーンの意図に気づき、しかも歌を聞いたものとしてふるまい、神話の最後の証言者となったかもしれない。「自分の力でセイレーンに打ち克ったという感情と、その感情から生じる何もかも引き裂いてしまう思い上がりに対しては、この世の何であれ太刀打ち

できない。」[19]わたしとしては、カフカのこの解釈はもう一人のK――つまりカントが自然美を論述するコンテクストを考察する上で、重要な示唆を与えるように思われる。というのはカントはそこで、圧倒的な自然風景を前にして驚嘆し、崇高さの感情を禁じえない人間を叙述しながらも、最終的にはその内実を、崇高という道徳的感情を有する人間自身の英知的能力に帰するからだ。理性というオデュッセウスは自ら見たものに脅威する。だがそこで見たものは、脅威する自己自身の姿にほかならないのではないか。一般論として言うならここからは、カフカの洞察と同じく、さしあたり二つの洞察が導き出されるだろう。一つの可能性はこうだ。つまり他人に対し、自分でも信じていないものを見たと証言する者は、もちろん、それが自分の利益になるからそうするわけで、彼はそこに身びいきやナルシシズムが投影されていることに気づいている、あるいはそれを計算に入れている。お気づきのように、このような詐欺師は古今を問わず巷にあふれている。そこでもう一つの可能性だが、それは一見すると自己保身の対極にある姿勢、すなわち自分が見たもの以上に崇高なるものなど存在しないと絶対的に確信することであり、その場合人は、そうした自己確信自体に対して盲目的にふるまうよう要請され、またそうした恭順を他人にも求めるようになる。経験したであろうものに対して誠実であること、疑いを知らない純朴さが一つのイデオロギーとして機能するようになるのだ。さて、エージェント（代理人＝代表者）はこの二つの可能性を厳密に区別できるだろうか。あるいはエージェントとはそもそも、その区別の曖昧さによってのみ、もしくは曖昧さに熟達することによってのみ、その生存を保証されているのではなかろうか。そしてこれを敷衍していうなら、ある事柄を表象する（represent／代理・代表する）とはつまるところ、こうした魅惑と危険とを常に胚胎した営みではなかろうか。

問題をあまり広げないようにしよう。いずれにせよ崇高を扱った『判断力批判』の論述には一種のナラティブ（物語）ではないかと言いたくなるような印象を与える面がある。そこでは、法外で計算不可能な自然の脅威の前にした人間の無力さを叙述することを通じて、当の人間自身の偉大さを証明するような仕掛けが敷設されている。自己の利益を考慮せぬ者に、最大限の利益がもたらされるのだ。こうした意味でド・マンの論考『カントにおける現象性と物質性』はまさに、カントの崇高論を一種の「啓蒙の弁証法」として分析している。「これは一種の交換の物語なのであって、いってみれば犠牲と回収のエコノミーのなかで力が失われたり獲得されたりする、取り引きの物語なのである。[20]」カントが展開する表象のドラマとはどのようなものか。アドルノの美学論に立ち入る前に、最後の内堀を埋める作業を行おう。

六、犠牲者＝命令者としての構想力——『判断力批判』における崇高のドラマ

カントにおいて崇高の対象とされるのはおおむね、無定形な自然の姿である。つまり「頭上から今にも落ちかからんばかりの嶮岩、大空にむくむくと盛りあがる雷雲が電光と雷鳴とを伴って近づいてくる有様、すさまじい破壊力を存分に揮う火山、一過したあとに惨怛たる荒廃を残していく暴風、怒濤の逆巻く無辺際な大洋、夥しい水量をもって中空に懸かる瀑布等」（KU, S. 128f.）がそれだ。これらは無定形というより、——構想力によって自然の形態を自由にとらえる遊び（Spiel）とは違い——それを規定し直観へともたらすこと、すなわち表象しつくすことが不可能な対象である。こうした自然は第一次的には、カントの言葉で言う感性的総括（comprehensio aesthetica）の不可能な全体という量的規定によって特徴づけられる。したがって彼は崇高の対象を、その形式も目的も直観レベルで表現しえない、また他の対象との量的比較のできない「絶対的に大なるもの」と呼ぶ。この大なるものを前に、人間は趣味判断の場合のような社交的な快を持ちえない。不快そして動揺が崇高さの感情である（しかしどんなに不快であっても、「恐怖」はこの感情のリストからは断固として除外される。これは以下で述べるように、極めて重要なポイントである）。カン

トは言う。「心意識は、自然の美に関する美学的判断においては**平静な**観照にひたるが、これに反して自然における崇高なものを表象する場合には**動揺**を感じる。この心的動揺は特に最初は震撼に似たところがある、換言すれば、まさに同一の対象による反撥と牽引との急速な交替に類する。」（KU, S. 124.）ある種の宗教的ともいってよい厳粛さが出来するわけだが、とはいえこの厳粛さは、そこに意味、つまりあるものが何のためにあるか、何のための手段となっているかという手段-目的の認識論的図式を持ちこむことを拒絶する。当然カントの語彙でいうなら、ここで想起されるのは趣味判断の場合に導入された「利害関心なき適意」ということになる。(21) それに対応する形で、絶対的に大なるものはどのような象徴的存在でもなく、現に見えるがままに眺めねばならない、とされる。この場面で適切なのは、対象をもっぱらその外的形式においてのみ享受するという構想力の拡張、要するに純然たる目の働きであって、しかも崇高の場合、この美的能力だけが動員されるにもかかわらず、ついにその働きが当の対象を視界に収めることに失敗する、ということが重要なのである。

崇高は、道徳的法則（とそこから起因する尊敬の感情）が個々人の思い上がりを徹底的に打ちのめしたのと同様に、対象を意のままに享受しようという美的意識に挫折を味わわせる。とはいえ、『実践理性批判』の場合との微妙な、だが決定的な相違は、この失敗や挫折が一時的なものだという点にある。結局のところ崇高は、趣味判断とは異なるにせよ、ある快感情に帰着するのだ。崇高の分析論の冒頭近くでカントは早くもこう述べている。「…後者（崇高の感情）は、間接的にしか生じ得ないような快である。つまりこの快は、生の諸力がいったん瞬時的に阻止されはするものの、その直後にはいっそう強力に溢出するという感情によって産出される、従ってまたこうした快は感動であり、構想力の遊びではなくその厳粛な営みであるように見える。」（KU, S. 106.）阻止されることによってかえって強化される感情とは、そしてそうした諸力とは何であろうか。結論から言うなら、それはわれわれの内なる理念だ、ということになる。自然の全体性を前にして開示されるのは、そうした全体性、別言すれば無限なるものを――認識する(erkennen)のではなく――思惟する(denken)能力としての道徳的判断なのだ。なぜそれが道徳的であるのか。カントによればそれは、法則を前にして抱く尊敬と、自然を前にして抱く讃嘆との親和性にある。否、彼ははっきりと、崇高の感情は尊敬であるとさえ言う。かくして対象を捉えきれないという構想力の無力さが、かえって、限界を知らない理念を思惟しうるわれわれ自身の力を気づかせる機縁となる。『判断力批判』の崇高のパラグラフを読む者は、この「かえって」や同時にといった逆接表現がここでいかに頻繁に登場するか、気づかされるだろう。「それだから崇高なものに対する感情は、美学的な量的判定における構想力が、理性による判定に適合しえないところから生じる不快の感情である。が、またこの不適合と同時に喚起された快でもある…」(KU, S. 123.)「主観自身の無能力がこの同じ主観の無制限な能力の意識を目覚めさせること…」(KU, S. 126.)「構想力の能力の非合目的性は、理性諸理念とその喚起にとってはかえって合目的なものとして表象される。」(KU, S. 127.)「…それだから自然の威力の抗い難さは、なるほど自然的存在者としてのわれわれの無力を認識させはするが、しかしまたそれと同時に、自然の威力から独立した自己自身について判定する能力、そして自然に対する優越性を開示する。」(KU, S. 129.)、等々。それにしても、自己の外部にある自然に心奪われるという状態から、自己に内在する道徳的理念に心奪われるという状態への移行は、はなはだ奇異な印象を与える。見えるがままに眺めるべし、とされた自然はどこに消えたのだろうか。あるいはそうしたまなざしは、どう変容してしまったのだろうか。まるで自然は、カントの牙城である倫理学へと至るための単なる通過点に過ぎないかのようだ。確かに彼はここで、崇高が必然的に呼び覚ます道徳的感情がなければ美学などは経験的心理学に還元されてしまう、と述べている(Vgl., KU, S. 135f.)。美的「判断」をめいめいが勝手に主張する生理的な「反応」の目録に仕立てることは断じて回避されねばならない、というわけだ。この辺りにカントの本音を見るような気がするが、しかしそうした道徳的感情も、突如として崇高のコンテクストに侵入してきたわけではない。そもそも道徳の優位性――これをカントは『判断力批判』の後半で呆れるほど繰り返し主張することになる――がはっきりしているのであれば、なぜ美と崇高の問題圏を通過するという、不必要とも思われる迂回をカントは敢行するのだろうか。つぶさに観察するために、少々長いが、この通過について彼が最も雄弁に語っている部分を引用しよう。ここはド・マンが、まるでアンティゴネーかイピゲネイアのような話ではないか、と述べた箇所である。[22]

> それだから自然の崇高に関する適意は、**消極的**でしかない（その代わり美に関する適意は**積極的**であるが）、すなわち、構想力が経験的使用の法則とは異なる法則に従って合目的的に規定されていることで、構想力が自身の自由を自ら奪うという感情である。これによって構想力は、自分が犠牲に供したところのものよりも大きな拡張と威力とを得る。しかしその根拠は、構想力自身にすら隠されていて、代わりに構想力はそうした犠牲や剥奪を**感じる**と同時に、自ら服従せねばならないその原因をも**感じる**のである。驚愕に類する**驚嘆**や戦慄、また中空に聳え立つ巨大な山塊や、深淵とその底を流下する凶瀾、また憂愁な思いに誘う荒野等の光景に接する人の心を震撼する畏怖の念は、視る人自身が身の安全を確信している限り、実際の恐怖ではなくて、むしろ構想力をはたらかせて恐怖に擬しようとする試みにほかならない。こうして彼はまさに当の構想力の持つ威力を感得するのだが、この力は自然の光景から喚起された心の動揺を平静な状態と結びつけて、われわれ自身のうちにある自然と、したがってまたわれわれのそとにある自然とに――そうした自然がわが身の無事なことへの感情に影響しうる限りにおいて――優越するのである。（KU, S. 139f.）

この叙述は確かに、カフカが描くオデュッセウスを彷彿とさせる。犠牲者としての構想力は、自らの命と自由を奪う法則が自己のうちに隠されていることを知らないが（本当に？）、まさにその——見せかけの——自死の瞬間にその法則を告げ知らされる、というシナリオだ。だが構想力と道徳的理念の交代が急激に行われるわけではない。そこで観察者は、絶対的な巨大さを前にして人間が単なる恐怖に陥らないように、安全な場所へと後退する。この後退は心的メカニズムのうちで機能するもう一つの後退と連動している、と見なすことができるだろう。周知のように構想力（Einbildungskraft）とはカントの場合、対象が現前していない状態でもそれを表象する能力とされているのだから、恐怖すべき実際の対象の上に、知らず知らずのうちに対象の単なる形象（Bild）が上書きされるという所作が展開されていても不思議ではない。恐怖に打ち克つのは構想力だけだが、それは構想力だけがこの恐怖の対象を模倣——完全な模写ではない——するという擬態を演じてのけるからではないか。そしてこの後退を見届ける過程で、エージェントたる構想力はひそかに姿を消すのだ。別の箇所でカントは、ピラミッドの巨大さを味わうためには遠ざかりすぎてもいけないが、近づきすぎてもいけない、といった類の話をしているが（KU, S. 116.）、この絶妙な距離——それはまさに構想力の限界にほかならない——を構想力は計算に入れる。というより、驚愕すべき対象とその威力を逃れるだけの距離を確保することで、構想力は自己の限界、限界というより臨界を享楽することができる。犠牲者は途方もないものを前に、途方もないものの表象に向けて追い立てられ、その努力が実らない「無力さ」を思い知ることで自己を抹消させるが、同時に、まさにその抹消行為によって明らかになった自己自身の理念の無限な「力」によってすぐさま復活するのだ。そこから動揺と平静との均衡が存立してくる。だがそれだけではない。カントの場合、動揺は平静に取りこまれるだけでなく、動揺という出来事そのものが——今度は本当に——抹消される。「実際、われわれは過ぎ去った危険を回想することさえ好まない。ましてそれに遭遇する機会を自ら求めるなどありえないだろう。」（KU, S. 128.）実際、よくよく検討すれば、「頭上から今にも落ちかからんばかりの巉岩…」といった叙述がいかに型どおりで辞書的な表現であるか看取されてくる。ケーニヒスベルクの隠遁者たるカントが実際にこれを見たのかは疑わしい。だがそうなると、構想力の拡張とその破綻というドラマが、どこまで構想力自身の計算によるものなのか、どこまでが「構想力自身にすら隠され」たものであったか、判別がつかなくなる。これほどの目まいを誘うような不透明さは、『判断力批判』の他のパラグラフには存在しない。なぜ彼は読者に、読者自身の判断を宙吊りにするような叙述を通過するよう要請するのか。

ひとつの回答として、カントが崇高のパラグラフを、やはり道徳的理念の表示のために人が通過すべき必然的な仕事（Geschäft）と考えていたという想定が成り立つ（Vgl., KU, S. 139.）。そしてまた崇高とは、真に近代社会への通過儀礼として、美の経験を神話的‐宗教的なコンテクストから引き離すための表象作用の再編成を敢行するものだ、と仮定できる。『判断力批判』は理念を、構想力がそれを感性的に表示する最大限の努力（とその挫折）を通じてのみ喚起されるもの、と規定している。大胆な言い方をすれば、カントがここで執着しているのは、専ら視覚映像とそれに伴う感情目録の整理だ、とさえ言えるかもしれない。したがって彼によればこの表示不可能なものの表示は、形象を作ることを禁じたユダヤの律法の道徳的――宗教的ではなく――心情に従う、とされる（Vgl., KU, S. 147.）。彼の語法にしたがえば、崇高とはいかなる意味においても他律的に与えられる対象そのものではなく、あくまで対象の表示不可能性が、あらゆる利害関心を脱した主観のイメージ作成の臨界によってのみ自律的かつ反省的に表現されるという否定的な経験にほかならない（何と否定弁証法的で、アドルノ的であることか！）。これに対し、単なる構想力の放埒は様々な偶像を提供し、また国家や宗教は国民懐柔の言わば文化政策として古来よりそうした偶像を用いてきたが、それにより「恣意的な制限を国民に定め、単に受動的になった彼らをいっそう御し易くするために、彼らがそうした制限を超えて自己の心的能力を拡張する労を省くと同時に、こうした拡張の能力をも奪おうとしたのである。」（KU, S. 148.）

七、ユートピア、和解、そして不協和音――カントをカントとともにカントに反して読むアドルノ

カントは絶対的に大なるものとしての自然から、人間の内なる自然に備わる道徳的理念へと、崇高を読み取るべき準拠点をずらす。結果として自然美は、理性的存在である人間の偉大さを映し出す役目を果たす。こうした視点の移行（Übergang）は言わば構想力をエージェントとした翻訳（Übersetzung）作業ともいえるが、この作業内容はアドルノにより、さらなる翻訳をこうむることになる。紛れもなくアドルノは『判断力批判』のこのコンテクストをこう読むのだ。つまり、利害関係を超えた地平でしか現われない自然美が存在する。それはまさに単なる仮象かもしれないが、ともかくその存在を信じ、これを摸することで、単なる生存という目的の手段として自然を用いる人間自身の自然的本性が救済される、と。一九五八／五九年の講義『美学』の中で彼は、カントの崇高論に見られる移し替えのプロセスを比較的忠実に追跡しながら、こう述べる。「…こうも言えるかもしれません、つまり精神の規定の力により――それがたとえ、われわれが形象、したがって仮象の領域にとどまる限り、ただ形象という規定においてのみ可能であるにせよ――われわれを通常拘束している単に自然的なものの連関から解放され、そうした連関よりも力強い存在となる、こういう感情を持つ場合にはどこでも、われわれは美を感受する幸運に恵まれるわけですが、そもそも美にはこうした契機が客観的に備わっているのです。したがってこうも言いかえることができます、すなわち現に在るという単なる事実への抵抗の感情は本来的に、そうした事実は変更不可能なものを告げてはいない、というユートピアを含意していますが、このユートピアの没形象的な形象、表現は、自身を何かあるものとして言い表すのではありません。そうではなくユートピアは、何かがわれわれに対して力強く現れる、もしく

は、われわれ自身がわれわれにとって、今ある世界よりも何か力強く現れる——通常はこの逆なわけですが——、こういうことを通じてのみ、告げ知らされるのです。いずれにせよこれは、美的なものをそもそも特徴づけるカテゴリーとしてわたしが考察したいと考えているものの一つです。」（NS Ⅳ-3, S. 52.）この辺りのコンテクストを少し執拗に追跡しよう。カントがユダヤの律法を引き合いに出しつつ語った、無限なるものの消極的表示という言い回しをアドルノがどこまで意識していたかはうかがい知れないが、確かに「ユートピアの没形象的な形象」という表現にはそれを匂わせるものがある。また、引用文にある「何かがわれわれに対して力強く現れる、もしくは、われわれ自身がわれわれにとって、今ある世界よりも何か力強く現れる」という文言は、まさにカントにおける自然美から道徳的理念への準拠点の移行を念頭に置いているのかもしれない。

とはいえ、ここに挿入されるユートピアという語はいかにも唐突であり、道徳よりもむしろ形而上学を彷彿とさせる。アドルノはここでは道徳を語らない、というよりむしろ彼は、崇高の感情に比べれば財産や健康、生命に対する日々の気遣いは矮小に感じる、と説くカントの文章に触れながら、このプロテスタント的な説教臭さはまるでルターの讃美歌ではないか、と揶揄するそぶりさえ見せている（Vgl., NS Ⅳ-3, S. 52.）。アドルノは、自然美に関するカントの論述はあくまで自然と、自身もその一部である人間との力関係を記述したものとして評価されねばならない、といわんばかりだ。これに対応するように、彼はここで道徳的理念ではなく自然との和解というモチーフを挿入する。「…自然がいったん、ある意味飼いならされ、その恐怖を喪失した後には、これによりまさに人間の意識がその内側から生起し、また一種の第二の親和性、まさしくこの自然との和解のようなものが形象を伴いながら打ち立てられてきます。この自然は人間が抑圧し、またそうすることで実際に不正を行っていた対象です。カントはこの経験を深く表現したがゆえに——とはいえそれは彼の場合、反省されるに至るものではありませんでしたが——、まさに彼は崇高のこの感情を他の場所において、一種の意識の運動として、自らおののき震えることと名づけています。この意識はまさしく、無力さとそれを打ち負かしたという感情、また自らを統御するという感情と抵抗の感情との間で揺れ動いています。」（NS IV–3, S. 53.）――錯綜した論述である。「自然との和解のようなものが形象を伴いながら打ち立てられてきます」とは、恐怖の対象でも欲求実現の手段でもなくなった自然が、道徳的に洗練された教養市民が見て鑑賞する視覚的な映像へと構成し直された、という歴史経験を主張しているのかもしれない。またアドルノがこうした所作を和解と呼ぶのは、自然美が、趣味判断の場合と同様に人間による利害関心のネットワークから解放され、単なる美的適意の対象として表象されるプロセスをふまえているのかもしれない。

しかしここには同時に「自らおののき震える」という感情が含まれているという。アドルノがこの「他の場所」として念頭においているのは、前節で引用した「心意識は、自然の美に関する美学的判断においては**平静な**観照にひたるが、これに反して自然における崇高なものを表象する場合には**動揺**を感じる。この心的動揺は特に最初は震撼に似たところがある、換言すれば、まさに同一の対象による反撥と牽引との急速な交替に類する。」（KU, S. 124.）という文かもしれない[23]。しかしまさにこの動揺をカントは、道徳的理念に対する讃嘆と尊敬の感情に翻訳したのではなかったか。だがアドルノは讃嘆についても、尊敬についても語らない。おそらく彼は、その手前に留まるのだ。つまり自然との和解というモチーフは、自己に対する尊敬という英知的なステージへの移行を完全に成し遂げるものではない、と考えているのだ[24]。アドルノがここでカントの「心的動揺」をどう理解していたかは明らかでない。けれども少なくともそれは、無力さと力強さ、あるいは「反撥と牽引との急速な交替」を経験する。そしてそれは「カントが芸術美に関する美学の中で定式化したような、単純に感覚的適意の調和的な経験ではなく、本来的には揺れ動きの緊張関係、力強いものとそうでないものとの一致、ないしは対立の中断を意味します。」（NS IV–3, S. 54.）。要するに中断であって、関係の永続的な固定化ではない。だからこそ闘争の記録はこれからも残されることになるのだ。つまりカントが「実際、われわれは過ぎ去った危険を回想することとさえ好まない。ましてそれに遭遇する機会を自ら求めるなどありえないだろう。」（KU, S. 128.）と述べるように動揺が平静に取りこまれ、動揺という出来事そのものが抹消されるということは、完全にはありえない。アドルノはここで、自然美を美徳のようなものとして持ち上げるカントを「俗物的で小市民的な立場」（NS IV–3, S. 53.）にあるとさえ呼んでいるが、おそらく彼は、ただ崇高のパラグラフが示すある種の不協和音の経験のみが救済に値する、と考えているのだろう。[25]そこには、構想力の自由すぎる戯れが市民的な教養として確立される趣味判断のパラグラフ以上に、抑圧と解放が織りなす自然と人間との葛藤が記録されている。[26]そしてそれは「自然美の領域をも乗りこえ、芸術美の領域を指し示している」（NS IV–3, S. 54.）という。

八、想像力の失敗――『美の理論』の中心的問題圏へ

トム・フーンはある論考の中で興味深い言い方をしている。つまりカントは客観を犠牲にすることで主観に目をかけるが、アドルノは主観を犠牲にすることで客観――彼の場合ははっきりと「物（Objekt）」と言うべきだろう――に目をかけるのだ、と。この対立は、対立というものがしばしばそうであるように、事柄に対する両者の近似性を物語っている。「まるでカントとアドルノは、正反対の位置から同じ現象を見つめているかのようだ。[27]」アドルノも『美の理論』の中でこう述べている。「カントが崇高の概念を、圧倒する力に対する精神の抵抗として定義したことは、極めて正しかった。」（GS7, S. 296.）にもかかわらず彼が続けて、この定義の凋落を匂わせるような仕方で「崇高を引き継ぐものは、かつて崇高の仮象が約束していたような、和らげられることなくむき出しで仮象を欠いた否定性に他ならない」（Ibid.）と述べるのはなぜか。

それは、自らが力の支配者でありかつその犠牲者であるというアンビヴァレントな関係性——それはアドルノによれば、構想力を主人公とした崇高の舞台において、カントが震えや動揺の感情の中に現象的に捉えていたものだが、同時にそれは彼の道徳的理念が意図するものとは相反するものだった——のみならず、この関係性が仮象という仕方でかろうじて開示していた双方の和解の可能性が忘却され、まさしく客観を犠牲にして主観に目をかけるという図式が固定化されることになった、と彼が考えるからではないか。「カントはだが、崇高を圧倒する偉大さへと、つまり力と無力さというアンチテーゼに置くことで、崇高と支配との疑いようのない癒着を断固として肯定した。芸術はこれを恥とせざるをえないし、崇高の理念が望むような癒着の存続を転倒させねばならない。」(Ibid.)

「芸術の非人間性は、まさに人間的なもののために、世界の非人間性を凌駕しなければならない。」(GS 12, S. 125.) ——『新音楽の哲学』のこの言葉は、まるでカントを転倒させることでカントのためにあつらえられたテーゼのようだ。芸術が非人間的であれ、という定言命法は、カント以降の歴史において、そしてヒューマニズムの名のもとに、いかに人間が自らの自然を表立っては抑圧し、また裏ではこれと癒着しまた利用し、内と外に対していかに暴力を行使してきたか、その美化されたイデオロギーを告発するものにほかならない。ただしそれは、主観-客観や手段-目的といった認識論的図式を放棄することではなく、あくまでこれを用いることで自己批判的に展開される。『美の理論』でアドルノが展開する以下の論述は、構想力や崇高が伝統的に主張してきた位置価をどのように彼が書き換えたのかを如実に物語っている。実際ここに『美の理論』の真髄を見る気さえするので、長々と引用することを許して頂きたい。

芸術作品は、それが主観を伝達する場合ではなく、主観性の原史、つまり精神化の根源史によりおののき震えている場合に表現を持つ。どのような形態の震音《トレモロ》も、それにとって代わることはできない。震音は主観に対する芸術作品の親和性をあれこれ言いかえようとするが、他方でこうした親和性が存続するのは、主観のうちにかの根源史が生き延びているためだ。あらゆる歴史において、主観はつねにくり返し最初から出発している。自らを直接的な存在だと思いなす主観自身がその実、媒介されたものにすぎないにしても、表現の手段として適役なのは主観をおいてほかにない。表現されたものが主観に似ている場合、つまり心の動きが主観的なものである場合にすら、こうした動きは同時に非個人的なものであり、自我による統合に向けられるものであっても、それに尽きるものではない。芸術作品の表現は主観における非主観的なものであり、主観独自の表現であるというよりは、むしろ主観の複製なのだ。自らが人間的でないことを客観的に悲しむかのように見える動物の——類人猿のような——目以上に、表現豊かなものはない。心の動きは作品のうちへ移され、作品による統合を通して作品独自の動きに変えられるが、それによって心の動きは美的連続体でありながら、美の外にある自然の代理を務める。とはいえ心の動きはこの場合、自然の模像である以上はもはや肉体的なものとは言えない。このようなアンビヴァレンツはどのような真正の美的な経験によっても記録されているが、だが崇高な感情を自然と自由とのはざまでそれ自身おののき震えるものと見なすカントの記述に比するようなものはない。こうした変容は、精神的なものに対する一切の反省が欠けているにせよ、すべての芸術に見られる精神化という根本的行為にほかならない。それ以後に出現する変容はこうした行為の単なる展開にすぎない、が、それは作品形象を通じたミメーシスという変容のうちにすでに打ち立てられている。その限りにおいて、精神化が、いわば精神の心理学的な先駆的形式としてのミメーシス自身を通じて生じるわけではない。変容は芸術に現状肯定的な本質を生み出す共犯者といえるが、それはこの変容が、想像力を通じて苦痛を緩和するためだ。それはまた、苦痛を消滅させる精神的全体性を通じて苦痛を支配可能なものとするが、現実的には苦痛に変更を加えることなくそのまま放置する。（GS7, S. 172f.）

「自らを直接的な存在だと思いなす主観自身がその実、媒介されたものにすぎないにしても、表現の手段として適役なのは主観をおいてほかにない。」――主観という使い古された概念に限って言うなら、これがアドルノの最終結論だ。人が何かを表現するということは、たとえ彼（彼女）が歴史上、一回限りの存在であり唯一無比の人生を送ろうとも、つまりカント的にいうなら目的それ自体だとしても、表現されるべき事柄の手段として、自己ではない他のものに奉仕することを意味する。つまり隅々まで媒介され、いわば他者によって生き延びる存在として、証言する者は端的に代理人（エージェント）なのだ。そしてその生存はある意味、人が歴史的に進歩する中で放棄し、忘却してきた集団的な事柄にかかわっている。それをアドルノは右とは別の箇所で、自然に対する戦慄の記憶と呼んでいる。カントはこれを讃嘆や尊敬の感情へと「昇華」させたが、アドルノはこの戦慄を、全ての啓蒙の根底にあってこれを作動させ、人を自然支配のための暴力の行使に導いてきた根源的不安ととらえる。だが彼によれば――そしてこれは彼が多種多様な逆説でもって表現する数多くのアンビヴァレンツの中でも最高度に難解かつ重要なものだ――啓蒙された意識はこの不安という感情を恐れるが、同時にこれを忘れることも恐れるという。それはおそらく、不安が表明されること、戦慄によりその身を震わせるということこそが自由と解放の根本的な契機に他ならないからだ。この不安の両義性をアドルノは端的に真理（Wahrheit）と呼ぶ。「全ての啓蒙が不安により導かれているが、それはかつて啓蒙を作動させ、いまや当の啓蒙によって飲みこまれようとしているものが消滅するかもしれないことへの、すなわち、真理が消滅するかもしれないことへの不安である。…作品における出現の瞬間は、だが、消滅しかけているものと保持されているものとの逆説的な統一、あるいは均衡といっていい。」（GS7, S. 124.）芸術家は戦慄の記憶を表現するよう、この記憶自身から強制される。その「消滅しかけているものと保持されているもの」とは、たとえば右の引用にあるような「自らが人間的でないことを客観的に悲しむかのように見える動物の――類人猿のような――目」なのかもしれない。この目が含意する「均衡」

がいかにあやういものか、まさにそれは悲しむ「かのように見える」という、まなざしの仮象性に表れている。自然の代理となった芸術作品は、いかに芸術家が自然を模倣したと確信しようとも、自然そのものではもはやない。ミメーシス自体が合理的な所作なのであり、そこでは自然との一体化はもはや禁じられている。類人猿の目を想像するそのまなざしは動物との和解というフィクションを思い描くが、それは理性が自然との関係の「変容」を遂行する動きと連動している。圧倒する自然と距離をとることで発現する崇高の経験が構想力（Einbildungskraft）の助けを借りていたように、苦痛は想像力（Imagination）により作品へと書きかえられることで軽減されるが、同時にそれは、引用文の末尾に示されているように、現実的な苦悩を覆い隠す罪深い行為でもある。

とはいえ、「自らが人間的でないことを客観的に悲しむかのように見える動物の——類人猿のような——目」とは、解釈の難しい表現である。それは人間と動物との和解を指し示すようであり、他方で両者の断絶を表しているようでもある。[28] 単純に「悲しむ」であればそれは人間性を、人間になれない動物を描くことで逆説的に賛美する内容となるだろう。しかし「悲しむかのように」とは、その目を見る人間自身のまなざしを問いただす内容である。この「かのように」に含まれているのは、むしろ動物（自然）に近づきたいという人間自身の欲望であり、同時にその充足の不可能性ではないのか。だとすれば、ここでは想像力は、その成功を、願望充足の断念によって、別言すれば想像が不首尾に終わることによって保証されていることになる。また事によっては、断念そのものが願望の表明、したがってその生存を可能にし、絶え間ない欲求充足の連鎖から救出するのだ、とさえ言えるかもしれない。いずれにせよアドルノの場合、カントの構想力とは異なり、エージェントとしての想像力がその任務に失敗することに意義を見いだそうとしているのは明らかだ。「…表現はたんに主観の傲慢《ヒュブリス》ではなく、主観自身の失敗のうちに主観の可能性を示す暗号を見いだす嘆きの声でもある。」（GS7, S. 178.）こうも言いたくなる、つまりカントの自然美の場合とは違って、自然と理念とを交換する取引に失敗した結果、エージェントとしての芸術美は自らのうちにその傷を、つまり両者の不一致を刻印することになるのだ、と。

九、震える理性――再度、アドルノ対カント

しかしこの不一致こそ、まさにカントが構想力に演じさせたドラマではなかったか。「…思弁によるのではなくてただ捕捉されるだけでわれわれに崇高の感情を喚起するものは、その形式に関して言えば、なるほどわれわれの判断力にとっては目的に反し、表示能力にとっては不適切であり、さらにまた構想力にとっては強圧的であるように見えるかもしれないが、しかしそれだからこそますます崇高であると判断される。…およそ理念に完全に適合するような表現は不可能であるにせよ、しかし理念はまさにこうした不適合が感性的に表現されうることによって喚起させられ、心意識へと呼び出される。」(KU, S. 106f.) カントは構想力を酷使するが、この酷使がなければ、すなわち、理念と感性との不適合を構想力自身がまさに自らの限界状況として経験しなければ、感覚的享楽を脱し道徳的関心へと至る道は閉ざされたままだ。ところで、芸術美はある種の極端なものの表現を自らの課題として背負わねばならぬとアドルノが言うとき、彼はカント的な酷使と類似した事柄を述べているように思われる。これがどこまで「類似」であるのか、それを定めることは難しいにせよ、いくつかのポイントを指摘することは出来るだろう。

再度確認したいが、崇高のパラグラフにおいては、自然が絶対的に大なるものとしての自己を直観するよう主観に無理強いする、とされた。それはわれわれ自身の生の諸力が阻止され、自由が奪われる瞬間、別言すればある「中断」が強制される瞬間を呈示するものでもあった。この強制の主体が自然であるにせよ、あるいはわれわれに内在する理念であるにせよ、いずれにせよ確実であるのは、そこに芸術が用いる技法や技

術が表立って寄与する余地はない、ということだ。そもそもカントによれば、人間の作為的な労働は崇高はもとより、芸術美の経験にもそぐわない。無論、ある極端なものの開示が構想力の努力を要請するものであっても、その努力の痕跡は見えてはならない、とされる。もし郊外の空気を満喫するためにやってきた客の前でナイチンゲールの鳴き声を本物そっくりに真似る小僧を茂みの中にもぐりこませたとしたらどうか、とカントは別の箇所で問いただしている（Vgl., KU, S. 186.）。このいたずらが興ざめである理由は、鳴き声が不自然に聞こえるかどうかということではなく、端的に小僧をもぐりこませるという作為それ自体に求められる。つまり彼が説くところでは、自然美は出来る限り「自然に」現れねばならないのだ。この田園趣味はいかにもブルジョワ的な価値観を含んだものに響くが、しかし彼が結局のところ要請しているのは、これが自然美だという具体的な基準やイメージではなく、あくまで意図というものの完全な抹消である。

さて、対するアドルノによれば、まずカントにない歴史的な観点から、自然美と芸術美の区別そのものが極めて不透明なものだという点が強調されねばならない。自然のうちに自由に合目的的（zweckmäßig）な調和を読み取ろうとするカントの審美感は、それ自体がブルジョワ的な文化の産物であり、風景画は——アドルノの言葉でいえば——テクノロジーの発展によって自然の脅威を払拭した人間が作った「自然保護区」という側面を含意している。前章でみたように、風景画が社交という目的（Zweck）のための道具として商品化される過程は、そこからほんの数歩進むだけで遂行された。彼が芸術作品に定めるまなざしには、こうした歴史的反省が反映している。

とはいえ、自然美から芸術美へのパースペクティブのアドルノ的移行は、彼によれば、前者がすでに時代錯誤なものであるから、という歴史的判断以上のものを含んでいる。つまり彼が芸術美に注目するのは、芸術作品が自然美の域を脱しているからでも、ヘーゲルの言うように理念の十全たる反映という点で後者より前者の方が勝っているからでもなく、[29]力のせめぎ合いという自然の実相をより雄弁に証言するのが芸術美だからに他ならない。要するに最も作為的な作品こそが、かつて人が経験した戦慄を複製し、再現することになるのだ。したがってアドルノが現代美術のメルクマールと見なすのは、作品制作を具体的に導く技法や文体といったものが、作品が含意せざるを得ない意図というものをどこまで極端におし進めているか、しかも——ここで再びカントと交錯する——その意図や目的自身が崩壊するに至るまで徹底して使用されているかという、美的形式へのこだわりである。ある種の不自然さや暴力を引き受けることが、一般的に自然であるとされる価値体系のイデオロギーを破壊する機縁となる。というのは、少なくとも『美の理論』全体が伝える論理で言うなら、不自然さは自然さと対立するものではなく、自然さ自身の陰画だからであり、またアドルノの要請するところでは、芸術が用いる「テクニック」は、芸術外の領域において他者を道具化する「テクノロジー」と癒着する自然の暴力性を告発する拡大鏡ないし地震計として、ひたすらその表現のためだけに奉仕すべきなのだ。[30] カフカの作品についてアドルノはこう述べている。「途方もないものがショックを与えるのではない。途方もないもの自明さがショックを与えるのだ。」(GS10. I, S. 258.) これはプログラム上は、極端なまでに構想力を行使したカントの崇高のシナリオと符合する。しかしアドルノが現代芸術の傑作に見いだすのは、表示不可能な理念への尊敬の感情ではなく、自己の力に苦悩する自然自身の不協和音であり、自ら打ち震える姿である。想像の限界を超えた自然美は内在する理念の力を人に予感させるが、技術的に突き詰められた芸術作品、つまり作品の成立のためだけに「力」が費やされた作品は、それ以外のもののために利用も交換もできぬもの、人がそこから都合の良い効果や使用法も見出せぬ「物」として現れる。

ただ美的にのみ現れる物という仮象は、マルクスの術語を用いるならば、使用価値も交換価値も持たず、無用なものというイデオロギーすら保持しない物象化の極北であり、またそうした物象化のプロセス通じてのみ、作品の「声」は自然の響きに限りなく近づく——無論、一致するという想定が禁じられたままに。この接近はテクノロジーに対して自然の原始状態といったイメージを対比するというロマン主義的枠組みにしたがって展開されるのでは断じてなく、むしろテクノロジーとしての道具的理性を自己自身に対して用いることで開示される経験の領域に属している。「物象化と呼ばれているものは、それが徹底させられる場合、事物の言語を探究する。それは人間的な意味の優位が根絶やしにしているあの自然の理念に、潜勢的にではあるが接近していく。」（GS7, S. 96.）ここではカントとの対比は鮮明である。つまり構想力がおのずから崩壊することを通じてではなく、人間が意図的に酷使する労働と物象化の臨界においてこそ、理念が現れる。

「抑圧された自然の声は通常、分別くさい作品よりも、人工的なものとして非難されているような作品から、つまり技術的生産力の水準に応じてその極限を目指して突き進んでいくような作品からはっきりと聞こえてくる。前者が持つ自然への偏見は、山男と狩猟が癒着しているように、現実の自然支配と一体化している。」（GS7, S. 310.）この「抑圧された自然の声」である苦悩を救い上げることがアドルノの美学理論のプロジェクトである、と一応は規定できる。しかしこれは芸術が苦悩のスポークスマンとして、同情や慰めを求めることを意味してはいない。苦悩が安易にドラマチックな演出により商品化され、政治的に利用されることすら常態化している現在において、虐げられたもの、抑圧され、周縁においやられたもののエージェントを標榜するメディアがいかに「苦悩」と思われるものを自らの利益や自己保存のために使用しているかは、今更論じるまでもないだろう。苦悩しているかのような語りが、ニーチェが嫌悪した単なる美的効果を発揮することで、実際の社会的苦悩を覆い隠す免罪符として機能しているのが今の社会である。そこでは苦悩はある種の暴力的享楽と結びついている。かつてアドルノがワーグナー論で述べたように、自らが社会の犠牲者でありその代弁者だと公言し、同情と賛同を集めようとする者は、社会全体に無力さのレッテルを張ることで逆にこれを支配しようとする倒錯したサディズムをはらんでいるのだ。[31]

　極端なまでに単純化して言うなら、アドルノにとって苦悩とは、抑圧と解放という両義性を含み、自ら打ち震える第二の自然としての理性だ、と言えるかもしれない。この「として」が発現するところに、根源的な自然との永劫たる離反が、その反省の契機とともに刻印されている。この離反は人が自らを批判的に思惟するために自ら受け入れるフィクションであり、美が単なる享楽以上のものとして生き延びる可能性はそこにしかない、と彼は考えるのだろう。未完成に終わった『美の理論』の本編の最後は、こう記されている。「だが芸術が蓄積された苦悩の記憶を振り捨てるなら、歴史記述としての芸術とは果たして何だというのか。」(GS7, S. 387.) だが他方で、いかにして芸術は、苦悩の悪しきエージェントたることなく、苦悩を伝達しうるのか。

アドルノの下す結論を言えば、苦悩の「声」を直接享受することはできないし、してはならない。音楽家でもあるアドルノは、音の単なる享受は感覚の遊びに過ぎないというカントの音楽論 (Vgl., KU, S. 222ff.) を一定程度は受け入れる。音を耳にすることと、声を聞き、これを理解することとは違う。というのはアドルノの場合、聴取とは音のうちに音以上のものを看取することであり、しかもこの音以上のものとは、聴く者とは無関係に存立しているある固定した意味連関ではない。それはむしろ、音の連なりを苦悩する表情として、聴く者にそのつど瞬間的に見せるにとどまる。音楽を享受したければ、音の連なりから意味を読みとる努力を要するだけでなく、この努力の限界をも経験しなければならない。「完全に謎であると共に一点の曇りもなく明白なものである音楽は、その点において他の芸術をしのぐ典型的な芸術である。謎を解読することは不可能で、ただその形態が解読されるに過ぎないが、まさにそれこそ芸術の哲学にほかならない。」(GS7, S. 185.) この「謎の形態」こそ苦悩を表示するメディア(媒体)だといえるが、こうした形態が浮かび上がる場合、すでに作品の受容は単なる感覚刺激のレベルを脱し、ある文字性を伴って現れる。つまりそこで初めて作品は「語りかける」。だがアドルノはこうも述べるのだ。「合理的認識が苦悩を緩和する際に用いる経験の手段を通して苦悩を表現することは不可能に近い。まさに苦悩こそそうした認識にとって不合理なものを意味すると言えるだろう。苦悩は概念化されるなら沈黙するもの、いかなる結果も伴わないものであり続ける。」（GS7, S. 35.）かくして残されたのは、テクストという「身体」の身震いの痕跡であり、それは受容者に対し、苦悩について雄弁に伝達することよりも、まさに身震いの記憶を前に沈黙することを命じる。しかし伝達は「不可能に近い」のであり、完全に不可能というわけではない。

もっと具体的に言おう。アドルノは『カフカおぼえ書き』（一九五三年）の中でこんな内容のことを述べている。カフカの物語から、ただ単に不条理や実存主義、官僚主義社会への警告や前近代的な共同体の脅威といった符牒を引き出すことはできない。テクストは、いつでも複製され伝達されうるような決まり文句と交換されはしない。というのは、カフカ自身の意図――誰が確信をもってそれを代弁できよう！――はともかく、彼が書き残したものは、芸術外の現実への直接的な訴えかけを行ってはいないからだ。むしろそこでは、われわれ自身もその症例の一部である現実社会の病理や権力装置に対して極端なまでに自己告白を強いることで、権力自身が干からびる姿が描出されている。この姿は容易に解釈しがたいが、それでもなお解釈するよう読者をうながす。「どの文章も《そうだその通り》という反応を強要するとともに、どこでそれを見ただろうという問いを惹起する。間断なく既視感《デジャ・ヴュ》が表明される。解釈を強制するカフカの暴力が、美学的な距離を取り上げる。」（GS10. I, S. 255f.）カフカのテクストの肉体的な近さと不可解さは、彼が叙述する内容にわれわれ自身、見覚えがあることに起因する。とうの昔に克服したはずの自然の神話的な力が、たやすく克服できそうでできない小役人との交渉に現れる、という具合にだ。カフカが頻繁に描く小役人はまさに、不可解な力の代理人である。

テクストへと変容し、転移した自然は、自らを否定的な仕方で映し出す。つまりカントが崇高なるものに施したように、規定しえないが規定されることを目指す、単なる視覚的イメージとして。だが同時にカントとは違い、その過剰な力自体により意図的に自らを傷つけ、身動きのとれなくなった自然のむき出しの姿をさらす切断面として。アドルノがしばしば用いるイメージで言えば、それは身体の骨格を映し出すレントゲン写真にほかならない[32]。彼は形態や形式、もっと言えば、文体に異常なまでの執着を示すが、その理由の一端はここから説明できる。つまりそうした「かたち」こそ、接触と離反、抑圧と解放、自然と啓蒙の相反する力が均衡し結晶化した瞬間のスナップショットにほかならないのだ。アドルノの『美の理論』全体がこうしたスナップショットのモンタージュであるともいえ、その意味では意図的な誇張や構文の不自然さを戦略的に用いる彼の文体は、シェリー・W・ニコルセンが見事に喝破しているように、写真的であるといってよい。この写真はその技術により、技術社会の裏をかくような表情を写し取る、あるいはその不意の表情をかすめ取る。「アドルノにとり重要なのは表面、すなわちマスクであって、それは地球の外側という視点から見られた地球の表面なのだ[33]。」そしてカントもまた、美的に享受されるべき自然は、表現しつくしがたいものであるにせよ、その形態を表象する以外に目的を持たないと規定することで[34]、破壊と消費と享楽しか知らない自然に生き延びる術を与えていたのではなかったか。ここでもまたカントとの近さをわれわれは見届けることができるだろう。結局のところ二人は、享楽や和解に誘う自然に対して超えられない一線を引くという点で共通しているだけでなく、この一線の上で身震いする以上のことをしない、あるいはそれを許さない、という点で通底しているのではないだろうか。少なくともアドルノがカントから学ぶ教えとは、そうしたものだ。

十、脱神話化された崇高さ——あるいは沈黙するセイレーンと地球

おそらくアドルノ(オデュッセウス)は、自然(セイレーン)の歌を聞いたのだ。ただし沈黙するセイレーンの歌声を、その表情から読み取るという所作を通じて。表情の語りかけだけに応じること、その響きの痕跡を信じ、その軌道をなぞり、その特有のかたちを思い描くことが、歌を享受するということなのだ。

極度に圧縮し叙述されたオデュッセウスの短編というかたち（形式）、いわば神話的世界を視野に収めるべく用立てられたその「額縁」を通して作者であるカフカがつかの間、のぞき見たセイレーンの表情にこそ、享楽を救出する唯一の糸口がある。そこでは作品はもはや叙事詩ではなく、アドルノが言うところの小説《ロマーン》として脱神話化され、散文化される。「セイレーンはしかし、かつてなく美しく、首を伸ばし、身を翻し、恐ろしい髪の毛を風になびかせ、蹴爪を岩の上に剥き出しにし、もはや誘惑しようとはせず、ただオデュッセウスの大きな両眼からの照り返しを出来る限り長く捉えようとしただけである。[35]」まるで柵越しに深淵をのぞきこむように打ち震え、震えながらもそこに響き渡っていたはずの声を脳裏に——まさに写真の如く——焼きつけることだけが、主観に残された唯一の所作だ、と彼はカントとともに考える。ただしそれはアドルノの場合、理念の無限性にではなく、想像力が思い描き、だが決して描ききることのできないものに、つまり自然との和解という、言わば無限に引き伸ばされた約束の記憶に繋がれているのだ。

最後にもう一つ。これぞアドルノ的な崇高だと思わせる叙述が、グスタフ・マーラーの交響曲『大地の歌』を論じた彼のマーラー論の終盤にある（先にニコルセンが「地球」について触れていたのは、この箇所をふまえてのことだ）。カントへのアドルノの返答とも受け取れるが、下手な解釈を施さずそのまま引用しておく。

> 大地とはこの作品にとっては森羅万象ではなく、五〇年後、広大なる高度へと飛び出すことになる人間の経験が手にするもの、すなわち星である。地球を離れようとする音楽のまなざしには、この間に宇宙からすでに写真に撮られたように、地球は一目で見渡せる丸い球と見える。それは創造の中心ではなく、ちっぽけではかない。こうした経験には人間よりも幸せな生物が住んでいるかもしれない他の惑星へのメランコリックな希望が伴う。けれども遠くへと去って行った地球には、かつて星たちが約束して

いた希望は失われている。地球は虚無の銀河系の中へと没滅してゆく。果てしなき空間の雪片のもとに凍りつくまで死にゆく者の眼を満たしていた希望、その過ぎ去った希望の反映として、美はその中にある。そうした美に魅了された瞬間、そのはかなきまなざしは、魔法を解かれた自然に崩れ落ちようとするその身を大胆にも持ちこたえようとする。どんな形而上学も可能でないということが、最後の形而上学となるのだ。（GS13, S. 296f.）

（1）本章ではカントの『実践理性批判』および『判断力批判』からの引用は、Immanuel Kant, *Kritik der praktischen Vernunft*, Horst D. Brandt und Heiner F. Klemme（Hg.）, Meiner, Hamburg, 2003 ; ders., *Kritik der Urteilskraft*, Heiner F. Klemme（Hg.）, Meiner, Hamburg, 2009. を用い、それぞれ略記号（KpV, KU）と頁数で表示した。また『判断力批判』からの引用はイマヌエル・カント、『判断力批判（上）』、牧野英二訳、カント全集8、岩波書店、一九九九年、同、『判断力批判（上）』、篠田英雄訳、岩波書店、二〇〇二年、を参照したが、適宜訳文を変更した部分があることを記しておく。

（2）ユルゲン・ハーバーマス、『近代の哲学的ディスクルスⅠ』、三島憲一・轡田収・木前利秋・大貫敦子訳、岩波書店、一九九〇年、第五章「神話と啓蒙の両義性――『啓蒙の弁証法』再読」参照。

（3）特に本書第六章第一節を参照。

（4）特に前章の第四節を参照。

（5）Cf., Alastair Morgan, *Adornos' Concept of Life*, Continuum, London/New York, 2007, pp. 130–135.

（6）この点について示唆的なのは以下の論考。シュテファン・ミュラー＝ドーム、『アドルノ伝』、徳永恂監訳、作品社、二〇〇七年、一一九–一二二頁。ちなみにアドルノは一九六三年のカント講義でコルネリウスのカント・コメンタールを好意的な仕方で取り上げている。Vgl., NS Ⅳ–10, S. 49.

（7）Burkhardt Lindner und W. Martin Lüdke（Hg.）, *Materialien zur ästhetischen Theorie. Theodor W. Adornos Konstruktion der Moderne*, Suhrkamp, Frankfurt a.M., 1980.

（8）Alex Demirović, *Der nonkonformistische Intellektuelle. Die Entwicklung der Kritischen Theorie zur Frankfurter*

Schule, Suhrkamp, Frankurt a.M., 1999.

（9） Gerhard Schweppenhäuser (Hg.), *Zeitschrift für kritische Theorie*, zu Klampen, Lüneburg, 1995–2011.

（10） Ludwig von Friedeburg und Jürgen Habermas (Hg.), *Adorno-Konferenz 1983*, Suhrkamp, Frankfurt a.M., 1983; Axel honneth (Hg.), *Dialektik der Freiheit. Frankfurter Adorno-Konferenz 2003*, Suhrkamp, Frankfurt a. M., 2005.

（11） Carl Braun, *Kritische Theorie vesus Kritizismus: Zur Kant-Kritik Theodor W. Adornos*, Walter de Gruyter, Berlin /New York, 1983.

（12） リュディガー・ブプナーは目立たない所でこれをひそかに認めている。ブプナー、『美的経験』、竹田純郎監訳、法政大学出版局、二〇〇九年、一九八頁参照。ちなみにカントの『判断力批判』は、単独のテクストとしては、『美の理論』本論で最も多く注が付されているテクストである（計一三か所、その次に多いのはヘーゲルの『美学講義』の計七か所）。

（13） Cf, Tom Huhn, Kant, Adorno, and the Social Opacity of the Aesthetic, in: Tom Huhn and Lambert Zuidervaart (ed.), *The Semblance of Subjectivity. Essays in Adorno's Aesthetic Theory*, The MIT Press, Cambridge,Massachusetts/London,England, 1997; J. M. Bernstein, Why Rescue Semblance? Metaphysical Experience and the Possibility of Ethics, in: Ibid.

（14） ミシェル・トゥギー他、『崇高とは何か』、梅木達郎訳、法政大学出版局、二〇一一年、ジャン＝フランソワ・リオタール、『非人間的なもの　時間についての講話』、篠原資明・上村博・平芳幸浩訳、法政大学出版局、二〇〇二年、ポール・ド・マン、『美学イデオロギー』、上野成利訳、平凡社、二〇〇五年、参照。しかし、まさに同じ問題をこの上なく執拗に論じたデリダのテクストにはアドルノへの言及は全く見当たらない（ジャック・デリダ、『絵画における真理（上）』、高橋允昭・安部宏慈訳、法政大学出版局、一九九七年、同、『エコノミメーシス』、湯浅博雄・小森謙一郎訳、未來社、二〇〇六年、参照）。

（15） この辺りの議論については『実践理性批判』第一部第一篇第三章「純粋実践理性の動機について」（KpV, S. 97ff.）を参照。おそらく『否定弁証法』の論述もこの章を中心に置いたものであろう。

（16） アドルノが言及しているのは一七八九年五月にイェーナ大学教授カール・L・ラインホルトに宛てた書簡のことである。始めの部分を抜粋しておく。「こよなく尊敬し愛する友よ、あなたのお示しくださったご好意に、心からの感謝を申し上げます。そのお気持ちはあなたの素晴らしい贈り物とともに、私の誕生日の翌日、まちがいなく私の手許に届きました。ユダヤ人レーヴェ氏が私の承諾もなく描き上げた肖像画は、私の友人によれば、ある程度は私に似ているとのことですが、しかしある優秀な絵画通は一目見てこう言いました。ユダヤ人が描くのはいつも相変わらずユダヤ人で、その特徴は鼻に描きこまれている、と。でもこの件はこのくらいでやめておきましょう。」(イマヌエル・カント、『カント全集21書簡I』、北尾宏之・竹山重光・望月俊孝訳、岩波書店、二〇〇三年、三三四頁。)強調された鼻のイメージは、反ユダヤ主義的なカリカチュアに登場する典型的なユダヤ人像である。これについては次の論考も参照。細見和之、「アドルノのカント論――あるいはメタクリティークのクリティーク」(現代思想三月臨時増刊号、特集:カント、青土社、一九九四年、所収。)

(17) アドルノは講義『カントの《純粋理性批判》』の中で、カントの世界――そしてひいては近代市民社会――においては自由や自律といった概念は、裁判官が同時に被告人ともなる、という関係性を構築することでその合法性を担保せざるをえない、と論じている(Vgl., NS IV–4, S. 87.)。

(18) アドルノはほぼ同じ内容の議論をカント講義の中でも展開している(Vgl., NS IV–4, S. 269.)。さらに言えば、講義『道徳哲学の諸問題』では英知的な存在である物自体のうちに、まさに道徳的な善としての自然を読みこむ姿勢が見られることも指摘しておこう。講義という性格ゆえか、立ち入った考察はなされてはいないが、ひとまず重要と思われる一節を引用するにとどめる。「それゆえ自然はカントにおいて、一方では構成されたもの、条件づけられたものであり、経験の総括概念です。また人間の内的原理、つまり欲求能力として、結局『たんなる理性の限界内の宗教』についての論文においては、根源悪そのものと等置されています。しかし他方、自然は物自体として、しばしばキッチュめいた表現を使わせていただくなら、存在根拠です。つまり、私たち自身の中に君臨し、何が善く、何が悪いかを指示する絶対者なのです。そしてこの指示そのものが善と等置されます…。」(NS IV–10, S. 139.)

(19) Franz Kafka, *Die Erzählungen*, Roger Hermes (Hg.), Fischer, Frankfurt a.M., 2003, S. 351. 当然アドルノはこのカフカのオデュッセウス小論を読んでいたに違いないが、『啓蒙の弁証法』にはそれをうかがわせる記述は見当たらない。この問題に触れている研究としてわたしが挙げることができるのは、今のところ次の二つの文献である。三原弟平、『カフカ・エッセイ』(平凡社、一九九〇年)収録の「メルヒェンの末っ子あるいはアドルノの『もう一人のオデュッセウス』」、吉田眸、「カフカのオデュッセウスの塞がれた耳」、『京都産業大学論集』

人文科学系列第三一号、二〇〇四年。またカフカからの引用は吉田氏のものを参照した。
(20) ド・マン、『美学イデオロギー』、一五八頁。
(21) 「**趣味**とは、ある対象もしくは表象する仕方を、**一切の関心にかかわりなく**適意あるいは不適意によって判定する能力である。そしてこうした適意の対象が**美しい**と呼ばれる。」(KU, S. 58.)
(22) ド・マン、同上。
(23) 講義『美学』の編集者であるエバーハルト・オートランドはそう見ている(NS Ⅳ-3, S. 414.)。
(24) 『美の理論』の補遺にある次の文も参照。「カントがもっぱら崇高において確認しているように、主観はどのような美においても、自らが無であることを自覚し、それを乗りこえて、他なるものへと到達する。ただカントの学説にとって具合が悪いのは、彼がこうした無の敵対者を実証的な無限として説明し、またしても英知的主体へと置き換えている点である。」(GS7, S. 396.)
(25) 『判断力批判』をめぐるアドルノのコンテクストにおいては、いわゆる「天才」はもとより、ハンナ・アーレントが論じた「共通感覚」もブプナーが評価する「遊戯」概念も、ほとんど触れられていない。前者についてはアーレント、『カント政治哲学講義録』(ロナルド・ベイナー編、仲正昌樹訳、明月堂書店、二〇〇九年)、後者はブプナー、『美的経験』の全体を参照。
(26) フーンの次のコメンタリーも参照。「崇高に対するカントの説明は、わたしが推測するに、趣味判断が特殊と普遍、主観と客観との調和にあまりにも成功しすぎた結果であろう。…わたしはこうも主張したい。つまりカントの崇高についてのアドルノの説明が含意しているのは、崇高は趣味判断の成功に含まれる欠陥をすでに記録しているのではないか、という洞察なのだ。」(Huhn, op. cit., p. 244.)
(27) **Huhn, op. cit., p. 238.**
(28) 〈アドルノ・カント・動物性〉というテーマ系と交差するコンテクストを一つ添付しておこう。クリスティーナ・ゲアハルトはレヴィナスが第二次大戦中に遭遇した出来事に基づき、動物が目の前に現前することの意味について考察を展開している。強制収容所の中で動物同然に扱われていたレヴィナスたちの前に、ある日一匹の野良犬が紛れこんできた。捕虜たちはこの犬をアメリカ風にボビーと名づけた。ボビーは朝の集合時に現れ、作業を終えて収容所施設に帰る際にも彼らを待ち受け、嬉しそうに飛び跳ね、ほえ声をあげた。そして監視員がこの犬を追い出すまでの数週間、ボビーにとってわれわれは紛れもなく人間だった、とレヴィナスは言う。

そして「逆説的にも、救い難い動物的状態へと貶められていた捕虜たちの人間性が救出されたのは、犬が現れる強制収容所のゲートの外側においてであった。」（Christina Gerhardt, The Ethics of Animals in Adorno and Kafka, in: *New German Critique Nr.* 97, Duke University Press, 2006, p. 175.）ゲアハルトによればレヴィナスはこの犬を「ナチスドイツにおける最後のカント主義者」と呼んでいる。

(29) アドルノは自然美に冷淡なヘーゲルをこう批判している。「主観から独立し、人手によって作られたものではないものとして美は自らを表示するが、こういう美にこそヘーゲルは弱々しい主観的なものだという疑いをかける。彼はそうした主観的なものと自然美の無規定性とを直接同一視してしまう。彼の美学にはそもそも、その言語理論同様、意味なく語るであろう全てのものを聞き取るための器官が欠けているのだ。」（GS7, S. 116.）

(30) この区別についてはフーンの洞察に従った。「また思うに、アドルノはテクノロジーからテクニックを区別している。…もし前者が人間的実践に対する道具的理性の応用、ないしその増大する重大な地位を指すのであれば、後者はアドルノのテクストにおいては、テクノロジーの弁証法的な克服として現われる。それは自らに対して強要される手段-目的の合理性である。（中略）その時テクニックが意味するものは、テクノロジーの純然たる表現への変容にほかならない。」（Huhn, op. cit., pp. 251f.）

(31) アドルノの『ワーグナー試論』、特にその第一章「社会的性格」を参照（Vgl., GS13, S. 11ff.）。

(32) Vgl., NS IV-4, S. 13; NS I-2, S. 9, S. 269.

(33) Cf., Shierry Weber Nicholsen, *Exact Imagination, Late Work: On Adorno's Aesthetics*, The MIT Press, Cambridge, Massachusetts/London, England, 1999, p. 224.

(34) ただしカントの文脈で正確を期しておくと、美の形は構想力によって自由に表示できるが、崇高が開示する「絶対的に大なるもの」は形式の限界を超えている、つまり理念として思惟されるにすぎない。アドルノはこの相違を曖昧化する、というより、その曖昧化をモダニズムの歴史的プロセスとして提示する。そこでは崇高なるものの力は、作品という物質的次元に押しこめられる。それにより作品が見せる形はカントが求めた調和や美的適意からは程遠いものになる、というのが彼の主張である。つまりそこでは形は、ことごとくが傷だらけで暗号めいたものになるだけでなく、理念そのものもまたそうした傷から読み取られるような、作品解釈の対象へと引き戻される。故に作品は容易に形而上学的な臆断を下すことのできない、難解で抽象的な表情を見せることになるが、「そのような抽象性は、何かカント的な美的基準のような古い形式的性格とは全く関係がない。むしろそれは挑発的に展開される、今なお生が存在するのだという幻想への挑戦であり、同時にそのための美的遠ざかりの手段である。そしてこの遠ざかりは伝統的な空想を用いてはもはや遂行されない。美的抽象化は当初からむしろ、ボードレールの場合抽象化された世界への反動としてなお未発達で寓意的なものだったが、図像化禁止がその原則だった。…意味の大崩壊の後に現象は抽象的となる。ランボーから現代の前衛芸術にいたるまで、そうした脆さが極度に規定されている。」(GS7, S. 40.)

(35) Kafka, a.a.O., S. 352.

――後継者たち

第六章　非同一的なものの承認——アドルノからホネットへ

一、アドルノとハーバーマスとの間で——ホネットによる社会哲学のパラダイム・シフト

一九八〇年代に入ってユルゲン・ハーバーマスがアドルノからの、あるいはアドルノとホルクハイマーの共著『啓蒙の弁証法』に代表される「批判理論」の古典的な問題構成からの遠ざかりを公然と述べた時、そこには単なる個人的表明を超えた、時代全体からの要請という意味あいが存在していた。確かに当時もまた、それ以前と同様、アドルノに関する個々の実りある研究は途絶えることなく発表され、出版されてはいたが、ハーバーマスはここに、乗り越えられるべき理論的なハードルを、社会科学の立場からはっきりと打ち立てたのである。(1) 周知のように一九四〇年代、ヒトラーによる全体主義的支配の狂乱を逃れ、ドイツから遥か遠いアメリカのカリフォルニアで二人が起草した『啓蒙の弁証法』が分析の対象としたのは、理性や合理主義の名の下に行われつつあった、ナチズムの常軌を逸した暴力行為にほかならない。アドルノ・ホルクハイマーにとってそれは理性自身が自らのうちに抑圧し、隠していた内的自然に起因しており、したがって

原則的に克服不可能なもののように思われた。それから約四〇年後、ハーバーマスが対決するよう迫られたのはまず、合理性概念に対するこの底なしの不信感である。だがそれだけではない。確かに戦後、民主主義国家として再スタートしたドイツが社会の安定、経済の発展とともに、『啓蒙の弁証法』を貫いていたようなペシミズムをもはや自身の歴史的経験として直接的に受容できなくなっていったという側面もある。しかしハーバーマスにとって遥かに重大であったのは、共有されるべき経験のそうした不連続性ではなく、理性批判のためにアドルノが用いた哲学的道具立ての学問上の限界だった。

ハーバーマスが主観-客観関係に定位した伝統的な意識哲学から、言語行為による相互主観的な合意形成という手続きへの理論上のパラダイム・チェンジを体系的に提示するのは、大著『コミュニケーション行為の理論』においてである。そこでは、旧来の批判理論のかかえる欠陥が詳細に論じられている。あらかじめ要点を述べておこう。彼によれば、アドルノはジョルジ・ルカーチの物象化論を受け継ぐだけでなく、これを歴史哲学的に拡張し、人間の文明史全体を、自然支配による自己保存という目的のもと展開される、生活世界の制限なき道具化、モノ化の必然的過程として叙述する。ただし、細部にいたるまで透明化された管理社会という世界像へと行き着くこの叙述を可能にしているのは、支配する側としての道具的理性と支配される側としての人間の内的自然というヤーヌス的な二面性によって構成された、合理化過程に対するあまりに単純な見方なのである。だがこの過程は、ハーバーマスによれば、マックス・ウェーバーが示しているように宗教的な世界観の「脱神話化」という近代特有の現象であり、そこでは合理化は何よりまず、諸科学や芸術活動、学校制度や法体系がそれぞれに分化しながら伝統的コンテクストから自立してゆくという、複雑性の増大としてとらえられる。このプロセスは労働の分業化や各自の専門分野の分岐的発展という仕方で様々な価値領域を互いに孤立させてしまいはするが、他方でマス・メディアに代表されるコミュニケーションの諸媒体が浸透しているわれわれの日常的な生活世界は、これらの領域を橋渡し、諸価値に対する合意形成の開かれた場を保持し続けるのだ、と彼は考える。アドルノの場合はといえば、メディアのそうした積極的な意義は、現代音楽のような先鋭的な芸術活動などにかろうじて求められるものに過ぎない。いずれにせよ、近代社会の成立史をただ自然支配というコンテクストにおいてのみ解釈しようとすることは、ハーバーマスにとっては、とうてい納得し難いフィクションなのである。

したがって今日、日常世界が含意する合意形成の合理的潜在力を討議倫理という枠組みにおいて普遍的なものへ押し上げようとするハーバーマスを、近代ヨーロッパ固有のパラダイムに拘泥する伝統主義者と見なし、対してアドルノをドイツのポストモダニストとして再評価しようとする動きがあることは、非常に皮肉なことだと言わざるをえないだろう。[2] 主体による過剰なまでの自己反省という手続きによって、アドルノは主観–客観関係の「同一性」原理をいわば脱構築し、非同一的なものへの開かれた次元を切り開こうとしたのだが、彼らはここに、「非」という仕方で常に制約を受ける複数の有限的存在、要するにポスト近代的地平におけるマルチカルチュラリズムのありようを分析する上での方法的な範型を求めようとしているのである。

アドルノに対する評価のこうした変動は、[3] 本章の主要テーマ、つまり今や承認論という理論的枠組みによってフランクフルト学派第三世代の主導的役割を果たしているアクセル・ホネットの哲学的議論とは全く関係のないように見える。いやむしろ、コミュニケーション行為論を批判的に受容し、これを学際的にも通用する広範な倫理学的パラダイムへと変容、発展させようとするこの野心的な理論家は、社会哲学の美学化というアドルノ的帰結に対して、師であるハーバーマス以上に懐疑的ではなかろうか。それはホネットの最初の本格的な著作『権力の批判』の第一部（「社会分析の無力——批判理論のアポリア」）を一瞥するだけでも明らかだろう。が、注目すべきは、同じ本で述べられている次のようなハーバーマス批判である。「相互主観性の基礎構造の研究は言語規則の分析へと一面化され、その結果社会的行為の身体的–肉体的次元はこれ以降もはや視界に入ってこなくなる。アドルノとフーコーは、人間の身体の歴史的運命を、理論的にはもちろん不十分な手段によってであるが、それぞれの研究の中心に置いていたのだが、人間の身体は、上述の結果、批判的社会理論の内部ではいかなる価値も持たなくなる。(4)」ハーバーマスには一種の身体論が欠けているというこの洞察は、これ以降ホネットを苦悩(Leiden)というアドルノ的術語へと導くことになるのだが、それは相互承認という人間的行為を、単に互いが互いの存在を認知するというスタティックな営みではなく、様々な形で繰り広げられる社会的闘争の歪んだ表現としてとらえる「病理学」というテーマへと結集する。九〇年代のホネットの代表的著作『承認をめぐる闘争』から最近の諸研究にいたるまでを牽引しているこのテーマは、実際、控えめで断片的であるが一種の体系的発展を見せる彼のアドルノ受容無しには考えられないのではあるまいか。ではホネットはアドルノの再度の社会哲学化に成功しているのか、そしてもしそうならどの程度なのか。(5)

上述のような問題意識に基づいて、考察は次のように構成される。まず『権力の批判』から現在までのホネットの理論的発展の大枠が、ハーバーマス的なコミュニケーション理論の「承認論的転回」という、比較的よく知られたテーゼにそくして整理される(第二節)。次にホネットのアドルノへのアプローチが、同様に『権力の批判』から最近の『物象化』までの流れの中で再構成される(第三節)。これによりホネットに特有な問題地平が——無論それはハーバーマスのそれとの差異をはっきりと提示するはずである——これまで以上に際立たせられるが、最後にわれわれは、ここから導出される彼の承認論の理論的射程とその課題を、グローバリゼーションの時代における倫理学のありようという現代的テーマと絡めつつ論じることにする(第四節)。

二、コミュニケーション行為論の承認論的転回とその射程

哲学が単なる一専門領域にとどまることなく、真に学際的な機能を確保し続けるためには、その学問的活力は、諸学がそれぞれ独立し、分化する以前の領域、つまりわれわれの日常的な生活空間に求められねばならない。これはホルクハイマー以来今にいたるまで変わることなく共有されている批判理論の理念である。(6) ハーバーマスの場合それはまず彼がフランクフルト大学就任講演『認識と関心』(一九六五年)で用いる「関心」という術語に見出される。この概念の含意する学的意義とはどのようなものか。そしてそれは『コミュニケーション行為の理論』(一九八一年)にいたる過程でどのように変化してゆくのか。これがホネットの『権力の批判』(一九八五年)第二部「社会的なるものの再発見——フーコーとハーバーマス」のテーマである。さて、実践的ニュアンスの伴った関心という概念をハーバーマスが持ち出すのは、ホネットによれば、個々人の利害を免れた純粋な認識が存在するという、学問(科学)の自己理解にしばしば見うけられる客観主義的な虚構を打破するためである。ハイデガーもまた指摘していたように、ある研究対象へのアプローチは、その対象に関する先入見や共通理解をわれわれが持っている時点で、すでに一定の方向づけがなされている。ハーバーマスが注目するのは、一定の成果として現れる研究内容がそうした研究者相互の合意形成のプロセスに依存しているという事実であり、またそれを支える解釈という営みである。

ただしハーバーマスは、特定のテクスト理解、あるいはそれぞれに分化した諸学の対象領域の把握という範囲を超えて、広く人間の社会的行為として主題化されたこの解釈行為を、単に経験的な営為としてとらえることに満足しない。『コミュニケーション行為の理論』では彼は、自己の利害を考慮しつつ他者を手段として用いる成果志向型の道具的・戦略的行為に対して、対話に基づくコミュニケーション行為を、そうした

特定の利害関係への拘束からの解放という普遍的意義を帯びたものとして、他ならぬわれわれの生活空間に再投影する。こうしたことが可能になるのは、日常的に営まれる対話それ自体が強制なき合意へと向けられた規範的な意味、すなわち「合理性の潜勢力」を含意している、とハーバーマスが考えるからだが、それによって彼は――ホネットはここでフーコーの権力論を引き合いに出す――コミュニケーション行為は様々な利害や関心がそれぞれに強制力を発揮する、一種の複合的な権力機構でもある、という表象からも距離をとることになるという。

ホネットが指摘するように(7)、ハーバーマスが解釈学の大家ガダマーとの対決によってますます強く意識するようになるのは、生活世界に係留されたわれわれの前-学問的な関心は、最終的には、その時々の歴史的状況の特殊性を考慮しつつ自己反省的に解釈されるというより、むしろ時系列に依存しない中立的な合意形成の条件を打ち出す普遍的な手続きへと導かれるべきだという確信である。なぜなら「われわれが仮想的な対話の参加者たちというパフォーマティブな態度をとる際に、まず著者の発言がそれ自体で理性的性格を持つものと推測することから出発するならば、事実、解釈の対象がわれわれにとって模範的であり、それから何かを学び取るという可能性をみとめるだけではない。むしろわれわれは、著者がわれわれから学び取る可能性をも期待しているのである。」(8) かくしてハーバーマスの議論の地平においては、様々に制度化された目的志向的な行為が存在するという社会的事実と、他方で強制なき対話という仕方で合理化されたコミュニケーション行為へと導く形式的議論が樹立されるべきだという主張とが、パラレルに並び立つことになる。だがこのような「システム」と「生活世界」との二元論は、ホネットによれば、これまた一つのフィクションに過ぎず、そこでは両者をその根底において結びつけている中間過程、つまり実際のコミュニケーション行為においては政治的・社会的に様々な形態において制度化され、「権力」という名の具体的な強制力を帯びたシンボル的行為が複雑かつ非対称的にぶつかり合っている、という事態を見過ごしているのである(9)。

ホネットはすでに『権力への批判』のなかで、こうした事態をイェーナ期にヘーゲルが試みた「人倫の弁証法」という発想に言及しつつ、相互承認という術語で整理しようと試みているが、彼が体系的にそれを行うのは、『承認をめぐる闘争』（一九九二年）においてである[10]。闘争とはこの場合、互いに孤立した主体が自らの生存を賭けて行う「万人の万人に対する闘争」というホッブズ的モデルへと還元されるものではない。ホネットによれば、安定した社会形成はそうした自然状態に外から法的規定が「契約」という仕方で持ちこまれることによってはじめて可能になるのだ、といった叙述は正鵠を得ていない。なぜなら、市民社会において主体がその存在を認知させることができるのは、特定の形態において外化した彼（彼女）が他者によって承認される場合、すなわち、他の社会的成員に自らの権利を認めさせることのできる一個の法的人格として存立している場合のみであり、したがって主体は、最も野蛮で利己的な生存競争を繰り広げている時でさえ、他者を気づかいつつ相互主観的にふるまうよう動機づけられている、といってよい。こう考えるならばわれわれは、法はその普遍的価値がゆえに無条件に尊重されねばならない、といった定言命法以上のものを獲得できるだろう。つまり法への尊厳が生まれるのは、実際にわれわれが手にしている法的な権利を顧慮することによって、そこに尊敬という仕方で他者から自己に与えられる承認の形式が反映されていることをわれわれ自身が確認しうるからであり、ゆえにこの形式は権利要求の拡大のみならず、法によって個人の自由が制限されることへの義務的な服従をも指示しうる。義務というものはそもそも権利の拡張に応じてのみ課せられてくるのであり、社会構成員としての個人に与えられるべき自由がどの程度のものであるか、ということの実質的な尺度はまさにこの「人倫の弁証法」に見いだされる。無論、近代的な社会では様々に複雑化した不平等が存在するという現実からして、右のような動機づけが、万人がある法的規定を強制なきものとして進んで遵守するという理想状態のうちで完全に充足される、ということは実際問題上ほとんどありえない。その限りにおいて主体は、一定の権利獲得のための闘争を繰り返し惹起するよう動機づけられているといってよいだろう。

とはいえ他方でホネットは相互承認のプロセスを、『精神現象学』のヘーゲルに典型的に見られるように、直接的な所与としての感覚的確信からの遠ざかりによって特徴づけられる知の抽象化、つまり絶対精神へといたる意識の修養過程へと還元することはしない。というのは、ポスト近代的な主体にとっては、自律的主体という近代の意識哲学的パラダイムではなく、複雑にからみあう様々な権力構造のネットワークに各自の存在がいわば断片的に刻みこまれているということ、つまり自分でも見通しのつかないような他者との不透明で壊れやすい承認関係の複雑性こそが決定的な意味を持っているからだ。そのためホネットは『承認をめぐる闘争』の中盤では、社会心理学者ジョージ・ハーバード・ミードの行為論を援用することによって、ヘーゲルの理論的枠組みを、ポスト近代的な社会状況への適用が可能になる範囲にまで抽象化しつつ取り出そうとする。

ミードによれば、自己の欲求を主体的に表明することのできる「I（わたしは）」の成立は、子供の成長過程では、他者にとってのわたしである「me（わたしに）」が自己自身の中で一般化し、規範的な意味を帯びてくることにより可能になる。「主体は、たえず数が増していく相互行為のパートナーの規範的な期待を、それが自分のなかでついに社会的な行動規範の表象となるにいたるまで一般化することを学ぶことによって、環境における規範的に制御された相互行為に参加することができる抽象的な能力を獲得する。(11)」成熟した個人が何らかの仕方で社会的に実現されることを企図して自己主張を行う場合、彼は、主張や要求の配信先である社会集団にそれらがどの程度まで承認されるか、あるいは「承認をめぐる闘争」をどの程度まで有効的に挑発することができるかということを、自らの内なる「me」に照らしあわせて先取りする。ただしこの場合、「me」の一般性が「I」を一個の社会的人格へと引き上げるだけではない。というのは、一般化された内なるわたしである「me」はもともと、両親や特定の他者による感情的なケアを受けたという根源的な経験から生起してきたものだが、こうした経験は成長するに従って「me」へと一般化しつつ消え去ってゆくのではない。われわれが大人へと成長する中ではっきり意識するようになるのはむしろ、「I」としての個人が現実社会で経験する特定の他者との特別で非対称的な関係と、「me」が含意するかかわりあいの無制限の平等、その対称性という理念が、ますます相容れないものとして対立しあうという事態なのである。[12]

要するに一方には両親との肉体的接触や気づかいを通じて子供が経験する、かけがえのない個体として認められているという原初的な感触があり、他方には他者と同等の権利を付与された市民としてその存在を法的に承認されているという醒めた認識がある、というわけだ。前者をホネットは「愛」と呼ぶが、「この承認形式は必然的にも、相互に特別な価値評価の感情をよせあう具体的な他者が身体的に現存することと結び付けられている。[13]」これに対して後者は、これまでの論述から了解されるように、全ての人間に対して平等に与えられるまでに形式化された「法」という近代システムを指し示す。ただこの場合も、単に条文化された現行法のみならず、全ての他者を自律的存在として尊重すべしという、ハーバーマスが継承するカント的遺産が法形成のプロセスを導くコミュニケーション的な手続きの道徳的な動機づけとして念頭におかれている、と考えてよい。すなわち「主体は、法的な承認を経験するなかで、共同社会の他のすべての成員とおなじく討議による意志形成に参加しうる性格を共有する人格とみなすことができる[14]」のである。愛、法、そして最後にホネットが付け加える承認形式は「連帯」であるが、これは彼が差し当たり、上記の二つの形式を橋渡しするものとして、やはりヘーゲルを引き合いに出しながら提示するものである。

ただし連帯によって示されるべき事態は、ホネット自身「だが《連帯》はヘーゲルが《交互的直観》の概念で示そうとした間主観的な関係に対する表題として可能なものの一つに過ぎない。この概念によって、間主観的な関係は、普遍的で平等なとりあつかいという認知的な見方を《法》と共有し、情緒的な結合や配慮の面を《愛》を共有しているのだから、法と愛という二つの上位の承認様式の総合である、ということが明らかになる。[15]」と述べるように、愛と法という性質上互いに相容れないものがどの程度まで相互に歩み寄るのかという極めて微妙な問題にかかわるものであるがゆえに、ここでは理論的にも、あるいは事柄そのものからいってもいまだ曖昧なままに留まっている。ホネットによれば連帯は、ヘーゲルのように君主国家の形成というわば大文字の物語に回収されてしまうほど濃密なものではないが、他方でそれはミードの言うように、単に職業という形で自己に与えられた特殊な営みに対する一定の社会的評価を目指す、それ自身特殊な行為の集合でもない。ホネットの議論の地平において連帯は、愛と法との総合というより、むしろこの両者が互いの優先順位をめぐって闘争を引き起こす当の場面として登場してくる傾向にある。こうした闘争の例として彼はリベラリズムとコミュニタリアニズムとの論争に触れているが、これは彼が『正義の他者』(二〇〇〇年)、あるいは最近であればナンシー・フレイザーとの論争にいたる過程で行う考察、すなわち「アリストテレスとカントの間」、「政治的共和主義(アーレント)か手続き主義的民主主義(ハーバーマス)か」といった諸々の政治哲学的テーマを牽引している当のものであるといえよう。[16]だがこうした時事的なトピック以上に注目すべきは、右で示したような闘争が純粋に個人の生活史のなかで経験されるコンフリクトでもある、ということだろう。なぜなら、ある限界状況において恋人や妻という代替不可能な他者を優先させるべきか、あるいは他の全ての人間を目的それ自体として扱うべしというカント的な定言命法を優先させるべきかといった問題は、純粋に主体の内的な道徳的葛藤として現れることがあるからだ(したがってここでは、子供から大人への成長過程を愛、法そして連帯という承認の三つの形式のリニア的な「発展」として了解するのはあまりに単純であるということが指摘されよう)。これをホネットは次のように巧みにまとめている。「ゆえに道徳理論が今日置かれている状況は、道徳的な行為者が日常行為においてつねにすでに巻きこまれてしまっている状況と目立って類似している。つまり、一方には普遍化されたパースペクティブから道徳的に強制的であることが証明されるような、そうした義務をなおざりにする負い目と後悔の感覚があり、他方には公平な理性の道徳的命令と一致するわけではないが個人的には大切な、そうした生の目標を断念した際の自暴自棄あるいは苛立ちの感情がある。[17]」同一主体における、いわば認知的なレベルと身体的なレベルとの間で繰り広げられるこうした葛藤こそ、かつてアドルノが解決不可能な道徳的アンチノミーと呼んだ事態なのだが、いまやホネットはこれを相互承認という、コミュニケーション理論的に拡張された地平において整理し規範的に方向づける、という課題を負うことになる。しかもこの課題はまた、おそらくは、フランクフルト学派という限定されたコンテクストにおいては、アドルノとハーバーマスの間にある方法論的な対立そのものをいわば「止揚する」、というプロジェクトをも意味しているのである。とはいえ、これまでのホネットの業績を詳細に検討するならば、これが昨日今日の事業ではなく、彼の承認論の生成と発展そのものを方向づけてきた根本的な課題であることが理解される。

三、身体、この社会的なるもの——アドルノからホネットへの架橋

再び八〇年代のホネットの議論へ立ち戻ってみよう。第一節で論じたように、『権力の批判』第一部を見る限り、アドルノに対して彼は完全にハーバーマス寄りの論点に立っている。ハーバーマスの『コミュニケーション行為の理論』が教えるところでは、『啓蒙の弁証法』においてアドルノは理性に基づく市民社会の成立の歴史的背景として、自らの内なる本性の暴力的抑圧がそのまま外的世界（自然）の道具的支配につながるような自己保存の巧みな仕組みを読みこむだけでない。ニーチェやホッブズにまで遡ることのできるこの自然支配というコンテクストにさらに彼が付け加えるのは、資本主義的交換社会における様々なシステムの合理化プロセスを人間的主体の物象化ととらえたルカーチの時代診断である。自らが形成してきたはずの「第二の自然」としての社会は、いつでも交換可能な商品として客体化された労働者像にうかがえるよう

に、あるいは思考的な営みが計算という悟性的働きへと制限されるように、自然物としての主体そのものをモノ化しつつ、コントロール可能な対象としてこれを支配する。だが主としてニーチェの場合心理的に、アドルノの場合精神分析学的な仕方で扱われるこの「支配するもの‐されるもの」の単純な存在形式は、ハーバーマスが言うように、社会の合理化過程は何よりもシステムの複雑性の増大として現れるという構造的特長、そしてそれは異なる社会的成員が互いの権利要求に合意点を見いだすために、様々な価値領域を分化させた結果であるという近代史の現実を全く無視している。つまりホネットがいうように「いかなる形で成立するものであれとにかく社会構成員の相互了解の成立の結果ととらえられうるような…社会的支配のあらゆる形式は、その［『啓蒙の弁証法』の］理論的枠組みにおいては事実上排除されているのである。」[18]

とはいえ、同様に想起されるべきは、同じく本章の序盤で触れたように、アドルノやフーコーの問題地平に見うけられる「社会的行為の身体的‐肉体的次元」がハーバーマスのコミュニーケーション論に欠けていることを『権力の批判』第二部で指摘している点だろう。ただしこれは、認識論的な議論の枠組みを見せる後者に対し、前者を純然たる身体論として対比させる、といった単純なことを意味するのでは決してない。たとえば一九八六年の論文「フーコーとアドルノ　近代批判の二つの形式」に注目しよう。ここでホネットは、隅々まで見通し可能な管理社会の実現という近代の理念は第一に個人の心的衝動の抑圧をになう様々な社会的権力装置に現れるのだ、という時代診断をフーコーとアドルノに認める。だがホネットによれば、フーコーにおいては主体の抑圧が専ら身体の社会的規律化の過程として理解され、心的なものが機能主義的に理想化された身体装置へと還元される傾向を見せるのに対し、アドルノが注目するのはむしろ、そうした抑圧をまさに自らの身体的な苦悩として感知しうるような、主体そのものの道徳的感性なのである。[19]

ここで一度話をアドルノそのものに向けてみたい。エッセイ集『ミニマ・モラリア』には「思惟の道徳に寄せて」という一節があるが、彼はそこで「今日思惟するものに課せられているのは、いかなる瞬間においてもいても事柄の内と外に身を置くべし、ということだ」(GS4, S. 83.) と述べている。これはアドルノの否定弁証法の特徴を語る上で参考になる、圧縮した表現である。後期資本主義社会について彼が倦むことなく繰りかえす主張を今一度簡単にパラフレーズしてみたい。彼が述べるに、各人に固有の内的世界に耽溺する幸福はすでに失われている。なぜなら個人のプライベートな生活空間は今や隅々まで社会化され、法制化され、そして商品化されているからだ。だが他方で、社会は脱個人化された匿名な秩序の体系として個人を「外部」から支配しているわけでもない。なぜなら法や商品は、その洗練された見かけの裏で、まさに当の個々人の抑圧された性衝動や利己的な願望が実現され権威化される社会的契機となりうるからだ。ヘーゲル的な術語でいいかえるならば、特殊なものは一般的なものによって媒介されているが、他方で一般的なものは特殊なものの痕跡を完全に拭い去ることはできない[20]。「内」と「外」とは解決不可能なコンフリクトをかかえているのだ。そして、これを正しく見定めることができるのは、コンフリクトをそれとして知覚しうる微細な事柄をおいて他に無い。実にアドルノ的だと思わせるのは、彼が挙げる「赤面」という事例である。「…微々たる過失が重要なのは、少々真に受けすぎのきらいがあっても、滑稽さをもよおすことなくわれわれが善悪を見定めることができるのはそこだからだ。そうした過失とともにわれわれは道徳的なものとかかわり、それを肌に——赤面のような形で——感じることを学ぶのだ…。」(GS4, S. 205f.) 赤面は単なる無意識的な身体運動とは異なり、その微細さによってかえってそれを引き起こした外的要因、つまりちょっとした礼儀作法を間違えたとか、しかるべき振る舞いをしなかったという社会的過失を意識させる。いわば外化した「恥ずかしい」という心が社会と自己との間にある微妙なほつれを現象的に示すわけだが、そうした道徳的意識は、社会を自己の延長ととらえる身勝手さとも、あるいは自己を社会から切り離された自由な存在と見なす身勝手さとも一線を画す。一方が他方によって媒介され、常に一定の仕方で否定された存在であることを経験することのできる交差的な視点のみが、そうした錯誤を見抜くことができるのだ、とアドルノは洞察する。

道徳的に感じ取られるべきこうした「内」と「外」との軋轢はホネットの『承認をめぐる闘争』では、より一層社会的・政治的な意味を与えられている。上述したように彼は愛、法、そして連帯を承認の三つの形式ととらえているが、抽象化されたこの承認形式に実質的な内容を与えるのは、他者から正当に扱われていないという否定的な経験であり、彼はこれを三つの形式に対応するように暴力的抑圧、権利の剥奪、尊厳の剥奪、と規定している。たとえば「社会的な死」といったメタファーは、不当に承認されているということが一種の身体的な損傷を伴うことを意味しているが、こうした損傷は、まさにそれが他者による存在の軽視によって引き起こされたものである限り、自らの承認を求めて闘争を開始するという能動的な社会的行為によってしか癒されることはない。ホネットはここでアドルノ同様、そうした感情の典型例として「恥」を取り上げているが[21]、他方彼はさらに進んで、辱めを受けることで強いられる情動的な緊張が解消されるのは、実現されずにとどまっている承認、評価、尊厳を戦い取ることができる何らかの政治的アンガージュマンによってのみだ、とはっきりと主張する。「つまり、承認要求に対する尊重の欠如の経験をともなう否定的な感情反応はいずれも、自分に加えられる不正が当の主体の目に認知的に開示され、政治的な抵抗の動機になる可能性を含んでいるのである。[22]」

こうした政治的な抵抗の動機はアドルノにあっても全く存在しない、というわけではない。アドルノは、自らの暴力的な自然衝動をそのまま社会的な権力機構に反映させ、文化的に洗練した仕方で充足させることができるという「直接性」の幻想が支配的な状況下においては、一方が他方によって媒介され限定的な否定をこうむるという事実は、極端なまでに誇張して示されねばならない、と考えていた。「同一性」という合理化の手続きの強制にもかかわらず、人間の身体は、この強制によって歪み、傷ついた自らの姿をそうした画一化された範疇に収まりきらない非同一的なものとして外部へ晒してしまうが、期せずして暴露されるこの不気味なもの、隠されるべきものは、それがかえって表立てば立つほど、社会の不正な状態を社会自身へと告発する自己批判的な契機になる。これまで見てきたように、アドルノはそれを専らワーグナー以降の現代音楽に求めたのだが、そこでは音楽の課題は、歪められた現実をさらに歪曲的に模倣し映し出すことによって、われわれが無批判的に受け入れている共通了解の地平を波立たせ、調子を狂わせることに求められていた。たとえば彼は『マーラー　音楽観相学』で次のように述べている。

> 突破を音楽的に現実化させることは、同時にそれが現実的には不成功に終わることを証言することだ。音楽にとっては自らに過大な要求を課すことが本質的なのだ。（中略）マーラーの交響曲は、世の成り行きを告発するためにこれを模倣する。音楽がそれを突き破る瞬間とは、同時に意義申し立ての瞬間である。マーラーの交響曲は主観と客観との間の亀裂を糊塗しようとしない。和解を成功したものと見せかけるよりは、むしろ自ら砕け散るのだ。（GS13, S. 154f.）

この点でもホネットは、ハーバーマス的な批判、つまり他者への承認を求める社会的存在として理性的な合意形成のポテンシャルをあらかじめ備えているはずの人間存在をアドルノは自然支配というホッブズ的な解釈図式に還元してしまったのだ、という見解を大幅に修正している[23]。決定的なのは論考「世界の意味地平を切り開く批判の可能性——社会批判をめぐる現在の論争地平での『啓蒙の弁証法』」（二〇〇〇年）である。本書第三章でも少し触れたが、ここで彼は『啓蒙の弁証法』に特有のレトリックとその効果に注目し、これを「物語的メタファー」「交差配列法《キアスム》」「美学的誇張」という具合に三つに分類し、短くまとめている。たとえばそこでは、規律化された生活という現在の日常的な社会的営みは、自らマストに縛って女神セイレーンの誘惑を逃れようとした英雄オデュッセウスのエピソードが参照されることにより、歴史的にわれわれが自らに課してきた暴力と抑圧の結果であると告発される。他方で「自然史」という理念はアドルノにおいては、本来であれば自然からの乖離の度合いを示す歴史的進歩がほかならぬ人間の自然的本性と不可分であることを示す働きをになっている、とされる。[24] つまり人間は歴史的に作られてきた存在であるが、この歴史の担い手はまた、グロテスクなまでに動物的な人間にほかならない、というわけだ。この二側面を極端なまでに誇張し、挑発的に対比させることによってアドルノは、この両面に適当に折り合いをつけているわれわれの日常生活の病理性を浮かび上がらせる。すなわち「彼ら［ホルクハイマーとアドルノ］は…全ての事柄が突如として病理学的事態についての新しい意味を受け入れざるをえないほどにラディカルに社会的生活条件を新たに記述してみせることによって、いわば読者に志向的にのみ働きかけるのである。[25]」

こうした解釈はシルビア・シュペヒトなどによってすでに八〇年代に試みられていたものだが[26]、今やホネットはこれを自らの社会哲学の理論的枠組みのなかで位置づけることを企てる。しかしここではまた、両者の間に横たわっている相違も強調しておかねばならないだろう。アドルノは、極度に先鋭化され実験的な意味あいを帯びる現代音楽のような芸術活動のうちに、社会化された途端に砕け散る自然という、盟友ヴァルター・ベンヤミンから受け継いだ美的形象を読みこもうとするが、そこに存するのは人間の個々の苦悩を、実現不可能なユートピア――それはアドルノの「図像化禁止」という定言命法の下では、そもそも砕け散る運命でしかないのだが――のイメージのもとで救い出そうとする志向である。移ろいやすいものへの濃密なかかわりの模索は、だが他方で、もはや実質を喪失した教養市民層が抱く個人的な郷愁にすぎない、という批判を引き起こさずにはいられない。この点でホネットはアドルノとはっきりと袂を分かつのだ。たとえば彼はいう。「新しい意味連関を開くことは、美的叙述においてはある意味では何の拘束もなく行われるのだが、他方でそれは社会批判においては、社会的再生産の事実的な強制によって牽引される境界に結び付けられている。[27]」批判は単なるレトリックに終始するのではなく、互いに非対称的な力関係でもって交差する様々な社会的な承認関係のうちで分節化され、これを規範的に方向づけるものでなくてはならない。

アドルノとは異なり、ホネットは政治的レベルでの連帯の可能性にかけている。[28]つまりそれが、虐げられた文化集団や政治的マイノリティといった非同一的なもの、彼の論考のタイトルにもなっている「正義の他者」の承認なのだが[29]、とはいえそれは、あらゆるマージナルな存在の権利要求や訴えがそのまま正当化されるべきだ、という主張と混同されてはならない。彼が抱いているのはただ、社会哲学はそうした非同一的なものに対して、まさにその承認のための手続きを示すという間接的な仕方でのみ寄与することができるというストイックな形式主義であり[30]、この点彼は自らがハーバーマス的な議論の枠組みの中を動いていることを隠そうとはしない。またホネットがハーバーマス的な正義と公正さに代えて導入する正常さ（Normalität）という理念には、『啓蒙の弁証法』の問題地平を受け継ぎながらも、アドルノ的なペシミズムには無い、社会変革に対する積極的な見解がうかがえる。「《診断》としてここでさしあたり理解されているのは、人間の器官を襲っている一つの病気を正確に把握し規定することである。そのような異常現象を適切に判断するための基準として役立つのは、健康についての臨床的イメージである…医学という範にしたがって診断が接近可能な社会的な病理について語りうるためには、むしろ社会生活の全体にかかわる正常さについてのイメージが必要なのである。[31]」

四、承認論的オプティミズムと美的ペシミズムとの間で

「ハバーマスが社会理論の単位を、「労働」から「相互行為」に移した時、従来労働概念を介して捉えられていた「人間と自然との関わり」は「人間と人間との関わり」へと吸収され、もしくは切り捨てられてしまったのではないか。…ホネットがコミュニケーション的行為論に則りつつ、自然支配モデルを捨てて、社

会的支配の理論を企図し、コミュニケーション合理性における進歩を実践的目標とする時…そこにはコミュニケーションによって社会的にコントロールされた自然支配という模範解答が用意されていることだろう。[32]」アドルノ擁護の意味も含んでいる徳永恂のこの予言は、これまでの議論からも明らかであるように、幸いなことに完全に実現されてはいない。アドルノの場合、生活世界の病理的相貌を誇張しつつ人間の――妙ない方になるが――なまの第二の自然を映しだす芸術活動に社会批判の積極的な意義を見いだしたわけだが、それは彼が、人間の根源的なコミュニケーション行為はミメーシス、つまりそれが自分以外の他者であれ、あるいは人間以外のものであれ、主体的には意のままにならない事物である自然の模倣というフェティッシュな関係性に存している、と見なしていたからにほかならない。無論これは、相互に自律した主体が繰り広げる「人間と人間との関わり」という理想状態には収まりきれない、コミュニケーション行為の暗く不透明な諸相を指し示している。

近年ホネットは『物象化』(二〇〇五年)においてて自身の承認論にこのアドルノのミメーシス概念を位置づけることを試みているが[33]、そこでは子供が成長過程で経験する、親しい者との模倣関係や気づかいあるコンタクトが、自然をふくんだわれわれの周囲世界に対するかかわり全般の原型を形成するもの、と見なされている。つまりホネットによれば、ある事象をその特殊性やかけがえのない唯一性において認識しうるのは、身体的な情感に定位した相互承認の経験がわれわれのうちに沈殿しているからに他ならない[34]。その意味で彼は物象化という社会現象を、交換可能性という経済的原則の全面的支配といった外的事情にのみ還元するのではなく、気づかいを忘却した承認行為の派生態と見なすよう提言している。だがここでも、ホネットとアドルノの間に横たわる差異を強調しておく必要があるだろう。最後に提示したいのは、つまりは、相互承認に関するこうしたいささか楽天的ともいうべき洞察は、ミメーシス的行為にアドルノが読みこんだ恐るべき暴力性を見過ごしているだけでなく、われわれの美的感覚を安易な連帯性へと誘う市場メカニズムをも過小評価しているのではないか、という疑問である。こうしたメカニズムは距離の喪失というタームで特徴づけられるポスト近代社会においてますます大きな力を発揮しつつあるように思われる。

かつてハイデガーが『存在と時間』で提示した遠ざかりの撤去（Ent-fernung）という卓抜な術語が物語るように、あらゆるものがその「近さ」ないし現前性を主張してくるというのが近代の根本表徴であり、それは今や主として市場経済原理に牽引され展開されている、あらゆる分野でのグローバリゼーションの動きにも如実に現れている。全世界にはりめぐらされたメディア・ネットワークが日々もたらすのは、単なる情報としての政治的・経済的事件や社会現象ではない。いわゆる「世界内政」が理念ではなく事実として受け止められつつある現在においては、いかなる地域のものであれ、そこで引き起こされる様々な社会的不正や悲惨な出来事は、連帯と同情と責任負担の要求という仕方で、われわれの美的感覚そのものに直接、道徳的に訴える力を持っている。日々報道される自爆テロの犠牲者数、環境汚染、各地で頻発する自然災害、殺人、不正、編集によってさらに濃密に再構成された人間の喜怒哀楽の表情の波が、ドラマチックな装飾を施され、われわれの知覚を四六時中刺激する。だがホネットが論考「道徳的な罠としての普遍主義？——人権政治の条件と限界」（一九九四年）の中で「道徳的な罠」と名づけたこの未曾有の過剰要求には、アドルノ的視点からすれば、一つの錯誤の可能性が潜んでいるといってよかろう。彼が芸術の二面性としてとらえたように、身体知覚に直接訴えかけるようなミメーシス的誘惑はわれわれに、全ての社会的成員はその文化的差異を突き抜けた根底において繋がっているのだ、という原始的でいかにも自然な連帯感情をもたらすが、他方でそれは、特定の文化的価値観によって正当化された野蛮へと導く誘惑をも有している。誰もが共有しうるテロリズムに対する身体的恐怖は、テロ支援国家と名指しされた国に対する武力行使への容認にもつながる、というわけだ。アドルノは『啓蒙の弁証法』の断章で、脱人間化されたはずの動物愛護のセンチメンタリズムは同時に、動物を「単なる動物」と見なす人間中心主義をわれ知らず告白しているのだ、と叙述しているが、(Vgl., GS3, S. 284ff.)、この点彼は美的禁欲主義ともいうべき個人主義的立場を断固として堅持する。ナチスによるアーリア人的肉体賛美とユダヤ人迫害の芸術運動のあまりに恐るべき成功を経験したアドルノは、偶像化される恐れのあるいかなる相互承認の形態も拒否せざるをえない。マーラーの交響曲は、芸術経験においては「和解を成功したものと見せかけるよりは、むしろ自ら砕け散る」という契機が重要なのだ、と彼に教える。

こうした美的ペシミズムと比較すれば、ホネットの立場は承認論的なオプティミズムという具合に定式化することも可能かもしれない[35]。とはいえこうしたアドルノ的懐疑は、道徳的責任のグローバル化という現象に関してホネット自身右の論考で「全く経験的に根拠づけられたオプティミズムではなく、規範的で実践的-政治的に根拠づけられたオプティミズムが問題なのだ[36]」と述べるように、決して等閑視されているわけではない。世界中で巻き起こる全ての社会的不正、連帯、承認への訴えをそのまま吸い上げることではなく、最大限抽象化された承認の形式によって最小限度の基礎づけを与えるという控えめで間接的な寄与にとどまっている限りにおいて、ホネットもまた一種の禁欲主義的立場を堅持しているといえる。『承認をめぐる闘争』で彼は、愛と法を繋ぐ連帯という第三の承認形式を実質的に特徴づけるものとして、様々に分化し複雑化した各人の諸特質の対称的な価値評価という営みを提示しているが[37]、この承認形式そのものはどこまでも規範的なものであり、特定の歴史的コンテクストへと局限化されるような経験的所与ではない。とはいえ、特定の価値観が広く一般に承認されることがそのまま巨大な経済的利益を生みだす、あるいは瞬時に広範囲な民意を獲得する可能性を帯びたこのスピード狂時代にあっては、社会理論はまた、相互承認がどこまで対称的に行われるのか、価値評価がどの程度まで「正常な」ものであるかを判断する理論的準拠点をも模索しなければならないだろう。権威主義やフェティシズムに関するアドルノの諸研究が示しているように、文化的に組織化された連帯は安易な大勢順応主義や集団的ナルシシズムに転化する可能性をいつも抱えている。差し当たりここではただ、経験的に容認され正当なものと位置付けられた社会的な権力システムに対して、それは過剰なものであり承認されざるものではなかろうかと異論を唱えることを、あるいは逆に、過小評価されているものに光を当てることを可能にするような正常性に対する道徳的センスの重要さを指摘するにとどめておこう。特定の承認関係が過度に美化、劇場化されることへのあらゆる誘惑を退ける、という点において、承認論は、アドルノに対しても、あるいはカント・ハーバーマス的な道徳的形式主義に対しても、一定の歩み寄りを示すことができるのではないだろうか。

『ミニマ・モラリア』には次のような言葉がある。

> 最も身近な存在に潜む疎遠さを承認することによってのみ、疎外性は和らげられ、またそれが意識されもする。（GS4, S. 207.）

（1）特に Vgl., Jürgen Habermas, *Theorie des kommunikativen Handelns, Bd.I*, Suhrkamp, Frankfurt a.M., 1985, Kap. 4.

（2）最近であればたとえば Martin Morris, *Rethinking the Communicative Turn. Adorno, Habermas, and the Problem of Communicative Freedom*, State University of New York Press, 2001. さらにホネットの論考「正義の他者―ハーバーマスとポストモダニズムの倫理学的挑戦」（in：*Das Andere der Gerechtigkeit. Aufsätze zur praktischen Philosophie*, Suhrkamp, Frankfurt a.M., 2000.）も広い意味ではこうした試みに含み入れることができよう。

（3）これについてはホネットが次の詳論にコンパクトにまとめている。Axel Honneth, Kapriolen der Wirkungsgeschichte. Tendenzen einer Reaktualisierung Adornos, in：*Forschung Frankfurt 3-4*, Frankfurt a.M., 2003.

（4）Honneth, *Kritik der Macht. Reflektionsstufen einer kritischen Gesellschaftstheorie*, Suhrkamp, Frankfurt a.M., 1985, S. 310.

(5) この問題を考えるにあたっては以下のテクストに掲載されているホネットへのインタビューが非常に参考になった。永井彰・日暮雅夫編著、『批判的社会理論の現在』、晃洋書房、二〇〇三年。

(6) ホネットの場合これは、生活世界の社会哲学的分析に際して彼が採用する方法論と合わせて、以下の講演で明確に表明されている。Vgl., Honneth, Die soziale Dynamik von Mißachtung. Zur Ortbestimmung einer kritischen Gesellschaftstheorie, in : *Das Andere der Gerechtigkeit*, S. 88–109.

(7) Vgl., Honneth, *Kritik der Macht*, S. 249f., S. 309f.

(8) Habermas, a.a.O., S. 193.

(9) 特にVgl., Honneth, a.a.O., S. 334.

(10) 以下ではわたしの問題関心に沿った形でホネットの『承認をめぐる闘争』の論述のアウトラインを描くにとどめたい。より詳しく身近な論考としては、たとえば次のものを参照。日暮雅夫、「承認論の現代的座標—ホネット社会理論の展開—」（『思想』二〇〇二年第三号、岩波書店、所収）、水上英徳、「批判的社会理論における承認論の課題—ハーバーマスとホネット—」（永井・日暮編著、『批判的社会理論の現在』、第七章）、加藤泰史、「承認と排除—相互承認論の構造と限界」（入江幸男・霜田求編著、『コミュニケーション理論の射程』、ナカニシヤ出版、二〇〇〇年、第五章）。

(11) Honneth, *Kampf um Anerkennung. Zur moralischen Grammatik sozialer Konflikte*, Suhrkamp, Frankfurt a.M., 1994, S. 125.

(12) ただしこうした図式の道徳的コンフリクトは、少なくともホネットがここで取り上げているミードの講義（『精神・自我・社会』）には見かけられない。というのは、ホネット自身指摘しているように（Honneth, a. a. O., S. 137 ff.）、ミードが主題的に取り上げるのは、「I」が自ら帰属する共同体に向けて投企する行動範型が広範囲な承認を得られないこと、つまり一般化されるべき「me」が未だ特殊なものに留まっていることからくる内的葛藤であって、ここでは特定の他者との関係は、個人がかかわる共同体内部において特殊化された行動範型に、当の個人が自らの能力や機能に応じてその都度「分業的」に参与することのうちで一般化されてゆく、と考えてよい。つまり個人はある時は良き職業人であり、また別の時は良き父であり、さらに他の場所では良き趣味人でもあり…等々、というわけだ。ミードが「人は、他者によって認められた、自らの個人的創造物のなかにしか、自分の自我を見出せないのである。個人が達成したものは、それ自体で社会的ななにかでなければならない。

…こうして、機能的差異が存在するが、それは共同体の残りのものによって、ある真の意味で受け入れられる機能的差異でなければならない。もちろん、ある人はできて、他の人はできない貢献があり、また、人びとが受け入れられない貢献もある。しかし、自我を作りあげていく貢献は、共有される貢献だけである。」（ミード、『精神・自我・社会』、河村望訳、人間の科学社、一九九五年、三九三–四頁）と述べているように、彼は社会の個人化がそのまま個人の社会化となるような承認形式を考えているのである。

(13) Honneth, a.a.O., S. 153f.

(14) Honneth, a.a.O., S. 194f.

(15) Honneth, a.a.O., S. 146.

(16) ホネットの民主主義論に関する最近の考察としては、たとえば Vgl., Christopher F. Zurn, Anerkennung, Umverteilung und Demokratie. Dilemmata in Honneths Kritischer Theorie der Gesellschaft, in: *Deutsche Zeitschrift für Philosophie, 53 (2005) 3*, Akademie, S. 435-460. ツァーンはここで「一般化と具体化との間のジレンマ」というテーゼでホネットの承認論に内在する構造的問題を取り上げているが、ここには以下の本章の論述と極めて酷似した問題意識が表れている。

(17) Honneth, *Das Andere der Gerechtigkeit*, S. 172.

(18) Honneth, *Kritik der Macht*, S. 67.

(19) Vgl., Honneth, *Die Zerrissene Welt des Sozialen. Sozialphilosophische Aufsätze*, Suhrkamp, Frankfurt a.M., 1990, S. 89ff.

(20) 『ミニマ・モラリア』でアドルノは離婚という法的手続きによって突如として様相を変える婚姻関係のプライヴァシーを、ほとんど悪魔的とも言うべき巧みな筆法で描き出している。Vgl., GS4, S. 33f.

(21) Honneth, *Kampf um Anerkennung*, S. 222ff.

(22) Honneth, a.a.O., S. 224.

(23) ホネットが自身のアドルノ解釈の修正に直接言及しているのは次の箇所である。Vgl., Honneth, Eine Physiognomie der kapitalistischen Lebensform. Skizze der Gesellschaftstheorie Adornos, in: ders.（Hg.）, *Dialektik der Freiheit. Frankfurter Adorno-Konferenz 2003*, Suhrkamp, Frankfurt a.M., 2005. S. 165.

(24) アドルノの自然史概念については本書第三章を参照。

（25） Honneth, *Das Andere der Gerechtigkeit*, S. 81.

（26） 極めてシャープ且つ生産的な彼女のアドルノ論でも特にこの問題について示唆的なのは以下の箇所である。Vgl., Silvia Specht, *Erinnerung als Veränderung. Über den Zusammenhang von Kunst und Politik bei Theodor W. Adorno*, Mäander, Mittenwald, 1981, S. 64ff.

（27） Honneth, a.a.O., S. 83.

（28） クリストフ・メンケのアドルノ論はこうした方向性を示している。Vgl., Christoph Menke, Tugend und Reflexion. Die »Antinomien der Moralphilosophie«, in: Honneth, (Hg.), *Dialektik der Freiheit. Frankfurter Adorno-Konferenz 2003*.

（29） 本章注2参照。なおこの論考の冒頭にホネットは、議論の方向性全体を示す道標として「不正は現実的な正義の媒体である」というアドルノの言葉を引用している。

（30） その他の点で非常に啓発的な岡崎晴輝のホネット論はこの点を見逃している。これまでの議論から明らかなように、ホネットは他者によって承認されるという具体的経験にのみ重点を置き、他者の承認という能動的契機を見過ごしている、すなわち「能動性と受動性の問題に無自覚的」（岡崎晴輝、『与え合いのデモクラシー――ホネットからフロムへ』、勁草書房、二〇〇四年）なのでは決してなく、むしろ今にいたるまでこの「間」で揺れ動いている、というべきだろう。なお宮本慎也は歪められた承認の是正という課題を「現在の状況において不公正な人格の扱いや不平等な分配、分業が固定化する原因となった承認関係をつきとめ…最終的には人格的尊厳の軽視や侮辱の同種のパターンが社会化をつうじて次世代に持ち越されることを遮断すること」（宮本慎也、「承認とコミュニケーション」、『年報人間科学』第二三号、大阪大学大学院人間科学研究科、二〇〇二年、所収、一五頁）という具合に定式化している。

（31） Honneth, *Das Andere der Gerechtigkeit*, S. 56f.

（32） 徳永恂、「アドルノ対ハーバーマス？」（徳永恂編、『フランクフルト学派再考』、弘文堂、一九八九年、所収）、七二―七三頁。

（33） ホネットはすでに『権力の批判』文庫版に付した後書きの中で、アドルノのミメーシス概念の社会哲学的意義を強調していた。Vgl., Honneth, *Kritik der Macht. Reflektionsstufen einer kritischen Gesellschaftstheorie. Mit einem Nachwort zur Taschenbuchausgabe*, Suhrkamp, Frankfurt a.M., 1989, S. 386ff.

（34） 特に以下の箇所を参照。Honneth, *Verdinglichung. Eine anerkennungstheoretische Studie*, Suhrkamp, Frankfurt a.M., 2005, S. 51, 69, 74ff.

（35） ホネットやハーバーマスの民主主義論へのアドルノ陣営側からのこうした反論は容易に予想されるが、たとえば次の論考を参照。Lars Rensmann, Adorno at Ground Zero. Zur Vergegenwärtigung kritischer Theorie im Zeitalter postindustrieller Globalisierung, in : *Zeitschrift für kritische Theorie, Heft18-19*, zu Klampen, Lüneburg, 2004, S. 181ff.

（36） Honneth, *Das Andere der Gerechtigkeit*, S. 268.

（37） Vgl. Honneth, *Kampf um Anerkennung*, S. 196ff. さらに ders., *Das Andere der Gerechtigkeit*, S. 337f.

第七章　生命倫理の時間論――生活史をめぐって（1）

一、生命倫理は永遠回帰の夢を見るか――現状と問題提起

菜食主義には反対だが、肉はとりすぎないこと。飲酒と喫煙は控えること。小食と、長く続く食事は胃に悪い。間食もいけない。コーヒーよりもむしろ紅茶を。ただし朝に限り、それも濃く出すのがよい、等々。『この人を見よ』で語られるニーチェ流のこうした健康法は、彼の思想と不可分の関係にあった。健康への意志、生への意志から、わたしはわたしの哲学を作り出した、とニーチェは述べた。そんな彼は、生涯をかけてドイツ的な価値観の克服を試みた。ドイツ的とはこの場合、弱々しく、他人に対して嫉妬深く、同情的で、頭でっかちの観念論者で、つまりは彼がいうところの「道徳的」であることを指すのだが、その一端は、胃のもたれるドイツの肉料理と牛飲馬食の習慣に起因する、とされた。「すべての偏見は内臓から来る」（KGW, IV3, S. 279.）のである。これに対して、ニーチェのいう「大いなる健康」が意味するのは、何をおいてもまず自身の生の利益となるものを分別し選択することだった。ロドルフ・ガシェが無邪気に想定して

いたように（本書第二章の終盤を参照）、いわばそれは、何もかも自分の養分になるように心地よく消化し吸収する一個の胃と化すことだ、といってよい。そうした所作への習熟を目指した政治的・教育的実践の極北に、いわゆる永遠回帰の思想が、人類が目指すべき生の最高の肯定方式として立てられた。そこから、俗流ニーチェ主義者たちは、衰えや老いを知らない生の無制限な力が永遠に回帰してくるというモチーフを引き出したのだ。ところで、一個の生を、時間とともに衰え移ろいゆく単なる孤立した生で終わらせまいとし、アンドレアス・クールマンの表現を借りていうなら、「苦痛の最小化と利益の最大化のためのあらゆる努力」[1]を行おうとする現代の医療、そしてこの医療技術の地球規模での産業化の動きは、こうしたニーチェ的モチーフの正当なる後継者なのだろうか。

　いうまでもなく、生命にとって老いと死は不可避である。この自然の運命はわれわれの生物学的条件を決定するのみならず、その生活史（ライフヒストリー）上の修養過程を文化的に方向づけてきた。結婚だけでなく、人生における大きなイベントには、個人差があるにせよ、何らかの「適齢期」といったものが暗黙のうちに想定されてきた。われわれは今や、こうした想定を旧世紀の遺物として葬り去るための表徴を、数限りなく持っている。たとえば医学・分子生物学者でドイツの国家倫理評議会のメンバーでもあったイェンス・ライヒはツァイト紙上で「医学は奇跡を成し遂げてきた。だが医学がいまだ答えを見出せてない問いが三つ存在する。不完全な肉体と、老いと、死がそれだ。」（*Die Zeit*, 2008. 03. 20.）と述べたが、当の分子生物学は今や老化や死を、単なる「自然な」プロセスではない、細胞レベルでプログラミングされたものと見なすよう試みている。それどころか、最新の科学的知見は、誘導性多能性幹細胞（ｉＰＳ細胞）の存在によって、細胞の分化が一方向的で不可逆的であるという常識を揺るがしつつある。さらに、最近シュピーゲル誌は「オーダーメイド・ベイビー」という記事を組み、人工的な仕方で「自分の」子を持つことを望む同性愛カップルやシングルマザーが増えつつある現状を特集している（*Der Spiegel*, 22/2008, S. 52ff.）。卵子提供、体外受精、代理母の組み合わせで、子ども一人当たり最大約20万ドルかかるという。これは極端なケースだろうが、記事はさらに、自分の提供した卵子について「それはわたしの遺伝学上の物質ではあるけれども、わたしの子じゃないわ」とあっさり断ずる女性、精子提供のための射精で一回ごとに七五ドルを手にするハーバード大やＭＩＴ大のエリート、そして人工的に作成された受精卵をＡからＤにまでランク付けするクリニックの現状を伝えている。体外受精で作られた受精卵が選別されるのは、先天的な遺伝子異常や病因によって引き起こされるマイナス要因をあらかじめ除去しておくためだが、このシステムはまた、治療とは直接関係のない男女の産み分けをも、「ファミリー・バランスの保持」という題目のもとで、可能にするのである。

遺伝子スクリーニングやデザイナー・ベイビー、ヒト胚の研究利用、臓器移植から脳死、安楽死にいたるまで、ここ数十年の間に取り上げられてきた生命倫理学のトピックには、ある共通点がある。これらはいずれもが、各人がかけがえのない仕方で経験している「自然」で「自己同一的」な時間の流れの一回的な不可逆性に、現代の医療メカニズムが、生の先取り、取り戻し、切断、他の生との接続や取り替えといった様々な「逸脱」の機会を提供しつつあることを証言しているのだ。では、何のための逸脱なのか。そこには、望ましいとされるいわゆる「よき」生を、そしてできるならば健康で「正常な」生をつむぎだすべしという、不明瞭だが厳然たる社会的期待がひかえている。この期待はある意味素朴なものだが、他面、それが切実なものであればあるほど——個人にとっても、また社会、あるいは国家にとっても——計算高くもあるに違いない。商品のごとく相互に取り引き可能になった生が、個人のみならず、まさに社会全体の「苦痛の最小化と利益の最大化」のために効率よく利用されることが期待される時代、そうした時代がもはやフィクションの産物とはいえないような状況に、われわれはいる。だが、忘れてはいけない。あらゆる価値の破壊者たることを標榜したツァラトゥストラが第一に破壊しようとしたもの、それはまさに生の「改善」という偶像にほかならない。ついでにいうなら、『悦ばしき知識』においてニーチェが悪魔にいわしめたのは、やり直しのきかない生が何から何までことごとく同じ順序、同じ脈絡で永遠に回帰することだった。

無論、誰であろうと老いたくないし、死にたくないと考える。だが、生のやり直しが現実に可能になること、そして、過ぎ去るという時間経験が喪失することは、めまいを起こさせるような仮定ではある。過去がいつまでも過ぎ去ることなく現前する状態、それは、たとえ可能性の段階であろうと、われわれ自身が生に対して持つ価値観を揺さぶるものではないだろうか。科学的に現実化しつつある、自らの精子ないし卵子を凍結保存する技術は、全ての人間がいつでも、またどこでも「父」となり「母」となりうる可能性を開示するだろう。生命倫理学は、医療技術の急激な発達によって揺さぶられるこうした時間経験についてあまり多くを語ってこなかった。以下で試みるのも、時間経験の変容とその概要をクリアーにし、まさに問題として際立たせる程度にすぎない。この分野では、多くがまだまだ仮定の段階なのだ。とはいえ、仮定のいくつかがすでに現実化している地域も存在する。生殖技術が日常医療化し、国家的な政治戦略にまで押し上げられているイスラエルについては、なぜか表立って語られずにきた。そこでわたしはまず、当地での現状をマルティナ・ケラーがツァイト紙に寄せた報告によって再構成する（第二節）。さらに、こうした問題性——ここではこれを「脱自然化される生の共同体」という言葉で特徴づけたい——を際立たせるためのディスクールとして、ユルゲン・ハーバーマスとハンス・ヨナスの議論が取り上げられる。と同時に、技術の放埒に対して共に保守的な立場を堅持しようとする両者の相違点も明らかにしたい。カントの伝統を受け継ぎ、社会的な人格相互の自律的で対称的な関係性をポスト形而上学的に基礎づけようとするハーバーマスの議論は、ヨナスが『責任という原理』において親子関係を具体例として提示する、非対称的な強者と弱者との自然なつながりを逸する傾向がある、ということを本章は確認する[2]（第三・四節）。このつながりは、老いを免れぬ存在同士が時間の不可逆的な流れに従いつつ、また同時にこの流れに逆らうことで成立する。絶対的に価値あるものが失われ、伝統的な家族像が崩壊し、生がますます多様化・断片化しようとする時代にあっても、生活史の営みの完全なるアトム化が不可能である限り、われわれはこのつながりから多くを学ぶことができるだろう（第五節）。

二、脱自然化される生の共同体——われわれの将来としてのイスラエルの生政治？

ツァイトやシュピーゲル、フランクフルター・アルゲマイネなどのドイツの主要メディアの近年の記事を読む限り、ミシェル・フーコーが用いた生政治（ビオポリティーク）という概念が広範な市民権を獲得しつつあることがうかがえる。概念が正確に使用されているかどうかはさておき、様々な場面において登場するこの言葉が、バイオ技術と政治との結びつきという現代的状況に対する、ますます大きくなる社会的関心を証言している、ということに注目したい。メディアはしばしば Stammzelldebatte（幹細胞に関する議論）という言い方をするが、一九九〇年の胚保護法の成立以来、ドイツでは、胚由来の細胞研究の法的規制の問題が、特に人間の尊厳の尊重と保護をうたったドイツ基本法一条一項との関連から議論されてきた。とりわけ最近まで主要議題になっていたのはヒト胚性幹細胞（ES細胞）の取り扱いである。この細胞研究に最初に乗り出したのはアメリカであり、それに日本、イギリスが追随した。が、ES細胞が不妊治療のあとに残った余剰胚から作成されることもあり、国内でのES細胞の作成が胚保護法に抵触するドイツでは、二〇〇二年に幹細胞法が制定された。それはES細胞の輸入に対して、二〇〇二年一月一日より前に樹立され保存されたものに限定するという条件を課するものであった[3]。

ところで、幹細胞に関する議論が活発になされていた二〇〇一年、イスラエルからのES細胞の輸入を目的に当時ノルトライン・ヴェストファーレン州の首相だったヴォルフガング・クレメントが突然ハイファ大学にジョゼフ・イツコヴィッツ（現イスラエル工科大学幹細胞研究センター教授）を訪問して物議をかもしたことがある。[4] イツコヴィッツは一九九八年に世界で初めてヒト由来のES細胞の作成に成功したジェームス・トムソン博士（ウィスコンシン州立大学）の研究グループの一員でもある。このイスラエルにおける生政治を医療ジャーナリストであるマルティナ・ケラーがかなり詳細に報告しているが（*Die Zeit*, 2007. 09. 06.）、そこにはバイオ技術の利用に対して依然として保守的なドイツとは好対照の実情が記されている。イスラエルはわれわれの未来を映し出しているのだろうか。「全てはうまくいく?」と題されたこのレポートを紹介したい。

トムソン・グループによるES細胞の作成にはイスラエルからの余剰胚も使用された。胚が容易に生み出される環境――イスラエルでは体外受精が世界一高い割合で実施されているのである。だがそれは、決して不妊治療のためだけではない。当地では、代理母のシステム、精子バンク、着床前診断はもとより、出生前診断として一〇を超える遺伝子検査が常態化している（検査の結果中絶を選択することへの抵抗感は、ここでは極めて低い、とレポートでは報告されている）。[5] 同様に、妊娠可能な年齢層の女性、およびその夫に対しても、一〇を超える国家規模の遺伝子スクリーニングが推奨されている。両親に何か遺伝上の問題があれば、検査はその子どもにも行われる。これは、テイ＝サックス病や嚢胞性繊維症（どちらも東方系ユダヤ人の約四パーセントは保因者だといわれている。生死にかかわる疾患で、根本的な治療法はない）などの遺伝性疾患の遺伝を阻止するためである。あるいはニューヨークにある、二〇万を超える正統派ユダヤ人の遺伝情報が蓄えられている「**Dor Yeshorim**（正しきものの世代）」の例。設立者はユダヤのラビ、ジョゼフ・エクスタインで、彼の一〇人の子どものうち四人はテイ＝サックス病で亡くなっている。正統派ユダヤ人（正統派ユダヤ教を信奉する人々）であれば、ここで一七歳から匿名で遺伝子検査を受けることができる。と同時に、このシステムは、遺伝的に問題のないパートナーを探すための婚姻システムとしても利用されている。さらにレポートでは、がん患者が化学療法を行う前に——抗がん剤などを用いたがん治療は不妊に至る可能性が高いため——卵巣を取り出し治療後に再び移植し直すことによって子どもを作るのに成功した医師が紹介され、この技術によって女性の妊娠期間そのものが延長可能になるだろうと示唆されているが、最近、エルサレムの研究チームが小児がんにかかった五歳の子の卵巣から卵細胞を採取し、生殖可能な卵に成長するまで培養し冷凍保存することに成功したという報道が別のメディアで伝えられた（*Die Welt*, 2007. 06. 03.）。五歳の子どもが「母親」になることも、科学的には不可能ではなくなったわけだ。

イスラエルでは、二〇〇七年五月に「卵子提供法」が国会を通過した。これは、不妊に悩んでいない健康な女性が他の女性や研究のために卵子を提供することを承認するもので、これによりイツコヴィッツを含む研究者は（彼自身がこの法律の起草者の一員にほかならないわけだが）、胚研究のための「材料」をさらに潤沢に得ることになるだろう。

生の脱自然化のプロセスとしての、コントロールされた妊娠、出産、子育て、結婚——明らかにこうした現象は、優生学的な思想の日常化を物語っている。だが、それはどういう意味での優生思想なのか。卵子提供法を例外として、上記のような政策に対するイスラエルの女性団体からの表立った抗議の動きはない、とレポートは明言している。誕生前は障害を持って生まれることを防ぐために万難を排するが、他方で障害を持って生まれたのであれば、その出生に対する承認と保護を保障する、という考えが浸透しているという。これは、九〇年代から出生前診断の一環として大規模な血液スクリーニングを実施してきたイギリスの場合と似ていなくもない。この血液スクリーニングは、初めは二分脊椎症と無脳症（どちらもヨーロッパに多い先天異常）の早期発見のためにスコットランドで開発されたもので、のちにダウン症の早期発見へと転用された。坂井律子は、イギリスで「すでに生まれている障害者の人権・尊厳は最大限守る。だが、これから生まれてくることは防ぐ」というダブル・スタンダードが日常化している現実を伝えている(6)。とはいえ、これはあくまで妊娠した女性を対象としたもので、特定の年齢層の全体を包括的にスクリーニングするイスラエルの場合とは大きく事情が異なる。[7]

ケラーは「ドイツと違い、優生学はイスラエルにおいては、国家的な強制を伴うものでは決してない」と述べている。が、これは本当なのだろうか。ここでは体外受精によって子をもうけること(いわゆる試験管ベイビー)への国家的な財政援助も実施されているが、由来のはっきりしている、健康で「安全な」子を生むためにあらゆる手段が講じられている背景に、ハーバーマスが「リベラルな優生学」と呼ぶ、子を選択することに対する親の側の自由意志のみを認めることは、あまりに単純素朴な発想であろう。ケラー自身、レポートの冒頭でイスラエルの置かれた歴史的、地政学的な事情に触れている。最も重要なのは、周囲を人口増加の著しいイスラム諸国に囲まれたユダヤ人たちにとっては、高い出生率の維持はまさに国家の生存そのものを左右するのだ、という指摘である(彼女は「アラブ女性の子宮はわたしの最強の武器だ」というアラファトの言葉を引用している)。さらに彼女は、ナチスによるホロコーストによって失われてしまった生命の取り戻しという背景にも言及している。皮肉なことにドイツはまさに、このナチスを教訓として、生政治についてイスラエルとは対極の消極的姿勢を保持しているわけだ。シオニズムと優生学、盲目的ともいえる科学信仰が相互に結びつき、フーコーが生政治について論ずる上で念頭においていた事態、すなわち、国家的な人口統制へと結集してゆく。イスラエルの生政治の現状は、健康であることの条件に沿う形で行われる、「合意済みの」消極的な優生政策のほうがある意味、各自の好みや計画に基づいて個別的に行われる積極的な優生学的ふるまい以上の脅威となりうることを、非常にリアルな形で示しているのではないか。[8]

三、分割不可能な生の作者性に基づく倫理学の構築——ハーバーマスの場合

胚保護法の改正と幹細胞法の制定の動きが熱を帯びていた二〇〇一年、ハーバーマスは「リベラルな優生学？——人類の倫理的自己理解をめぐる論争」を上梓する。[9] この論考で彼が特に取り上げているのは着床前診断と幹細胞研究である。この両者は、研究目的であれ、両親の特定の好みに応じた胚選択であれ、胚に対する第三者的な介入や人工的な改変を可能にするという点で、共通した問題を投げかける。無論、再生医療や生殖医療の分野での応用が大いに期待されているこうした技術がそのまま、かつての社会的ダーウィニズムやナチスによる人種差別、障害者排除に見られる優生政策へと結びつくわけではない。とはいえハーバーマスは、胚を扱うバイオ技術がごくありふれたものになればなるほど、自然に生じたものと人工的に製作されたものとの境界があいまいになるのではないか、[10] と主張する。この「ダムの決壊」は、彼によれば、成熟した政治的共同体——それは、自らの要求を普遍的な仕方で他者に表明することができる自律した個人が、互いの人格を尊敬し承認しあうことで成り立つ、とされる——を規範的に方向づけている倫理的な地盤を切り崩すことにつながる。

潜在的な人格である胚は、カント的にいえば、目的それ自体であり、生まれ出ずること以外の目的のための単なる手段として扱われてはならない。こうした直感を手がかりに、ハーバーマスは胚の改変を正当化しようとするディスクールを強くけん制するのだが、その際彼は胚をどう位置づけるのだろうか。いずれにせよ、胚が単なる細胞以上の存在であることが立証されねばならない。ここで目を引くのは、どのような「はじまり」を設定しようとも恣意的な印象を免れられないという理由から、そもそも生命が人間存在と呼ばれるべき絶対的な「はじまり」はどこにあるのか、という存在論的議論を彼が初めから避けている点だろう。[11]

ただし彼は他方で、生命から人格への漸次的な「連続性」が設定されるべきだ、と主張するわけでもない。ハーバーマスは、胚においても成人同様に、人間存在の非経験主義的な、すなわち、端的に法的な規定が重視されるべきだ、という立場を堅持する。つまりそれは、ドイツ基本法一条一項に定められた、人間の尊厳の不可侵性である。この際彼は、胚を法的人格まで引き上げる場合にしばしば援用される、潜在性に関する古典的な議論は持ち出さない――とはいえ、やはりある種の潜在性に訴えることは確かではある。彼によれば、胚への介入が正当化されえないのは、第三者の意図を伴う不可逆的な操作によって、自己の生活史をまさに自らに固有なものとして批判的にとらえなおす事後的な訂正可能性が永久に奪われることになるからだ。胚に潜在的に認められるべきは、成人と同様の権利というよりは、連続的で自己同一的なものとして自身の生活史を書き、意味づけ、物語ることのできる、文字通りかけがえのない――彼がここで用いる言葉で言えば――「分割不可能な著者」であることの潜在性なのである。これが認められない場合、「設計者」としての親の意図や好みが子をその生命の端緒から決定する、というパターナリズムが成立してしまう。彼が述べるに「プログラムの設計者は、プログラムされる側の同意が得られると推定する根拠もないままに、従属的な他者の生活史にとって重要な進路決定をパターナリズム的に行う目論見で、他者の遺伝形質を一方的に意のままに扱おうというのである。…パターナリズム的な目論見が、対抗しようのないプログラムの中に実現しており、コミュニケーション的に媒介された社会化の実践という仕方で現れることはないがゆえに、帰結は不可逆的である。[12]」親から子へのこうした世代間の縦軸の一方的なラインに対するハーバーマスの拒否の姿勢は相当なものだが、ここには、事後的な批判や訂正にむけて常に開かれていることが公共的な合意形成の中心軸である、という討議倫理の思想が如実に表れている。では、ここで述べられる分割不可能な著者とはどのようなものか。より詳しく見てゆきたい。

生活史の著者性を根拠づけるのは、ハーバーマスによれば、人格としての人間存在の尊厳の不可侵性であり、同時に、身体としての人間存在の自然性である。彼は明らかにこの両者の間に対応関係を認めているが、それは、「生命の規範的かつ自然な基盤」[13]を彼が、生命がその端緒において他者からのいかなる意図的な操作も受けていない、という事実に求めるからにほかならない。彼がハンナ・アーレントの言う「出生性」を援用し、「これまでとはまったく異なったものが永遠回帰の鎖を打ち破るのではないかという希望が、誕生と結びついている」[14]と述べるのは、まさにこうした局面においてである。身体が意のままにならないものだという事実が、身体を、功利的に「設計」される人間存在の社会化プロセスから際立たせる。個人の生活史のかけがえのなさを考える上で、これは極めて重要である。というのは、この事実を考慮しなければ、両親が子どもを遺伝子操作によって作ることと、子どもの学習プロセスを主導することとの区別が不可能になり、優生学的な改変が両親による教育と何ら本質的に変わりのないものとみなされてしまう——教育が子どもにとって不可欠であれば、どうして胚にとっても不可欠でないといえるだろうか、というわけだ[15]。だが、問い返しや拒絶といった仕方で対称的な関係が保持可能な親子関係とは異なり、「遺伝的に確定された両親からの《要求》に対してはなんといっても、本当の意味での返答はありえない。というのも、プログラマーという役割をとるときの両親は、子どもの生活史の次元にはまだ全く立ち入ることができないからだ。が、彼らがそうした要求の書き手として子どもに出会うのは、まさにそうした生活史においてなのだ[16]。」生活史の分割不可能な著者という表現からもうかがえる、身体の（と同時に、人格の）同一性についてのこの、いささか本質主義的な規定にとっては、人間存在の「はじまり」についての何らかの準拠点が、そうした準拠点をめぐる議論に対する彼の表立った拒絶とは逆に、いずれにせよ不可避のものであることが判明する。ルートヴィッヒ・ジープがいうように「ハーバーマスは——彼にとっては普遍的に基礎づけ可能な——討議倫理から、人間的個人にその誕生から人間の尊厳に基づく生命の保護を帰するような、そうした人格の権利を推論する[17]」のである。

だが、その端緒において一切の他者性を排除するこの身体の自然性は、やがて自律した人格的存在となる個人の表徴となるだけではない。注目すべきことに、明らかにハーバーマスは身体をここで個人的なものであると同時に普遍的なものと見なす方向に進もうとするが、それは彼が「全ての道徳的人格が共有する、類としての自己了解」[18]すなわち、あらゆる文化的差異を超え出てなお存立する、人間についての普遍的なイメージ、その自己同一性を、単なる認識論的レベルではなく、身体的レベルにまで拡張することによってである。その際彼は「わたし」と同一のものであり、同時に「われわれ」と同一のものである身体性といったものについて論ずることに矛盾を感じているようには見えない。おそらくそれは、彼が身体を、他者にとっても、あるいは自己自身にとっても意のままにならないものだと考えているからだろう。ハーバーマスが「社会化のプロセスの背後に遡る自然的運命」[19]と表現するこの、個人の自由を特徴づける不自由は、生命の誕生といういわば自然のシャッフル機能においてこそ、その普遍的意義を見いだす。彼自身、論文に付した後記において「とりわけ、偶然的な生活史のはじまりが意のままにならないことと、倫理的な生活形成の自由との間の連関は、より深い分析上の徹底を要する」[20]と述べているのは、こうした事情からだろう。ハーバーマスは、他者による意図的介入を排除するという観点を――あるいはこの観点のみを――準拠点として、自然の偶然性と種の同一性とを、そしてまた、種の同一性と個人の同一性とを同列に扱おうとしているのではなかろうか。だが、これは一体どこまで可能なのだろうか。

ハーバーマスはいう。「生活史の変転の中で自己存在を連続的なものにすることがわれわれに可能なのは、ただ、われわれがそれであるところのものと、われわれにおきることとの区別を、社会化のプロセスの背後に遡る自然的運命を維持し続けているこの肉体的存在において確認しうるからである。[21]」生を社会的に意味づけるという意味での著者性は、各人は自らの生活史を批判的に回顧しそれぞれの生の意味を再構成するという可能性に対しいつでも開かれているのだという、脱-時間的ともいうべき討議倫理的な論理によって特徴づけられよう（ハーバーマス自身は脱-時間的という言葉は使っていないが、人間同士の自律した関係性を「可逆的」と表現している）。たとえ子どもであっても、自らの意思に反した教育や扱いに対しては、コミュニケーション行為を通じて拒否することが事後的に可能なのである。が、こうしたことは、彼によれば、肉体的存在そのものは時間的に不可逆的な自然的運命を担っているという事実によってはじめて成り立つ。ここではつまり、自然的身体の不可逆性（不自由）と、社会的存在の可逆性（自由）との相互連関が、いわば生命の誕生という折り目に立脚したスタティックな二項対立に基づいて語られている。このことは、「自己の自由は、生まれつき意のままにならないものとの関連において体験される。[22]」という彼の言葉によっても確認しうる。だが、この両者の区別はどの程度まで明瞭なのだろうか。[23]

そもそもハーバーマスは、生の自然さを、生がその端緒において文字通り自然に生まれることに求めていた。誕生に付せられるこの特別な位置を担保しているのは、誕生の偶然性である。だがビルンバッハが「産業国家においては第一子を産むタイミングを適切に選択すること、そして子どもをさらにどれだけ、あるいはどのようなタイミングで生むかという選択を行うことが一般的となっている。そしてこれは統御された生殖の形式であるが、一般的には決してセレクションではない。[24]」と述べるように、生がその端緒からして反自然的＝社会的なコンテクストを含意していることは、ある意味では否定しがたいのではないか。さらに、出生前の生命の意図的な放棄（これは無論、誕生の自然性に対する人工的介入の極北である）としての中絶が事実上容認されている状況下において、なぜ胚の放棄が認められないか、という反論がある。これも、いわば神聖不可侵化されている胚の地位への疑問である。ハーバーマスは妊娠中絶の突如性、つまりその緊急避難的な性格を強調しているが[25]、望まざる妊娠ならともかく、出生前診断による「熟慮」の結果としての中絶が厳然と存在することをふまえれば、これが両者の区別の決定的な論拠となるとは、すぐには判断しがたい。出生前診断の結果としての中絶と着床前診断の結果としての胚の放棄は、家族全体にとって将来的な負担となるであろう、重大な遺伝性疾患を抱えた生命の誕生を回避するという点では同一のものである。だが、出生前診断が容認されていても体外受精の結果生じた胚に遺伝子スクリーニングを行うことが禁じられているドイツでは、リスクを避けようとするものは、オランダやベルギー、スペイン、東欧などに赴き、複数の胚のうちから異常がないと診断された胚をセレクトし母体に着床させる方法を選ぶ傾向にある。(26)

もっともここでは、以上のような社会的コンテクストは生殖行為という外部条件にすぎず、行為の結果である子それ自体の内的条件を決定するという意味での介入とは区別される、というハーバーマスの側からの反論が予想されよう。第一子と第二子の誕生の間に一定の間隔をもうけることと、男児の後に女児を、複数の受精卵からの意図的選別によってもうけることとは違うし、出世前診断後の中絶といえども、少なくとも初期胚に対する不可侵の原則をおかすものではない、と。ハーバーマスの議論の枠組みにおいては、人為的に製作されたものに比して自然発生的なものの先行性、別言すれば、客観的で外的な自然に対する主観的で内的な自然の優位性が強く主張される。そして、両親という特定の先行者の影響を強く受けつつも類的存在としての個人の様々な特質が偶然的に、また自然に決定される誕生の場面は、こうした優位性が個人にとっても、また個人が所属する人類全体にとっても――要するに個人的かつ普遍的に――確保される際立った局面なのである。この誕生の自然性に帰される道徳的ステイタスそのものは、だが、討議倫理的には基礎づけできない。自然的運命は、個人の社会化プロセスとそれに伴うコミュニケーション的な相互行為の及ぶ領域ではないからである。ハーバーマスの「どうしても逆らえない道徳的な根拠がないときには、種の倫理の上での道しるべに従わねばならない(27)」という言述の背後には、自然性に関する判断は公正や平等に関する道徳的判断を超えている、という彼自身の判断が存在する。とはいえ、前者と後者は全く無関係というわけではない。種の倫理は、自然であることの意味がそもそも何であるのか、という踏みこんだ存在論的議論に立ち入らずとも、個人がその遺伝的継承者をそれぞれの意図や好みに従って道具化することを禁ずるという仕方で、この両者の対称的な関係を規範化することができる。少なくともハーバーマスはそうした直感を持っている。この直感は、無機物や動植物と異なった存在としての人間がそうであるべきとされるイメージを強く主張している。ある意味ここでは、自然は理念化されている。「文化はどこへ行っても違ってくるが、問題なのはそうした文化のことではなく、さまざまな文化が人間《というもの》について持っているイメージ、人間学的な普遍性において見れば、どこに行っても同じである人間のイメージこそが問題なのだ。[28]」こうした点からすれば、自然（physis）と作為（thesis）という対立コードへのハーバーマスのこだわりは、彼自身率直に述べているように[29]、純然たる科学的知見を表明したものというより、近代的な人間像の自己理解、その同一性を維持するという政治的実践に由来するものだといえる。

四、倫理的行為の非同時的な可逆性――ハンス・ヨナスの場合

ヨナスについては、彼の主著ともいうべき『責任という原理』を取り上げよう。ハーバーマスとの対比において、しかも生の時間性に関して、『責任という原理』の教説がわれわれに示す事柄は何か。ここでヨナスはハーバーマス同様、アーレントのいう出生性を引き合いに出しつつ、生のはじまりについて論じている。だが、論調の微妙な相違に注目したい。たとえば彼は、生の意味を際だたせるものとして死の意味に触れ、次のように述べる。「死すべきことはわれわれに、若者の初々しさ、直接さ、そして熱意の中にある永遠に新たなる約束を、他者性それ自体のたえざる流入とともにもたらしてくれる。経験の蓄積は、世界を初めて、新しい目で見るということによって増大していっても、この流入の代わりになることはできない。経験が伸びてその蓄積が獲得されるたぐいまれな特権を取り返してはくれないのだ…。[30]」ハーバーマスが生まれいずることによって獲得される肉体の自己同一性に焦点を合わせるのに対し、ヨナスは、そうした同一性が有限であることを強調

し、はじまりの意味を、死を受け入れつつ新たな生の誕生を見守る側からとらえようとする。ヨナスもまた自己同一性という言葉を口にはするが、彼にとってそれは過ぎ去ること、滅びること、老いること、病めることを運命づけられた生命が、新たに生まれてくるものへと、自己の存在を解消しつつ橋渡すという、世代間の極めてあやふやなネットワークによって成立しているにすぎない。前者が討議倫理的な手続きによる個人の生活史の訂正可能性、つまり社会的生の可逆性を論ずるのに対し、後者が強調するのは、生の時間性は、その誕生の場面のみならず、生のいかなる局面においても不可逆的である、という自然的観点だといえる。ヨナスにとっては、われわれの日常的な生活世界を形成するのは、自らの生について確固たる自己決定を行いうる主体相互の同時的なコミュニケーションの地平だけではない。むしろそこには、ともに無常であるという点で共通しているものの、子や親、老人といったいわば異なった年輪を持つ生、あるいは、生物学的に見て活動力が不平等な生が互いを配慮し合うという関係性が存在するし、また存在すべきなのである。そのため彼は、現存するもの同士の相互性にのみ注目する道徳的観点からの脱却を図ろうとする。プラトンによる永遠存在の追求にせよ、カントの普遍的な定言命法にせよ、また主観主義的なニーチェ、サルトル、ハイデガーの心情倫理にせよ、従来の倫理学は滅びゆくものへのまなざしを著しく欠いてきた、と彼は断ずる。倫理とは滅びゆくものに対する、同じく滅びゆくものの有限的なかかわりに存するのであり、ここにおいてこそ倫理的行為は、事柄そのものからいって当然自覚されるべき緊急性や逼迫性、ないしは功利性と向き合うことができる。この有限であるという意識がなければ、われわれが自分のために、またそれに負けず劣らず他者のために日を数え、時間の使い方を選択的に熟考するということがどうして起こりうるだろうか、と彼は述べる(31)。

こうした有限的なかかわりのうち、規範的な意味を持つものとして何が注目されるだろうか。彼が引き合いに出すのは、子に対する親の責任である。「…実際、自律した成人同士の間の関係ではなく、生殖という生物学的事実によって与えられた自律していない後継者との無私の関係が…そもそも責任という観念の起源なのだ。」[32]ヨナスは、乳飲み子の現前はそれ自体として、子を生かすべしという無条件の当為を他者に要請すると説く。その論調は、力強いが、多少素朴であることは否めない。そもそも、子に対して親がなすべき教育には一定の時機があると説くみならず、「人間の成長にとっては順を追って踏みしめるべきいくつかの決まった段階があり、その後に達する一定の終着点がある」[33]と論ずるヨナスの言説には、人間の生活史のあり方への、いかにもステレオタイプな見方の伝統が色濃く残っているといえよう。とはいえ、生の時間性に対する彼の洞察が単なる理想主義以上のものを引き出していることも、同様に否定しえない。それは何か。

ヨナスが親子関係に注目するのは、この関係が古きものと新しきものとの間における、人間存在の時間的な不可逆性ないし非対称性を物語っているからだけではない。はじめは無力な存在だった後者は、前者による教育によって社会的成員へと成長し、その力によって今度は自らが無力な存在に対する責任を担う者へと、立場を逆転させる。ヨナスは、メルロ・ポンティのように、主体-客体関係が一方的ではなく、常にリバーシブルな存在であることを強調する。「責任関係における主体-客体の親近性の利点が事柄の本性に存していることには異論がない。とりわけそれが意味するのは、責任関係は、それ自体として、また個々の事例で一方的であっても、やはり逆転可能な関係であり、相互関係の可能性をはらんでいる、ということだ。実際、誰かに対して責任を負っているわたしが同時に、人々の間で生活している過程で、常に誰かに責任を負わせているのであれば、人間という種の性格上、相互関係は常に現前するのだ。」[34]ここで語られているのは、要約していうなら、脱-時間化されたコミュニケーションの地平において自律した個人相互が持つ対称性ではなく、他者（親）に配慮される存在であった子が、時間の経過とともに今度は（自らの子を）配慮する者になる、という意味での可逆性にほかならない。ただし、こうした可逆性をヨナスが単純に実体化し、一つの普遍的な歴史原則へと押し上げているわけではないことは、注意しておこう。彼自身指摘しているように、[35]歴史の流れは生物学的な親子関係とパラレルに考えるわけにはいかない。そもそも、未来が現在の単純な延長ではないように、子どもは親の単なる鏡ではない。

　だが科学技術は、とりわけ現在のバイオ技術がその典型だといえるが、古きものと新しきもの、死と生との交差的なかかわりが当然経験すべきプロセス、メルロ・ポンティ風の語彙を用いるならば、自然の時間性が持つ厚みや奥行き、起伏といったものを縮減し、計算可能な量的規定へと変容させてしまう。計算というのはこの場合、生が多面的に持つ年齢が全て現在という表象可能な地平のうちで均質化されうることを意味している。こうして技術は、自然には決して発生しない数限りない時間的「侵犯」を行うことになる。「進化の過程は、一度に自然全体にかかわることはなく、個別的な《過ち》を無数に犯すことができるような些細なことのなかで働いている…。現代の科学技術の巨大な企ては辛抱強くないし、ゆっくりともしていない。この巨大な企ては、全体としても、また個々のプロジェクトでも、自然が展開する多くの小さな歩みを、少数の巨大な歩みへと集約する…。」[36]ヨナスにとって技術の持つ最大の脅威とは、自然の時間性へのこうした侵犯によって、まさに未来世代の活動空間そのものがせばめられ、自由を奪われることに存している。彼は『責任という原理』の根本テーマとしてマルクス主義的ユートピアおよび科学的な進歩思想との対決を掲げているが、この両者は、技術による自然支配の万能を未来に投影するという点において共通しているのだ。

五、終わりに——生活史の星座的な価値

　さて、本章の最後に、ハーバーマスとヨナスの論述を改めて比較検討することによって、われわれが両者から学びうることを、可能な限りはっきりとした形で述べたい。ハーバーマスは社会的人格から切り離され

た自然的身体を、類全体への配慮という普遍的観点から、他人にとっても、また自己自身にとっても意のままにならないものととらえていた。この場合、彼のいう「固有の生活史の責任ある著者」としてわれわれに求められる責任は、自己に対する責任であると同時に、人類そのものに対する責任であろう。特定のコンテクスト、すなわち、わが子にしかじかのタイミングでしかじかのことをしてやらねばならない、といった世代間の働きかけは、ここでは、パターナリズムにつながる押し付けといった消極的な意味しか持たず、個人の自律を重んずる討議倫理的な地平からは捨象される傾向にあるといえる。これに対しヨナスの場合、親子関係に見られるような、非対称的なもの同士の時間的なつながりの共同性を強調する傾向にある。無論、ハーバーマスの立場からすればこうした素朴な議論では、ポスト形而上学的な意味での連帯の可能性を基礎づけることはできないし、われわれ自身も、もはや理想的な家族像にこだわる時代ではないことを意識しなければならないだろう。先に紹介したシュピーゲル誌の記事は、母親は異なるが同一人物による精子提供によって誕生した者同士がインターネットを介して互いが「肉親」関係にあることを確認し、家族的なつきあいにまで発展した例を紹介しているが（*Der Spiegel*, 22/2008, S. 56ff.）、こうした関係を「にせもの」と断ずる自信はわたしにはない。

とはいえ、ヨナスが示した道徳的な可逆性、つまり他者を生かす主体であると同時に、他者に生かされている客体であるという感覚自体は、ハーバーマスとは異なりながらも、ある意味ではハーバーマスと同じく、倫理的行為が持ちうる脱-時間的な側面、すなわち、社会的な営みによって各人に固有の生活史を刻みこむわれわれは、時間の移ろいという自然の運命をそのままの形では受け入れるつもりはない、という側面を示している。同時代を生きるもの同士の成熟した関係としての相互承認と尊敬だけでなく、子どもや老人（あるいは自然）への気遣いを示さずにいられないのは、彼らがわれわれ自身の過去であり、未来でもあるからだろう。星座（Konstellation）と同様に、われわれは互いに同じ時間を共有し、また同時に、年齢の異なった固有の光を放つ。こうした光の交差こそが、生活史の公共空間に、無数の襞と奥行きを、一言でいうなら、生活そのものの豊かさを与えるのだ。科学技術がこうした豊かさを傷つけ、侮辱するものであってはならない。そのために必要な心構えを、ヨナスはこうまとめている。

> 進歩は無条件的な任務ではなく随意選択的な目標なのだということ、そして、特に進歩の速度には——いかにそれが強迫的なものとなろうと——何ら神聖さはないのだということを忘れないようにしよう。[37]

（1） Andreas Kuhlmann, Zur Einleitung : Die bioethische Debatte in Deutschland, in : Dieter Birnbacher, *Bioethik zwischen Natur und Interesse*, Suhrkamp, Frankfurt a.M., 2006, S. 18.

（2） 以下の論考を読む限り、こうした対立軸はヨナスとカール＝オットー・アーペルの討議倫理学との間により鮮明に現れてくる。品川哲彦、「人間はいかなる意味で存続すべきか——ヨナス、アーペル、ハーバーマス」、『アルケー』No. 13、関西哲学会編、二〇〇五年、所収。

（3） その後ドイツでは、シュレーダー、メルケルと続く研究に比較的寛容な政権を背景に、この期限が二〇〇七年五月一日にまで延長される決定がなされた（もっともドイツ学術協会（ＤＦＧ）は期限の撤廃そのものを求めていたようである）。

（4） このあたりの事情については、松田純、『遺伝子技術の進展と人間の未来—ドイツ生命環境倫理学に学ぶ—』、知泉書館、二〇〇五年、第一章に詳しい。

（5） そのほか、レポートは不慮の事故により亡くなった夫から精子を取り出し、妻が子どもを作るケースについても伝えている。こうした、両親——だが、夫の死により婚姻関係が自然解消された後でも、あるいは、子を作ることに対する両者間の同意が不可能となった場合でも、両者の関係は「両親」と呼べるのだろうか——による生活史の共有という自然性から逸脱した生殖がもたらす問題にはどのようなものがあるだろうか。以下の論考は、その幾ばくかを示している。伊佐智子、「凍結保存精子を用いた死後生殖の法的及び倫理的検討」、『生命倫理』Vol.16 No.1、日本生命倫理学会編、二〇〇六年、所収。

(6) 坂井律子、『ルポルタージュ出生前診断』、NHK出版、一九九九年。

(7) 最近、シュピーゲル誌は「耳の聞こえない者は耳の聞こえないデザイナー・ベイビーを選択する権利を持つか?」という挑発的な見出しで、体外受精によって作成された胚に遺伝子検査を行うことを決めたイギリスの法案について伝えている。論議されている案によれば、着床前診断における検査そのものは自発的なものだが、結果として胚に深刻な問題があった場合、胚は処分されることになる(*Der Spiegel, 18/2008,* S. 154.)。

(8) 保木本一郎はアメリカ的なプロ・チョイス(母親の自己決定権)擁護の立場から同様の見解に到達している。彼が述べるに「母親によってより強く望まれた子どもがより多くいることになる未来を、どうして心配する必要があるだろうか? われわれが憂慮しなければならないのは、むしろ、出生前診断の各段階における国家の干渉であって、これは、科学研究の規制、情報へのアクセスの制御そして中絶の規制などにほかならない。…二〇世紀の歴史が教えるところによれば、個人は、時としてしばしば悪い振る舞いをすることもあるが、破滅的であったり、また国家が行いえたほど、悪い行動をなしえたこともないのである。」(保木本一郎、『ヒトゲノム解析計画と法―優生学からの決別』、日本評論社、二〇〇三年、二九一頁。)

(9) Jürgen Habermas, Auf dem Weg zu einer liberalen Eugenik? Der Streit um das ethische Selbstverständnis der Gattung, in: ders., *Die Zukunft der menschlichen Natur. Auf dem Weg zu einer liberalen Eugenik?*, Suhrkamp, Frankfurt a.M., 2005.

(10) 自然(physis)と作為(thesis)の区別は、いうまでもなく、それ自体がギリシア以来の長いヨーロッパ的思考法そのものだといえる。ハーバーマスはこれに全面的に準拠するわけでは無論ないが、にもかかわらず彼には、主体と客体、あるいは意のままになるものとしての外的自然と意のままにならないものとしての内的自然といった具合に、伝統的な二分法を図式的に用いる傾向がある。

(11) Vgl., Habermas, a.a.O., S. 58ff.

(12) Habermas, a.a.O., S. 111.

(13) Habermas, a.a.O., S. 41.

(14) Habermas, a.a.O., S. 102.

（15）こうした考えは、たとえばディーター・ビルンバッハがセレクション（生命の選抜）に関して、功利主義的な立場から次のように述べる場合に見受けられる。「ある範囲において自分の子どもの質的特徴について決定するための自由は、今日すでに成立している、自分の子どもの数、およびそれぞれの子どもへの時間的割り当てを決定するための自由の首尾一貫した拡張と見なされる。そしてこの自由からは、とりわけ第一にまず該当する女性にとっては、比較的解放に導く効果が期待されうるのである。」（Birnbacher, a.a.O., S. 334.）

（16）Habermas, a.a.O., S. 90.

（17）Ludwig Sieb, Moral und Gattungsethik, in: *Deutsche Zeitschrift für Philosophie, 50*（*2002*）*1*, Akademie, S. 118.

（18）Habermas, a.a.O., S. 74.

（19）Habermas, a.a.O., S. 104.

（20）Habermas, Postskriptum（Jahreswende 2001/2001）, in: ders., *Die Zukunft der menschlichen Natur. Auf dem Weg zu einer liberalen Eugenik?*, S. 127.

（21）Habermas, Auf dem Weg zu einer liberalen Eugenik? Der Streit um das ethische Selbstverständnis der Gattung, S. 103f.

（22）Habermas, a.a.O., S. 101.

（23）フォルカー・ゲアハルトは歴史的に形成されたものと自然に与えられたものとは弁証法的に結びついており、両者の境界は常に流動的であるとして、ハーバーマスが当該論文で用いるこの二項対立の図式を批判している。Vgl., Volker Gerhardt, Geworden oder gemacht? Jürgen Habermas und die Gentechnologie, in: Matthias Kettner（Hg.）, *Biomedizin und Menschenwürde*, Suhrkamp, Frankfurt a.M., 2004.

（24）Birnbacher, a.a.O., S. 316.

（25）Vgl., Habermas, a.a.O., S. 57ff.

（26）先にあげたシュピーゲル紙の特集記事はこうした、胚への介入は研究目的であろうと、妊娠にいたるプロセスにおける受精卵の選択であろうと一律に禁ずるというある種の原理主義に対する、ドイツ国内の不満の声を伝えている。*Der Spiegel*, 22/2008, S.38ff.

（27）Habermas, a.a.O., S. 121.

(28) Habermas, a.a.O., S. 72.

(29) Vgl., Habermas, a.a.O., S. 49f.

(30) Hans Jonas, *Das Prinzip Verantwortung. Versuch einer Ethik für die technologische Zivilisation*, Suhrkamp, Frankfurt a.M., 1988, S. 49.

(31) たとえばヨナスの次のような言葉を参照。「カントの命法は、抽象的な無矛盾性という絶えまない現在の秩序を推測する。これに対して、われわれの命法は計算可能な現実の未来を推測する。この未来は、われわれの責任の決して完結しない次元である。」(Jonas, a.a.O., S. 37f.)

(32) Jonas, a.a.O., S. 85.

(33) Jonas, a.a.O., S. 199.

(34) Jonas, a.a.O., S. 184.

(35) Vgl., Jonas, a.a.O., S. 200ff. またヨナスは、いかなる歴史的瞬間もその独自の在り方において直接に神に臨んでいる、というランケの反普遍史＝反ヘーゲル的言説に言及し、こう述べている。「あらゆるものが、以後のものの光のもとでは《移行》であり、いくつかのものは、以前のものの光のもとでは《充実》であり、また挫折である。だが、これから初めて生じてくる本来的なものの単なる表れに過ぎないものなど、存在しない。」(Jonas, a.a.O., S. 387.)

(36) Jonas, a.a.O., S. 70f.

(37) ヨナス「人体実験についての哲学的考察」(加藤尚武・飯田亘之編、『バイオエシックスの基礎―欧米の「生命倫理」論』、東海大学出版会、一九八八年、所収)、二〇四頁。

第八章　非同一的な時間の承認――生活史をめぐって（2）

一、環境概念の再検討

地球資源の有限性が自覚され、自然環境破壊の実態が社会的に顕在化しはじめた一九七〇年代以降、環境問題に関する膨大な量の文献が公刊されてきた。その内容も様々で、厳密なデータ解析に基づく研究書から政府公認の報告書（白書）、環境問題の主要トピックを要領よくまとめた一般向けの啓発書、さらには地球の破滅と文明の終焉を叫ぶ予言書まで多岐に渡る。また、問題の重大さと複雑さは、これを扱う学問領域の多様性にも表れている。今や次々に市場に送り出されるバイオテクノロジーを丹念に精査することなしに未来の動植物について論じることは不可能だろうし、法学者は毎年のように制定される環境法や公共政策に目を向けなければならない。他方で経済学者は、なるべく自然環境に負荷をかけずに従来どおりの生産活動を行うことを目ざし、エコロジーとエコノミーを両立させる方法論を模索する。すぐさま思いうかぶ例でいっても、環境税、太陽光発電、温室効果ガスの排出権取引、エコポイント制度など、枚挙にいとまがない。また、思想史的アプローチが典型的に示すように、それぞれの国家、民族、地域において伝えられてきた生活習慣を歴史学的に追跡し、そこに根ざした生活美の基準を再確認する試みもある。他方で、エコロジーと政治運動が複雑に絡みあうケースも見のがせない(1)。実際ドイツの「緑の党」結成のきっかけとなったのはいわゆる六八年世代の学生運動だった(2)。日本でも大企業を目の敵にしたエコキャンペーンの背後に、左翼運動の影が見え隠れすることがある。

このように、よくいえば学際的、悪くいえば何でもあり、というのがわれわれをとりまく現状だ。ただし、どのような仕方であれ、環境について何かまとまった考察を行おうとすれば、現在の自然環境や社会システムとその変化について論じることが避けられない。その意味では考察は徹底してアクチュアルたらざるをえないので、どんな議論も、今のままこうすれば(あるいは、こうしなければ)いずれこうなる、といった予見を多かれ少なかれ含みいれることになる。理想をいえば、あらゆる条件を加味し、未来に関する全ての可能性についてシミュレートした結果が判明することが望ましいが、無論そのようなことは不可能であり、なおかつ情勢は今この瞬間にも変化している。結果として、出来上がったどのようなテクストも現状分析についての幾ばくかの単純化を避けられない。ここから、テーマを同じくする著者同士が互いの論述の欠点をあげつらうという構図が生まれたりもする。時にセンセーショナルなまでの印象を与える争いの好例は、地球温暖化についてのウルトラ悲観論者とウルトラ楽観論者との論争だろう。とはいえ、そもそも、環境の変化をネガティブにのみとらえることは、どこまで正しいことなのだろうか。倫理学的に重要なのは、自然環境の変化についての正確な分析と平行して、絶えざる変化にあっても普遍的で「理想的」と呼べる環境のミニマルな枠組みを、この変化という事実そのものにそくして構築していくことではないだろうか。あらかじめ断っておくが、これは環境破壊の現状について、なすがままにしておけばよいという諦観では決してない。

「地球生態系の許容限度のなかで、人口、食料、エネルギー消費をコントロールしていかなければならない。環境問題の帰結は、たったそれだけである。『入るを計り、出づるを制すべきなり』という昔ながらの収支計算とコントロールが地球規模で要求されているにすぎない。」[3] 加藤尚武は環境倫理学の課題をこう要約している。収支計算とはエコロジカルならず、エコノミカルな響きがあるが、実際に環境倫理学にとって経済効率という功利主義的観点は避けられない。ただ、その前提として彼が挙げているのは、人間以外の存在者の生存権（一）、世代間倫理（二）、地球全体主義（三）である。今の環境白書の言葉で言えば循環型社会の構築、そして生物多様性の保全、ということになる。まとめるならばどうなるか。加藤は「あるものは、それが生物共同体の統合、安定、美を保つ傾向にあるならば、正しい。反対の傾向にあれば、間違っている」というアルド・レオポルトの土地倫理のテーゼを援用しているが、[4] これはそのまま望ましい環境について表現したものでもある、と解釈できる。人間を含む自然物全体が、互いの存在を脅かすような著しい悪影響を及ぼすことなく、相互にかかわりつつ存在し続けること、これが理想状態である。だがレオポルトのテーゼは、いわば統制的な理念であり、そのまま具体的な方向づけを学問的に与えるには抽象的すぎる。相互連関とは言葉の響きは穏やかであるが、事実をいえば自身の生存を賭けた闘争そのものにほかならない。生物は存在するだけで他の生存を毀損せずにはいられないし、仮に他のものに一切の働きかけを行わないにせよ（それは事実上不可能だが）、そもそも生きること自体、自己自身を毀損し、老い、死に向かうことを意味している。

いうまでもなく、人間を含む生態系は常に死と新たな生誕を繰り返しつつ変化している。ということは、長期的に見るならば遺伝子レベルのメタモルフォーゼを引き起こすほど、われわれ自身が自己破壊的だ、ということだ。「生物共同体」は永続的な実体ではなく、「統合、安定」も絶対的なものではない。レオポルトが述べる「美」についても、そもそも今の世代と数百年前の世代とでは美の基準も違う。景観や動植物に対する評価基準も異なってくるだろう。古代の人間にとって「ただの自然」は美の対象ではなかった（よく知られているように、ヨーロッパで風景画がさかんに描かれるようになったのは近代以降である）。今の世代は、田舎の田園風景ではなく公団住宅の連なりにノスタルジーを感じるものが多いかもしれないし、次の世代にとっての郷愁の対象は巨大なタワー・マンションになるかもしれない。特定の年代、地域をスナップ・ショットのように切り出し、これが最も美的・理想的な環境である、と主張することはできない。それでは美の基準を個々の趣味判断に還元してしまう恐れがある。むしろ必要なのは、「生物共同体の統合、安定、美を保つ傾向」にある環境についての、より拡張されたイメージではないだろうか。それは、特定の存在者の最も生き生きした姿に注視するばかりでなく、生物界において日常的に繰り返される誕生、成長、老衰、死、再生といった変化のプロセスをも承認しうる、より広義の倫理学的枠組みであり、以下で試みるのはまさにこうした枠組みの構築にほかならない。

エコロジストの中にはいわゆるディープ・エコロジストやガイア論者のように、極端な自然回帰を唱える者も少なくない。またそこまで過激ではなくとも、有機農法で作られた野菜だけを食べ、クーラーの温度を二、三度上げるといった「わたしのエコライフ」を喧伝する者も増えてきている[5]。ある意味これは環境問題に対する最も単純素朴な反応である（ある倫理学者は彼らを、皮肉をこめて「趣味的な」自然主義者と呼んでいる）。しかし、技術や文明を悪として自然を極端に神格化する試みは、非現実的であるだけでなく誤った認識を伴っている場合も多い。西洋文明の終焉を高らかに告げ東洋思想や日本人に固有の自然愛を見直すべし、といった議論もあるが、多くの場合眉唾物で、単なるイデオロギーに過ぎないケースも少なくない[6]。人間と自然は排他的な関係にあるのではなく、むしろ人間は自然の一部であり、さらにこれを変化させ、新たに作り変えもしてきた――こうした関係性そのものは、過去から未来にかけて変更なく続いてゆくだろう。自然美の神格化によってこの事実が忘却されることがあってはならない。その挑発的な論述によって名が知られるようになったビョルン・ロンボルグの主張の中で啓発的だと思われるのは、「ぼくたちが皿洗いをするとき、別にそれをきれいにしようとしているのではなく、単に汚れを受け入れ可能な水準にまで薄めようとしているだけだ[7]」という論理である。これを彼はある経済学者の言葉として引用している。皿から全ての汚れ、あらゆる微生物を排除することは不可能であり、しかも途方もなく経済効率が悪い。同様に、重要なことは自然環境に対する負荷が――自然にとって、また結局のところは人間にとっても――受け入れ可能な水準を越えない程度で人間社会が持続的に発展するにはどうすればよいか、ということだ。これは人間中心主義の押しつけではなく、「参照点として人間を使うしかない[8]」という現実から導き出される考えであり、現在の環境倫理学も多かれ少なかれこの論理を受け入れ、これと歩みを共にせざるを得ない。その点は首肯しよう。しかしながら問題は、参照点としての人間像それ自体にある。自然環境の荒廃、そしてバイオ技術に代表されるような自然の「人間化」の根源には、必要以上に食べたい、身に着けたい、保有したいといった、人間存在の制限のない欲望とそれを推し進める近代的な生産‐消費型のライフスタイルが存する。自然という「資源」の保全や効率的利用の観点から環境問題を論ずる傾向にも、こうしたライフスタイルが反映している。だがいうまでもなく、人間にせよ自然にせよ、その生のプロセスの全体は短期的な生産‐消費サイクルに還元されるものではない。

これまで環境倫理学のコンテクストにおいて、それぞれの自然的存在者に固有の、生から死にいたるまでのライフヒストリー（生活史）に焦点があたることはあまり多くなかったのではないだろうか。こうしたライフヒストリー重視の姿勢は、むしろ生命倫理学に顕著だったように思われる。たとえば加藤は生命倫理学と環境倫理学の対立軸として、自己決定権に対するスタンスの違いに触れている[9]。前者がよく問題にするのは、安楽死、人工妊娠中絶、臓器提供、脳死、エンハンスメント（薬物などによる人体改造）であり、こうした分野では個人の好みや決定が最優先事項となる。他者に迷惑をかけない限り自らの身体については自分の意のままにできる、というわけだ。他方、後者においては個人を越えるタテ軸（世代）とヨコ軸（社会的成員全体）にまでかかわりの射程が広がるため、つねに全体にとって最も効果的な決定が優先する。こうして加藤は両者の間に調停しがたいコンフリクトを見る。彼によれば、個人の自己決定権が中心となる前者の枠組みと自然全体を視野におさめる後者のそれは、そもそも準拠点からして対立せざるを得ない。しかし竹門康弘と中西正己が望ましい河川環境を考える際に「個々の種が生活史を全うできる」点を強調しているように[10]、自然は単に手つかずのまま保護されればよいものではない。他方で、自然破壊等の問題はまさに個人の欲求充足の結果として生まれたともいえ、全体への配慮なしに自己決定権を貫くという姿勢にはすでに限界がきている。環境倫理は、個人主義一辺倒のライフスタイルの再検討をもうながすのである。

以上のような問題意識に基づき、本章では、従来「個」が中心軸だった生命倫理と「全体」が中心軸だった環境倫理とを、ライフヒストリーという観点からクロス・オーバーさせることにより、環境概念の倫理学的枠組み自体を問い直すことを試みる。まずわたしは、環境問題を全体に対する「財」の再配分の問題へと還元する傾向のある功利主義的議論に触れつつ、これにイボンヌ・バスキンの「生態サービス」という考えを対置させる（第二節）。次に、右で述べたようなクロス・オーバーが要請される社会的背景を際立たせるために広井良典の一連の考察を追跡する。彼によれば、いわゆる二〇世紀的な成長神話への対抗という点で、生産-消費中心のライフスタイルの再検討と環境保全という課題は必然的に近づくことになる。具体的に彼が提唱するのは、福祉政策と環境政策とのインテグレーションであり、しかもここには、ライフサイクルの多層性に注目した彼独自の時間論が反映している（第三節）。かくしてバスキンの場合も広井の場合も、もろもろの存在者に固有のライフサイクルの多様性という事態を念頭において議論が展開されていることが確認される。さらにわたしは、単一の尺度に還元されざる非同一的な生活時間を承認するよう強くうながす動機づけの論拠として、われわれ自身の道徳的感受性が形成されてゆく相互承認のプロセスに注目する。ここで用いるのは、ドイツの社会哲学者アクセル・ホネットが主にハイデガー、アドルノ、および発達心理学の知見に依拠して展開する承認論である（第四節）。最後に、これまでの論述を統合的に整理し、二一世紀に求められる環境倫理学の方向性について一定の展望を与えたい（第五節）。

二、生命倫理と環境倫理のインテグレーション（1）――「財」としての自然像の再考

一体、環境とは何なのか。一言で環境といっても、その射程はマクロレベルからミクロレベルまで様々に入りくんでおり、地球全体を指す場合もあれば、地域や民族、職業や年代に応じて特殊化した生活環境を指す場合もあるだろう。世界で最も有名な生命・環境倫理学者の一人であるピーター・シンガーが『グローバリゼーションの倫理学』で論じているのは、もっぱら前者の観点からである。「一つの大気」「一つの経済」「一つの法」「一つの共同体」…シンガーのテクストに付されたこれらの章立ては、結局のところ、われら宇宙船地球号というよく知られたイメージを踏襲するもので、そこでは財の再配分が第一次的な問題になる。功利主義者シンガーは、地球の全ての成員が最低限の社会的生活を営むために必要な物資を再配分することをまず求める。したがって彼が非難するのは、たとえばアメリカが自国のGDPのうちわずか〇・一パーセントしか国連の開発援助額に割り当てていないという事実である[11]。とはいえ環境問題は、地球規模での資源の再配分の効率性にのみ還元される問題ではない。エネルギー効率の観点から最近よく取りあげられる地産地消（地域生産・地域消費）の考え方からすれば、膨大な輸送費を使ってCO2を排出しながら物資を流通させるよりも、むしろなるべく物資を移動させないで各々の地域で富の「配分」を行うほうがよい、ということになる。また、何をもって「財」というかということはそれぞれの地域が歴史的に築いてきた文化的伝統、ライフスタイルの価値観と結びついているので、極端な話、援助物資を空からばらまけば全てが解決す

るということにはならない[12]。そこでは、ローカルな範囲で望ましい生活環境が自律的かつ持続的に形成されることが、再配分の効率性以上に重要になるだろう。

前述の竹門・中西は環境学に関する論考の中で「里山一つから地球全体に至るまで、ある地域の環境がどうあるべきかを考え始めると、その地域を「環境」としている非常に多くの「主体」を考慮しなくてはならない。…このような多体問題は、時間当たりの利潤の最大化をめざすこれまでの経済理論では解決できない複雑さや個別性をはらんでいる[13]。」と述べ、「地球環境に対する多くの要請の中で何を優先するかという選択については、科学的に答えの出せる問題ではない[14]」と論じている。望ましい環境を形成するのは、単なる物質的な豊かさではない。

二人が「多体問題」ということで念頭においているのは、おそらく、単に種としての動植物の数の多少ではあるまい。むしろ、質的に異なった種同士が相互にかかわり続ける中で、それぞれに固有の生活史が最後まで貫かれることの可能性ではないだろうか。この場合、ある生物種を評価するための基準は、その種に内在し、それ自体として成立すると推定される「財」ではなく、その種の存在が他の種に与えることのできる生態的な「サービス」に求められよう。バスキンのテクストはこうした観点から、生物多様性の意味の再考をうながしている[15]。彼女によれば、特定の生物の個体数の減少は、その生物によって供給されるべき生態サービスが著しく失われていることを意味する。有名な例では、二〇世紀後半にアフリカ最大の湖ビクトリア湖で起きた生態系の急激な変動を挙げることができる。一九五〇年代、この湖に外来種ナイルパーチが持ちこまれた。そして体長が二メートルに達するこの巨大な肉食魚は、世紀の終わりまでに、四〇〇種にのぼる在来の小型魚シクリッドのうち少なくとも半分を食いつくし、絶滅に追いやった。これにより、湾岸周辺で行われてきた伝統的な漁業が下火になっただけでなく、湖の水質が悪化し、酸素が欠乏することになった。シクリッドの大多数は藻類や湖底の腐植を食べる。そしてこれは周辺地域の工業化によって引き起こされる湖の富栄養化を抑えていた――まさにこれこそ、数値化困難な生態サービスにほかならない――のだが、このタガが外れたのである。

ナイルパーチは欧米人や日本人好みの味で、その食肉加工業は現地の基幹産業にもなっている。湖におけるナイルパーチの寡占化は、短期的な利益創出という経済的観点からいえば極めて有益である。しかし、生物多様性や産業の単純化はリスクが伴う。シクリッドを食べつくしたナイルパーチの漁獲量が減少に転じる可能性も考えられる。が、より重大なのは、食肉という「財」の視点からいえば代替物のあるナイルパーチとは異なり、ビクトリア湖の複雑な生態サービスは代替不可能であり、回復が極めて困難だ、ということだ。回復には水質改善から漁民の生活形態の見直しにいたるまでの複雑に絡みあった生態サービスのネットワークを（人為的に）再構築することだけでなく、このネットワークが一つのサイクルを形成し、自然かつ自律的に機能することが求められよう。そしてそのためには、特定種のライフヒストリーだけでなく、様々な種が相互依存的な仕方で影響しあう多層的なライフサイクルの地平にまで、生態サービスの評価のまなざしを広げることが必要となろう。バスキンはいう。「生物多様性の変化がもたらす本当の結末は、時を経ないと明らかにならない。私たちが健康な自然生態系（最近では農業生態系も）を定義するときは、単一年最大生産力でなく、長期的に持続可能な生産力を考える。[16]」確かに、生物が多様であればそれだけ当該地域における生産力が高くなるというわけではない。それどころか彼女によれば、自然状態よりも少ない生物種によって生態系を安定させることも可能だ、という実証報告もある。しかし長期的に見れば生物分布の単純化は地域全体に大きなリスクをもたらす。スギ・ヒノキを中心に針葉樹林化を推し進めた戦後日本の森林政策の弊害などはその好例だろう。生産性を中心に生物多様性の必要最低ラインを安易に決めることはできない。ある存在者が特定の時期、特定の状況のもとで発揮する生産力の最大値のみを考慮するのではなく、むしろその存在者が生まれてから死ぬまで存在することそれ自体によって発揮される他のものへの働きかけ

――食料供給というストレートなものから景観美という目立たぬものまで――を評価し承認することが必要だ、とバスキンは主張する。

三、生命倫理と環境倫理のインテグレーション（2）――広井良典の公共政策論とライフサイクル論

話は少々それるが、しばしば指摘されるように、生命倫理学の観点から見たアメリカの戦後史は大きく三つに分かれる。第一に、戦前のナチスによる人体実験といった負の歴史の経験からインフォームド・コンセントをはじめとする患者側の権利確立が目指された時期（六〇年代後半〜七〇年代前半）、第二に、中絶、脳死、尊厳死など、生死の定義やその自己決定権の問題が表面化した時期（七〇年代半ば）、第三に、医療資源の有限性が顕在化し始め、何を優先するのが全体として最も効果的かといった医療経済の問題が前面に出てくる時期（八〇年代半ば以降）[17]。ヨーロッパや日本でも似たような区分けが可能になるように思えるが、それはこの第一から第三の局面への推移が成熟した高齢化社会を迎える先進国共通の現象だからである。周知のように、現代社会において死亡原因の中心は感染症から成人病（いわゆる生活習慣病）へと移行してきた。そして患者のライフスタイルと深く結びつき長期治療が必要な後者の割合の上昇は、社会保障費の著しい増大をもたらした。さらに広井良典の指摘では、こうした成人病患者に加えて、介護必要なまでに身体能力が低下した「老人退行性疾患」の割合が高まる[18]。それに伴い、日常的なケアの実践にまで「治療」概念の意味あいが広がり、社会保障のために計上される予算も増加することになる。

こうした話は環境倫理学と無縁のものではない。というのは、エコロジーも高齢化社会も、その前提にあるのは物的・人的資源が頭打ちになる低成長時代を迎えたという事実だからである。広井はさらに環境問題

と福祉政策とを関連づけて論じる前提として、近代個人主義の限界という点を指摘する。自然の破壊や資源の枯渇を招いたのは科学技術や産業資本主義に裏打ちされた個人消費の暴走だ、といっても過言ではない。また他者に依存しない自律した強い主体という近代の人間像は、個人を相互扶助のネットワークとしてのコミュニティから離反させたという。[19] しかし「資源余り、人手不足」の構図が逆転し「資源不足、人手余り」となる二一世紀の社会において、自然もコミュニティも省みずひたすら自己決定権に依存した個人の成長神話を貫徹するには限界がきている、というのが広井の主張である。[20] そうした神話のもとでは、生産性の低下した高齢者のみならず、彼らを介護しケアする行為そのものが社会的には価値が低いものとみなされる。その意味で、第一節で触れた個人と全体との間のコンフリクトの調停は、自然保護に限定された懸案ではなく、労働、生産、人とのかかわりといったわれわれ自身の社会システムやその価値体系の再編をせまる課題だ、といえる。

広井は来るべき（あるいはすでに到来している）低成長時代、人口構成も物質的富に対する需要も成熟期を迎える社会を「定常型社会」と呼び、教育や社会保障を中心に様々な公共政策の提言を行っているが、興味深いのは、そうした提言を牽引するテーマとしてポスト成長時代におけるライフサイクルの変化という問題を見すえていることである。[21] よく生産しよく消費するという周知のライフスタイルは、きわめて単純化していえば、人口において多数を誇った成年男子が企業や国家による擬似家族的な庇護のもと、国土開発と工業生産に従事することで形成されてきた。年金給付に力点を置く社会保障制度は主としてこうした生産性重視の社会とともに歩んできた世代から生まれたものである。しかし、人口動態、および産業構造の変化を迎えた二一世紀においては、多数の若い世代の稼ぎがそれより上の世代に還元される、という前世紀の経済モデルは成り立たなくなる。それだけではない。都市生活者や農村での孤独死の問題が物語るように、死を身近に感ずる段階を迎えた高齢者が必要とするのは、まさに年金のような物質的な財にのみ還元されない、様々な社会的ケアなのである。

こうした問題を背景として広井は、大学卒業から定年を迎える二〇代前半～六〇代の生産活動様式を中心に語られてきたライフデザインの再編を提言する。わたしなりにまとめて述べれば、ここには仕事と余暇の再配分という視点がまずある。具体的にいうならいわゆるワーク・シェアリングの実践だが、興味深いのは広井が単に一人当たりの労働時間を短縮せよといっているのではなく、子ども（余暇）→新卒の大学生（仕事）→老人（余暇）という具合に厳然と仕切られる感のあった世代間の区分を流動化し、硬直化した雇用システムを活性化させよと提案していることである。これは少子高齢化により縮小する労働市場に対応するために若年層に職業選択の幅をもたせ、同時に、定年を迎えた世代に対しても雇用創出の機会をはかる、というねらいがある。(22)

さらにもう一つ、ケアの持つ相互作用的な働きと時間的厚みに注目し、そこから経済成長中心型のライフヒストリーの再編を模索するという視点がある。広井によれば、医療にとどまらない広義におけるケア（配慮、気づかい）には、誰か（何か）と一緒に時間を過ごすといった意味があり、またその対象も自立した個人にとどまらず、子どもや老人、あるいは動物や自然物であったりもする。さらにこの場合、ケアは従来の意味での生産的な行為ではない。つまりそれを行ったからといって行為に比例した見返りがあるわけでもない。個人的な経済活動において重要なのは労働がいつ、どれだけ自分に還元されるかという見通しであり、これが各人の生活リズムを方向づけることになる。が、ケアはまずそうしたアトム的枠組みを越境することを要求する。アイデンティティの確立した成人同士で形成される社会的コミュニケーションの地平においては、全ての人格が自らの意思表明や自己実現の機会を法的に保障されているという「平等」、社会哲学の用語でいえば「対称性」の観点が中心となる。これに対しケアを特徴づけるのは、子どもへの愛情が典型的に示すように、特定の対象への思い入れや共感といったかかわりの特殊性、別言すれば「非対称的」なかかわりである。しかもこのケアは、老人や子ども、あるいは自身とはライフサイクルの異なった動植物とのかかわりにおいて顕著に経験される。前述の加藤尚武は、民主主義は基本的に共時的な決定システムであり、そうした決定がその前後の世代にどう影響を与えるかといった通時的なパースペクティブを欠いている、と論じていた。しかしながらケアの現場においてはまさにこの共時的な地平にとっては異質な時間が、それぞれに固有の生活リズムという形で開示されてくる。(23) 広井はユング派精神分析学者として有名な河合隼雄の議論に言及しつつ、独自のライフサイクル論を展開しているが、それにしたがえばケアは生まれ出ずるものや死にゆくもの、あるいは人間的な生死のスケールを越えたスピリチュアルな存在へのかかわりであり、そうしたかかわりを通じてわれわれ自身のライフヒストリーが「直線としてのライフサイクル」(個人)から「円環としてのライフサイクル」(共同体)、そして「深層の時間」(自然)へと、その経験の深みを増してくるという。この辺りの議論は社会学的というより思弁的な考察という感もないわけではないが、しかしいずれにせよ、循環型社会の到来を見すえて、ケアを中心として様々な生のライフサイクルのいわば多層的な交差という事態を分析しようとする視点自体は、非常に興味深い。なぜなら、(第二節で提示した)生態サービスのネットワークや生物多様性といったテーマは、自然環境のみならず、まさにわれわれ自身の問題、つまり、異なった年齢やライフスタイルを有する人間相互が互いに微妙な距離をとりつつ、自律と相互扶助とを両立させて生活社会を保持し続けるためのミニマルな倫理的規範にかかわる問題だからである。

いまさらながらに多言を要することではないが、ケアは、ケアする対象の物理的、社会的な生存とその危機に先ず感応する。広井はこの感応を公共政策という形で具現化することを模索する。それはたとえば出産や育児、就学に対する資金面・サービス面での支援であり(成人以前の段階)、ワーク・シェアリングや雇用形態の緩和による労働の多面化(成人の段階)、高齢者への雇用機会創出や給付以外での社会サービスの強化(成人以後の段階)である。こうした福祉政策とクロス・オーバーするのが使用目的を明確化した環境税の導入や自然との共生を中心にした環境デザインの推進という環境政策である。包括的にいうなら、公共政策というインフラを用いて、社会的成員を、その個人としての自律性を保持しつつ自然的・共同体的存在として（世代間的に）連帯させる、という試みだ。そしてその背後には、広井自身が表明しているようにヨーロッパ型の社会民主主義、すなわちこの場合、国家による再配分を媒介として連帯ある個人主義を樹立するという政治理念が控えている。[24]

さらにここでは、上記のような政策提言は全くないが、ライフサイクルという観点で似たような方面から環境倫理について論じているドイツのルートヴィッヒ・ジープに触れておこう。[25] ジープは望ましい自然空間の成立原則の一つとして持続性を挙げているが、この原則は、自然の循環および世代更新が他からの介入を受けることなく保持されることを要請する。ただしこれは、特定の家系や民族的系譜を当然のごとく受け入れる、という自然主義的態度とは異なる。むしろここでは、特定の自然相ではなく全体としての自然が肯定されるにはどうすればよいか、ということが問われている。ジープが注目するのは、それぞれに異なった自然かつ文化的な形態、グループ、個人がその繁栄の条件に等しくあずかることができる、というグローバルな意味での配分の「正義」である。そしてこの正義は、親や子といった多様な世代が重なり合う時空（Zeitraum）においては、繁栄の権利がどの世代においても平等に保障されることを要請する。これをジープは次のようにテーゼ化している。「持続性はそれゆえ、自然のプロセスに方向づけられた、世代間的な配分の正義の形式である。」[26] 自然の循環という時間モデルは文字通り自然まかせには保持されず、ある意味これと矛盾する、超時間的な原理としての配分の正義を含み入れる必要がある。自然の時間・空間の多様性をこの理念によって人為的に規定することでバランスのとれた持続性を確保する、というのがジープの構想ではないだろうか。その意味でジープのいう持続性を保障する配分の正義は、再配分による連帯の創出という広井の構想と重なるように思える。

四、多様なライフヒストリーを承認するための道徳的動機づけ——アクセル・ホネットの承認論を手がかりに

生誕や死をも含めた生の全体的プロセスへの注視は、バスキンの場合は生態サービスのネットワーク、広井の場合は二一世紀型の定常型社会の構築という社会的要請に導かれている。さらに以下では、こうしたいわば外的事情に加えて、多様な生の諸相への注目を強くうながすような、われわれ自身と自然との内的結びつきにも触れておきたい。ここでわたしは一見すると環境倫理学とは何ら関係のないように思える議論を導入しよう。それは社会哲学の分野で近年注目されているホネットの承認論である。フランクフルト学派第三世代の代表的理論家として、ホネットはこれまでヘーゲルに由来する承認論、フーコーの権力論、そしてハーバーマスのコミュニケーション論の再編・統合というテーマのもと、現代社会の生活経験の病理を読み解き、これを倫理学的に方向づけるための社会的文法について発言してきた。そして最近公刊された『物象化』ではこの病理を、特にジョルジ・ルカーチに由来する物象化という観点から論じている[27]。ここでのホネットの診断によれば、現代社会ではルカーチの時代以上に人間の疎外、価値の貨幣化、事物の商品化、日常生活に対する市場原理の浸透が進んでいる。しかもこの「われわれの生の連関の経済的な疎外[28]」は、代理母のようなデリケートな問題に象徴されるように、生命に対する従来の価値観をも根底から揺るがしかねない。実際、バイオテクノロジーのような現代技術は、生命や自然に対する侵襲の度合いを高めることで、生活世界の経験の仕方そのものを根本的に変える可能性がある。ただしホネットによれば、こうした物象化の要因はルカーチのように市場原理に代表される経済的合理化に還元できるものではなく、むしろ世界とわれわれとの関係性のある種の道徳的な欠損という視点から論じる必要がある。

ホネットはここで、いわゆる近代的な主観–客観（自我–事物）の二元論的認識モデルを一種の存在論的な欠損としてとらえたハイデガーの議論を挿入する。ハイデガーによれば、われわれ現存在（Dasein）が世界とかかわる仕方としては、客観的認識といった学的・中立的態度より先に、各自に固有の気づかい（Sorge）がある。これはわれわれが他者や自然を含めた周囲世界の全体に対してかかわる仕方である。現存在はこの絶えず変化する全体の連関を、まさに自分自身の在り方を方向づけている特殊なシチュエーションとしてその都度気づかっている、とされる。『存在と時間』（一九二七年）で展開したハイデガーのこうした議論をホネットは、彼流にこうまとめ直す。「…われわれの生のプロセスは、周囲世界との流動的な相互作用の保持を気づかう、といった状況にある。わたしはこの世界関与性の根源的な形式を以下において《承認》と名づけよう。」[29] ただし、『存在と時間』でハイデガーが行った周囲世界分析が他者とのかかわりをやや否定的にとらえていたのとは対照的に、ホネットはアドルノの議論を援用しつつ[30]、幼児期における他者（肉親）との情動的で相互承認的なつながりに注目し、これを認識行為の原点と考える。肉親との長期的な交わり、とりわけ模倣の積み重ねを通じて、幼児は、他者をまさにその人以外のものではありえない特殊な存在として承認するだけでなく、自己自身がそうした存在として承認されるべくふるまうことを学ぶ。無論、多様な他者とのかかわりを経るうちに幼児は、そうしたかかわりを誰にでも通用する一般的な型へと抽象化することを学びもする。が、成長した後でも他者をその「個」という特殊性において気づかうことが単なる「冷めた」認識行為ではなく、道徳的行為として実感されるのは、実際にそうした特殊な状況における特殊な他者との相互承認の経験が、まさに今あるわれわれ自身の存在を形成してきた当のものとして記憶されているからにほかならない。ホネットによれば、この承認の前史が軽んじられ忘却される度合いに応じて、他者を代替可能な事物——ハイデガーが『存在と時間』で用いた術語で言えば匿名的なひと（das Man）——のように扱う傾向が生ずる。自らを支える他なるものへの負い目や感謝のまなざしが喪失すること、これをホネットは、中期ハイデガーが用いた「存在忘却」という言葉を想起させる表現で、「承認忘却」と呼んでいる。さらに、環境倫理という観点からいって何より啓発的なのは、こうした「承認-忘却」の構図が自然一般と人間とのかかわりにまで適用しうる、とホネットが考えている点だろう。(31) この構想は『物象化』ではラフ・スケッチのままにとどまっているが、彼がまたしてもアドルノに依拠しつつ論じるところでは、模倣行為のような互いのかけがえのなさを全的に受け入れるプロセスを通じて鍛え上げられる相互承認の感受性は、そのままわれわれと自然との関係にも受け継がれてくる。確かに子どもは自然環境を科学的な研究対象という枠組みでは汲みつくせない、多彩な意味あいからとらえている。幼年期における動植物との戯れを一種の相互承認と呼ぶことも不可能ではないだろう。ホネットが強く主張するように、そもそも相互承認自体が、成熟した人間同士が言語的に行うコミュニケーション行為以上の広がりや深さを有している、という点も見すごすわけにはいかない。

ハイデガー流にいうなら、われわれが世界-内-存在するということは、孤立した主体が一方的に世界へ働きかけることではなく、動植物や自然を含んだ多様なる他者との相互承認のネットワークによって世界の側から規定されていることだ、というのがホネットの洞察である。そこから、他者を孤立した物のように扱ってはならないという道徳的動機が生ずる。とはいえ、こうした議論に問題がないわけではない。まず疑問なのは、幼児期に醸成される対人関係に注目するといった発達心理学的なアプローチでは、ルカーチとは逆に、経済的合理化という意味での物象化をうながす近代特有の社会構造やテクノロジーの問題が軽視されることにならないか、という点である。(32) さらに、幼い頃に経験される親密な相互承認という「事実」が、老人や社会的弱者への配慮、および自然環境の保全まで含みこんだ相互承認のネットワークを方向づける上で、どこまで「規範」的な意味を発揮しうるか、という点も不明瞭である。『物象化』の後半ではホネットは、物象化されざる存在としての自己の承認という心理学的な記述へと移ってゆく。たしかにそこでは、個人の承認の前史の自己肯定というライフヒストリー的観点が入ってくるが、他の存在者のライフヒストリーの承認に関する規範的な議論は抜け落ちている。もっともホネットは主著である『承認をめぐる闘争』を基軸に、相互承認の規範に関する綿密な考察を再三行ってきた[33]。その意味では不明瞭なのは、より厳密にいえば、ある個人に「内在」する相互承認の前史に注視するライフヒストリー型の分析が、様々な存在者がこれまた様々な社会的局面において互いに「対外」的に繰り広げる「承認をめぐる闘争」に関する議論とどう有機的に結びつくのか、という点ではないだろうか。この点、ライフヒストリーという問題関心に引きつけていえば、相互承認の準拠点として生の著者性に注目したハーバーマスの議論のほうが示唆的である[34]。前章で検討したように、ある主体がまさに代替不可能な「わたし」であるためには、その主体の生の履歴が――着床前診断による受精卵の選別の例に見られるような――他者からの意図的介入を徹底して免れている必要がある、と彼は考えていた。わたしの生の遍歴を書き続ける著者は、他のだれでもないわたし自身なのである。もっとも、ハーバーマスの考察では、この著者性はもっぱら言語コミュニケーションによって自らの意志を表明しうる社会的人格に割り当てられており、人間的主体以外の存在者の著者性については触れられていなかった。しかも彼の場合、われわれ自身を「ライフヒストリーの分割不可能な著者」[35]と規定し、個人の生の純然たる自己同一性に固執している点からすると、異なった年代や種同士の生のプロセスが互いに入り組んだ仕方で介在し合い影響し合う、つまり端的にいうなら、他なるものと共にある種の運命を分かち持つ、といった社会的コンフリクトに関する議論を慎重に避けている面があった。中心軸は、あくまで自律的存在である主体同士が互いを尊敬し承認するという対称的関係であり、異質のライフヒストリーを営む自然や動植物、あるいは生誕や病、死といった非日常的な諸相への非対称的なかかわりではない。この点もホネットの場合とは微妙に異なる。つまり、どこまで承認するかという評価基準がより厳しく、反経験主義的なのだ。ハーバーマスは「違った人々の声――異邦人の、反体制の、そして無力な人々の声――を平準化したり抑圧したりしない、また周縁化したり、排除したりしないような共通性が表現される[36]」ためには、「ノーと言いうる独立した主体による合理的に動機づけられた合意で十分である[37]」と主張する。果たしてそうなのか、慎重に見極める必要があるだろう。

五、終わりに――自然を教育する／自然から学ぶ、という問題の起点へ

本章では環境を多様なライフヒストリーが重層的に交錯しうる場として位置づけ、その保全のための準拠点、公共政策、道徳的動機づけという三点のラフ・スケッチを試みてきた。もちろん、それぞれに詳細に検討すべき点は数多く残されている。バスキンの生態サービス論は自然環境についての事実確認に留まっており、サービスの評価基準に関する積極的な提言を欠いている。逆に広井の公共政策論は、（たとえば環境税という仕方で）少子高齢社会型のライフスタイルに自然を取り組もうとしている点で、ではその自然とはそもそもどういうものか、という概念上の再検討が充分でない。さらに『物象化』におけるホネットの承認論は、動機づけ以外の展望を示していない。一長一短ある各論を有機的に統合していくことが必要だろう。とはいえ、いずれの立場も、盲目的な保護（自然中心）か効率的な保全（人間中心）かという従来型の二元論を超えて、質的に異なったライフヒストリーを有するもの同士の相互承認という、より拡張された地平を模索する点では一致している。加えて、この地平を方向づける枠組みが短期的な生産効率という功利主義的観点ではもはや不十分で、より多面的な評価基準を要求するものだ、と考えている点でも一致している。たとえ何も生み出さなくとも、そのものが存在し、生き続けるという事実がかけがえのない生活環境を形成する場合があるのだ。しかしながら、拡張された環境概念は、事柄を単純にするどころかこれをより複雑にする。異質な存在のライフヒストリーを尊重し承認することはなるほど大切ではある。が、われわれは全ての

生物種の一生を、生涯にわたるその生活環境への働きかけまで含めて全肯定することなどできない。ハーバーマスとホネットの相違が示唆するように、繁栄する権利をどこまで認めるのか、承認の線引きが問題となる——結局のところ、これが最大の課題であり、懸案事項なのだ。その意味では税や財、あるいは余暇の再配分といった「上からの」公共政策によって、まさに最大多数の最大幸福を目指して個人のライフヒストリーに大胆に切り込んでゆくことも不可欠ではある。(38) 個人に向けて感性を鋭くするだけでは、単なるセンチメンタリズムに陥ってしまうだろう。

そのためにまず何が必要か。さしあたりわたしは、学的に探究され評価される側である自然環境のライフヒストリーだけでなく、それを行うわれわれ自身のライフヒストリーをも含み入れることによって、自然と人間との社会的なつながりに関する反省や相互承認を強く、かつ持続的にうながすような社会制度の必要性を提示しておきたい。それによって初めて、それぞれの地域において求められる理想的な環境について各自が討議し、合意形成を目指す長期的で公共的なプロセスが形成されるだろう。(39) その意味では、近年保育や教育の現場で展開されている環境教育の役割は決して小さいものではない。(40) 理念としては、環境教育は学的な探究やそれぞれの地域でのフィールドワークの経験といったものが探究者自身の生き方にまで反映されるような、文字通りの生涯(ライフタイム)教育となるのが望ましいように思う。とはいえこの理念自体は、解決すべき目標に向けての一定の展望を与えるものというより、あくまで出発点、否、ともかく考察を出発させねばならないという要請に留まる。というのは、われわれ自身もその一部である自然から何をどう学び、どう評価し、またこれをどう教育してゆくかという問題は、本書の全体が示すように、単なる事実確認や政策提言、道徳的なうながしへの期待に留まらない、より根本的で包括的な哲学的考察の必要性を、ますます明らかにするからだ。

（1）エコロジーと政治とのつながりを思想史的に追跡した労作としては、身近な文献ではロデリック・F・ナッシュ、『自然の権利――環境倫理の文明史』（松野弘訳、TBSブリタニカ、一九九三年）やアンナ・ブラムウェル、『エコロジー――起源とその展開』（金子務監訳、河出書房新社、一九九二年）が白眉である。前者は主にアメリカ、後者はヨーロッパを扱っている。

（2）ただし、エコロジーの政治的系譜にまで踏みこんで議論を展開するドイツの倫理学者を、わたしはあまり知らない。比較的有名なルートヴィッヒ・ジープにしてもディーター・ビルンハッバにしても、用いている議論の枠組みは伝統的なアカデミズムの領域に限定されたままだ、というのがわたしの印象である。

（3）加藤尚武、『環境倫理学のすすめ』、丸善ライブラリー、二〇〇二年、二〇三頁。

（4）加藤、前掲書、一八四-五頁。

（5）ちなみにクーラーのエネルギー消費が家庭全体のそれに占める割合は、三九パーセントを占める給湯・厨房に比べればわずか二パーセントである（『平成二〇年版環境・循環型社会白書』、環境省、三三一頁参照）。エネルギー消費という観点からいえば、冷房の設定温度を上げるよりも風呂に入る機会を減らしたほうが、エコライフの実践には有効だろう。

（6）塚本正司、『私たちは本当に自然が好きか』（鹿島出版会、二〇〇七年）は日本人の自然観を冷静かつ批判的に考察したテクストとして啓発的である。

（7）ビョルン・ロンボルグ、『環境危機をあおってはいけない――地球環境のホントの実態』、山形浩生訳、文藝春秋社、二〇〇三年、六六頁。

（8）ロンボルグ、前掲書、三〇頁。

（9）加藤、前掲書、七八頁以下参照。

（10）竹門康弘・中西正己、「環境としての「湖・川」」（高橋正立・石田紀郎編、『環境学を学ぶ人のために』、世界思想社、一九九三年、所収）、九七頁。また彼らは続けて次のようにも言う。「環境が多様であるということは、単に複数の環境が組合わさっているというだけではない。固有名詞がついた大岩・大きな淵・川原・滝といった「個性ある景観」が、生物相の多様さに結び付いていることも忘れてはならない。」（同上）

（11）ピーター・シンガー、『グローバリゼーションの倫理学』、山内友三郎・樫則章監訳、昭和堂、二〇〇五年、二〇八頁以下参照。とはいえシンガーは、いかなる場合にあっても公平の普遍的原則のみが遵守されるべきだ、と考えているわけではない。たとえば彼は、身近な特定の人物に対する偏愛が推奨されるべき事例として、子どもに対する教育を挙げている。ただしその場合、「子どもが自分よりもずっと困っている人たちがいることを知り、不必要な出費を減らせば援助できることに気づくように育てるべきである。」（同上）とされる。

(12) 前述したロンボルグは、環境問題を資金やエネルギーの再配分の問題へと単純化する傾向を見せている。その好例として太陽光エネルギーに期待を寄せる彼のコメントを引用しておこう。「いまの比較的効率の悪い太陽電池でも、熱帯地区で一辺四六九キロの正方形の土地——陸地面積の〇・一五％——を太陽電池で覆えば、現在のエネルギー需要は全部満たせる。」（ロンボルグ、前掲書、二〇五頁。）

(13) 竹門・中西、前掲書、九八頁。

(14) 同上。

(15) イボンヌ・バスキン、『生物多様性の意味　自然は生命をどう支えているのか』、藤倉良訳、ダイヤモンド社、二〇〇一年。

(16) バスキン、前掲書、一八〇頁。

(17) 市野川容孝編、『生命倫理とは何か』、平凡社、二〇〇二年、九頁以下参照。無論この三つの局面は時系列的に厳密に区分されるエポックというより、顕在化の度合いの違いによって便宜上区別される局面、と見たほうがいいだろう。

(18) 広井良典、『ケアを問いなおす——〈深層の時間〉と高齢化社会』、筑摩書房、一九九七年、一〇六頁以下参照。

(19) 広井、『生命の政治学——福祉国家・エコロジー・生命倫理——』、岩波書店、二〇〇六年、三四頁以下参照。

(20) 厳密にいえば個人の成長神話というわけではないが、開発神話ともいうべき日本特有の現象として広井が挙げているのは、日本における公共事業の規模の大きさである。彼によれば、不必要な公共事業は失業対策という一種の社会保障的な役割をも担ってきた。しかしこれは「第一に経済の効率性（適切な資源配分や労働移動）という観点からも、第二に環境保護という視点からもマイナス以外の何ものでもない。」（広井、前掲書、八三頁。）

(21) 以下、ライフサイクルに関する広井の議論をわたしなりにパラフレーズしたいと思うが、これは彼の著作群に頻繁に登場し、また重複している部分も少なくないので、参照した文献のみ列挙することにする。広井、『生命の政治学――福祉国家・エコロジー・生命倫理――』、同、『ケアを問いなおす――〈深層の時間〉と高齢化社会』、同、『持続可能な福祉社会――「もうひとつの日本」の構想』、筑摩書房、二〇〇六年、同編著『「老人と子ども」統合ケア――新しい高齢者ケアの姿を求めて』、中央法規出版、二〇〇〇年。

(22) フランスの政治的エコロジストであるアラン・リピエッツはこう述べている。「労働時間が短縮されると、何よりも、われわれ一人一人の中で文化的大転換がおこなわれることになる。つまり、購買力を増大させるために費やす時間よりも、自由時間や自律的な時間、友人、恋人、子ども達、同じ街に住む人々と過ごすための時間が重視されるようになるのだ。」(アラン・リピエッツ、『政治的エコロジーとは何か――フランス緑の党の政治思想――』、若森文子訳、緑風出版、二〇〇〇年、一〇五頁。) 彼によれば労働時間の短縮は、ワーク・シェアリングによる失業対策に寄与し収入格差を埋めるのみならず、人間の活動を環境負荷の大きい生産活動よりも家族サービスやボランティアを通じた地域社会とのつながりに向けさせることになる。「エコロジストの経済にあっては、労働そのものがますます「共同体の、共同体による、共同体のための」労働になっていくだろう。」(リピエッツ、前掲書、一〇六頁。) 実際、労働時間を週三五時間に短縮した企業に対しその社会保障負担を軽減するという政策が近年、フランスで実施された。これを広井は「雇用政策を媒介にしながら、社会保障と環境政策がポジティブに統合されている象徴的な例」(広井、『生命の政治学――福祉国家・エコロジー・生命倫理――』、八七頁) と評価している。

(23) 広井はライフサイクルの異なった世代同士の交流の好例として、全国各地で試みられている高齢者施設と子ども施設との合築・併設の動きに注目している(広井、『「老人と子ども」統合ケア――新しい高齢者ケアの姿を求めて』)。彼によればここでは、子どもは老人から先達ならではの経験や知見を学び、老人は子どもの旺盛な好奇心や生き生きした姿により感化されるという具合に、文化やコミュニティ創造という意味でのケアの積極的な働きが見てとれる。しかもこのケアは、老人と子どもという共に「仕事」から解放された世代が遊びを中心に互いへの気づかいを深める点で、いっそう意義深い。

(24) 広井はこうした反自由放任主義とエコロジーとの政治的クロス・オーバーの事例として、ドイツにおける社会民主党と緑の党の連立政権の誕生(一九九八年)を挙げている。広井、『生命の政治学――福祉国家・エコロジー・生命倫理――』、一二五頁。

(25) Vgl., Ludwig Sieb, *Konkrete Ethik. Grundlagen der Natur- und Kulturethik*, Suhrkamp, Frankfurt a.M., 2004, S.

288ff.

(26) Sieb, a.a.O., S. 292.

(27) Axel Honneth, *Verdinglichung. Eine anerkennungstheoretische Studie*, Suhrkamp, Frankfurt a.M., 2005.

(28) Honneth, a.a.O., S. 14.

(29) Honneth, a.a.O., S. 41f.

(30) Vgl., Honneth, a.a.O., S. 51, 69, 76.

(31) Vgl., Honneth, a.a.O., S. 73ff.

(32) たとえば『物象化』でホネットが参照している『ミニマ・モラリア』断章七九でアドルノは、（彼のお決まりの持論ではあるが）、感受性を萎縮させ、知性を同一行為を繰り返すだけの一種の機械に仕立て上げる原因として、分業という社会システムに言及している（Vgl., GS4, S. 138.）。

(33) 本書第六章を参照。

(34) Jürgen Habermas, Auf dem Weg zu einer liberalen Eugenik? Der Streit um das ethische Selbstverständnis der Gattung, in: ders., *Die Zukunft der menschlichen Natur. Auf dem Weg zu einer liberalen Eugenik?*, Suhrkamp, Frankfurt a.M., 2005. またこの議論に関しては、本書第七章も参照。

(35) Habermas, a.a.O., S. 49.

(36) Habermas, a.a.O., S. 99.

(37) Ibid.

(38) ワーク・シェアリングを推奨する広井の立場は、どちらかといえばこの側面が強いように思われる。これとは若干異なり、労働時間の短縮が社会的豊かさの決定的尺度にはなりえない、と主張するのは、元ドイツ緑の党員トーマス・エバーマンとライナー・トランペルトである。二人は、労働そのものの性格を変えなければいくら余暇が増えても社会的豊かさとは直結しないと考え、こう述べる。「…労働の持つ感性や創造性、情動面へのかかわりを、政治的・社会的言語で表現していくことができて初めて、エコロジカルに見ても納得がいく変革の可能性が具体化されるのだ。そうしてのみ、生産過程に携わる人が参加する変革のプロセスが考えられるのである。（中略）したがって社会的裕福さの規定として、生産力と生産された物資を社会的に公平に分配することだけが、唯一の判断基準だとは思わない。むしろ、創造性を抑圧しないこと、健康に配慮していること、労働界の階層的でない秩序の構造、相互扶助的で対等な人間関係が許容されること等を中心に据えることを、社会的な裕福さを計る基準にすべきだと思う。」（トーマス・エバーマン、ライナー・トランペルト、『ラディカル・エコロジー』、田村光彰ほか訳、社会評論社、一九九四年、二〇三―六頁。）二人は、およそ人間の活動がポジティブに生産的と呼ばれるための新たな価値づけのカテゴリーやその「政治的・社会的言語」を求めていると言えるが、これは――かなり文脈が異なるが――個人の自己実現と結びついた労働の新たな価値評価の承認にこそ、功利主義的な経済的再配分の構図を再編する内的な強制力がある、と考えるホネットの立場に近いように思われる。Vgl. Nancy Fraser/Axel Honneth, *Umverteilung oder Anerkennung? Eine politisch-philosophische Kontroverse*, Suhrkamp, Frankfurt a.M., 2003, S. 183ff. これについては次の文献も参照。日暮雅夫、『討議と承認の社会理論――ハーバーマスとホネット』、勁草書房、二〇〇八年、二一六頁以下。

(39) 吉永明弘は、気候変動や景観保全といったアクチュアルな社会問題に対してパブリック・コメントを出すことを、環境倫理学者の公的義務と位置づけている（吉永明弘、「「環境倫理学」から「環境保全の公共哲学」へ――アンドリュー・ライトの議論を導きの糸に」、千葉大学『公共研究』第五巻第二号、二〇〇八年、一五六頁以下参照）。さらに付言するならば、こうした仕事をアドホックな個人的行為に終始させないためにも、パブリック・コメントを実際の大学教育の場で研究者、授業参加者とともに検討し、合意可能なものへと洗練させてゆくことも必要だろう。

(40) 井上美智子は「環境教育を持続可能な社会を形成するための教育とするなら」と前置きした上で、幼児の環境教育は自然とかかわる価値を、生活全体、すなわちその子が将来どのような社会を形成する大人になるかという長い射程からとらえるべきだと主張している（井上美智子、「幼児期の環境教育研究をめぐる背景と課題」、『環境教育』第一九巻第一号、日本環境教育学会編、二〇〇九年、所収）。生活環境を含めたトータルデザインともいうべきこの環境教育の理念は、大学などにおける高等教育においても（あるいはそこでこそ一層徹底的に）検討されるべき課題ではないだろうか。

第九章　制度の道徳的基礎づけは可能か——ホネット承認論の現在

一、制度としての相互承認——ヘーゲルへの接近

第六章ではアクセル・ホネットの承認論の形成過程をそのアドルノ受容とパラレルに追跡したが、本章では彼の論考を一本まるごと取り上げ、それこそアドルノのいうミクロ的視点でもって、最近のホネット承認論の射程および問題点を浮かび上がらせたい。

ホネットの論文「イデオロギーとしての承認——道徳と権力との連関に寄せて（Anerkennung als Ideologie. Zum Zusammenhang von Moral und Macht）」(1)（以下「ＡＩ」と略記）は最初、二〇〇四年に刊行の始まったフランクフルト社会研究所の雑誌『ウェストエンド　社会研究のための新年報』の第一号に掲載された。以下、その内容を詳述するが、その前にまず、この論文が近年のホネットのディスクールのうちで占めている位置について、大雑把であるが確認をしておきたい。

「ＡＩ」の含まれた論集『われわれの中のわたし——承認論研究』（二〇一〇年）の序論でホネットは次の

ように述べている。「何よりわたしが試みようとしたのは、承認にまつわるヘーゲルの教説を再構成することによって、正義の概念の新しい把握のための洞察のみならず、社会化と個人化、社会的な再生産と個人的なアイデンティティ形成の関係のよりよい規定のための洞察を導くことだった。[2]」ホネットは、ヘーゲリアンとしての立場をより鮮明にした著書『承認をめぐる闘争――社会的コンフリクトの道徳的文法』(一九九二年)では、特にイェーナ時代のヘーゲルが残した体系草稿に基づいて、コミュニケーション行為を考える上で人倫概念の持つ道徳的ポテンシャルを再評価する試みを行っていた。彼がそこでヘーゲル哲学をなかば脱歴史化させつつ形式的に取り出した三つの相互承認――愛、法、そして連帯――は、彼がのちに『自由であることの苦しみ――ヘーゲル『法哲学』の再生』(二〇〇一年)においてベルリン時代のヘーゲルの法哲学要綱を論じる際にも、主導的な解釈の枠組みを提供することになる。[3]この場合彼の念頭に首尾一貫してあった問題意識とは何だろうか。それは、道徳的-政治的リベラリズムの立場からは、他者との関係を含みいれた様々な物質的条件――いわゆる制度――のもとで分節化されつつ発現する個人の社会的生の営みを解釈する着手点も、またその正しさを評価する規範的基準も、十分に提供されない、という思いである。単なる自由、すなわち『精神現象学』の文脈でいうなら、他者のまなざしを通して承認され、客観化される契機を持つことなく、ひたすら個人的な欲望に留まるような自己は、空虚な無規定性の中で堂々めぐりを繰り返す苦しみを味わうだけである。そしてこの苦しみが「治療」されるためには、自由を社会的連帯の中で意味づけ直す道徳的文法を、自律した人格としての主体自身が学び、共有する必要がある。周知のように、イデオロギー的にはこうした信条はしばしばコミュニタリアニズムと呼ばれる。そしてそこに通底する傾向とは、ホネット自身が述べているように「形式主義的な道徳原則に対して倫理を特権化し、そして個人的な恣意的自由に対して共同体的価値拘束を特権化する傾向[4]」である。

ホネットによれば、この「共同体的価値拘束」によってかえって個人の自由が真の意味での解放の契機を得るという逆説こそ、ヘーゲルがもたらした革新的な発見にほかならない。彼の最近の諸研究は、もっぱらこの逆説の可能性を策定する作業に費やされているといっても過言ではない。それは右で触れた『われわれの中のわたし』の言葉でいうなら、「社会的な再生産と個人的なアイデンティティ形成」という、しばしば相反しコンフリクトを引き起こす両者の「よりよい規定」とはいかなるものか、という問題だともいってよいだろう。ホネットはこうも述べている。「わたしの考えでは、承認と人間的自由とのつながりはヘーゲルによって打ち立てられた。つまり彼は、彼の時代のリベラリズムに対して、われわれはただ個人の自己制限の制度化された実践へと参与することを通じてのみ、自身の意志が事実上制限されず、自由なものとして経験されるということを示したのである。[5]」だがより厄介な問題は、この「自己制限の制度化された実践」がどのようなものであるかということであり、またその実践がどの程度まで制度化による具体的な仕上げを伴うか、ということだ。ホネットの場合、制限を担うポジティブな制度的契機が、先に挙げた三つの枠組みに存していることには疑いの余地はない。とはいえ『自由であることの苦しみ』では彼はヘーゲルを、承認形式の一つである「連帯」を国家に対する臣民の奉仕という関係性へと過度に制度化しているという理由で非難してもいた。「ヘーゲルが十分にはっきり区別しないのは、ある人倫的領域が適切な法的前提の設立を必要とするという事態と、制度がその存在をただ国家的に承認された契約にのみ負うという事実の違いである。それに反して、ヘーゲルがそのような区別に達していたならば、彼は人倫の第一領域を、婚姻契約にもとづいた家族に代表されるような制度だけに限定しないに違いなかっただろうし、人倫の第一領域を、人格的関係のもっとほかの幅のある形式に対しても開かれたものにしておくこともできただろう。[6]」日常生活における様々な相互承認の経験は、国家によって法的に認められた制度に汲みつくされるものではない。これは「AI」においてホネットがルイ・アルチュセールを批判する際の重要なポイントともなる。マルクス主義者アルチュセールは——少々議論を先取りすることになるが——教会や学校を始めとした様々な承認形式を一律に国家のイデオロギーとみなし、個人の自律したコミュニケーションの領域を抑圧し、支配する装置として記述する。が、ホネットによれば、承認形式というものは支配–被支配といった非対称的な文法に還元されるものでは決してない。われわれの生活世界は確かに、習慣化した制度的性格という形態を帯びているが、それは可塑的、すなわち歴史的な変化を受け入れるものであり、かつその変化は、誰もが当然のものとして前提とする合理性によって潜在的に方向づけられている、とされる。

個人のアイデンティティ形成の輪郭は、つねにそれを可能にする相互承認の諸制度とはいかなるものかということを念頭に置きつつ考察されねばならない、というのがホネットの変わらぬ方針である。再び『自由であることの苦しみ』から引用しよう。「…リベラルな自由は、それを実際に実現するという目的のためには、相互行為の制度化された関係へつなぎ止められる必要があるということ、このことを彼［ヘーゲル］ははっきり述べたかっただけではありません。それだけではなく、特にまた彼は、この制度的な助力を軽視すると、特定の自由の理想を自立化させるという危険が発生し、それが社会生活における歪みへ、それどころか、病理現象へ導くということを述べようとしたのです。[7]」かくしてホネットは、たとえば愛という承認形式について論ずる際には、ドナルド・W・ウィニコット、ジャン・ピアジェ、ジョージ・ハーバード・ミードといった心理学者の「記述」内容に依拠しつつ、幼児期に母子間で積み上げられる愛情経験をある意味「規範」的なものへと押し上げる。が、他方でこの経験は、婚姻契約に基づき母親を単なる家内労働者として位置づけるような水準にまで制度化されてはならない、とされる。彼は、何が社会的に合理的で正常であるかを反省し、共有可能なコンセンサスへと仕上げるよううながす規範的理念が「第二の自然」としてわれわれに与えられている、という確信をヘーゲルと共有する。[8]が、他方で彼は上述の通りヘーゲルを、情動的な相互承認の実現可能性を伝統的に「自然」なものとみなされてきた家父長的な家族イメージのうちで規範化し記述している、と批判するのだ。では一体、相互承認の正常な経験を保証するとされる制度はいかなるものであり、またそれはどの程度記述可能であるのか。

こうした問いに対しては、ホネットが終始一貫して慎重な態度を保持してきたことが強調されねばならない。というのは彼には――とりわけマルクスに関して――ある特定の先入見や哲学的な概念体系、現行の諸制度や政治運動に立脚した社会批判はいずれも、個人と社会との適切な関係を記述するのに失敗を繰り返してきた、という強烈な思いがあるからである。否、彼によれば、ホルクハイマーやアドルノらによって打ち立てられた批判理論の出発点はまさにこの「失敗」の克服という課題に存していた。フェミニズムの立場から社会的マイノリティの解放運動を理論的に指導するナンシー・フレイザーとの対話の中で、彼はいう。「社会運動の中ですでに公共的に分節化されている規範的な目標設定だけに依拠するいかなる批判的な社会理論も、軽率にも、所与の社会においてそのつど支配的な政治的-道徳的コンフリクトの水準を是認するという危険を冒してしまう。そこでは道徳的に重要な苦しみの経験として認められるのは、マス・メディアによってすでに見たり聞いたりできるようになっている事柄だけであり、これまで公共的に注目を浴びることがなかった社会的不正の事実が当事者に代わってテーマ化されることも、告発されることもありえない。もちろんマルクス主義的思想の伝統の中ではすでにかなり以前から十分明らかになっていることだが、資本主義社会における道徳的不快を分節化する際に、あらゆる経験的な検証に先立って労働者階級に特権的な地位が与えられたのであれば、それは単に形而上学的な歴史的思弁の残滓が克服されていないだけのことである。そしてかつて《社会研究所》に集まった思想家たちの偉大な功績は特に、システムを超越するコンフリクトの潜在力を探究するという課題を経験的な社会研究の下に置くというプログラムによって、こうした歴史哲学的ドグマにダメージを与える道を開いたことにあった。[9]」ホネットが叙述するところでは、マルクスの場合、はじめから集団的な生産力を担う主体としてのプロレタリアートが社会記述にふさわしい第一次的な基盤として設定される。したがって本来、労働内容そのものの価値評価を求めて展開されていたはずの労働運動が、財の再分配をめぐる階級間の闘争という経済的観点へと還元される、ということが生じた。[10]「広範にわたりマルクス主義的な歴史哲学の諸前提にとりつかれたままだった批判的社会理論の伝統においては、ルカーチにならってプロレタリアートが絶対精神の諸特徴を装うようなことがはじめからなかった場合にはつねに、数量化可能な利害関心という社会学的な思考様式を用いて議論が行われ、この思考様式にいわば史的-唯物論的転回が託された。すなわち、まず目的合理的な考量を基準にして、集団的主体としての労働者階級に統一した利害関心が帰され、次に、この利害関心は資本主義的な諸関係によってたえず失望させられてきたのだ、という分析が示されることになったわけだ。[11]」

ゆえにホネットが愛、法、連帯を相互承認の制度的な形式として打ち出すにせよ、それは特定の地域的エートスや歴史的状況に還元されえない程度に抽象化されたものでなければならない。が、他方でそれらは、当然ではあるが、個人と社会との関係に対して何らかの規範的な下図を提供するものでなければ意味がない。この場合彼は、愛については発達心理学の知見を寄りどころとし、人は他者のまなざしに映し出される客体化したわたし——ミードのいう「me」——を内面化する成長過程で、道徳的に動機づけられた社会規範を身に付けるのだ、という自然史的説明を行う。[12]そして法については、各人を人格的に自律したものとして対称的に尊敬するというカント以来の伝統を、背後遡行不可能な啓蒙の所産として是認することになる。そこで、最も厄介となるのは「連帯」の扱いである。というのは、社会的成員同士の連帯を保証すべき価値評価が分節化されて表れるのは——そしてそれは、分節化のプロセスを経なければ問題化することすらない——まさに文化的な装置としてわれわれの生活の隅々にまで浸透している具体的制度においてだからである。

以下に取り上げる「AI」は、ホネットの承認論が抱えるこうしたアポリアを浮かび上がらせる、という意味で注目に値する。ここで彼は、抽象的レベルを逸脱する危険を冒してでも、価値評価を経験的に充足させるものは何か、ということについて一定程度発言せざるを得なくなる。それはアルチュセールの言説が、価値評価装置として機能する諸制度を全面的に否定するというラディカルな姿勢を含みいれている点で、承認形式の制度的な意味あいを改めて反省するようながす「強力な挑戦」（AI, S. 104.）であるとホネットが受け取ったからではないだろうか。ホネットの論文の副題には「道徳と権力との連関に寄せて」とある。理想主義的モラリストであれば並び立てることのない、それどころか入り交じることすら不純と考える「道徳」と「権力」の交差点をこの意味あいに見定めようとするのが、彼がここで展開する大胆な試みなのだ。だがこれにより、私見では、特に承認の第三の審級である「連帯／価値評価」が抱える構造的な問題点も浮き彫りになる。

二、「ＡＩ」

二―〇　「ＡＩ」序論

「ＡＩ」ではまず、承認概念が近年、政治的な解放をめざす様々な試みの規範的な核として重視されてきた反面、その批判的潜勢力に対する疑いも生じてきた、と述べられる。というのは、個人ないし集団の特性、能力の象徴として世に流通する様々な文化的記号は、そうした個人や集団を支配し、ある固定化した社会秩序のもとに組みこむという道具的機能をも有しているからだ。「自律」を重視するという社会的スローガンは、そうした自律の実現契機が、社会が提供する決まりきった、つまり承認済みの課題に応じること以外に認められない限り、まさに単なるイデオロギーに過ぎない。課題の義務の履行はこの場合、個人が自発的に引き受けたという外見を見せながらも、実際には現行の社会システムに自己を順応させるという受動的なものであることが明らかになる。[13] アルチュセールの念頭にあったsubjectivationの二重の意味（主体化／従属化）とは、様々なイデオロギー装置——教会制度、学校、家族、法、政党、組合、メディア、文化——が型通りの行動様式として要求してくる秩序の諸規則を学び、これを反復することを通じてのみ、個人のアイデンティティは承認される、という逆説にほかならない。[14] 無論アルチュセールの場合、これらの諸装置は、支配の唯一の主体としての国家への従属機構として以外記述されることはない。つまり彼は「承認の制度的プロセスを、いかなる規範的な価値づけもなしに、システムに順応する主体が生産されるメカニズムとして記述する。」（AI, S. 104.）

ホネットによればこのアルチュセールの一面的な記述は、その記述自体が現行の支配体制に対する批判的ニュアンスを含んでいる限り、単純に否定されるものではない。というのは承認概念の社会哲学的ポテンシャルは、ホネットが『承認をめぐる闘争』以来繰り返し確認してきているように、社会の何らかの欠損状態に対する不正の意識や道徳的感受性に存しているからである。しかしアルチュセールの記述は、上（国家）から個人に対して強制される外部システム、もっと正確にいえば、個人の内面にまで浸透する外部システムとしての承認契機に制限されており、そこでは各人が「自発的」に持ちうるであろう不正意識が表現される余地はない。[15]

とはいえ、各人の行動や価値観を方向づけ、その生活史に一定の表現型を与えている様々な承認形式のどこまでが外部から強制されたものであり、どこまでが個人が主体的に確立したものであるかという境界は、それほどはっきりしたものなのだろうか——とホネットは問題を投げかける。たとえばアンクル・トムは白人層に対する恭順的態度を自己の美徳として自明視し、それこそ自発的に引き受けていた。また教会やマス・メディアが提示する「よき母親」や家政婦といった役割を、西洋の女性は何百年もの間、表立った毀損意識なしに担ってきたのである。こうした価値観を告発し相対化するまなざしは、「道徳的に進歩した現在というパースペクティブ」(AI, S. 106.) から過去を反省することによってのみ、開示されてくる。つまり歴史的な距離は「承認のイデオロギー的な形式と、承認の道徳的に要求された形式との区別を回顧的に可能にするような、一般的に受け入れられる判断基準」(AI, S. 107.) をもたらす。しかし別言するならそれは、そうした区別のための「経験的な論拠」(Ibid.) の不明瞭さを物語っている。自分の仕事や社会的ポジションが正当に評価されていないという不満は、それが社会的成員に広く共有される不正意識にまで一般化されえないのであれば、単なる個人的経験にとどまるのではないか。ではいったい、社会的に当然のものとされてきた承認形式は、どの時点からその自明性を剥奪され、単なるイデオロギーとして暴露されるのか。この「として」を可能にするものは何か。ホネットの提示する解決の方向はこうである。「われわれの問題の解決はそれゆえ、承認形式の適用条件を、各々の承認の単なる《イデオロギー》がその《非合理的な核》を示してくるまで判読し尽くす、という試みにのみ成立する。わたしが推測するに、この非合理性は評価をになう語彙の意味論的な面自体に存しているのではなく、評価的な約束とその物質的充足との間の不一致に見いだされる。」(AI, S. 108.)

二―一 「AI」第一節

この「物質的充足」が何を意味するのかは「AI」の最終節を待たねばならない。さて、右で触れたように承認形式はさしあたり、それがイデオロギー的かそれとも(道徳的に)正当なものかどうかで区別される。この区別をアルチュセールは等閑視している。「彼の承認概念はある意味一元的なもので、それが正しいものか誤ったものか、正当化されたものかイデオロギー的なものかを区別する余地を認めていない。」

（AI, S. 109.）ホネットの指摘では、正当とみなされる承認形式は、われわれが生活世界において日々行う相互主観的な承認の経験――そこではもちろん、個人やグループの特性が、それをシンボル的に表わす文化的記号を介して了解される――に係留されている。

アルチュセールはこの了解をどこまでも強制されたもの、人為的なものとして描出したが、ホネットはこの洞察を何とか切り崩したいと考える。そこでホネットは論文の第一節においてまず、われわれが互いの社会的役割を認知し、価値評価するために日常的な実践として言語ゲーム的に行っている相互承認行為の認識論上の性格を改めて問う。具体的には、そうした行為が付加的な仕方で遂行されるのか、それとも受容的な仕方で行われるのか、ということを問題にするのである。前者は業績評価型モデルとでもいうべきもので、各人を特徴づける文化的記号はその人の社会的ステイタスの変遷に沿って「後から」付け加えることができる。これに対し後者は、各人に多様なステイタスに依存しない、あるいはこれに先行するような道徳的価値を指し、われわれはこれを感性的認知という仕方でそのつど自己解釈しつつ確認する、とされる。前者では各人は自分をアピールするために、悪くいえば好き勝手に自己の特徴をラベリングするという戦略的行為が重視されるが、後者で承認されるのは、ある程度社会的成員同士によって共有される了解内容、つまり例のごとく「第二の自然」として生活世界に沈殿しているとされる、持続的かつ現実的な価値ネットワークである。ホネットが「価値実在論」（AI, S. 113.）として肯定的に論述するのはこの後者の立場で、ここではわれわれはショッピングで品定めをするように自己の付加的価値を選択するのではなく、むしろ個人の自己実現は、「慣習の束」（AI, S. 114.）としてなかば客観的な所与と化している価値ネットワークを試行錯誤しながら自己のものとするという学習プロセスの中で展開される。

後者の立場は、前者が持つ価値相対主義を超克するようにも見える。とはいえ、ホネット自身が指摘するように、慣習の束が一種の超越論的価値を有するように見えるのは、あくまでそれが通用している文化的領域ないし歴史的期間の「内側」のみであり、その意味では受容モデルをそのまま道徳的に正当化することは——これでは単なる伝統主義である——、付加モデル同様、難しい。しかしホネットによれば、この困難は「穏健な価値実在論に強い進歩のコンセプトが付与されることによってのみ回避される。」(AI, S, 115.) という。ここには彼の若干素朴な進歩史観が示されているが、それに従えば、コミュニケーション地平の拡張と多様化という近代的史実は、排他的な価値体系同士の絶え間ない闘争としてではなく、それらを承認する道徳的感受性の広がりとして、また相互に対立する集団的パースペクティブ同士を規範的に比較検討する第三者的なまなざしへと、反省の水準を押し上げるようなうながしとして理解されねばならない。この主張はホネットが二〇〇一年に発表した論考「解釈学とヘーゲル主義との間で——ジョン・マクダウェルと道徳的実在論の挑戦」[16]の結論の再現ともいうべきもので、実際彼はここで上述の付加モデルと受容モデルをそれぞれプラグマティックモデル、および表象パラダイムと規定し、このうち後者を重視しながらも、慣習の単なる再確認に終始しかねない解釈学的言語行為(ハンス＝ゲオルク・ガダマー)に対して、そうした慣習の妥当性をたえず検討する「反省的余剰」によって牽引された実践理性の立場(ヘーゲル)を強く押し出していた。

二—二　「AI」第二節

しかしここでホネットは、第二の自然をいわば統制的理念にすえた穏健な価値実在論という二〇〇一年の論考の結論に満足しないのか、一旦は否定的な評価を下していたプラグマティックモデルのイデオロギー的性格を肯定するかのような論述を始める。少なくとも彼にとっては、文化的記号が錯綜する現代社会の全体を国家による非合理的支配の構図に還元するアルチュセールの洞察をそのまま受け取るわけにはいかないと見える。そうした記号はわれわれの生活史にあまりにも浸透しており、かつ、脱伝統化の様々な政治的潜勢力を含意しているため、一律に否定するのではなく、その妥当性レベルを精査することをホネットは改めて試みるようだ。

さて、イデオロギーはその受け取り手に対し、しかじかの価値観が受け入れるに値すると思わせるための説得システムを持っている。このシステム自体が、受け取り手であるわれわれの主体イメージを肯定的に呈示できない場合（たとえば人種差別、女嫌い、外国人排斥など）、それは文句なく非合理的といえる。また不適切なものとしてすでに歴史的に克服されたと見なされている立場、あるいは現在の評価地平の水準に達しないとされる過去の価値観（それこそ女性を家政婦と見なすとらえ方など）も、信ずるに値すると思わせるレベルにはない。説得システムは何より、自己確信の感情を強化する方向に個人を導くものだからである。さらに集団を固定化された枠組みに押し込め、個人が自己決定できる領域を著しく制限するような規格統一的な承認モデルも、合理的で説得力あるものとはいえない。そして最後に、イデオロギーが提示する価値内容に、それを受け入れるほうが受け入れない場合よりも有益だと思わせる比較考慮の契機が存しない場合、受け入れ側に際立って魅力的なものには映らない、とされる。だがこれらの諸条件を満たしたイデオロギーをどう考えるべきなのか。それはいわゆる反動的で抑圧的なシステムとしての「イデオロギー」なのか。進歩、差異、比較可能性という三つの志向性は、単に「個性」を鼓舞する現代的な宣伝文句ではなく、認知的レベルにおいてさえわれわれの道徳的行動を動機づけている。「諸々の人間集団の特定の価値特性に対して盲目で、そのため現在の評価的な知覚の地平をいわば破壊してしまうような排他的なイデオロギーとは逆に、承認のイデオロギーは歴史的に現存する《根拠の空間》で作動する。つまりそれはいってみれば、われわれが知覚し、学んできた人間の評価的特性について、その新たな意味を強調するにすぎないが、それが「世間に対して」うまく適用された場合、それは機能的に正しく、きちんと適応した自己関係を生じさせる特性だ、ということになる。」(AI, S. 122f.)何とも抽象的で分かりにくいが、たとえば単なる「やせ形」にすぎない身体的特性が、女性の美しさや社会的卓越性を表す美的表徴として流通している現状を考えればよいのだろうか。だが「社会的承認のあらゆる新たなアクセントと同様、そうした合理的イデオロギーもまた、近代社会において規範的な承認の文化を包括する価値地平のうちに広がっている。ゆえにそれらは不可避的に、愛、法的平等、業績の正当性という原理――それらはわれわれに与えられた相互承認の関係性をその評価的知覚に至るまで組織化しているのであるが――のために意味論的に役立てられることになる。」(AI, S. 123.)であれば、それらは「いつ、機能的に正しい自己関係を惹起する作用を有しているだけのイデオロギー」(Ibid.)と化すのか。

二―三 「ＡＩ」第三節

ホネットは肯定か否定かといった単純な判断をさしひかえながら、できるだけ現状の客観的記述を心がけているのかもしれない。身体的特徴や学歴、ファッションや文化的価値観は、同じ志向を持つ者同士を連帯させる象徴的記号として機能しており、その意味でそこに反映されてくる相互承認のイデオロギーは「ポジティブな階級化」(AI, S. 124.)を表すものとして受容されうるし、また実際われわれは、見通しの立たないそうした差異化の戯れを楽しんでさえいる、といえる。資本主義社会を十把一絡げに否定する単純左翼的な主張とは違い、ホネットの論述は、こうした現状に対して好意的であるのか、そうでないのか、不明瞭な印象を受ける。たとえば特定の集団を挑発し、ある一定の方向へと使嗾するための典型的戦略である「宣伝」について彼はこう述べる。「[…]一般的にそうした宣伝内容をわれわれは、単なるフィクションを呈示しているだけだという心理的な留保付きで受け入れる。だからそれは生活の実践を変化させるような仕方で実際に介入してくることもない。しかし宣伝がそうした敷居を超えて、現実的にわれわれのふるまいを形作るように作用する場合、特定の製品の宣伝は、承認のイデオロギー形式にも沿う仕方で力を発揮したことになる。つまりそれは、宣伝内容に従うことが自己価値感情と公の賛同を得るために有利だということで、行動様式を生み出す規制的な能力を持つことになる。承認のイデオロギーが発揮するこの力はそれゆえ、まさにフーコー的意味において非抑圧的かつ生産的である。すなわち、特定の能力や欲求、希望を主体が表明するために社会的な承認の展望が開かれることを通じて、実践や行動様式のネットワークに参入する道が開かれるが、そうしたネットワークは社会的支配の再生産という機能に調和しているのである。」(AI, S. 125.) 無論こうした宣伝をいかがわしいと断じ、その存在意義を疑うことはあまりにも容易である。が、「とはいえ、新たに社会的承認を強調するよう求める根拠ある要請もまた、今日では、そうした要請に公共的な注目を向けさせるためのシンボリックな政治という契機なしにはやっていくことができない。」(Ibid.) すでに言い尽くされたことではあるが、まさに多様化する価値のそれぞれが目まぐるしく移り変わりながら自己を主張してくる現代社会において、その内容の成否や差別化を図るための着眼点などあるのだろうか。

論考の終盤でホネットは、承認が純粋なイデオロギーに終わる事例を挙げる。どうやら彼の念頭にあるのは、二―二の終盤でも引用したように、イデオロギーが「機能的に正しい自己関係を惹起する作用」しかもたらさないのはどんな場合か、と言う問題意識であるように思われる。彼はここで現代における産業構造の変動とそれに伴う労働者像の変化を指摘する。短くまとめよう。ポストフォーディズム社会においては、規格の決まった商品を大量生産するための集団的生産力の重要性は低下する。マーケットからの要望は日々細分化され、それに応じて多様なサービスが求められるようになるが、それは同時に、労働力を提供する側の自由の幅が広がることも意味する。労働者はもはや、きめられたルーチンワークを他律的に強いられることはなく、自らの労働力を社会のニーズに合わせてフレキシブルに割り当てることが可能になる。すなわちここでは、マネージメントに関する書籍の氾濫が物語るように、つねに市場の動向を見すえつつその都度自らを再編し、組織化できるような独立した生産セクターとしての個人というイメージが登場する。労働が単なる生活向上や物質的充足のための手段である時代はもう終わった。今やそれは、自己責任のリスクに溢れているが、各人の能力次第で生活史を自律的に打ち立てられる、創造に満ちた自己実現のプロセスとしてデザインされねばならない。そしてその道のりは、市場のグローバルな広がりによって、これまでにないほど開かれているのだ——。

これはホネットも触れているように、ネオリベラリズムの宣伝文句である。そして個人の自由裁量権をポジティブに喧伝するこのイデオロギーを、かつて彼は「制度的個人化の過程」という規定のもと、国家や企業組織によって遂行される階級支配の複雑な戦略として記述していた(17)。この一九九〇年当時のホネットの見立てでは、チャンスもあるがリスクも伴うという個人主義が公的に表明する道徳規範は、まさにそれがリスクを気にかける必要のない裕福な階級によって再生産され、他の被抑圧的階級を制度的に排除しつつ首尾一貫して継承されるがゆえに、極めて疑わしいものとされていた。ライフ・チャンスを制限された階級はこうした規範を、ありていにいうなら生活するためにプラグマティックに受け入れているにすぎず、黙認はしているが承認はしていない。他方で被抑圧的階級は——今の日本の品のない言葉でいえば情報弱者とでもいうべきか——劣悪な教育環境で育ったという制度的欠陥がゆえに、そもそも自分たちの不満をある集団的訴えへと練り上げ、表現するルートを断たれている。したがってここでは、制度的に正当なものとみなされる以前に労働者が持つ不正意識、すなわち「暗黙のうちに人間の尊厳の社会的再定義を求める、感受性の高い不正意識」(18)に注目することが先ずもって必要だ、とされていた。それは底辺労働者に対する物質的な再分配を促進しろという功利的な要請というより、むしろ単なる物質的観点や制度的な上下関係にとどまらない、より広い意味で社会的成員のアイデンティティを保証するような、労働に関する価値の意味論的な再定義を志向しているといえ、ホネットはそれを可能にする社会哲学的な概念構築を構想していたのかもしれない。

これに対し「ＡＩ」で最後に論じられるのは、単なる価値評価の次元にとどまらず、物質的充足という制度設計をも視野に入れるべしという、より踏み込んだ提案である。ホネットはいう。「もっとも、二人の人間が対置するような単純な相互関係の場合には、特定の行動様式における承認の充実だけが話題になればそれで十分意味があるのだが、次元が変わり、一般化された承認が諸々の社会的制度によってどのように履行されるかという事例が視野に入ってくるやいなや、承認の成就はそれに相応する作法や行動様式のうちで単純に推し量るわけにはいかなくなる。たしかに制度的に一般化された承認は、変遷を経た行為習慣の形式のうちに長期にわたって沈殿しているだろうが、その充実の第一の源泉そのものは制度的な措置や準備対策の領域にある。つまり一般的な承認の新しい仕方が社会的に貫徹されるとすれば、法的規定が変わらねばならないし、政治的な代表機関の他の形式が確立されねばならないし、物質的な再分配が実施されねばならない、ということだ。ゆえに信用に値する社会的承認においては、評価的構成要素とならんで第二の、すなわち物質的な構成要素が考慮されねばならない。そしてそれは社会的相互関係の複雑性の度合いに応じて、適切な行動様式のうちか、あるいはそれに応じた制度的な措置のうちで維持される。」（AI, S. 128.）

したがってここでのホネットの見立てによれば、ネオリベラリズムの個人主義が単なるイデオロギーに過ぎないのは、その意味内容が承認論的な視点からいって不当だからではなく、その現実化のための具体的な制度が十分敷設されていないからにほかならない。かくして彼は次のような結論にいたる。「承認の新しい形式は価値評価的な観点において何かが欠如しているわけでも、非合理的なわけでもない。そうではなく、正当化された承認が信用に足るものであることを十全に量定するはずの物質的な要請を充たしていないのである。というのは、新たに強調された価値を［各人が］伝記上の事柄として現実化するために必要な制度的な準備対策というものは、承認行為とともに与えられるものではないからだ。」（AI, S. 130.）

三、残された問題

ホネットが物質的な要請、ないし制度的な準備対策ということで具体的にどんな事態を考えているかは、「AI」全体を見渡しても明瞭ではない。ただ一点、彼が右のような欠乏状態の一例として「市民労働」という概念に触れていることが注目に値する。雨宮昭彦の報告によれば[19]、二〇〇〇年前後のドイツにおいて、大量失業の長期化、職業労働の性格の構造的変化（労働の場所、時間、内容、仕事の過程、雇用者との関係など、あらゆる面での労働の断片化と柔軟化、そしてそれに伴う非正規雇用の膨張）などを背景に、労働形態の再編をめぐる政策論が広範囲に展開された。そこで社会学者ウルリッヒ・ベックなどが提唱したのが職業労働に対置される市民労働という概念である。市民労働とは、公共サービスなどの非営利的活動に自発的に参加し、文字通り市民として地域の社会的発展に寄与するというもので、そこでは金銭に還元されない非物質的な奉仕を通じて自己実現をはかることがそのまま、社会的不平等を是正し、失われつつある市民同士の連帯を構築することにつながる、とされた。政府公認の広域的なボランティア、と考えればいいのだろうか、ともあれ、市民労働はここではあくまで職業労働を補完するものとして構想されており、またその意義についても、色々と疑問が呈されていたようだ。第一に市民労働は失業対策に直接的な仕方で寄与するものではない。労働への参加と引きかえに得るであろう優遇措置をのぞけば、市民が得ることができるのは、端的にいうなら栄誉だけである。第二に、市民の自発的原理に依存した社会的サービスは、著しく安定性を欠くおそれがある。また、サービスを指導する公益企業家自身が特定の教養層に偏ったり、偏りのある政治的信条を有したりする場合、新たな社会的不平等が生産されるおそれがある、等々。市民労働をめぐる議論には、その語の民主主義的な響きの良さとは逆に、制度的な見通しの曖昧さが見え隠れしているといえる。つまりホネットが言うように「市民労働の場合でも、社会的グループにはシンボリックな下図が付与され、彼らを自発的引き受けの新しい形式へと動機づけることが可能になるが、制度的レベルでそれに対応する措置が導入されることはない。」（AI, S. 130.）

しかし何より問題は、「ＡＩ」から導出された様々な洞察や問題設定にある。承認は国家という外的装置による社会支配のメディアではないかというアルチュセールの問いに対しては、承認は公式に流通する文化的で、政治的ですらある価値評価のネットワークを通じて、われわれの間主観的な社会行為をその「内側」から動機づけている、という回答がなされる。確かにホネットはほんの一度だけ「支配」という実情を牽制するかのように「特定の能力や欲求、希望を主体が表明するために社会的な承認の展望が開かれることを通じて、実践や行動様式のネットワークに参入する道が開かれるが、そうしたネットワークは社会的支配の再生産という機能に調和している」と述べていたが、そこからさらなる論述が展開されるわけではない。むしろここでは、「特定の能力や欲求、希望を表明する」ために公式に流通しているネットワークは、もしそれらが〈進歩、差異、比較可能性〉という条件をクリアーしているならば、意味論的には合理的であり、つまり正当化されうる。それが単なるイデオロギーであるのはむしろ、表明された内容の現実化のための物質的基盤を欠いているためなのである。であれば、どのような物質的充足が道徳的に正当化されたイデオロギーにふさわしいものとなるのか。この問いに対しては、おそらくホネットから具体的な提言は期待できない。というのは彼自身が「ＡＩ」序論で述べていたように、制度化された様々な価値観の是非を評価できる「経験的な論拠」など存在せず、われわれにはただ「承認のイデオロギー的な形式と、承認の道徳的に要求された形式との区別を回顧的に可能にするような、一般的に受け入れられる判断基準」による歴史的反省という審級だけが残されているからだ。であれば、物質的充足についてのホネットの提言は、承認行為が正当かどうかの反省が首尾一貫してなされるために道徳的な判断基準は可能な限り抽象化されねばならないという彼自身の考えと矛盾するのではないか。またここでは、ある評価システムが現行の社会制度のもとで厳然としてあるという単なる事実によってそのシステムが正当化されるわけではない、とくり返し主張していたのはそもそもホネット当人であったことが想起されねばならないだろう。ただし、これまたくり返しになるが、彼が仮説的に提示した〈進歩、差異、比較可能性〉というハードルによって、少なくとも階級の固定化を招くような排他的なシステムは初めから選択の埒外に置かれることになりそうだ。そしてそれは、彼の確信が示すとおり、抑圧やネグレクトといった事態なく各人が適切に評価されるよう、システムの道徳的レベルそのものが歴史的に向上したことを物語っている、ともいえる。

けれどもこれで問題が片付いたわけではない。ホネットはある所で、ポスト近代における自律した主体を輪郭づけるのは、もはや自らの人生を単一の意味連関のもとに反省的に秩序づけるようなアイデンティティの首尾一貫性ではなく、むしろ自己の生を、多方面への行為衝動——それにより主体は、汲みつくしがたいほどに多様なアイデンティティの可能性に開かれることになる——を自己評価しつつ選びとった結果としてナラティブに組織化する力、つまり「人生の異なった諸断片を、複数の強い価値評価の連鎖の諸分枝（テイラー）として表現できる能力」[20]だと論じていた。わたしにはこの「連鎖の諸分枝」としての物語（ナラティブ）という規定はいま一つ不明瞭に感じられるのだが、それはともかく、この場合「強い価値評価」は——その内容についてはホネットは何もいっていない——、行為衝動がある物語という制度のうちで承認されるために経由すべき一般化の審級、と解することもできよう[21]。しかし改めて問い直すならば、それはどの程度、主体のアイデンティティの形成を保証するのか。そもそも何らかの評価制度に依存しなければ、個人化のプロセスは無意味であるのか。

確かにラエル・イエッギのいうように「われわれは…文字通り《揺りかごから墓場まで》諸制度に直面し続ける」[22]のであり、またハートムート・ローザの述べるように、そのさい自己承認をめぐる闘争は「今や既存の社会秩序に対してではなく、むしろその中で行われる[23]」というのが真実かもしれない。そしてそうした秩序を、「わたし」という個人史の重要な機構として、あるいは「わたし」という著者のかけがえのないテクスト的身体の一部としてアイデンティファイできるなら、われわれは制度の善悪について語ることもできるかもしれない。とはいえ、本書の第六章で論じたように、かつてホネットがアドルノのいう「苦しみ(Leiden)」に見いだしていたのは、公共化されない仕方で人間的生に残余する衝動の道徳的な力であり、それによりわれわれは、暴力装置として機能する道具的理性によって規律化されつつも、その制度的抑圧から由来する病理的な歪みをまさに苦しみ「として」表現する契機を保持し続ける、と論じていた[24]。そしてこの契機にホネットは、アドルノ・ホルクハイマーの『啓蒙の弁証法』を単なるフーコー的な権力論以上の存在に引き上げている、社会哲学上の意義を見ていたはずだ。これに対して、今やヘーゲルの法哲学解釈から導き出された「自由であることの苦しみ」——彼の著作のタイトルだが、原文では「無規定であることの苦しみ(Leiden an Unbestimmtheit)——を主題化するにあたっては、主体は、規範化された承認形式のもとに「正しく」位置づけられないからこそ苦悩する、と主張される。すなわちクリストフ・メンケが反駁を試みているように[25]、承認されるべき「わたし」はここでは、結局のところ、一般的なものの単なる特殊例として扱われる、少なくともそうした方向へと議論が整備されていっているようにも見うけられる。

ホネットはヘーゲルの人倫概念が持つ連帯のポテンシャルを社会哲学的に洗練する形で、個人の能力や業績などを価値評価するための承認制度を引き出すのだが、どうもわたしには、どう考えても個人主義的で功利的ふるまいの痕跡をぬぐい去ることのできない後者が、安定した集団的連帯の道徳的な動機づけとどう結びつくか、いま一つ釈然としないのだ。こうした連帯を説明するために彼がしばしば持ち出すのは、対称的(symmetrisch)な価値評価、という概念である。たとえば論考「ポスト伝統的共同体——概念的提言」(一九九三年)の帰結から引用しよう。

ここで対称的に価値評価しあうというのは、相手の特質や能力を、それらが共同の実践にとって有意義であると示唆する諸価値に照らして、互いに考察しあうということである。そうした関係が、《連帯的》と称されるのは、寛容という消極的態度だけでなく、他者の個人的特性に対する好意的関与をもうながすからである。というのも、わたしとは異なる他者の諸特質が発揮されるようにわたしが積極的に配慮する程度に応じてのみ、われわれに共通の目標は実現されるからである。また、《対称的に》というのが、同じ物差しで価値評価しあうという意味ではありえないことは、あらゆる社会的価値地平が原理的に多様な解釈に開かれていることの当然の帰結である。各自の貢献度を正確に比較できるように量的に規定しうる集団的目標の設定など、およそ考えられない。《対称的に》とは、むしろ、集団的な格づけなしで、それぞれの固有の働きと能力において自分が社会的に価値ある人間であるという経験をなすための機会を、各主体が持っているということである。[26]

要するに「対称的」とは差異を認めるということ、各人の固有性を価値あるものとして評価するということだ。しかし本来、互いに非対称的であるはずの固有性がここで対称的といわれるのは、それらが「共同の実践」の遂行および「共通の目標」の実現に寄与するからだ。しかしこのホネットの論述が問題含みに思われるのは、共通の実践および目標設定は現実問題として「各自の貢献度を正確に比較できるように量的に規定しうる集団的目標の設定」という問題を避けることができないから、というだけでなく、また各自に固有の能力を発揮しつつその都度ある共同プロジェクトに参加するという仕方の連帯が、どう考えてもかつてホネットがミードを批判したときに槍玉に挙げた社会的分業体制というイメージを想起させるから、[27]というだけでもない。より深刻なアポリアは、共通の実践および目標設定と、各人に固有の働きと能力との関係そのものの不透明性にある。つまりわれわれが日常的に――それが企業体やアカデミーにおける労働においてであれ、インターネット等のソーシャル・メディアを通じたコミュニケーション行為においてであれ——依存している価値評価の枠組み自体が今日、極めて不安定で、ローザの言葉でいうならパフォーマティブなものになってきている、ということだ。そこでは個人は、まさに道徳的ではなく功利的な戦略でもって、社会に自己が首尾よく認められるように、利害関心の異なる状況ごとに「正しい」と見なされる言明や業績作りをその都度強いられている。そしてこうした分裂症的ふるまいこそ、評価制度にまみれた現代人の苦悩を第一に物語るものにほかならない。

ローザは、この「価値評価マップの流動化[28]」をホネットは現象としては視野に入れているが、承認モデルの変動としてはとらえきれていない、と考えているようだ。確かに、たとえば二〇〇二年の彼の論考「組織化された自己現実化——個体化のパラドックス」では、タイトルが示すように、右で述べたような事態がまさに主体の病理現象として記述されてはいるものの、一種の時代診断という域を出ていないような印象も受ける[29]。しかし二〇〇五年の『物象化』になると、ホネットはさらに一歩踏み込んで、個人の能力や特性が単なる情報としてコミュニケーション的空間を行き交い、取引される物象化のプロセスを「承認忘却」と規定し、これを本来あるべき相互承認の欠如態と位置づける試みを展開していたのだった。「わたしの推測では、自らの人格を物象化する傾向は、自己をプレゼンテーションする制度に引きこまれる度合いが強ければ強いほど高まる。[30]」そこではわれわれは、自己アピールを求める競争システムをサヴァイブするために、身近な他者との情動的かかわりのうちでゆっくりと鍛えられ形成されてきた価値感情や自己配慮の形式をシャットアウトし、むしろ観察者の視点からみて分かりやすいように事物化された性格やセールス・ポイントをある目標に対して抜け目なく配置する戦略を全面に押し出すようになるという。

かくしてホネットは、社会学的な病理現象を主題化する場合はたいてい、相互承認のより適切な在り方を求めて発達心理学的な所見に救いを求める。極めて暴力的に断定するなら、すべては情動——ありていに言うなら愛と友愛――の問題に還元される（余談であるが、これは彼がアドルノに最も接近する地点でもある）。そしてそこでは、コミュニケーション共同体の拡大とともに各人に多様な固有性を気づかう道徳的センサーも敏感になるだろうというホネットの楽観的見通しと、目まぐるしく変動する評価制度のうちで摩耗する主体を病理学的に記述する彼のまなざしとが、折り重なることなくパラレルに並び立つのである。

（1）Axel Honneth, Anerkennung als Ideologie. Zum Zusammenhang von Moral und Macht, in: ders., *Das Ich im Wir. Studien zur Anerkennungstheorie*, Suhrkamp, Frankfurt a.M., 2010, S. 103–130.

（2）Honneth, *Das Ich im Wir*, S. 7.

（3）特にアクセル・ホネット、『自由であることの苦しみ――ヘーゲル『法哲学』の再生』、島崎隆ほか訳、未來社、二〇〇九年、第五章参照。

（4）ホネット、前掲書、一四頁。

（5）Honneth, a.a.O., S. 8.

（6）ホネット、前掲書、一二七頁。

（7）ホネット、前掲書、二頁。

（8）ホネット、前掲書、七七、九九頁参照。

（9）Nancy Fraser/Axel Honneth, *Umverteilung oder Anerkennung? Eine politisch-philosophische Kontroverse*, Suhrkamp, Frankfurt a.M., 2003, S. 137f.

（10）すでにホネットは『承認をめぐる闘争』の中で、こうした傾向はマルクスに、経済理論の著作における功利主義的アプローチと歴史研究における表現主義的アプローチとを体系的に結びつけることの困難さをもたらした、と批判していた。Vgl., Honneth, *Kampf um Anerkennung. Zur moralischen Grammatik sozialer Konflikte*, Suhrkamp, Frankfurt a.M., 1994, S. 230ff.

（11）Fraser/Honneth, a.a.O., S. 150.

(12) フレイザーはこれを心理学主義として批判する。「それゆえ大まかにいって、ホネットはその承認一元論を前-政治的な苦しみの道徳心理学に基づけている。」(Fraser/Honneth, a.a.O., S. 232.)

(13) ホネットは一九九〇年に執筆した論考「道徳意識と社会的階級支配——規範的行為の潜勢力の分析におけるいくつかの困難」(Honneth, Moralbewußtsein und soziale Klassenherrschaft. Einige Schwierigkeiten in der Analyse normativer Handlungspotenziale, in : ders., *Das Andere der Gerechtigkeit. Aufsätze zur praktischen Philosophie*, Suhrkamp, Frankfurt a.M., 2000, S. 110-129. また以下の著作も参照。日暮雅夫、『討議と承認の社会理論——ハーバーマスとホネット』、勁草書房、二〇〇八年、二一〇-二一六頁)においてこうした事態を「制度的個人化の過程」として描写している。彼が挙げている事例は、自己責任的リスク処理を奨励する社会保険制度、資本主義市場における業績主義のイデオロギー、および戦後期の都市再開発におけるコミュニティの破壊とプライベート空間の拡張であり、これらはいずれも、個人主義的な行為志向性を強く奨励することによって不正意識を持つ個人が連帯するためのコミュニケーション的基盤を破壊するという、複雑な戦略装置を含んでいる。ホネットはここで、不正の意識が公共化され論理的に練り上げられることを疎外するような「資本主義的支配を正当化する制度的土台の一端」(Honneth, Moralbewußtsein und soziale Klassenherrschaft, S. 122.) についてはっきりと語っている。

(14) たとえばアルチュセールは、ホネットもここで参照している論考「イデオロギーと国家のイデオロギー諸装置——探求のためのノート」においてこう述べる。「…人びとは学校で、正しい慣例の諸規則、すなわち分業のあらゆる担い手が将来において占めるべく「予定されている」ポストに応じて守らねばならない礼儀作用の「諸規則」を学ぶのである——それは道徳と市民的職業的意識の諸規則、はっきり言えば、社会的-技術的分業を尊重する規則であり、要するに、階級支配によって確立された秩序の諸規則である。人びとはまた同様に学校で、「フランス語を正しく話すこと」、正しく「書くこと」、つまり実際には(未来の資本家やその従僕として)「正しく命令すること」、つまり(理想的な解決としては)労働者たちに「正しく話しかけること」、等々を学ぶのである。」(ルイ・アルチュセール、『再生産について(下) イデオロギーと国家のイデオロギー諸装置』、西川長夫ほか訳、平凡社、二〇一〇年、一七三頁。)

(15) 本章の注13で挙げたホネットの論考によればこうした不正意識は単なる個人的不満ではなく集団的な広がりを有しており、かつそこには——例によって承認の三つの形式に対応させているように見えるが——正義への期待、欲求の要望、および幸福像に対する潜勢力が消去的な仕方にせよ保存されている、とされる。Vgl., Honneth, Moralbewußtsein und soziale Klassenherrschaft, S. 119.

(16) Honneth, Zwischen Hermeneutik und Hegelianismus. *John McDowell und die Herausforderung des moralischen Realismus*, in : ders., *Unsichtbarkeit. Stationen einer Theorie der Intersubjektivität*, Suhrkamp, Frankfurt a.M., 2003, S. 106–137.

(17) 本章の注13を参照。

(18) Honneth, Moralbewußtsein und soziale Klassenherrschaft, S. 127.

(19) 雨宮昭彦、「労働の未来から市民参加の未来へ――現代ドイツにおける政策論争」、千葉大学『公共研究』第二巻第三号、二〇〇五年。

(20) Honneth, Dezentrierte Autonomie. Moralphilosophische Konsequenzen aus der Subjektkritik, in : ders., *Das Andere der Gerechtigkeit*, S. 249.

(21) ここでホネットは、フロイトの言う超自我を道徳的原理として解釈している。

(22) Rahel Jaeggi, Was ist eine (gute) Institution?, in : Rainer Forst (u.a., Hg.), *Sozialphilosophie und Kritik*, Suhrkamp, Frankfurt a.M., 2009, S. 528. 無論イエッギの制度論は重大な問題を含んでいる。というのはここでは専ら、制度の善悪が、それが個人の利害関心を十分に満足させるものかどうか、という点からのみ論じられているからである。Vgl., Jaeggi, a.a.O., S. 542f.

(23) Hartmut Rosa, Von der stabilen Position zur dynamischen Performanz. Beschleunigung und Anerkennung in der Spätmoderne, in : Forst (u.a., Hg.), a.a.O., S. 660.

(24) Vgl., Honneth, Foucault und Adorno. Zwei Formen einer Kritik der Moderne, in : ders., *Die zerissene Welt des Sozialen. Sozialphilosophische Aufsätze*, Suhrkamp, Frankfurt a.M., 1990, S. 87ff.

(25) Christoph Menke, Das Nichtanerkennbare. Oder warum das moderne Recht keine »Sphäre der Anerkennung« ist, in : Forst (u.a., Hg.), a.a.O., S. 100ff. また最近ホネットはメンケのこの反駁に再反論を試みている。Vgl., Honneth, *Das Recht der Freiheit. Grundriß einer demokratischen Sittlichkeit*, Suhrkamp, Frankfurt a.M., 2011, S. 148.

(26) Honneth, Posttraditionale Gemeinschaften. Ein konzeptueller Vorschlag, in : ders, *Das Andere der Gerechtigkeit*, S. 337. また完全に同じテクストが『承認をめぐる闘争』に書かれた承認関係のカテゴリー表の説明の中に見い

だされる。Vgl., Honneth, *Kampf um Anerkennung*, S. 209f.

(27) Vgl., Honneth, a.a.O., S. 142ff.

(28) Rosa, a.a.O., S. 669f.

(29) Honneth, Organisierte Selbstverwirklichung. Paradoxien der Individualisierung, in : ders., *Das Ich im Wir*, S. 202–221.

(30) Honneth, *Verdinglichung. Eine anerkennungstheoretische Studie*, Suhrkamp, Frankfurt a.M., 2005, S. 104.

——ビオグラフィーの哲学的問題圏へ／自己と他者との間で

第十章　何が「君自身について物語れ」と命じるのか
――オートビオグラフィー・ビオグラフィー・ビオポリティーク

「誰の声を聞くべきか。誰の話を正当なものとするのか。他者に関することも含んでいる物語を、誰が自分の物語として語れるのだろうか。これらの疑問は、「自伝」という、今にも割れてしまいそうな薄氷の上に乗り出そうとしている書き手であれば、誰もが直面しなければならない問題である。(1)」

一、序

哲学研究者にとって自伝（オートビオグラフィー）は、長らく、副次的な存在にとどまってきた。哲学が問題としたのは、ある思想家の体系であり、論理であり、教説である。しかるにその生、思想家の身体《コルプス》は、彼の精神を体現した作品群《コルプス》とは別個のものであり、生活の経過を記述した自伝は単なるエピソードに過ぎない、とされてきた。こうした区分けに異議を唱えた者もいないわけではないが(2)、哲学者がある特定の自伝について考察する機会は、依然としてほとんどない。自伝というジャンルをそもそも成立させている社会的・歴史的・身体的な意味連関やその力のフィールドをめぐるメタレベルの問いについても、事情は同じであるように思われる。

さしあたり、思いつくままにわたしの問題関心を列挙してみよう。

・なぜ人は自伝を書くのか。
・自伝は誰に向けて書かれているのか。
・なぜ人は自伝を読むのか。
・自伝に形や規範はあるのか、つまり自伝をある種「基礎づける」ことは可能か。
・いつ自伝というジャンルは成立したのか。
・自伝は、極めてヨーロッパ的で近代的な語り（ナラティブ）の形式であるのか。
・現代において、自伝はどういう意味を持つのか。
・自伝の真理性を保証するものは何か——これは自伝と伝記（ビオグラフィー）との相違という問題にもかかわっている。果たして自伝は、その真理性に関して、当事者ではなく第三者（他者）によって書かれた伝記よりも信頼がおけるのか。
・真・善・美という古典的区別を引きあいにだすならば、自伝が含意する真理性、倫理的規範、美的効果のうち、何が最も優先されるべきか。
・どのような自伝が読むに値すると言えるのか。
・そして、生の著者（author）としての自己の権威性（authority）と自律性について。自伝（autobiography）の書き手たる自己の絶対的な autonomy（自律性、あるいはこの言葉の本来の意味でもある、生活史を隅々まで管理しようとするその「自治権」）を認めることは、それほど自明なものなのか、等々。

これらは、その問題射程の広さからして、どこから手をつけたらいいのか見当もつかない、というのが正直なところである。そこでわたしは、さしあたり単なる好み以上のものではないが、わたし自身の偏見を一つ導入し、議論に少しでも見通しをつけたい。それは、繰り返し読むようわたしをうながす自伝とは、多かれ少なかれ、何らかの生の危機を契機として書かれたものだ、ということだ。これは死を前にした晩年こそが自伝が最も綴られる時期だ、という統計的データを意味しているわけではない。わたしの念頭にあるのは、たとえばエドワード・W・サイードが回復不可能な白血病にかかったことが彼に自伝を書くよううながした、という事実である。[3] あるいは、自分自身にもいつハンチントン舞踏病が発現するかという恐怖の中でこの遺伝病患者たちの戦いの日々を綴ったアリス・ウェクスラーである。あるいは、二度と祖国の地を踏めない、という思いからベルリンの幼少期を記したヴァルター・ベンヤミンであり、戦中、戦後の混乱期に遠く異国の地であるアメリカで自伝的なエッセイ（『ミニマ・モラリア』）を書いたアドルノである。生きることから、それを書くことへと「転移」させようとする動機が、まさに生そのものの限界状況から生まれるのだろうか。こうした問題は、現代と無関係なものとは思えない。というのは、自伝が氾濫し、だれもが自分の生について説明したがっている現代は、他方で、まさしく個人にとっての生や死の意味が徹底的に変質し、生についての伝統的な定義や価値観が切り崩されようとしている時代だからだ。この一見相反する現象こそが、わたしには極めて興味深い。

自伝は「現在」と無関係な過去的事実を伝える、単なる歴史的資料なのだろうか。また自伝は、たいていの人間にとっては縁のない、特権的で文化的な営みにすぎないのだろうか。決してそうではない、というのがこの考察の出発点である。わたしの考えでは、個人にその生を公的な情報として伝えるよう強いる社会的圧力の高まり、そして各人の生活史を共有可能なものへと範疇化し、社会的な管理下に置こうとする生政治（ビオポリティーク）——いうまでもなくミシェル・フーコー由来の言葉である——のシステムの広まりは、ともに現在を特徴づける主要な歴史的動向を表している（第二節）。そこではある意味、最も個人的な事情について語るという「文学」的な営みが、まさに個人の生が自己決定的に操作可能であるがゆえに複製可能な情報へと一般化されうる、という「政治」的な側面と連関しているように思われる（第三節）。フーコーはかつて、現在最も力ある学問領域は統計学と人口学だ、と述べていたはずだ。

確かに人は、鏡に映る自分を見るように、語りの中で純然たる「わたし」を代表＝再現前化（represent）させることはできない。というのは、自分をrepresentさせようとする言葉自身がすでに、自分の意のままになる所有物ではありえないからだ。そしてまた、書き残した内容がどのように理解されるかということも、自分の自由にはならない。その意味で自伝を書くことは、先行者および後続者という二重の「他者」との関係において、相続という政治的側面と深くかかわってくる。と同時にそれは、教育の問題でもある。生きること、生を豊かにすることは他者の生から学ぶことであり、それが自伝を読むことを単なる知的好奇心の充足以上のものにしているのだ。だが、この関係は一方的なものなのだろうか。つまりわたしは先行者の自伝を読むことで彼から好きなものを、そして同じ仕方で後続者は「わたし」から好きなものを引き継ぐに過ぎないのか。わたしは第四節においてウェクスラーとサイードの自伝を詳細に追跡するが、それは両者が、非対称的ではあるが決して一方的ではないコミュニケーションの場面を、先行者および後続者との間でどのように構築しているかを見定めるためである。

以下の試論は、自分自身について説明することは常に他者からの呼びかけと相関的だ、というジュディス・バトラーの理論的洞察に多くを負っている。しかしわたしは第二・三節の現状分析からして、この相関性の含意する政治的意味あいをバトラー以上に強調した。本章で少しでも明らかにしたいと考えているのは、自伝という文学的ジャンルの成立史ではなく、あくまで「君自身について物語れ」とうながす倫理的で政治的な力のメカニズムにほかならない（第五節）。

二、何が「君自身について物語れ」と命じるのか(4)

自伝を書くことが、あるいは、自伝を書けることが一種のステイタス・シンボルになっている時代である。書店は自伝で溢れている。アメリカの大統領だったビル・クリントンが退任後に執筆した自伝は数百万部を売り上げたが、その妻であるヒラリー・クリントンは上院議員在職中に自伝を物した。そして現アメリカ大統領バラク・オバマが自伝を執筆したのは、大統領候補になるずっと前である。アメリカで最も読まれている自伝の一つはベンジャミン・フランクリンのもので、印刷業から身をたて、アメリカ独立宣言の原稿の起草にもかかわることになったこのたたき上げの政治家は、いかにも近代合理主義の象徴のような人物である。アメリカ人がこうした自伝を好むのは、そこに言わば大文字の「父」、自ら模範とすべき人間像を見るからであろうか。(5)日本では明治時代の思想家である福沢諭吉が書いた『福翁自伝』がよく読まれている。フランクリンと同様に合理主義者だった福沢がそこでくりかえし語っているのは、旧来の日本の封建制度に対する徹底した批判と、オランダ・アメリカをはじめとした西洋科学への傾倒である。おそらく、広い意味での伝統的習俗からの解放のプロセスというのが、自伝を貫くもっともありふれたプロットだといえるだろう。(6)こうしたプロットを好むのは、何も政治家だけではない。スポーツ選手として一時代を築いた者、芸能の世界で名が売れた者、企業家として経済的に成功した者、果ては宗教家や学者までもが、型通りのサクセス・ストーリーで自らの生を、他ならぬその唯一の著者として、つまり、誰よりもその生に対し権威ある人間として語る。とはいえ、肥大化した自我を商品化することがそもそも「文化産業」(アドルノ)の根幹にかかわることであれば、自伝というジャンルは、すでにその語りの形式からして、資本主義のメカニズムと不可分の関係にあるのかもしれない。第四章で論じたように、これはすでにアドルノが一九三〇年代に指摘していたことで、彼はそのキルケゴール論の中で、ナルシスティックな語りが発生するための主観的条件と、プライベート空間の成立の客観的条件とのからみ合いについて論じていたはずだ。

だが時代の流れは速い。本屋や書斎はわれわれが自伝に出会い、これを書いたり読んだりする場所としてはメジャーな場所ではなくなりつつある。というのは、今や数億の人間がインターネット上で自身のプロフィールを披歴する時代なのだから。Facebook や Twitter、ブログに代表されるソーシャル・ネットワーク・サービスによって、われわれは互いの情報を極めて効率的に知ることができる。アラブ地方で近年進行中の市民運動にはこのコンピューター上での情報交換が大きな役割を果たしている、といわれている。実際、出版社を介することもなく、他者による検閲も存在しないネット社会は、各自がそれぞれに固有の生活史を意のままに書きつけることができる、最も民主的で理想的な空間だといってよいだろう。自伝はもはや年老いたエスタブリッシュメントが老境の手すさびに行う趣味的事業ではなく、現在進行形の形で他者に自身を説明し、関係をせまるよう誘惑し、その存在を承認してもらうために不可欠なツールであり、極端な話、社会的生存のための条件なのだ。

ポール・J・イアキンはその著書『自伝的に生きる——われわれは物語においていかにアイデンティティを創るか』の中でナラティブが個人のアイデンティティ形成に果たす重要な役割について論じている。そこで彼がいうに「われわれの社会的な取り決めは——少なくとも合衆国においては——われわれすべてが物語的アイデンティティを持ち、必要に応じてそれを呈示できる、とみなしている。」(7) 彼によれば、自己について系統立てて説明することは、とりわけアメリカの中流階級の子どもが教育課程の中で課せられる訓練であり、これを通じて子どもは自らを自律した個人として確立させると同時に、他者にその存在を認めてもらうための言語的規範を学ぶ。このプロセスは単純ではない。というのはこの場合自律とは、好き勝手に個性を表現することではなく、危険のないいわゆる「ノーマル」な人格を持った人間として受け入れられるように、他者と共有可能な物語に自身のそれをうまく適合させることを意味するからだ。学校や教会、集団的セラピーにおけるＲＰＧ（ロール・プレイング・ゲーム）、自身が所属する階級、民族、職業集団といった様々な制度は、それぞれの含意する価値観をまさに各人の価値観として選択し、受け入れるにいたった経緯を「物語」として求めてくる。「あなたは何の仕事をしていますか?」という問いは、イアキンがふれているように、白人中流層が自己説明を求められる際に用いられる最もありふれたセリフであり、人はシャルロッテ・リンデのいう「因果性と連続性の原則」(8)にしたがって、今ある自己にいたった経緯を首尾一貫した仕方で物語らねばならない。無論、どのような物語が求められるかということは、決して単純な問題ではないのであるから。とはいえ、どのような状況や立場であっても、それが他者の承認を必要とする場面である限り、言説が規範（norm）を帯び、またそのことによって、規範を外れた（ab-normal）人間の説明可能性をあらかじめ排除するように働く、ということは容易に考えられる。イアキンによれば、ナラティブとアイデンティティとの相関が意味しているのは、そうした規範をある種の倫理的価値観として受け入れ、表明するよううながす社会的圧力が、合衆国において顕著であるという事実にほかならない。

イアキンはこうした事実をアメリカにのみ妥当する事情とみなすことに一定の留保を付けているが、これは正しい。事情はどこも似たり寄ったりだろう。そして哲学もまた例外ではない。おそらく今日ほど、職業哲学者が「自分が何者であるのか」という説明を強制されている時代はないのではないだろうか。無論ここでは、「誰であるか」という問いは、大学職員として「何ができるのか」という功利的関心と結びついている。だがこういう事態を考えるにつけ、わたしは、アメリカでの亡命生活について述べたアドルノの『ミニマ・モラリア』の一節を思い出さずにはいられない。「彼らについて思い出してはならない」と題された断章（GS4, S. 52.）で彼がいうように、ナチスに蹂躙された故国を追われ、異国に逃れてきたユダヤ知識人たちは、そうでなくても昔の生活との絆を断たれているが、当地ではさらに（おそらくここにはアメリカでの奨学金やポスト探しの経験も、そしてもしかしたら、西洋マルクス主義者というプロフィールに対する検閲の経験さえも反映しているのかもしれないが）、性格や年齢、職業を書いたアンケート用紙の提出が義務づけられる——それが彼らの「過去」のすべて、というわけだ。味気なく過去が列挙され、一枚の紙にまとめられる。これにより人は二重の意味で過去を失う、とアドルノは主張する。というのは彼にとっては、現在を基準に過去を物品のように整理することは、単なる忘却以上に忌まわしいことだからである。

アドルノの自伝というジャンルに対する嫌悪は徹底している。自伝は人間の性格を何か各人に自然に与えられたものと考え、人格を切れ目なく統一したものと想定しているが、それは近代ロマン主義が生み出した幻想にすぎない。こういう思いは、彼の言説の至るところに表れている。それは個人の生活史が抱える断片的な性格を隠ぺいするだけでなく、それを形成するのに大きく寄与しているはずの他者の存在——それが身近な者であれ、異なった言語的規範あるいは歴史的背景を抱えた個人であれ——を排除する、という暴力的な側面を有している。アドルノにとっては、自伝が帯びているロマン主義はナルシスティックな自意識に似ており、この自意識は自らを生活史の無制限で権威ある唯一の著者、と主張する傾向にあるのだ。だが自分の過去を想起しつつ書くことは、それが苦々しい思い出に対する怒りの表明であれ、責任や感謝の表明であれ、むしろその都度、複製不可能な仕方で行われる他者への呼びかけではないだろうか、とアドルノは考える。彼は決して自伝の可能性を否定しているのではない。生と切り離された哲学など無意味だと考えていたし、何より『ミニマ・モラリア』ほど、彼の生活史を生々しく伝えるものはない。彼はただ、自伝のいう「自己」とは何か、自己はどこまで自己でありうるか、自己と他者との間の関係はどうなっているのか、そこに明確な境界があるのか、といった問題を決して自明視したくなかったのだ。「わたし」が不明瞭であること、意のままにならないこと、居心地の悪さの中で「わたし」について語らねばならないこと、これらはいわゆる主体の死を告げるものでも、価値相対主義を標榜するものでもなく、バトラーがアドルノに目配せを与えつつ述べているように、「道徳性そのものが出現するための条件」[9]である。「多くの人々の場合、わたしという言葉を口にすることすら、すでに厚顔無恥である。」(GS4, S. 55.)と『ミニマ・モラリア』が語るように、アドルノにとって自伝的語りが「成功」するとすれば、それは、あらかじめ想定することのできない他者のまなざしを前に、ある種のはにかみの感情なしには「わたし」を表明することが不可能な場面においてなのだろう。

実際、グローバルな規模で広がり続けるソーシャル・メディア・ネットワークがどこまで個人に特有の生活史を伝えることができるかという問題は、決して単純ではない。周知のように、ネット上の情報共有システムの発達は、プライバシー侵害の可能性と結びついている。ただしこれはどちらかといえば、技術的に解決可能な問題だろう。それ以上に重大なのは、共時的な空間を形成するサイバースペースの浸透によって、各人それぞれの生活史が解釈される従来の仕方が変容しつつあることである。ここでは人は、個人がその人生行路においてどのような人生を歩み、どのような時間を過ごしてきたかというコンテクストを時系列を追って見定めるという、それなりに時間を要する熟慮の経験を必要としない。むしろ気になる個人と出会う際の判断基準となるのは、極端な場合、彼が「今」持っている属性、つまり外見、身体的能力、学歴といった、だれにでもわかる特徴であり、これを観察者は、他者の属性と比較考慮しつつ取捨選択することができる。ネット上に登録された精子バンクはこうした情報にあふれているが、ここで購入者が得たいと望むのは「将来の父親」が築いてきた人生の道のりではなく、個人的で不可逆的な彼の生活史から切り離された様々な情報であり、それらは、彼とその家族を含む遺伝学上のプロフィールにまでおよぶことがある。いわば精神と乖離した身体上の個別的な部分が、彼の「自伝」のコアとなるのだ。当然ながら、ネットワークそのものに個性など存在しない。だからこそ、そうしたシステムに基づいて分節化されるわれわれの生はどうしても画一的で脈絡のないもの、断片的なものにならざるをえない。だとすればわれわれは、「断片的な」情報を通じて「首尾一貫した」自己を物語り、アピールしなければならないという奇妙な立場に立たされていることになる。

三、変容する自伝のイメージ

アドルノであれば個人を商品化するこうしたプロセスを物象化と呼ぶだろう。フーコーであれば、これぞ「主体の死」だと高らかに宣言するかもしれない。[10] 実際、自伝的ナラティブはその応用可能性を臨床的な医療現場にまで広めているが、[11] 他方で個人からその生活史の著者性を簒奪する圧力は、テクノロジーの側からのみならず、当の医療と関係の深い生命科学からもわき起こっている。

ここではマーティン・G・ヴァイスが編集した『ビオスとゾーエー』の議論を紹介しておきたい。[12] ヴァイスは自ら執筆した巻頭論文「人間的自然の解消」でまず、近年のヒトゲノム解読プロジェクトが伝統的な個人優位の倫理学的原理——インフォームド・コンセントに代表される自己決定権——におよぼしたインパクトに言及する。ポストゲノム時代においては、病気はもはや、個人の生活習慣に応じて因果的に発生するものと断定されることはない。たとえば遺伝病が染色体のある特定の部位の異常という形で世代から世代へと伝わる場合、自己の意思を表明できる主体ではなく、病気の発現をあらかじめプログラミングされた遺伝子が個人の、あるいはその血縁全体の生活史の「著者」となる。ただしこれは、すべてが遺伝子に還元可能だ、という単純な決定論を意味するわけではない。ヒトゲノムの組成やメカニズムは極めて複雑で、異常がいつ、どのようなコンテクストで発現するかということは間違いなく個人により、また個人とその生活環境との連関により異なってくる。「《ひとつの遺伝子-ひとつのタンパク質、ひとつのタンパク質-ひとつの機能》といった古典的な遺伝学のパラダイムは…今日もはや堅持できない。[13]」それに、異常をかりに遺伝子書き写しのミスによる細胞分裂の失敗と定義するならば、写し間違えのリスクを持たない生物など存在しない。ダウン症やアルツハイマーなどの遺伝子疾患に限らず、DNAの再生メカニズムという観点からすれば、そもそも正常と異常の明確な線引きは不可能なのである。とはいえヴァイスによれば、生活習慣病を含む病気全体を、そのつど原因が特定でき根治可能なものとしてではなく、遺伝子レベルでどのような表現型として表れるかという統計上の蓋然性という観点からとらえ直すのであれば、むしろ個人に帰せられる責任の範囲はより広まるという。というのは、自分がどのような病気にかかりやすいか、どのような身体的不具合を潜在的に持っているかという知識を得て、将来起きるであろうリスクを常に管理しておくことが、共同体全体における社会福祉を実現するうえで必要なリスク・マネージメントとして求められるからである。要するに知らないということは罪なのだ。「主体がいまや直面している遺伝学的蓋然主義は、生物学的な体質から《自然性》や《運命》といった側面をむしろ剥奪する。というのは、その体質のポジティブないしネガティブな発現は、個人の適切な生活スタイルに左右されるからである。[14]」ということは、ヴァイスはそこまで述べてはいないが、そこでは個人の単なる心身状態以上に、彼の人生の全体が管理の対象となる、ということだ。というのは、生をその将来的可能性を考慮し、異常性を先行的に回避するような蓋然性にしたがって設計することは、まさに自伝を、しかも過去の回想ではなく、できうる限り見通しの明白な将来に重点を置いた生活史を書くよう、個人を方向づけることを意味するからである。

しかし、そこで自伝のsubject（主体＝主語）となるのは何であるのか。たとえば医療ジャーナリストのマット・リドレーは『ゲノム：二三章からなる種の自伝』[15]の序文でこう述べている。「私は、ヒトゲノムが一種の自伝——われわれの種と生命誕生以来の祖先の歴史を物語る、「遺伝子語」で書かれた変転と創造の記録——であると考えるようになった。[16]」確かにリドレーは単純な遺伝子決定論者ではない。しかしACG

T（アデニン・シトシン・グアニン・チミン）の四つの遺伝子語のデジタルな組み合わせは、もはや「精神」の成熟の物語、つまりわれわれが動物的な自然状態を脱し理性的動物（animal rationale）となるという、ヒューマニズムにまつわる伝統的な理念の具体化プロセスを単純に物語ることはない。彼は個人を決定するのは後天的な環境要因だという見方を牽制するが、それは彼が、個人の性格や欲求、行動パターンを、タブラ・ラサ（白紙）の状態の上に主体が一から積み上げてゆくものではなく、先行する親の世代の遺伝形質が受け継がれ、それが各人の置かれた環境との相互作用に応じて不規則な仕方で発現してくるもの、と理解しているからである。だからこの場合、生活史のマネージメントの外延は個人の自伝のそれをはるかに超え、先行者としての親や後続者としての子や孫にまで及ぶことになる。個人をわれわれの生活史の分割不可能――つまり他者や自然的ファクターによる介入を原則的に排除しうる――な「著者」と考えたユルゲン・ハーバーマスとは対照的に、管理対象となった「運命」は世代を超えて共有されることになるのだ。

第七章で見たようにハーバーマスは、特に人間の生誕にいかなる他者の意図も介入してはならない、と強く主張していたが、このテーゼがどこまで維持可能かということは、決して明らかではなかった。確かに主体をかけがえのない自伝を書く当の著者とみなすのであれば、その最初のページ（誕生）が他人によって書きこまれているということは、著者にとっては不名誉なことかもしれない。だが実際には、ダウン症のリスクを診断するための出生前診断はいうにおよばず、経済状況やタイミングを考慮して妊娠をある程度コントロールすることが日常化している社会では、人為的でない生誕のほうが例外だともいえる。ヴァイスはドイツ人学者にしては珍しく、結婚適齢期の男女に対して複数の遺伝子テストを国家規模で勧めているイスラエルの政策にふれている。[17] さらに、データの蓋然性が当人の生活史全体の設計を左右する例として彼が挙げているのが、家系内に乳がん患者をかかえる女性に対する遺伝子テストの実施である。テストでリスクありと診断されたもののうち、ドイツでは5パーセント（アメリカでは30パーセント以上）の女性が卵巣摘出や乳房の切除を行った、という報告がある。切除することで発症リスクを大幅に軽減できるからだ。

生誕がそうであるように、死についても、主体の裁量権は曖昧になりつつある。周知のように、脳死と臓器移植の問題は、脳（＝心）の死がその持ち主の全存在の終わりを意味する、という伝統的な定義を切り崩す。死はもはや、生命の純然たる唯一性と不可逆性を証言することはできない。脳が死んでも心臓や腎臓が「生き」ていれば、それは他者に引き渡され、他者の身体のうちで「自伝」を綴り続ける。この点については、『ビオスとゾーエー』に収録されたアンナ・ダルノヴァとヘルベルト・ゴットヴァイスの共著「生と死の間の政治」が興味深い書き方をしている。両者によれば、「身体の諸部分は、まさにそれらが諸部分だからこそ価値を持つ。女性の体の中の卵細胞はそのままでは《無価値》であり、外部に引き出されたときだけ価格も生ずる。単独の細胞としてのみ、取引可能な財産となるのだ。[18]」たとえば通常の自然妊娠では、受精卵はそのまま母体の中で成長し、出産を迎える——当然である。しかし顕微授精のような例で複数の受精卵が作成された場合、余った受精卵は母体に戻されず、単独のまま取り残される。一九九八年にウイスコンシン大学で世界初のES細胞の作製に利用されたのがこれだった。脳死者が臓器を剰余として残すように、テクノロジーの発展はあらゆる仕方でこの生の剰余的な諸部分に注目し、これを共有可能な資源として再生させ、有効利用することを考える。そして忘れてはならないが、剰余こそ商品を生み出し、流通させる資本主義の本質的なモメントにほかならない。

互いに互いの生を、その諸部分を利用しようと監視するこうした動向の到来は、ロッシ・ブライドッティの刺激的な言葉を借りるならば、「カニバリズム的転回[19]」と呼べるかもしれない。実際にたとえば、アンチエイジングの効能があるとして化粧品や健康食品に利用されているプラセンタの原料は、ひとを含む哺乳類の胎盤である[20]。近い将来、ひとはもはや自分の生存をサポートする生物学的資源がだれから提供されたか、彼（彼女）がどの国家に属し、どのようなプロフィールを有していたか、どのような価値観を持ち、どのような生を歩んできたかということに頓着しなくなるかもしれない——ちょうど今日、われわれが日々食する動植物のビオグラフィーに頓着しないように。遺伝子組み換え食品や、管理された家畜の「製造」行程——家畜の生活史をその機能（肉の供給、牛乳の供給、精子の供給、等々）に応じて区分けすること——に用いられている視点、すなわち生の部分的なクオリティや性能上の向上、およびそれらが最大限利用できるようなネットワークの構築といった枠組みが、われわれ自身に応用されないとは、だれにもいえない。そこでは自由、平等、正義といった、人間をまさに理性的動物たらしめる啓蒙主義的なカテゴリーに代わり、生物学的な意味での正常さ、能力の高さといったような、それ自体としては動物と人間との差異にとらわれないカテゴリーが社会的規範として前面に押し出されることも考えられる。機能さえ高ければ、それがどの国、どの人種や民族由来のものかはどうでもよい（egal）。これをブライドッティは「一種の生命中心的な平等主義（Egalitarismus）」[21]と呼ぶ。実際、代理母をはじめとした妊娠プログラムや臓器移植の利用について国際的なネットワークを利用するものが増えているように、市民が生命維持のために行う行動を国内に制限することは非常に難しくなってきている。この場合、人々の行動の規範を牽引するのは国家といった大文字の存在ではなく、ネット上で形成されるコミュニティのようにグローバルな形で連携可能な様々な利益共同体になる。技術の発展によって「生の伝記的なリズム」[22]の管理主体が個人から国家へと移行する、という単純な話ではなさそうである。

四、他者とのコンフリクト、および和解の場としての自伝

しかし、そもそも著者である「わたし」の力や意味については、どう考えたらいいのか。主体は自らの生死に関する権力を——死についてのマルティン・ハイデガーの有名なテーゼを借用するならば——「最も固

有で、没交渉的、追い越し得ない可能性」として、他者に引き渡すことなく我有化することができるのか。もし仮に物語の主人公としての権利が制約を受けたならば、それは「わたし」が非倫理的かつ不当に扱われたことになるのか。

まず単純な事実として、すでに肉声ではない自伝の言葉は、純粋にわたしの所有物ではない。言語は私的な発明品ではない。だからこそ自伝は、各人の生の正確なコピーではありえない。そして第二に、自伝は書き手の意図や目的、希望、要求を超える仕方で、文字通り著者の死を超えて残存することになる。否、やや思弁的にいうなら、書くということ自体がすでに、単純な生命活動の直接性からの離反を意味しているのだ。「ニーチェ」という名はもはやニーチェ当人には帰属しない、とデリダが述べているように[23]、そして生の直接性が埋葬されてはじめて歴史が生ずる、とサイードがいうように[24]、書くことは、それ自体がある種の喪の手続きを含みこんでいるのかもしれない。そして第三に、多くの自伝は、自分より早く生まれ、望むと望まざるとにかかわらず自分の存在を形成し、自分についての様々な選択的行為をすることになった先行者、つまりたいていの場合両親との関係について整理し、説明することから始まっている。時には両親の死や不在が、二度と現前することのない関係性をふりかえり、再構成するようながすターニング・ポイントになることもある。そのドラマチックな典型を、われわれはウェクスラーおよびサイードの自伝的著作にみることができる。

一九七八年にアリス・ウェクスラーの母レオノアは亡くなったが、すでにその一〇年前、彼女は死の直接的原因となった病気の診断を受けていた。ハンチントン舞踏病と呼ばれていたこの難病は、ある程度高齢になってから発病する。筋肉の痙攣、精神の遅滞、極度の鬱状態が続き、助かる望みは完全にない。狂気に陥り、自殺する者も少なくない。そしてこの時限爆弾は二分の一の確立で確実に遺伝する。レオノアの三人の兄、彼女の祖父、その曾祖父はいずれも舞踏病によって亡くなっている。ウェクスラー自身がその発症リスクを抱えており、彼女がこの著作を書き始めたのは、まさに母がかつて症状を呈し始めたのと同年代にさしかかってのことだった。だが何のために。彼女は「この病気の社会的・情緒的な意味合いについて模索したいという思いに駆られました」[25]といい、「発病リスクを持つことの感情的な意味について探求したくなった」[26]という。そしてそれは「私自身のためにであるとともに、母のためでもあった。」[27]

実は執筆当時、すでに舞踏病の発症にかかわる第四染色体上の遺伝子のおおよその位置は特定され、発症の可能性の可否が判明するDNAマーカー・テストも開発されていた。アリスの家族（精神分析家の父ミルトンと生物学者である妹ナンシー）自身がこの事業の一翼を担っていた。だから「Mapping Fate（運命を配置すること）」――『ウェクスラー家の選択』の原題である――は、彼女自身の運命をマッピングした物語であると同時に、遺伝病克服の道程をマッピングしたアメリカの科学史、という色彩も帯びている。だがなぜ彼女は、母の人生の軌跡をもマッピングするのか。単に最も身近な舞踏病患者だったからなのか。いや、であれば母がメキシコでレイプされた事実まで記す必要はあるまい。母によせる彼女の感情は複雑を極める。恨みがあり、愛情があり、何より母が自分自身について語ることが少なかったことからくる、どうしようもない隔たりの感情がある。母は自分に発症リスクがあることを知っており、そしてそれを結婚前に明確な仕方で父に伝えなかった。結果として、過酷な運命を娘に分け与えることになった。やがて父と母は離婚した。アリスはすでに子供をつくることをあきらめている。自分と同じように、人生が瓦解する不安をわが子に押しつけるわけにはいかないからだ。しかしなぜ母は、リスクがあると知って自分を生んだのか。「いつも他人のために自分を犠牲にして、自分の希望を主張することなく、いつも自分の存在を謝りつづけている、そんな母の殉教者みたいな振る舞いが嫌でたまらなかった。」[28]すでにこの五〇年代の初頭、母は日常の家事でさえ四苦八苦するほど変貌していた。大学を主席で卒業したかつての生物学者の姿はもはやなく、内気で無口な母がいた。父は当時勤務先のクリニックで愛人を作っていたが、その臨床心理士のマリリン・バーナードは離婚後もウェクスラー家をよくサポートし、母の介護の一翼まで担った。「マリリンの介護者としての役割は、母に対する完全な侮辱なのか、それともマリリン側の寛大な行為なのか、それとも父のそばに居続けるための彼女なりのやり方なのか、私には計りかねていた。たぶんそのどれもであったのだろう。」[29]とアリスは整理しつつ述べている。フェミニストとしてのアリスは、長く独身を貫いてきたこの独立独歩の女性に理解を示しながらも、彼女とはこの著作の出版をめぐって仲たがいをすることになる。――誰も傷つけることなく書くことはできない。サイードもその回想録のまえがきの末尾でこう述べている。「わたしは誰の感情も傷つけたくないと切に願っている。だが、その一方で、自分の第一の責務は人に思いやりを持つことではなく、おそらくは独特なところもあるわたしの記憶や経験や感情に忠実であることだとも考えている。…わたしは意識的に自分自身についても他の人々に対すると同様のアイロニーや気恥ずかしい詳細の記述を免れることのないよう心がけたつもりである。」[30]

離婚後、二五年のブランクを経て再び大学院に通いだし、絵画や教職につくための勉強を始めた母は、一九六三年の夏、メキシコで四人の暴漢に襲われる。レイプの後遺症と思われる神経症に悩まされながらも何とか教員免状を手に入れた母だが、その一年後、決定的な死亡宣告を受ける。医師から正式な病名を告げられたのだ。さらにその一年後、彼女は自殺未遂をする。

著作の中で、アリスは母の苦しみをなぞる。彼女は、母と自分に近づく不透明な死の影を前にしてセラピーを受けているが、その理由をこう記している。「死が近づいている母の、そして母自身がなりえなかったもののために、また私がこれまでのアイデンティティを失うことへの準備のために、私自身が発症リスクのある人になる前に、ちゃんと悲しんでおく必要があった。」[31]

彼女は続ける。

母に対する悲しみは、自分や妹、哀れな将来、持つことのないだろう自分の子どもへの悲しみとも混ざりあっていく。妹と私には共通の思いがあった。それは、母がすべての希望と絶望を告白してくれるような、人生をめちゃくちゃにしたこの病気の、彼女自身の歴史を語り尽くしてくれるような会話をしたいという想いである。それは私たちには一度として語られていないが、母自身はよく知っているものだった。(32)

苦しんだ母の一生を描くこと、それは我知らず自分を喪失していった母の声を回復させることであり、アリス・ウェクスラーはその声を共有し、また共有することを通じてそれを哀悼し、葬る。母に起こった幸福と不幸を分け隔てなく叙述することで、母に対する感情が整理されてくる。しかし、もしかしたらありえたであろうコミュニケーション(「会話をしたい」)の光景を物語的に創造することなしには、彼女はそうした情緒を分節化することは出来なかっただろう。物語こそが、苦しんだ者の社会的で歴史的な情緒の意味を効果的に浮かび上がらせる。たとえフィクションであっても、情緒ははっきりとした顔を有する具体的な対話者を必要とするのだ。こうしたケースにおいて本質的なのは、不治の病が抑圧していた情緒の表現をマッピングし、これを聞き分けることにほかならない。単なる患者とその家族たちの実生活上の権利回復が重要ではなく、病の存在によって沈黙を強いられていた彼らの情緒——その最たるものは、自分は存在すべきでないのではないかという罪悪感である——そのものが解放されねばならない。彼女のいう「鬱状態が哀悼の気持ちに変わる」(33)とはそういうプロセスを指しているのではないだろうか。

しかし同時にそれはコンフリクト、そしてアイデンティティ喪失の危険を伴う探索である。家族の秘密について今更ながらに詰問する彼女を、父が裁判官のつもりでいる、と強くなじるシーンがあるが、まさしく感情を整理することは、互いの存在の正当性を見出したい、という強い思いの表れと解釈できる。少なくとも、無意味な人生ではない、という証明への欲求がある。そしてそれは同時に、やがて自分にもふりかかるであろう喪失感を、まさに母とともに克服したいという生への希望を物語っているのではないか。この本の冒頭近くでアリスは「私の夢の中に母が現れ、自分の元へ引きずりおろそうと私の腕をつかむことも、母の物語を書ければ、もしかして終わるかもしれない。(34)」と書く。死んだ魚、暗い池の奥深くで、人知れず生息していた魚、舞踏病のアレゴリーともいうべきこの不気味な生物の顔には、母の姿もみえる。しかし物語の終盤、美しい魚に変身した母は、南米の輝く湖の中を、アリスを優しく抱擁したあと、ゆっくりと沈んでいく。いうまでもなくフィクションである。が、不在の者の声を実在の言葉に翻訳するという、矛盾を抱えた虚構的営みを通じてしか開示することのできない和解の光景がある。この光景の中で、アリス・ウェクスラーは自身と母とを救済するのだ——。

サイードの場合はどうだろうか。彼は回想録の序文の中で、完治不可能な白血病を患ったことが、幼少期と学生時代を過ごしたアラブ世界と合衆国についての「主観的な記述を遺しておかなければならないという強い使命感(35)」を惹起させた、と記している。その時代の記憶としてある場所や人々の多くは、すでに失われ忘れ去られて久しい、と彼はいう。というのは、中東の宗主国であったイギリスの撤退やイスラエル建国といった第二次大戦後の歴史の急激な変化の中で、サイードの一家は、生誕の地エルサレムからの追放をはじめとして、絶えざる移動の生活を余議なくされたからである。だがそれだけではない。彼とその姉妹を育てたヴィクトリア朝式の生活スタイルや教育プログラム——典型的な植民地文化——そのものが、アラブの政治的現実を覆い隠すイミテーションにほかならなかった。そして息子たちを物質的な裕福さによって、アラブのただ中でアラブ世界から隔絶させたのは父ワーディーである。この絶対的な家長はその現実主義、頑強な肉体、すぐれた商才と言う点で、何もかも息子と対照的な存在として描かれる。英国風の「エドワード」という名と、家系をさかのぼっても見つけることのできない「サイード」という、とってつけたようなアラブの姓とのハイブリッド的存在として、息子はいつも場違い（out of place）――これは回想録の原題である――という感覚を持ち続ける。そして「それは両親がでっち上げたものである。」[36]

サイードのまなざしは、両親の強い庇護と圧力のもと西洋文化を受容して育ち続ける自己自身と、それとは不釣り合いな現実、後になってやっと判明するパレスチナの惨状とを交錯させる。父はまさに、心身ともにヨーロッパ的な規律と訓育を代弁する者として描かれる。中でも興味深いのは、八ミリカメラの思い出で、この西洋由来の発明品を極めて早い時期に入手した父は、ひたすら家族の幸福で牧歌的な姿を記録しつづける。カメラの焦点は家族以外にはあたらず、しかも、映る前に家族に何度も演技をさせた上で、決して真正面以外の姿を写さないものであった。結果として記録されたのは「エジプトやアラブの環境の中にあって決然と小さなヨーロッパのまがいものをつくろうとした一家であった。」[37]肉体に課せられた秩序の中に、父の家族に対する支配の意志が表れている。だが他方で現在のサイードは、プールに飛び込み、カメラの焦点をあざ笑うかのように泳ぎ回るかつての自分を映したフィルムを見つけることで、父が永続化しようとした風景を逸脱する幼い自分を確認し、勇気づけられる。厳しくしつけられ、劣等感を植え付けられた身体的な規律から離脱したいという願望は、時間も場所も超越した「本になりたい」という夢想をサイードに抱かせるが、この回想録そのものがそうした転移の実現に一役買っている、といっていいだろう。

サイードが想起する幼年時代は、誰もがそうであるように、とぎれとぎれである。が、彼に特有なのは、想起をちぐはぐにさせる原因が彼が置かれた環境の変化そのものにある、ということだ。彼は「記憶がもはや正しくない」という言い方をする。[38]それは記憶が不正確だという意味ではない。記憶された内容の意味あい自体が昔と今とでは変化している、といいたいのだ。エルサレムにあったかつての自分の生家には現在、新しい住民が住んでおり、中を窺うことができない。彼を放逐したヴィクトリア・カレッジは今やイスラムの民族教育のフロントに装いを改め、久しぶりに母校を訪れた彼を再び閉め出す。平穏な外国人天国だったカイロはナセルの政権樹立によって色合いを変える。そもそもアメリカの市民権を持った父とパレスチナのキリスト教徒という出自を持つ母という取り合わせからして、周縁的存在を運命づけられたようなものだった。「わたしたちの風変わりなつぎはぎだらけの存在が分解しないようにつなぎとめているのは父の事業の成功だけだった。」(39)

サイードの理解によれば、父が息子に施した教育の背景にあるのは、欧米びいきといった趣味嗜好では全くなく、一家をおそうであろう環境の歴史的変転への予感であり、また一家に流れる破天荒な生を欲する破壊的な本能を抑えなければならないという、ある種の脅迫観念であった。規律がなければ家族はバラバラになるという不安、それは同時に、愛情の裏返しでもある。それをサイードはようやく理解する。口数が少なく、死の間際でさえ壁に目を向け、一言も発しなかった父を、彼はそう解釈する。「「それが教育のためになるんだったら、やるがいいさ」と、父は昔わたしに言っていた。以来ずっと、わたしは「それ」が何なのかをつきとめようとしてきたのであり、この本はそのようなわたしの努力の記録である。父が死んで何十年もたってやっと、彼がわたしの中に遺したものの二つの側面がもはや解きがたく結び合わさって絶対的で議論の余地のない矛盾を形成していること、すなわち抑圧と解放が今もわたしには不可解なかたちで互いに通じ合っているということが、認識できるようになった。この事実を、たとえ完全に理解できていないにせよ、わたしは今ようやく受け入れようとしている。」(40)世界は消えた。サイードは改めて、彼の理論的モチーフである「永続的な亡命感覚」を、断片化した記憶の風景に確認する——それはパレスチナ人の物語であると同時に、土地所有の神話を克服するポスト帝国主義時代の人間の物語でもある。だが父のアンビヴァレントな愛情だけは残る。

五、オートビオグラフィー・ビオグラフィー・ビオポリティーク

ウェクスラーとサイードが置かれたある種の限界状況を要約するならば、こう定式化できるかもしれない。つまりわたしは、自己を産み育てた他者がもはやこの世に存在せず、またわたし自身が早晩この世に存在しなくなる、という二重の状況において、あるいはまさにその状況の二重性がために、死者を蘇らせ、また生者であるわたし自身を葬らねばならない、と。物語というフィクションの地平を共有しつつ、純粋な死者でもなく純粋な生者でもない「わたしたち」は会話し、攻撃し、互いの言い分の正当性を主張し、和解のポイントをさぐり、複雑に絡みあった情動を分節化させる。ウェクスラーの自伝が鮮明に記述しているこうした、他者がわたしを取り囲み、そのアイデンティティをゆさぶるという構造は、ニーチェ晩年の自伝『この人を見よ』のあまりにも有名な冒頭部分を想起させる。「わたしという存在の幸福、おそらくは他に例のないその独自性は、持って生まれた次のような宿命に根ざしている。すなわち、謎めいた形でこれをいえば、わたしはわたしの父としてはすでに死亡し、わたしの母として今なお生き延び、歳をとりつつあるということである。」(KGW, VI3, S. 262.) デリダが示唆するように[41]、この「謎めいた形」は、執筆当時に実際にニーチェの父が亡くなっており、母が存命していた、という単なる事実以上のものを含んでいる。つまり、わたし自身が生ける母であると同時に死せる父である。上昇と下降の両方を知る者であり、始まりであると同時に衰退者である。こうも敷衍できるのであろうか、わたしは死者として語り(書かれた言葉としてのエクリチュールは死せる言葉だ、とデリダは述べていたはずだ)、自伝を生産するが、それは、わたしは子(作品)を産む母でもあるからだ、と。

しかしこの「相続の系譜」——差し当たりこう定式化したい——は単純ではない。うがった見方をするな

ら、ニーチェが死せる言葉から聞き分けるのは、常に自分自身の声に他ならないが(42)、ウェクスラーとサイードの物語はこうした自己回帰の構造を「脱臼」させる側面も持っている。たとえばアリス・ウェクスラーは、確かに、母親の抑圧させられた声は自分自身の声でもあると断言する。そこに彼女が自伝を書く強い動機も存在する。だが他方で、母親と同じ太い親指をしていることに強い恐怖感を持ち育った彼女は、母親とは異なった強いパーソナリティー、自分自身がそうでありたいと願うフェミニスト的な人格を、他者のうちに読みとりもする。彼女が惹かれるのは、二〇世紀初頭の無政府主義者エマ・ゴールドマンであり、彼女の自伝にアリスは、自らを似せたいというミメーシス的対象を見いだす。次の一節を見よう。

母が亡くなってから、私は真剣にエマ・ゴールドマンの伝記に取りかかり始めた。あたかも母の死が私を、この大プロジェクトを開始することに向かわせたかのように。それはまた、母親という存在を他に創り出すことで、亡くなった母の面影の埋め合わせをすることのようでもあった。もちろん、この世の時間は限られたものと割り切り、冷静に現実を見詰める自分も存在する。仮に母と同じ運命を辿るのであれば、すぐにでもこの本を書き始めなければならないと感じていた(43)。

他者(母)を自己のエクリチュールに投影する「自伝」的構造とは違い、ここには、他者についてのエクリチュールに自己を投影するという「伝記」的構造がある(それに何よりウェクスラーの自伝は、狂人として沈黙を強いられ、社会的に葬られていった舞踏病患者たちの伝記でもある)。そこに反映されているのは、すぐにでも自分を他者に転移させねばならないという切迫した感情、端的にいうなら、生き延びたい、という意志である(臆断は避けるべきだが、子をあきらめたアリス・ウェクスラーにとっては、まさに伝記という第二の自己を産みたいという思いかもしれない)。

似たような事態は、サイードにも散見される。彼は父の声を蘇らせつつも、父と自分を同一視することはない。「このメモワールは、あるレベルにおいて、時間切れが迫っているというプレッシャーのもとに置かれた私が、旅立ちと別離の経験を再演するものである。」[44]と述べるように、彼はここに、土地や血縁からの解放という志向を一般的なテーマとして、そして政治的なうながしとして、含みいれている。絶対的な父性を否定し、ノマド的存在を自認しつつも、サイード自身は大学にとどまり、他者を育てるという教育的役割に自己の存在意義を見いだしていた。そんな彼は、回想録を読む限り、つまるところ厳格な父と放浪癖のあるその弟デイヴィッドのハイブリッド的な存在でもあるのだろう。「メランコリー、饒舌、得意の絶頂から意気消沈のどん底までの両極端」[45]というディオニュソス的ともいうべき性格を持っていたこの弟に、サイードは水夫から小説家へと転身したコンラッドの姿を見る。批評家としてのサイードの出発点となったのがこのコンラッドの評伝（『ジョゼフ・コンラッドと自伝の虚構』）であることを考えると、ここにも、父とは異なる生を他者に転移しつつ写し取りたい、というミメーシス的欲求が見いだされるかもしれない。そしてそれは、自己を参照せよと命ずるナルシスティックな欲求とはひとまず区別されねばならないだろう。

晩年のサイードが自己を投影したのは、アドルノだった。ナチズムによって祖国を追われ、ロンドン、ニューヨーク、アメリカ西海岸とさすらうこのドイツの知識人は、異国の地で改めて、相続すべきヨーロッパ的遺産、その啓蒙主義が恐るべき暴力を有していることを認識し、安全な知的空間など存在しないことを思い知った。財産や家族だけでなく、書くことにすら安住できない、いや、安住してはならない、と自伝的に語るアドルノに、サイードは倦むことを知らぬ知的レジスタンスとしての自分を重ね合わせる。アドルノ本人であれば、極めてそっけなく、弁証法的な語彙でもっていうかもしれない。もし自伝的に書くことの理想があるとすれば、それは、書き終わること（死ぬこと）さえも止揚し、常にどこかで生き延びることを可能にする何かだ、と。さすらう亡霊のような存在、それは国境だけでなく、人間と動物の境界さえも超え出る。自らの夢を記した次の断片ほど、アドルノの剥き出しの願望を自伝的な事実として伝える文書をわたしは見たことがない。

一日の残り。わたしは、今はF・V・シュタイン学校とよばれる、かつてのわたしのギムナジウムの校長に招待されていた。学校の創立五〇年を記念した刊行物に何か寄せるためである。夢、というのはこうだ。何かセレモニーの折にギムナジウムの音楽の総合指揮がわたしに、厳かに委ねられた。憎たらしい老人の音楽教師であるウェーバー氏と新しい音楽教諭はわたしに敬意を払った。それから大規模な祝宴の球戯が催された。その際わたしは、茶黄色の大きなグレートデンと踊った――こうしたマスチフ犬はわたしの幼少時代に重要な意義を有していたのだった。彼は直立して動き、燕尾服を着ていた。わたしは完全に身を犬に委ね、踊りの才能を全く欠いていたわたしだったが、生涯を通じて初めて、確実に、心置きなく踊れるという感情を持ったのだった。わたしたちは時折キスを交わした。至上の満足とともに、わたしは目を覚ました。(Tp, S. 70.)

自伝という近代的ジャンルは、おそらくアドルノにとっては、ことごとく動物と人間との差異を主張するイディオムやカテゴリーによって構成されていた。そしてそれらは、人間を動物的に処理したナチズム同様、理性的「動物」たる人間というヨーロッパ精神の恐るべき裏面を証言していた。だが他方でアドルノの伝記を書く者は、アドルノが幾重にも警戒する仕方で取り扱っていたまさにこの精神の相続人として、彼を蘇らせようとしているようにも見える。確かにこれは微妙な問題なのだが、ローレンツ・イェーガーが『アドルノ―政治的伝記』のうちで自らの執筆動機の一端を表明している一節を、われわれは素通りすることはできないだろう。「こうして見ると、批判理論の教説は二重の仕方で理解されたことが分かる。片方では、現存の社会へのラディカルな批判としてであり、もう片方では、ヴァルター・ベンヤミンの著作がそうであるように、ドイツ精神史への通路を切り開いた存在としてである。彼らの仕事がなければ、この通路はもっと早くに塞がれていたことであろう。「弁証法」ということが言えるなら、まさにこの点である。つまり、アドルノはアウシュヴィッツの破局から思考を出発させているが、このことによって同時に、彼の読者や聴講者がドイツ語、ドイツ哲学、そしてドイツ音楽への愛にとどまることを可能にしてくれたのだ。[46]」確かに、アドルノは伝記を書きたい、という思いをかき立てる稀有な存在であり、実際に彼について書かれた評伝は決して少なくない。しかしそこにささげられる「愛」は、不純なものを一切含んでいないのだろうか。つまりドイツ文化の代表者（representative）としてアドルノを表象する（represent）ことにひそむ、そしてこの政治的行為に加担することの根底にある、集団的自己保存のひそやかな欲望を。

バトラーは『自分自身を説明すること』の中で、アドルノやレヴィナス、カフカなどの作品を参照しつつ——いいかえれば、彼らによって呼びかけられ、また呼びかけられたと認識しつつ——他者に呼びかけられていることこそが「わたし」が出現し、「わたし」自身について説明し、物語るための一般的条件を構成している、と述べている。そのような他者には特定の肉親や人物だけでなく、彼らの言語も含まれる。また呼びかけは、時として意に反した説明を行うよう求めてくることもあり、その場合説明はコンフリクトを抱えたものになる。つまり断片的で、暴力の傷跡を引きずり、問題含みの物語として発せられる。しかしいずれにせよバトラーによれば、人は様々な仕方で呼びかけられており、その声は止むことがない。呼びかけているのが誰か、あるいは何かということがついに判明することがないにせよ、人は、その前-意識レベルの対象との関係性の中で対話をくり返し、自らをそれに向けて説明可能なものへと仕上げなくてはならない。死の瞬間においてさえ、「わたし」への語りかけは、わたしという生物学的存在の死後も生き残る誰か（何か）に向けられることになるだろう。バトラーによれば、この呼びかけの関係性は、成就したまさにその瞬間に忘れ去ることのできる成果主義的コミュニケーションの閾を超える。その外延に限界はない。

この呼びかけの光景が編成している声は、転移による要約や屈折を通じてわれわれの生存への欲望を表現する。ゆえに「その声は亡霊的で、不可能なものであり、身体を持たず、しかし残存し、生き延びている。」[47] アドルノがベンヤミンへの手紙の中で論じるカフカのオドラデクのように、この声は無機物と有機物の境界を止揚し、生き延びる（überleben）。そしてバトラーが論ずるに、人は生き延びるためにはこの声を聞き分け、その声に応じる何らかの方法を学ぶ必要があるという。しかしこの声はどの程度まで明瞭なのか。どの程度まで人をその声に応じる権利を、あるいは権力を持つべきなのか。この点に関しては、まさにバトラーの言述は文字通りアンビヴァレントである。というのは、その声はまぎれもなくわたし自身への声だ、わたしにささげられた愛だ！、そしてわたしだけがそれを学び相続した、といち早く応じる者は、自己愛的な暴力性を素通りすることができないからだ。そうした愛は自分を構成する物語の首尾一貫性を疑うことができず、自分を映し出す鏡へと他者をいち早く転換してしまうだけでなく、ある集合表象へと平板化した他者を想定することで、他者だけでなく自己自身をも大量生産される商品へと転換してしまう。

ここでわたしはデリダの警告を想起し、その声に応じることにしよう。彼はこんな風にいう。罪深き生を神の前で告白し、各々の自伝を──再生の、あるいは悔い改めの物語を──説明させることを強制するキリスト教の教え、そしてその形式が持つ恐るべき暴力装置のラディカルな告発者として、われわれはニーチェの名を忘れることはないだろう。[48] だがわたし、ジャック・デリダがずいぶん前に警告したように、[49] 他方でニーチェは、やはりある種の教えを生きながらえさせることに大きく寄与したのではないか。彼こそが、誰もがその株主と自認できる「ニーチェ」という企業を設立したのではないか。「わたしの著作どころか、わたし自身からして、まだ存在してよい時機には来ていないようだ。死後に生まれる人だって若干はいるのである。──そのうちいつか、わたしの生き方やわたしの教えを実践し、教育するような公共機関を設けることが必要となるであろう。」(KGW, VI3, S. 296.) ニーチェの読者であること、それは「ニーチェ」という名によって署名される政治的出来事を引き受けることにほかならない。こういうわけで、ニーチェの最悪の弟子として力や Führer(指導者＝総統)の教説に関する倒錯した模倣行為を行ったナチズムは、その恐るべき政治的効果を、ニーチェがはるかな未来に向けて転移させた訓育への欲望から、つまり「この人を見よ」という命法から聞き出したのではなかろうか、と。

おそらく、自分の声を誰も受け止めてくれない、という絶対的な途切れのうちでは、誰も生き延びることはできないだろう。やがて消えゆくわたしは、今のわたし以外の何ものかにならねばならない。だから誰でもいい、わたしに語りかけてくれ、そしてどんな形でもいい、「わたし」を映し出してくれという願いを、誰が無視できるだろうか。しかしまたこの「誰でもいい」は、いつかわたしの声を正確に聞きとってくれる極めつけの相続人が現れるだろうという願いと絡まりあっている。死ぬ前にデリダが残した声は、この教育と相続、そしてテクノロジーとマス・メディアによる哲学的テクストの際限なき氾濫、再生産、凡庸化の問題をめぐって揺れ動いている[50]。生に関する複製された記録(伝記)が断片的につなぎあわされ、再編され、無定形な情報としてネットワークに乗せられる現実を前にして、書いたものはもはや著者の意のままにならず、著者は読者を選ぶこともできず、誤解を防ぐこともできない、という事実をデリダは改めて確認する。時代は変わった。プラトン、カント、ヘーゲルといった哲学的権威に通じた大学教授がその教説を、もの言わぬ受取人としての学生(聴講生)に一方的に伝授するという大学教育のスタイルは、時代遅れとなったのだ。その一方で、「脱構築」の偉大なマスターとしてデリダの伝記をまき散らすエピゴーネンが大量に生産されてゆく。著者自身の痕跡を限りなく脱固有化しながらさまよう自己のエクリチュールを、デリダは「けっして生きることを学ばないであろう、教育不能のあの幽霊のようなもの[51]」と呼ぶ。そしてデリダは、驚くべきことに、この「幽霊のようなもの」として生き延びることをむしろ欲しているようにも見える[52]。単なる「耳」であること（「聴」講生）を他者に強制する教育システムの一員であることを回避し、また同時に、自分もまた他者によって教育されないことの無限の自由を享受しながら、彼は「相続の系譜学」が発揮する政治的効果を巧みにかわそうとしているように見える。だが完全に、ではない。というのは、やはりデリダは、自らのエクリチュールの固有性に応じる読者を欲しているからだ。応じるとはここでは、単なる情報の取り入れでは全くない。テクストを理解すること、それは彼のエクリチュールの「本来的に論理的な必然性」(53)を理解することであり、それにより、読者が「別様に規定されて生まれ変わること」(54)が期待されるのだ。けれども、生まれ変わりの必然性を受け入れるよう、つまり必然的に「死」を含みこんだ転移を行うよう指令を下すこと、これこそ最もラディカルな教育の姿ではないだろうか。デリダがいまだ現れざる数少ない彼の「とてもよい読者」(55)を想定するとき、彼もまた、エクリチュールが発揮する政治的効果と無縁ではないのではないか（とはいえわたしは、この効果の価値を否定するつもりはない）。

　つまるところわたしが本章でいいたいのは、自伝および伝記に近づこうとするわれわれ自身の動機、われわれ自身の生存の欲求と根底において結びついているこの形式に、もっと敏感になるべきだ、ということだ。どのような他者によってわたしがわたし自身の物語へと巻きこまれているか、またどのような読者を自身の力のおよぶ領域に巻きこもうとしているかについて、慎重に見極めるべきなのだ。人間の死すべき有限性を受け入れるとき、この欲求は「愛」へと昇華され、見返りを求めない非対称的な関係を他者との間に築くこともできるかもしれない。そうした愛は倫理的に否定されるべきではない。だがわれわれは常にそれに応じ、受け入れるべきだ、というわけでもない。わたしが論じたように、この愛が映し出すものは自己愛（ナルシシズム）かもしれず、その場合他者から贈られる愛は、その巧妙な自己正当化のプロセスにおいて、逆に、自己否定（＝死）と生まれ変わりの物語を説明するよう、くり返しあなたに命ずることになるだろう——。

しかし同時に忘れてはならないのは、ルソーの『告白』がそうであるように、近代の文学的ジャンルとしての自伝は、まさに社会から追放されたものが、読者による安易な模倣や自己同一化を免れる形式を要求する中で生まれた、という事実だ。そこではエクリチュールは、書き連ねるほどに事態を複雑化させる傾向がある。いや、これは逆かもしれない。事態が複雑であるからこそ、エクリチュールは引き伸ばされるのだ。それは「故郷」や「家族」などの共同体的な観念の持つ自己同一性や自己保存の原理をゆさぶり、ブレヒトのいう一種の異化（Entfremdung）を行う。サイードもウェクスラーもそれぞれの仕方で自己自身、そして肉親に対する感情にそのつど立ち返り、整理するが、そのエクリチュールの舞台を構造化しているのは、すでに和解すべき対象が不在であり、事態を買い戻すには何もかも遅い（late）という時間性に他ならない。けれども、サイードがアドルノに寄せて述べているように、遅延性（lateness）には、一般的に容認されたもの、生のいわゆる「正常」とされる伝統的な営みから外れているからこそ生き延びる、という側面もある。[56]他者と自分との時間性が絶対的に一致することはない、という単純な歴史的事実が、われわれ相互の関係を複雑化させる根本的な要因になっているように思われる。が、他方で、この事実の認識がなければ、われわれが他者の生活史にくりかえし関心を寄せることもないだろう。バトラーが指摘するように、好きな時に説明しつくせる他者、要約可能な「あなた」とは、わたしによって収奪された他者の影にすぎない――われわれの日常がたいてい、そうした影の統計学的事実を功利的に計算することによって成立しているにせよ、だ。おそらく、長編小説（ロマーン）のような自伝が、いまだ読者という生の形式にこだわる者に投げかけるのは、皮肉でも何でもなく、次のような問いなのだ。つまり、無機物と有機物との境界があいまいになり、生の複製技術がますます規格化し、そのスピードがますます向上し、それぞれの生活史が任意に再現可能なものとみなされつつあるこの時代において、果たしてある特定の人間の生は、理解するのにそれほどの時間と遅まきの手間を――ついでにいえば読者としての孤独を――要するものであり続けるのか、そのような努力に値するものなのか、と。

（1）アリス・ウェクスラー、『ウェクスラー家の選択：遺伝子診断と向きあった家族』、武藤香織・額賀淑郎訳、新潮社、二〇〇三年、二二二頁。

（2）たとえばデリダがそうである。ジャック・デリダ、「ニーチェの耳伝　固有名詞のポリティーク――ニーチェの教え」（Cl・レヴェック、C・V・マクドナルド編、『他者の耳――デリダ「ニーチェの耳伝」・自伝・翻訳――』、浜名優美・庄田常勝訳、産業図書、一九八八年、所収。）

（3）エドワード・W・サイード、『遠い場所の記憶――自伝――』、中野真紀子訳、みすず書房、二〇〇三年。ただしサイード自身は――おそらくアドルノと似通った理由から――これを回想録と位置づけ、自伝と呼ぶことには抵抗を示している。サイード、『権力、政治、文化（下）エドワード・W・サイード発言集成』、大橋洋一ほか訳、太田出版、二〇〇七年、二三六頁以下参照。

（4）ディーター・トーメはその著書『君自身について物語れ―哲学的問題としての生活史』の中で個人の生活史のナラティブなあり方を自己規定、自己発見、自己発明、自己愛の四つに分類し考察を行っている（Dieter Thomä, *Erzähle dich selbst. Lebensgeschichte als philosophisches Problem*, Suhrkamp, Frankfurt a.M., 2007.）。が、彼は本章で取り上げるような、ナラティブを強制するよう働くテクノロジーや社会システムの存在を考慮していない。

（5）後述するように、これはミメーシス（模倣）と教育の問題にかかわってくる。スペンジマンの著述によれば、宗教的・形而上学的な超越の契機を含まないフランクリンの人生は完全に世俗的・歴史的・時間的な地平を動いているが、彼の自伝は、自ら獲得した分別ある社会的自己をまさにくり返し模倣すべき代表として超歴史的な価値へと押し上げる。つまり「フランクリンは社会的成功を収めたおかげで真理と見なすことができると信じた完璧な状態を、彼の手本に従って築くようにと子孫に命じているのである。」（ウイリアム・C・スペンジマン、『自伝のかたち　一文学ジャンル史における出来事』、船倉正憲訳、法政大学出版局、一九九一年、七一頁。）

（6）しかしこの道程は決して単純ではない。周知のように、家族ないし父からの解放は自伝の主要なモチーフであるが、そうして書かれた自伝それ自体が「家」という重力をそなえた父のイメージを与えることになるという逆説は、自伝における書き手と読み手との複雑な関係を、あるいは、書くことそのものにおける自己言及的な構造の複雑性を告示している（いうまでもなく、ほとんどの場合自伝の最初の読者はその書き手に他ならない）。スペンジマンはこうした未解決の複雑性をフランクリンの自伝の叙述に見いだしている。彼によれば、フランクリンは型破りで破天荒な少年時代をまさに自分自身にのみ固有の歴史経験として記述する一方で、エスタブリッシュメントとして成功した後半生を描く場面においては、その規律ある生活史を、理性や分別の普遍性を寓意的に物語るものとして提示する。その意味でスペンジマンはフランクリンの自伝を、神が開示する真理の一例として自らの人生を物語ったアウグスティヌスの『告白』と、構造的には似通ったものと見なしている。

（7）Paul John Eakin, *Living Autobiographically : How We Create Identity in Narrative*, Cornell University Press, Ithaca/London, 2008, p. 16.

（8）Eakin, op. cit., p. 30.

（9）Judith Butler, *Giving an Account of Oneself*, Fordham University Press, New York, 2005, p. 8.

（10）イアキン自身はフーコー的なある種の制度的決定論に理解を示しつつも、これを受け入れてはいない。Cf. Eakin, op. cit., p. 100.

（11）いわゆるNBM（ナラティブ・ベイスド・メディスン）については多くの文献が公刊されつつあるが、わたしが本章で念頭に置いているのは次のものである。Hilde Lindemann Nelson（ed.）, *Stories and Their Limits. Narrative Approaches to Bioethics*, Routledge, New York/London, 1997.

（12）Martin G. Weiß（Hg.）, *Bios und Zoë. Die menschliche Natur im Zeitalter ihrer technischen Reproduzierbarkeit*, Suhrkamp, Frankfurt a. M., 2009.

（13）Weiß, Die Auflösung der menschlichen Natur, in: ders.（Hg.）, a.a.O., S. 47.

（14）Weiß, a.a.O., S. 48.

（15）邦訳ではタイトルが意訳されている。マット・リドレー、『ゲノムが語る二三の物語』、中村桂子・斉藤隆央訳、紀伊國屋書店、二〇〇一年。二三は性染色体を含めたヒト遺伝子の全染色体のペア数である。

(16) リドレー、前掲書、一四頁。
(17) Vgl., Weiß, a.a.O., S. 50f. しかし書き方はあいまいで、詳細に欠ける。本書第七章がイスラエルの生政治に触れているので参考にしてほしい。
(18) Anna Durnová/Herbert Gottweis, Politik zwischen Tod und Leben, in: Weiß (Hg.), a.a.O., S. 284.
(19) Rosi Braidotti, Zur Transposition des Lebens im Zeitalter des genetischen Biokapitalismus, in: Weiß (Hg.), a.a.O., S.123.
(20) いわゆる胞衣（胎盤を含む胎児付属物）や中絶胎児の利用をめぐる倫理的問題については、次の文献を参照。玉井真理子・平塚志保編、『捨てられるいのち、利用されるいのち——胎児組織の研究利用と生命倫理』、生活書院、二〇〇九年。
(21) Braidotti, a.a.O., S. 112.
(22) Durnová/Gottweis, a.a.O., S. 277.
(23) デリダ、前掲書、一〇頁以下参照。
(24) サイードは『始まりの現象　意図と方法』の第六章のヴィーコ論で次のように述べている。重要だと思われるので長文であるが引用する。「ヴィーコが *humanitas*（人間性）は *humando*（埋葬すること）に由来するということを言ったとき、彼は、自分の人本主義的な哲学にはそれ自体を否定する要素が含まれていることを理解していなかったかもしれない。〈埋葬すること〉は、ヴィーコの意味では、差異を産むということである。そして、差異を産むということは、デリダが主張しているように、存在を〈遅延させること〉、ぐずぐずすること、不在を導入することである。すでに見たように、ヴィーコは人間の歴史と言語とを結びつける。人間の歴史は言語によって可能にされてきたのである。しかしヴィーコがほのめかしてしかいないことは、ちょうど歴史が直接性の埋葬（除去、転移）によってのみ生まれるのと同じように、言語は効果的に人間の現存性を転移させるということである。この遅延の行為は、デカルトに対する、〈コギト〉の中心性に対する、そして幾何学的方法に対するヴィーコの絶えざる攻撃の一部として理解することができる。」（サイード、『始まりの現象　意図と方法』、山形和美・小林昌夫訳、法政大学出版局、一九九二年、五五四-五五五頁。）
(25) ウェクスラー、前掲書、八頁。
(26) ウェクスラー、前掲書、一八頁。

(27) 同上。
(28) ウェクスラー、前掲書、六三頁。
(29) ウェクスラー、前掲書、一三一頁。
(30) サイード、『遠い場所の記憶――自伝――』、ix頁。
(31) 原文と照らし合わせて、日本語訳を一部変更した。Alice Wexler, *Mapping Fate: A Memoir of Family, Risk, and Genetic Research*, University of California Press, Berkeley/Los Angeles/London, 1996, p. 71.
(32) ウェクスラー、『ウェクスラー家の選択：遺伝子診断と向きあった家族』、一一九頁。
(33) ウェクスラー、前掲書、一二二頁。
(34) ウェクスラー、前掲書、三五―三六頁。
(35) サイード、前掲書、v頁。
(36) サイード、前掲書、一九頁。
(37) サイード、前掲書、八五頁。
(38) サイード、前掲書、三一四頁。
(39) サイード、前掲書、三一〇頁。
(40) サイード、前掲書、二四五頁。
(41) デリダ、前掲書、二七頁参照。
(42) ニーチェに呼びかけるのがつねに彼自身の作品である、という『この人を見よ』の構造自体が、彼のいう、いわゆる永遠回帰の軌道を形成していると見なせないだろうか。たとえば彼がこの本の末尾でいうに「――わたしという人間をこれでお分かり頂けたであろうか？――わたしがたった今語ったどの言葉も、わたしがすでに五年前にツァラトゥストラの口を通して語ったことばかりである。」(KGW, VI3, S. 371.)
(43) ウェクスラー、前掲書、二三二頁。
(44) サイード、前掲書、二五七頁。
(45) サイード、前掲書、二四四頁。
(46) ローレンツ・イェーガー、『アドルノ―政治的伝記』、大貫敦子・三島憲一訳、岩波書店、二〇〇七年、二九四―二九五頁。

(47) Butler, op. cit., p. 60.

(48) フーコーはある所で「キリスト教は救いの宗教であるのみならず、告白の宗教である。」と述べている（ミシェル・フーコー他、『自己のテクノロジー　フーコー・セミナーの記録』、田村俶・雲和子訳、岩波書店、一九九〇年、五一頁）。彼によれば、キリスト教的な意味での魂の救済は、罪深い自身の生を認識し、それを細大漏らさず公に証言することを要求する。フーコーは少しばかり触れているにすぎないが、口述から書記へと「証言」のテクノロジーが変化する時代にうまれたアウグスティヌスの『告白』は、こうしたキリスト教的な自伝の最も代表的なものの一つとして読解できるだろう。ルソーの『告白』においても自己認識は大きなウエイトを占めているが、ルソーの場合、認識が罪深き自己の放棄へと至らないというのが決定的である。フーコーの言い方を借りるならばルソーの場合、むしろ「新しい自己を積極的に構成する」ための告白のテクノロジーが生起しているのかもしれない（これについてはハック・グットマンの「ルソーの『告白』——自己のテクノロジー——」（フーコー他、『自己のテクノロジー　フーコー・セミナーの記録』、所収）を参照）。またニーチェに対するバトラーの示唆も見逃せない。バトラーによれば、ニーチェは「自己自身について説明せよ」という要請を、やはりキリスト教的な罪の告白のシステムに帰したのだった。「ニーチェはわたしたちに、『処罰とは記憶を作り出すことだ』と言っている。」（Butler, op. cit., p. 10.）つまりキリスト教こそが自伝的説明とそれに奉仕する記憶システムを要請した当のものであり、罪深き存在である「わたし」がいかにして処罰に値するような今の状態になったかということを説明させるために、ものごとを因果的に説明するテクノロジーを発明したのだ。そこでは、内面化された処罰制度としての「良心」が、反省的主体としての「わたし」の自己認識を規定することになる。

(49) 特にデリダ、前掲書、五一頁以下参照。

(50) デリダ、『生きることを学ぶ、終に』、鵜飼哲訳、みすず書房、二〇〇五年。

(51) デリダ、前掲書、三四頁。

(52) 『生きることを学ぶ、終に』にてデリダはインタビュアーのJ・ビルンバウムにこう述べている。「いいえ、私は〈生きることを学んだ〉ことはけっしてありません。実に、まったくないのです！生きることを学ぶとは、死ぬことを学ぶことを意味するはずでしょう。絶対的な死滅可能性、（救済もなく、復活もなく、贖罪もない——自己に対しても、他者に対しても）死滅可能性を、それを受け入れるべく、考慮に入れることを。それは、プラトン以来の、古い哲学的命令です。哲学すること、それは死ぬことを学ぶことであると。私はこの真理を信じていますが、それに従ってはいません。従うことがいよいよ少なくなっています。」(デリダ、前掲書、二一一―二一三頁。)

(53) デリダ、前掲書、三三二頁。

(54) 同上。

(55) デリダ、前掲書、三三六頁。

(56) サイード、『晩年のスタイル』、大橋洋一訳、岩波書店、二〇〇七年、三六頁。

第十一章　アドルノとは誰か——ビオグラフィーのビオポリティーク

「批評の対象が己れであると他人であるとは一つの事であって二つの事ではない。批評とは竟に己れの夢を懐疑的に語ることではないのか！」（小林秀雄）

一、

ひとはなぜ伝記（Biographie）を書くのだろうか。また、なぜそれを読むのだろうか。ある人物の生（Bios）について、言葉や記録、映像を残したい、記憶にとどめたい、そしてよみがえらせたい、再現したい、さらに引用し、広めたい、自分だけでなく誰かの頭に叩きこみたい！こう思い、欲望することの背景とは何か。おそらく色々な事情があるのだろう。しかし前章のテーマでもあったように、そこに単なる知的好奇心の発露を「読む」だけでは、あまりにナイーブすぎるというものだ。伝記にかかわる仕方は、椅子に座って本を読むだけとは限らない。われわれは親や友人、公的な教育機関、特定の研究者集団、あるいは新聞やインターネット等のソーシャル・メディアを通じて、ある人物を知る。知るだけではなく、知らされ、後世にまで伝えるようにと教育される。そして彼（彼女）が行った行為、その名が、その生のイメージとともに頭に刻印される。やがて、生を代弁するにすぎないはずの名が、それ自体として権威あるものとなる。だがそれだけで事は終わらない。時としてわれわれは、われわれ自身の様々な行為を、その名とともに口にし、その名のもとに行う。いずれにせよ、そこでは広義における関心の発動が見られる。それは利害関心といってもいいだろう。しかし利害関心が発動する以上、伝記は、カント的に表現するなら、目的それ自体ではなく手段と化す傾向がある。ニーチェはあの時こういったと、あるいはハイデガーならこう行動するだろう、「だから」「同様に」われわれも…、とくり返す場合がそれだ。われわれは、彼（彼女）の生を単純化し、その一部を切り取り、肯定し、模倣する。そしてこの一連の手続きを通じて、われわれ自身の生をそこに組みこませ、自らの政治的欲望ともども正当化する。そう、この欲望は他者を巻きこむか、他者によって巻きこまれる限りにおいて成就される、その意味で政治的である。ビオグラフィー（伝記）がビオポリティーク（生政治）という形態において文字通り血肉化される。最悪の場合、異分子のない物語的連続性により組織化された集団的身体、もはや固有名ですらないある偶像が捏造され、強制的に復唱させられることで——つまりわれわれ自身が期せずしてその「口」となり、「耳」となることで——、無限に複製され、消費される。その前代未聞のメディア的成功を、ひとはファシズムの時代に見ることができるはずだ。その代表例たるナチズム（国家社会主義）の神話は、今も昔も、われわれの欲望を食い散らかす悪魔的身体として機能し続けているのではないのか。(1)

だが、それにしても伝記によって、ある人物が何者であったのかということをそもそも理解できるのか。ハイデガーは長期にわたり続けることになるニーチェとの対決、その最初の講義の劈頭において、ニーチェの伝記的な解説の様式からは、彼に関するいかなる本質的な問題もとらえることはできない、と断じている。それは「現代の心理学的、生物学的な病癖の産物」(2)に過ぎない。解釈の方法論という点からも、また解釈の実質という意味においても、生が問題ではないのだ。伝記は事実の羅列にすぎず、ニーチェが「誰か」

ということを開示しない。ニーチェ自身が書いた自伝的著作『この人を見よ』にしてすら、そうなのだ。[3]「《この人を見よ》のなかで問われているのは、ニーチェの伝記でも、ましてや《ニーチェ氏》の人となりでもなく、真実にはやはり一個の《運命》であり、しかも一個人の歴運ではなくて、西洋の終末としての近代という時代の歴史なのである。[4]」ハイデガーのこのスタンスは、彼の主著『存在と時間』(一九二七年)の議論の延長線上にある。それによれば、ある人物の行為や経歴の総計、当人がかかわった事物の総計は、いかなる意味でも当人の全体的存在を意味することはない。それどころか、自我や主体といった伝統的な定義によっては、他者と区別されるべきわたしとは本来誰であるのか、という問いに答えることはできない。むしろわたしが「わたし」でありうるのは、ルーチン化され平均化した日常生活を中断し、わたし本来の存在可能性を取り戻すときだ、とハイデガーは主張する。「同様に」(と彼はいうだろう)、ニーチェが誰であるかということは、あくまでそのテクストのうちに隠されている歴史的な可能性をわれわれが理解し、われわれ自身の固有の(eigen)存在可能性と響き合うものとして an-eignen(我有化、自らに固有のものとして意のままにする、すなわち血肉化)するという行為にかかっているのだ——たとえその際ハイデガーが、ニーチェの伝記的事実を断固拒否するという身振りと矛盾する仕方で、ニーチェの生の全体をヨーロッパの形而上学の完成者という「物語」へと還元するような戦略をとろうとも。

ところで、ハイデガーの不倶戴天の批判者だったアドルノが、右のようなスタンスに関してはハイデガーと重なる部分が多かったというのは、興味深いことである。エッセイ『手紙の人 ベンヤミン』の劈頭で彼はこう述べている。「ヴァルター・ベンヤミンの人となり(Person)は、はじめから作品の媒体であり、彼は精神に幸福を見いだしていたので、それ以外では、生の直接性と呼ばれるものは何であれ、壊された。…彼の思考は実存主義の人格(Person)概念に対するアンチテーゼをなしているが、そのように、彼は極端に個性化されているにもかかわらず、経験的には一個の人間であるとはほとんど見えず、彼を通じて言語表現を得ようとする内実の運動の舞台であるように見えた。」(GS11, S. 583.) これはアドルノの人となりそのものだ。彼はベンヤミンを語ることで、自らの願望を語っているのである。優雅さや洗練からはほど遠いアドルノの佶屈した文体は、一読するだけでアドルノと分かる比類なき相貌を有しているが、他方で彼の思想はカント、ヘーゲル、ニーチェをはじめとする先人たちや数多くの同時代人の強い影響下のもとで醸成された。その中でもベンヤミンの影響は計り知れない。アドルノにはベンヤミン以上に「ベンヤミン的」にふるまうという側面があったが、(5) こういう倒錯的自己同一視はアドルノ自身の生の所作といっていい。彼がシューベルトに付したミメーシス(模倣)の達人という規定は、自らにはねかえってくる。自己とは違う他なるものに自らを似せ、委ね、自らを犠牲にしてその他者の道具、媒体(メディア)、代理者と化すこと、アドルノの表現は様々だが、こうすることで彼は「客観的なもの」と彼が呼ぶ事柄へと肉薄する。生それ自体など問題ではない、ましてや人生上のプロフィールや出来事など!自分にとってはそうだったし、それにベンヤミンもそうだったはずなのだ。「ただ生なるものの犠牲によってベンヤミンは精神と化したが、その精神は、犠牲なき状態という理念によって生きていた。」(GS11, S. 590.)

『手紙の人　ベンヤミン』はアドルノが編集に携わったベンヤミン書簡集の序文にあたり、ベンヤミンに関する論述でも最晩年のものである(アドルノ自身、この序文の執筆の三年後、学生運動の騒乱の中、心臓発作で亡くなる)。ここで彼はベンヤミンの性格や社交術がその手紙の書き方、手紙を通じたコミュニケーションの仕方にいかに類似していたか、回想する。筆跡、紙、文法上の過去時称へのこだわり、抜粋や清書への愛着のうちに彼はベンヤミンの生の形式、たとえば若い折にシュテファン・ゲオルゲの影響下で身についた儀式めいた所作を読む。だがそれだけではない。言語に対するアドルノの理論的洞察が、ベンヤミンの書簡にことよせてテーゼ化される。「[手紙という] 形式は [書くという] 最初の衝動の邪魔をすることはないが、この衝動と手紙の受信者との間に第三者、すなわち書かれることによる形態化を挿入する。あたかもこうした客観化の法則のもとで、場所と時間という誘因にもかかわらず、そしてその誘因のおかげで感情の動きがはじめて正当化されるかのように。…手紙を書くことで、硬直した語という媒体において生命あるものが偽装される。手紙のうちでひとは孤独を否定できるが、にもかかわらず遠方の者、孤独な人のままでいられるのだ。」（GS11, S. 584f.）書くことは生きることに比べて副次的な作業ではない。生が単なる無方向的で野放図な感情の蠢きを超越し、特定の時代や土地への拘束を超越し、あるいは生の有限性そのものを超越しうるのは、死せる言葉を自らのメディアとして血肉化する手続きを通じてのみだ、とアドルノは語る（そして彼によれば、ベンヤミンはパサージュ論執筆のために、反ユダヤ主義の暴風荒れ狂うパリでこれを文字通り命がけでおこなったのだ）。だがこれは言語による生命の永遠化といった事態を意味するのでは決してない。手紙を書くことは、すでにベンヤミンの時代においても時代錯誤的な行為であった。彼の書簡はむしろ自然物に似ている、とアドルノはいう。つまり手紙は、その意味を容易に開示しない事物に近づくことで、逆説的に、時代によって飲み込まれることのなかったものを保存し、生き延びる。書かれたものははかなき生の再生の希望と結びついているが、その道は限りなくせまい、ということを読み手は思い知らねばならない。手紙は生命あるものを「偽装」するだけだ。したがって再生は、死すべき存在をその仮象性において示すにとどまる。でなければ、死という事実そのものが偽装されてしまうだろう。ベンヤミンという存在は、まさにアドルノが『新音楽の哲学』でシェーンベルクの音楽にことよせて述べるように、漂流する瓶に詰められた便りにほかならない（Vgl., GS12, S. 126.）。

『手紙の人　ベンヤミン』はある意味、ベンヤミンに関する伝記である。それはアドルノが残した人物描写の中でも最も見事な作品の一つといっていい。だが彼はここでベンヤミンに接近しつつ、その言語経験に肉薄することで、ベンヤミンへの「いわゆる」伝記的なかかわりの圏域から遠ざかる。実際にベンヤミンがどこで何をしたかという事実から距離をとる、つまりその生を手紙という死せるテクストのアレゴリーとみなすことで、ベンヤミンを生きながらえさせる。ベンヤミンを「もの」化する方がむしろ彼の人間性にはふさわしい、というわけだ。これはアドルノがいつも用いる逆説である。彼はベンヤミンの手紙から引用している。「わたしが興味あるのは人間ではない。わたしはただ事物にのみ興味がある。」(GS11, S. 586.) 伝記はあまりに人間的なもの、理解し消化しやすい情報に満ち満ちている。だが本来人の生というのは、読者の安易な共感や自己投影、自己同一視に抵抗する、物言わぬ事物的存在でもある。そして書物もまた、意味が隅々まで透明になり、読み手の意のままになることに抵抗する。また本は、読まれなくても何かを語ることがある。アドルノはエッセイ『書誌学的追想』の中で、読むという経験が断片的で、不透明であること、まさに漂流する瓶のようであることを、自らのアメリカでの亡命生活と重ね合わせて論じている。「カフカのもので彼が公刊したものは、一冊としてわたしと一緒に無事に戻ることはなかった。」(GS11, S. 350.) こうした生活経験が、ベンヤミンを読むアドルノのまなざしに逆照射される。「一九世紀にとって耳慣れたものであったライフワークといった概念は、ベンヤミンにとってふさわしくない。切れ目なく完成された生涯を前提として必要とするライフワークなどといった代物が、今日誰であれ与えられることがあるのかどうか、疑わしい。」(GS11, S. 567.) 事実、ベンヤミンもアドルノも、その生が突如たる中断によって閉じられたという点でいうなら、彼らの人生ほど、老境の大人物が自らの生を懐古し語りつくすという自伝的理念にそぐわないものはない。

要するにこういうことだ。アドルノは様々な場所で伝記、あるいは自伝という形式を弾劾する。この形式は主人公が精神的に自律し、成熟した人生を確立していく軌跡をあからさまに主張する。いわゆる近代的自我が物語的地平のうちで自らの領土を確定させ、autonomy(自律性=自治権)を確立する瞬間とは、伝記という商品形態が確立する瞬間でもある。カタログのように整然と秩序づけられ、読者がその生活史を容易にrepresent(表象=再現前化)しうる主体は、個人としての唯一性を誇りながら、その実は数多くの中のいち代表（representation）に過ぎない。だから主体の自律性は幻想であり、イデオロギーなのだ、とアドルノは主張する。しかしながら他方で彼の言説ほど、ビオ・グラフィーという語に含まれる「生と言語」の緊密な結びつきを証言するものはない。生は否定され、生と敵対する言語――言語は死せるもののデスマスクである――へと転移される。だがそれはまさに言語のうちで生が生き延びるためなのだ。しかもアドルノの場合、単に生き延びることが問題ではなく、より良く、より正しく生きることが問題となる。生から疎外された言語は、啓蒙の産物である。これがアドルノ・ホルクハイマーの共著『啓蒙の弁証法』の結論だった。しかし生は結局のところ、この敵との闘争、取引、契約、結婚、要するにアドルノがしばしば用いるアンナ・フロイトの言葉でいうなら、「敵対者との同化」という最高度のリスクを通じてしか、正しき生とは何かという倫理的問いに答える形式を持つことはできない。[6] まさに先の引用のとおり、「あたかもこうした客観化の法則のもとで、場所と時間という誘因にもかかわらず、そしてその誘因のおかげで感情の動きがはじめて正当化されるかのように。」闘争はいつまで続くのか――彼の結論は人を萎えさせる。すなわち、カタストロフィは永続なり、と。しかしそれは他方で、再生の可能性も永続的だということを意味する。

「社会は美的な形式法則が断罪するような単なる否定性ではなく、その最も問いに値する形態において、自らを生産しまた再生産する人間的生の典型である。」（GS7, S. 335.）『美の理論』にあるこのテーゼは、互いに敵対関係にある事態を含みこんでいる。一方で生は、まさに文化産業が複製技術に基づいて垂れ流し的に再生産する画一化した製品や価値観、生活スタイルに侵食されることから防衛されねばならない。が、他方において生が自らを、その社会的圧力によって歪められた苦悩する姿ともども表現しうるのは、まさに社会によって刻印された「かたち」を通してのみなのだ。このアポリアを最も雄弁に物語るのは、アドルノにおける第二の自然ともいうべき音楽だろう。人生と同様に有限なる時間のうちで自己を展開する音楽ほど人間の身体的経験に身近な存在はなく、また同時に音楽ほど、それが生み出された社会的状況や技術的水準、美的形式により影響されるメディアはない。彼はある所で、期せずして集団の身体と化す点に交響曲の社会的本質があると述べているが（Vgl., NSI-1, S. 170f.）、周知のように映画やテレビ番組に組み入れられるクラッシック音楽は今日、製作者による恣意的な切り取り、同一なるものの強制的反復、文字通りの野放図な「再生」といった物象化にさらされている。しかし彼は事物化の極北、すなわち交響曲の器官と化した楽器のうちにこそ、人間的な声の真に主観化した響きが含まれているのだ、とも主張していたはずだ。さらにここでは、アドルノの場合は「もの」の規定がある二極化をこうむっていたことが想起される。それは道具的理性によって意のままに加工される事物を指す一方、カントのいわゆる「もの自体」のように、意味や表象作用、志向といったネットワークでは近づきがたい事態を指す。[7] それはアドルノが楽譜を、自然支配の命令書とも、あるいは支配されざる自然の言語的形象とも見なすことに表れている。[8] 単純にベンヤミン的ともいいがたいアドルノ特有の複雑な言語観がここにある。しかしいずれにせよ、アドルノの中でこうした両局面が「調和」的関係にあるとか、相補的に成り立っているといった具合に、お決まりの結語を導くことは、問題を見誤ることになるだろう。というのはこの両面は、互いに互いを模倣しつつ同時に敵対関係にある、とされているからだ。両者の関係は穏やかなものでは決してない。

長い前置きになったが、まとめよう。最終章では、アドルノの場合、生と言語との関係はどうなっているのか、どこにその帰趨があるのか、ということを改めて問題にしたい。というのは、この関係を通してしか「アドルノとは誰であったか」というビオグラフィー的問いに対して、まさしくアドルノの意に沿う仕方で答えることはできないように思うからだ。そこには観念論と実証主義、老いたヨーロッパと若きアメリカ、芸術の自律性と文化産業といった無数の星座的配置（Konstellation）の間にあって、絶対的な「敵」というものを単純に同定できない危機の時代を生き延びた生存戦略があるのではないか。モダニズム芸術を愛しアウシュヴィッツを繰り返してはならないと陰鬱に叫ぶアドルノだけが、唯一のアドルノではない。アメリカ流の実証主義に身を合わせ、亡命先のカリフォルニアでの生活を楽しむアドルノ、戦後ドイツにおいて美学以上に社会学の学問的確立に邁進したアドルノ、フランクフルト大学再建のために多種多様な分野の知識人と関係を取り結び、そしてそれに劣らず多くの女性に節操無く色目をつかったアドルノ、ハイデガーを弾劾し、バイロイトを肯定し、ドイツ語でなければ哲学できないと断じ、外国語をこれ見よがしに挿入し、連合国がもたらした民主主義に快哉《かいさい》を叫ぶアドルノ、ヘーゲルを模倣する反体系の人アドルノ、労働者のように働き、機械のように書き、動物好きで、手紙にカバと署名するアドルノ、徹底的に世俗的かつ模倣的でありながら、あらゆる文学的権威や芸術的伝統を拒否し、砂漠のような荒涼たる抽象的風景を見せる『美の理論』を残したアドルノ、繊細であり、それに劣らず独断的でしたたかで、謎めいたアドルノ。そこにはフーコー的なニュアンスとは違う意味あいにおいて、いかなるビオポリティークが存したのだろうか。そしてわれわれはこういう万華鏡的な人物の生をどう読んだらいいのか。そこに「正しい」読みは存在するのか。意地悪くいうなら、彼が少なからず他者の生を自己の鏡像として自らを語ったように、われわれ自身もその時々の生存戦略にあわせてアドルノを解釈し、食い散らかし、消費するべきなのか。そしてより一般的な問題へと敷衍した場合、われわれ自身が、われわれの後に生きる者たちの消費物と化すことを容認すべきなのか。この世に少なからぬ生の痕跡と情報、記憶、言葉を残し、やがて死すべきわれわれ自身のビオグラフィーについて、「正しい」語り方を定めたビオポリティークというものは存在するのか。

二、

前節で触れたトピック、すなわち生、言語、ミメーシス、敵対関係といった事柄が伝記的なコンテクストの地平において論じられているようなテクストは存在するだろうか。まずもって注目に値するのは、やはりアドルノ・ホルクハイマーの共著『啓蒙の弁証法』第二章（補論I）「オデュッセウスあるいは神話と啓蒙」の章だろう。一九四二年、東欧でのポグロム（強制収容所での組織的なユダヤ人虐殺）に関する知らせがもたらされる中、亡命先のロサンゼルスで二人はこの共同プロジェクトに取り組みはじめた。何度も取り上げたように『啓蒙の弁証法』は、西洋的な合理主義が払拭しきれない、それどころかまさにこの合理主義の徹底化の先に顕現してくる非合理的で暴力的な側面を、ホメロスの叙事詩『オデュッセイア』にまで遡って歴史的に考察していた。序論で述べられているように、「世の風潮が、否応なしに思想が商品になり言語がその宣伝になるような状態に立ち至ったとすれば、この堕落過程の行方をたずねようとする試みは、この過程の世界史的帰結によって完全に息の根を止められる前に、現行の言語上、思想上の諸要求につき従うことを拒否しなければならない。」（GS3, S. 11f.）中でも、アドルノが主筆となっていると推測される第二章の主調低音をなしているのは、西洋型の個人というものを成立させ、また成立させると同時に消滅させるメカニズムとはいかなるものか、このメカニズムは『オデュッセイア』においてどのように記述されてきたか、という根源的な問いである。ところで、なぜここで「記述」が問題になるかというと、アドルノが近代的個人、いわゆる主体の成立過程と言語との関係性を、『オデュッセイア』のジャンル問題とからめて論じるからである。一体『オデュッセイア』の語りの様式は神話なのか、叙事詩なのか、それとも小説（ロマーン）か。ここでアドルノは、叙事詩と小説を対比させたジョルジ・ルカーチの議論を持ちこんでいる。ゆえに以下ではまず、いささか迂遠ながら、アドルノが若いころから親しんでいたルカーチの『小説の理論』について、必要な限りでのパラフレーズを試みておきたい。

ルカーチは叙事詩を、ギリシア的世界の全体を輪郭づける形式としてとらえる。端的にいえばそれは、自己と他者、内部と外部、個人と共同体、英雄と神々との間に根本的な乖離のない世界である。ここでは知とは何か、徳とは何か、芸術の創造行為はいかにあるべきか、ということへの答えははっきりとしていた。ギリシア人は明確な価値基準や理念を共有し、その完成にむけて各人が自らを鍛えさえすればよかった。叙事詩や悲劇に個人が登場する場合でも、そこで語られるのは個人を通して明らかになる共同体の運命にほかならない。ニーチェの洞察にもうかがえたように、だからこそギリシア悲劇においては、役者と合唱隊とが舞台上で有機的な結びつきを見せたのだ。これに対して小説は「他のいかなる形式にもまして、先験的な故郷喪失の表現」(9)とされる。故郷とはこの場合、個人が帰属すべき安定した文化的エートスを指す、と考えてよい。このエートスは近代以降、姿を消す。かくしてダンテの『神曲』以降、自己以外に頼るものを知らない個人という存在が登場してくる。そこでは伝統的な規範から追放され、自らの内面と対話するプロセスを通じて人生を形成してゆく個人の語りが次第に支配的になっていくが、この語りはもはやいかなる共同体の「声」にも回収されることはない。叙事詩の場合、運命がどこで経験されるか、という地理的な空間性が物語を方向づけるのに対し、小説では、全てを一から問い直さねばならない個人の生がいかにしてはじまり、どのように終わるかという時間性が基軸となる。厳密にいうならここでは、個人がそのライフヒストリーにおいてどのような理想を見いだしたか、何を体験したかということではなく、そのライフヒストリーの固有性そのものが重要となる。ゆえにルカーチは「小説の外的形式は、本質的に伝記的である」(10)と述べ、小説の実質を、個人の生の伝記的形象化のうちに見る。答えではなく問い、行動ではなく反省、冒険ではなく探求を志向せざるを得ない主人公は、神なき無意味さと、神を必要としない自由との間で引き裂かれつつも、決して見渡すことのできない自己の生の全体について語ろうとする。こうした逆説をルカーチはこう定式化している。「小説の構造は、異質的で分立的なさまざまな構成要素が、たえず解体を予告されている有機体へと、逆説的に融合することである。」(11)初期ロマン派の小説において主人公の、そして主人公について記述する作家自身の自己認識が「イロニー」として特徴づけられる理由がここにある。「小説は神に見捨てられた世界の叙事詩である。小説の主人公の真理はデモーニッシュであり、小説の客観性とは、意味はけっして完全には現実に浸透しえないが、現実は意味なくしては本質を欠いた無へと崩れ去るだろう、という成熟した大人の洞察である。[12]」このような洞察を支えるイローニッシュな心情をルカーチは憂鬱とも、諧謔、あるいは諦観とも呼んでいる。

ルカーチの文学史的な考察に対し、『啓蒙の弁証法』第二章のそれは歴史哲学的ともいえ、またフロイトを経由しながら文化人類学的な知見も導入されている。この冒頭近くでアドルノは、叙事詩においてもすでに「個人」の原型は存すると表明し、暗にルカーチを牽制する。「歴史哲学的には小説《ロマーン》と相反する叙事詩においても、結局、小説に似た様相が出現して、意味豊かなホメロスの世界の荘厳なるコスモスも秩序づける理性の成果であることが開示される…。」(GS3, S. 61.) アドルノは伝記という語を使わないが、故郷イタカに帰還し自分の妻を奪おうとする求婚者達に復讐を遂げるオデュッセウスの道のりを描く冒険小説的な構成に、個人を主人公とし組織化される語り、という伝記的形式を見ているようにも思える。「この冒険物語のヒーローはまさしく市民的個人の原像を示しており、その概念のルーツはこの漂泊者が太古の範例を示しているような統一的な自己主張にある。」(Ibid.) しかし第二章の次のようなくだりは、もはやルカーチの考察とは一切関係なくなっている。「もろもろの神話はホメロスの素材をなす層に沈殿している。しかし、神話に関して報告すること、散乱した伝説を統一した形に仕立て上げることは、同時に、主体が神話的諸力から逃れ去る道程を記述することである。」(GS3, S. 64.) これはどういうことを述べようとしているのか。

神話は、その最も原初的な形態としては、祭司たちの呪術的儀礼に表れる。オデュッセウス論の前に置かれた第一章「啓蒙の概念」ではホルクハイマーとアドルノは一種の言語起源論的な考察を展開しているが、それによれば、広義における言語的形象(Bild)は自然的事象の模像(Abbild)であった。二人が参照しているフロイトの論文「アニミズム、呪術そして思考の万能」(『トーテムとタブー』の第三論文)にある例を挙げておこう。たとえば古来、敵を害するためによく行われていたのは、敵に似せた像を作り、これを害するという代償行為である。あるいは災害や豊饒をもたらす自然現象を模した身振り、すなわち、雨を降らす雲や嵐を演ずる日本の祭り、また豊作を祈って人間の性的交渉の演技を大地にむかって行う行事がある。時代を下ると、儀礼で用いられる人形や像の代わりに、端的に「名」を口にすることで自然の力との結びつきが確認されるようになった。ゼウスは天空を、ポセイドンが海を象徴するという具合に、である。しかしホルクハイマー・アドルノによれば、模像を介して事象に働きかけるというこの手続きには、すでに事象の擬人化という機構が働いている。二人が問題にするのは、季節ごとに回帰する、その意味で自己同一的な自然の力が、自然のシンボルとしての言語的形象が帯びる自己同一性へと、そしてその形象が持つ記号的な命令性格へと移行することである。それはシンボルそのものが、かくすべしという定言命法を内在した存在として表象されることを意味する。こうなると自然を模した行為は、それ自体が社会的集団を保持し、これを絶えず統率するための強制力の執行という性格を帯びるようになる。こうした移行にとって重要なことは、儀礼的行為の内容というより、行為の儀礼化、つまりある種の文脈性によって儀礼が組み立てられる、というプロセスそのものかもしれない（Vgl., GS3, S. 24.）。いずれにせよここではすでに、シンボルは独立した価値体系を提示し、本来シンボルがそれであったはずの自然的事象との直接的関係は絶たれている。ある現象が現前せずとも、その現象の代理となってその現象を指し示すという言語の記号性が、周期的に到来し人間を威圧するそうした現象からの解放を約束した、あるいは約束するという見せかけを与えた——というのはホルクハイマー・アドルノにとって、言語を介した代償行為はまさに、あらゆる事物は等価に交換可能だという欺瞞の根源に他ならないのであるから——、と考えていいだろう。ここに主体が自然による支配から逃れるための着手点がある。事実、右の論文でフロイトはデカルト的な心身二元論を堅持しつつ、アニミズム的世界を、人間が心（魂）を外界に投影することで外界を意のままにとらえようとする「思考の万能」が素朴に通用していた歴史的段階、とはっきり規定している。とはいえホルクハイマー・アドルノの考察は、こうしたフロイトの投影説を牽制してもいる。

そもそも名づけは、「啓蒙の概念」の議論によれば、見慣れないものを経験する驚きの叫びに起因する。「この名が既知のものに対する未知のものの超越を、そして畏怖を神聖さとして固着させる。」（GS3, S. 31.）命名は、自然のうちに内在する超自然的な力への畏怖、あるいは不安が結晶化したものであって、単なる自己の投影ではないのだ。しかしこの自己と無関係、というわけでもない。「啓蒙の概念」の論述は、実に微妙な言い方をしている。「活動する霊としてのマナは、投影ではなく、自然の現実的な優越した力が未開人の脆弱な魂へと浸透する反響なのである。」（Ibid.）自然の優越した力は人間に反響する。おそらく他の動物とは違った仕方で、つまりそれは神聖なるもの「として」経験される。だがこれは、つまりところ Macht（力＝権力）の経験であり、どんなに無力であっても、人間自身に内在する力とのある種の取り引きによる結果（効果）ではないだろうか。単なる驚きが有意味性のポテンツを秘めた叫びとなるところに、すでに自然と対峙する人間の抜け目のなさが表れているのではないか。多言を尽くしているとは言い難いが、『啓蒙の弁証法』で語られる不安の経験には、ある種の幅があるように思われる。つまりこういうことだ。振幅の一極である驚愕は、力に勝る動物に出会った動物にみられるように、一切の感情と動きの停止を命じる。だが力を聖化へ導く不安には、より能動的な働き、それどころか、第五章で論じたカントの崇高概念の場合のように、合理的といってもいいような点が垣間見える。それは力、すなわち、支配するものとされるものとの非対称的な権力関係の存在を進んで認めること——しかし権力の肯定とはそもそも、そうした非対称性を前提すること以外の何物でもないのだが——であり、まさにそこにホルクハイマーとアドルノは主体というものが生起してくるメカニズムを見ているように思われる。不安こそが権力を発明するのだ。そして呪術的行為のうちで幾度となく模倣される、神聖な名を呼ぶ驚愕の叫びは、もはや単なる未知への驚きではなく、力に服従すべし、という命令として示し返される、すなわち「反響」する。それが誰に向けられたものであろうと、とにかくそれを受け入れることが、主体の条件となる。「すべてを捧げて服従するものだけが、神々の前で生き延びることができる。主体の覚醒は、いっさいの関係の原理としての権力の承認によって贖われる。」（GS3, S. 25.）

オデュッセウスの話にもどろう。アドルノによればこの古代の英雄は、命令を下す祭司であり、また祭司が神にささげる犠牲でもあるという、二重の役割を担っている。それを如実に示すのが隻眼巨人（キュプロクス）であるポリュペモスのエピソードだ。この巨人の住む島に流れ着いたオデュッセウス一行は次々に巨人に惨殺され、食われてしまう。が、オデュッセウス自身はというと、彼は巨人に名前を尋ねられたとき、機転を働かせ、ウーディス（誰でもないもの）と称する。これにより彼の食べられる順序は最後にされ、結果として生き延びることができた。その後オデュッセウスはポリュペモスの目をつぶし、彼の住む洞窟から脱出することに成功するが、仲間の隻眼巨人たちに助けを乞うポリュペモスはというと、自分を傷つけたのは「誰でもないもの」だという的外れな返答しかできない。オデュッセウスは巧妙にも、本名と発音の似たウーディスと自らを称し、命名の強制する暴力（正式に名乗ることはこの場合、ポセイドンの子ポリュペモスの犠牲となるという神話的運命をそのまま甘受することを意味する）をかわす。だがアドルノによれば、巧妙に仕組まれたこの擬態は、「思考の万能」を誇るものであるどころか、端的に自己否定を、つまり内面化された犠牲行為を物語るものでもある。というのは、誰でもないものという「命名」は、たとえ急場しのぎのものであっても、自然以下の存在、力を剥奪され無機物同様の存在となるように指令を下すからだ。これもまたミメーシス行為だといえるが、しかしアニミズムの世界に見られるような自然との生き生きした親和的コミュニケーションではなく、理性による存在者の道具化であり、非有機的なミメーシスと呼ぶこともできる。(13) つまりそれは「言語による死せる存在への適応」（GS3, S. 79.）である。アドルノ・ホルクハイマー的な「道具的理性」の説明としてよく言われるように、外的自然の支配のために、われわれは自らの内的自然を否定する、というわけだ。彼らによれば、『オデュッセイア』はこうした生存戦略に基づき、様々な場面で合理的なものとそうでないものとの線引きをはかる。人間の持つ自然衝動を抑圧し、断念するプロセスが描写される。それはある意味、ルカーチの言っていたように諦念である。セイレーンの甘美な歌声の魔力にとらわれないようにオデュッセウスが船に自らを縛り、部下たちの耳に蝋で栓をするという有名なくだりにせよ、女神カリュプソとの愛欲の日々を絶ち切り、原初的ユートピアの生活へと誘う東洋的な植物(蓮)を食す部下を無理やり船に引きずり戻す場面にせよ、そこで求められるのは、単なる労働力としての人間、端的にいうなら、交換可能な純然たる「力」であり、オデュッセウス自身がその力と同一化することで、ひたすら自己同一性を鍛え上げる存在としての主体が成立する。

だがアドルノがホルクハイマーとともに注目する物語の核心は、まさにミメーシス行為は、当の行為が拒否し、タブー視し、敵とみなした事柄にかえって引き寄せられ、これを模倣してしまうという逆説に他ならない。反復する自然の暴力は、自然を制圧する知性が自分を首尾一貫して保とうとする自己同一性のうちに回帰してくる。アドルノはオデュッセウスの諦念が、物語の終盤になって強烈なしっぺ返しをくらう様子を記述する。周知のように、『オデュッセイア』の終局部ではオデュッセウス(とその息子テレマコス)による、身の毛もよだつほどの虐殺シーンが展開される。彼らは自分たちの住居を不当に占拠し、放蕩の限りを尽くしていた求婚者たちを、求婚者と密通していた女中たちともども皆殺しにする。自己の内的自然の抑圧を余儀なくされていた犠牲者オデュッセウスがここでは、復讐を合法化しつつ犠牲を求める祭司へと転化する、というわけだ。「オデュッセウスは、彼以後のあらゆる本格的小説の主人公たちがするように、いわば、わが身を得るためにわが身を放棄する。彼の成し遂げる自然からの疎外は、彼がいかなる冒険に際しても競い合う当の自然に対して身を委ねるときに実現する。そして皮肉にも凱歌を奏するのは、彼から命令される仮借なき自然のほうである。なぜなら彼は、自ら仮借なく力をふるう者として、彼がそれから逃れて来た自然の諸力の相続人、つまり、審判者かつ復讐者として帰郷するからである。」(GS3, S. 65f.) このように描写するアドルノの筆致は同時に、このオデュッセウスによる惨殺シーンを礼賛するヴィラモーヴィッツ＝メレンドルフ——ニーチェの論敵として有名な古典文献学の碩学——に潜む「野蛮と文化のドイツ的な交錯」(GS3, S. 98.) を指摘するとともに、現代によみがえる神話、つまりファシズムが演出する疑似古典主義と自然への回帰、民族礼賛の欺瞞をも批判している。リーフェンシュタールが最新鋭の映像装置によって撮影したニュルンベルクのナチス党大会は、何と神話的儀式めいて映ることだろう、というわけだ。それこそが「進歩は同時に退歩である」という啓蒙の弁証法の真の姿なのである。

三、

犠牲者が攻撃者へと反転するこうした構図については、精神分析は多くの事を語ることができるだろうし、命じることすらできるだろう。実際『啓蒙の弁証法』第五章「反ユダヤ主義の諸要素—啓蒙の限界」はフロイトの考察をふまえながら、反ユダヤ主義の起源をパラノイア的な転移ないし投影作用という心理メカニズムに求めている。しかしここではオデュッセウスにまつわる叙述と言語の問題について、もう少し考察しておきたい。

反転は、すでに先に述べたポリュペモスのエピソードに予示されている。自己をウーディスと称することで危機を脱したオデュッセウスであるが、彼は逃走の途中、まだキュプロクスたちの投石範囲にあるうちから、ポリュペモスに自分の本名や素性を打ち明けてしまう。これによりオデュッセウス一行はポセイドンにより何度も帰還を妨害されるという運命へと再び陥る。なぜ彼は命名の誘惑に屈したのか。アドルノの示唆するところでは、そこには相反する二つの志向が存している。すなわち、もともと名称など持たない自然に似せたウーディスという名称によって、他ならぬ命名が命ずる犠牲者にならずにすんだという、計算高い人間理性の思い上がり（ヒュブリス）がある一方で、名称を欠いたままでは、まさに命名という犠牲行為を通じて遂行される自然支配を遂行できない、という不安がある。たとえ合理主義者オデュッセウスが命名の威力を、つまり名称という代理物を通じて発揮される自然の力を信じていなかったとしても、『オデュッセウス』を単なる神話的エピソードの寄せ集めから解放するのは、それがオデュッセウスという個人による首尾一貫したナラティブによって維持されるという叙述構造にほかならない。結局のところ権力の主体（subject）となるということは、権力に従属する（subject）、それどころか権力に全存在を捧げるものとして自己を絶えず名指すという行為と不可分なのであり、その意味で名とはフェティッシュ（物神）の極北とさえいえるかもしれない[14]。一気呵成に述べる次のアドルノの言葉は幾分曖昧だが、彼が見ていたのはこうしたパラドックスであるように思われる。「オデュッセウスを客観的に規定しているのは、暴力に対する言葉のはかない優位を不断に確保しておかなければ、暴力によって再び優位を奪われるかもしれない、という不安である。というのは、言葉は、自らがだました自然よりも自分のほうがより微力なことを心得ているからである。語り過ぎは、暴力と不法とを自分自身の原理として明らかにし、そうすることで恐るべき者を刺激し、恐れられたまさにその行動につねに走らせる。言葉が太古にもっていた神話的強制力は、啓蒙された言葉が自分自身の上に招きよせる災厄のうえに永遠化される。自分がオデュッセウスであることを強制的に打ち明けさせられるこのウーディスは、死の不安に脅かされながらも死の不安に由来する優越を誇りとしている、あのユダヤ人の相貌をすでに帯びている。そしてこの仲介者に対する復讐は、市民社会の終末に初めて起こるのではなく、すでに初頭において、あらゆる形態の暴力がたえず到達しようと努めている否定的ユートピアとして姿を見せている。」（GS3, S. 88.）

命令者であると同時に犠牲者でもあるという仲介者（Mittelsmann）オデュッセウスの形象は、あの反転の構図を如実に物語っている。彼は命名の欺瞞——それはつまり、儀礼という等価交換の手続きそのものにつきまとう欺瞞でもあるが——を感じているが、それに従わないわけにはいかないし、部下を従わせないわけにはいかない。その姿はしばしば仲買人（Mittelsmann）、貨幣を媒介として成り立っている卑しき存在だとして蔑まれてきたユダヤ人のアレゴリーである。だがこの蔑みは『啓蒙の弁証法』によれば、まさにユダヤ人を鏡像として直面させられるわれわれの不安から生じる。その姿は、そもそも人間とは貨幣や言語により構成され、それによって他のものと容易に交換可能な、自由で開放された、だがまた大地や自然を奪われた存在でないか、という太古からの両義的感覚（「死の不安に脅かされながらも死の不安に由来する優越」）を想起させる。しかしここでアドルノがホルクハイマーとともに投影するコンテクストは、古代ギリシアの英雄とユダヤ人との近似性以上のものがある。おそらく彼らは、まさしく異郷の地で擬態と彷徨をくりかえすこのユダヤ人的相貌を持つオデュッセウスを、故国を追われアメリカで精神的同化をせまられる自分たちユダヤ知識人の自画像として描いたのである。であればそこには、反転の悪循環を諦念でもって記述するのみならず、この循環を回避し、否定的にせよユートピアへと通ずる何がしかの下図が描かれているに違いない。それはどのようなものか。

第二章の終わりにアドルノは、暴力との絡まりあいを冷徹に記述するオデュッセウスの小説形式は、神話的歌唱が絶えず発揮し続ける暴力の直接的な回帰を中断させるメルヒェン（「昔々のことでした」という回想）的特徴を持つ、と述べる。これはジョージ・オーウェルが描くアンチ・ユートピア的管理社会（『一九八四年』）を支配する言語ルール（「ニュースピークの諸原理」）が過去時制によって書かれていることにトマス・ピンチョンが見いだした希望と重なる。(15) しかしここでは、アドルノが見いだすこの中断というモチーフ——まさにそれはヘルダーリンの後期賛歌にベンヤミンが見いだした中間休止（Zäsur）なのだが——が、『啓蒙の弁証法』全体を特徴づける文体に表れることに注目したい。

本書第三章で主題として取り上げたように、自己と対立するような他者によって自己が知らず知らずのうちに媒介されている、というイメージは、それが短く圧縮されたキアスム的――〈ab-ba〉といった反転形式――な構文で表現されることも含めて、アドルノに極めて特徴的である。[16]再び『啓蒙の弁証法』から、二文だけ挙げておく。

「啓蒙の犠牲となる神話は、しかしながら、それ自身が既に啓蒙に独自の生産物であった。」（GS3, S. 24.）
「神話がすでに啓蒙を成し遂げているように、啓蒙はその全行程において深く神話に巻きこまれている。」（GS3. S. 28.）

まさに『オデュッセイア』に見出された反転である。[17]そして真にアドルノ的ともいうべき事態は、彼がこうした敵対的かつ共謀的な関係性を、神話と啓蒙、自然と歴史、社会と個人、普遍と特殊、全体と部分、エス（集団的無意識）と自我といった具合に、哲学的・社会学的・文化的・精神分析学的な諸々の対立項を貫くミニマルな論理形式として、首尾一貫して保持し続ける姿勢だろう。その姿勢は頑なで、朴訥とすら形容できる。彼にとってはまるで人間とは、理性を持った動物という実体ではなく、理性と自然（動物性）が交錯する舞台であり、対立と和解のドラマをくり返し生産するシステムのようである。彼自身が、存在するものは要するに対立するものへと反転する運命にあるのだ、という神話に盲目的にしたがい、それにとりつかれている。否、とりつかれるだけでなく自らをそこへ巻きこんでいっている、といっても過言ではないし、実際彼は様々なテクストをまさにそのように解釈するのだ。神話の力の圏域から脱する方法ですら、この神話から強制的に獲得し直されねばならない、とされる。隅々まで管理され、規格化された社会というヴィジョンと、支配なき世界というユートピアのヴィジョンがここで交錯する。しかしながら、よく知られたハーバーマスの反論が提示するところでは、こうした秘教的ともいうべきヴィジョンは単にコミュニケーション的合理性の潜勢力を過小評価しているばかりでなく、「要するに」「全ての」「つまるところ」といった形容表現を反復して用いるアドルノの単純化した世界を支えている。すなわち彼自身が自己同一化を命ずる概念の暴力性との共犯関係に主体的に参入し、そこから世界を解釈しているというのである。そしてその物語的地平は、以前にも引用したが「もはやわれわれのものではない(18)」。

こうした反論に対しどちらが正しいなどとは、一概にいえるものではないだろう。とはいえ、正義の名のもとに中東で戦争を展開するアメリカを批判する際にエドワード・W・サイードやロバート・ハロッド＝ケンター(19)、そしてジュディス・バトラーらがアドルノを引用せずにいられなかったとき、彼らがそこに目撃したのは、概念の普遍性を苗床にして繁茂する動物的な野蛮が相も変わらず回帰してくる様子だった。あるいは、それこそフーコーがビオポリティークという語で示唆するように、動植物の生殖の徹底した管理・計算のうえに成り立っている現代社会の生活の諸相を一種の「洗練された暴力」という観点から特徴づけることは、決して不当なことではないはずだ。神話はいまだ世界を徘徊している。そしてアドルノによれば、この神話との共犯関係が救いようもない帰結に達するのは、まさにこの関係を克服した、もはや自分はそんなものとは無関係だ、巻きこまれていない、と思いなす瞬間なのである。

そもそもアドルノは右のような共犯関係を固定化したヴィジョンに落としこむつもりはない。それはルカーチやブロッホが描く、図像化されたユートピア像に対する彼の批判的立場にも表れている。彼にとって「ユートピア」と「管理社会」とは、何か特定の政治的体制を具体的に示すというより、いわば人間的本性をアレゴリカルに示す二つの絡みあった極北というべきだろう。ユートピアは単なる自然状態でも原始共産社会でもなく、図像化禁止というユダヤ教的タブーによって理性との関係性を保持している。同様に、管理社会とは単に隅々まで合理化した社会ではなく、むしろそうした合理化プロセスによって解放された人間の支配欲が様々な仕方で形態化されたもの、ととらえることができる。厳密にいうなら、おそらくアドルノにとって物事には白と黒の両面がある、と直観的にとらえることではなく、——例の自然史のテーゼにうかがえたように——白が白とは見えなくなるまで、白が黒に見えてくるまで、あるいは白が黒によって限界づけられているということが判明するまで思考に負荷をかけ、これをおし進める、そのプロセスが重要なのだ。

もちろん、この思考には物事を時に白、時に黒と色づけるような、ご都合主義的な側面があることも否めない。実際アドルノを一貫してマルクス主義の系譜に位置づけ、ある種の「挫折した全体的思考」として継承しているフレドリック・ジェイムスンが反ユダヤ主義的言説にユートピア的思考を読もうとするとき、ジェイムスンの思考は双方向的というより、直観主義に傾いているのではないか、と疑りたくなる。「芸術的テクストのイデオロギー機能とユートピア機能を同時に認知する」[20]という構想によって善悪の彼岸にある集団的論理を目指す、とジェイムスンは述べているが、この「同時に」というのは曲者だ。テリー・イーグルトンはこの提案に対し、人種差別主義者の罵詈雑言のうちにさえ幸福の約束となるイメージを読みとろうとするのは、滑稽なぐらい愚かしいか、倒錯的か、あるいはあまりに抽象的な要求である、と難じている[21]。

イーグルトンにとってアドルノの思考の真骨頂はむしろ、白は黒「である」と言わないこと、別言すれば、白と黒との二律背反を退屈なほどに手をかえ品をかえ表現し直すことによって、両者を一致させないことにある。それは同一性——たとえば「個人は社会の完全なるコピーにすぎない」という、対立を一切含まない言明がそうだ——が勝利を収めることを遅延させる[22]。カリン・バウアーが指摘するように、『啓蒙の弁証法』は両者の絡まりあいをニーチェ的な意味で系譜学的に解釈するのみならず、それをナラティヴな形式で上演することで、この解釈学的実践が一つのまとまった、他の可能性を許容しない物語を提供するものではなく、むしろ物語自体が断片的で誤りやすさを含んだものであることを開き示す。そしてそれは、絡まりあいの内部にとどまりつつ、人類の物語を自らの領域へと一方的に還元しようとする理性と自然それぞれの力を制限することを可能にする。[23]「神話がすでに啓蒙を成し遂げているように、啓蒙はその全行程において深く神話に巻きこまれている。」――注意しよう、この構文は前者から後者を、あるいは後者から前者を読むような、入れ子状の解釈を読者に強いる。神話を啓蒙し尽くすことはできず、啓蒙は決して神話の圏域に完全に飲み込まれることはない。理解しつくし、忘れ去ることのできない余剰が、読者に対して安易な肯定的受容も否定的拒絶も許すことなく、物語としての「啓蒙の弁証法」のあらゆる行間に残存し、生き延びる。

四、

確認しておこう。アドルノにしたがえば、自らを模倣するよううながし、読み手として、またその続きを記す書き手として参加するよう呼びかける物語がある。それは自然への回帰を歌ったものかもしれないし、理性によって書かれた自然支配の設計図かもしれない。いずれにせよその物語に絶対的な「外部」はない。わたしはその内側にあって、それを他ならぬ「わたし」の物語として受容するか、拒絶するか、政治的な決断を絶えずせまられる。とはいえ、これまで述べたようにこの物語は確定的なものではないのだから、アドルノが固執するのは、受容するにせよ拒絶するにせよ他者のうちに――それが特定の個人であれ、自然であれ、あるいは国家という大文字の物語であれ――自己を見いだすという契機を欠いては、個人は客観的な実質を喪失し、単なる生の直接的契機しか残らない、つまり生き延びることはできない、という倫理的洞察だと解釈することもできる。それにしても、アドルノが求める生存のメチエ（技法）が特徴的であることはいうまでもない。というのはそれが徹底してオデュッセウスの伝記的形象だからである。特に彼の晩年の断片的草稿『美の理論』、あるいはエッセイ『代行者としての芸術家』（一九五三年）や『現代小説における語り手の位置』（一九五四年）に顕著なように、アドルノは、まさに他者に対して自己を捧げるよう、その道具となり、器官となり、代理となって、盲目的にその身を委ねるようにすら示唆する。そこにアドルノのいう「客観的なものの優位」がある。でなければ、主体は自己の所有物だけで世界を満たしてしまい、結果的に「わたしのもの」と思いなす世界によって支配されるだろう――それこそが、闘争の契機すら与えない文字通りの「他者」にしたがうことになる、というのだ。ここに政治的実践の含意はなく、彼はもっぱら芸術経験を念頭においているのだが、それは特定の職業人が特定の作品制作を行う場面に限定されるものではなく、フーコー的な意味で自己について配慮し、語る場面一般に妥当するように思われる。ここにあるのは、崩壊した世界においては全ての傍観者的立場は欺瞞に過ぎない、という強烈な歴史意識である。だから主体は、ともかくも外部の呼び声にしたがわねばならない。したがうだけでなく、他者に呼びかけねばならない、命令を下さねばならない。「わたし」は被害者であり、加害者でもある。[24] 他者に巻きこまれ、また他者を巻きこむ者でもある。『美の理論』のディスクールが抽象的な概念ゲームが延々と続くようでいて、妙に生々しいのは、このミメーシスの反転的身振りの底なし沼に身をさらすアドルノの「身体」がそこかしこに感じられるからだ、ということもできる。一例をあげよう。

精神は非同一的なものを自らに同化させることはない。自らを非同一的なものへと同化させるのだ。芸術は芸術に固有の自己との同一性にしたがうことによって、自己を非同一的なものに等しいものとする。これが芸術のミメーシス的本質の現段階にほかならない。芸術作品の行動方式としての和解は今日では、ほかならぬ芸術が和解の理念を拒絶するところにおいて、つまりその形式が仮借なさを命ずるような作品において行われている。だが形式によるこうした非和解的な和解ですらも、芸術の非現実性の条件となっている。こうした非現実性はイデオロギーでもって芸術を永続的に脅かす。芸術はイデオロギーへと堕落することもなければ、イデオロギーがあらゆる芸術に一切の真実からの追放を命ずるわけでもない。芸術は芸術の真実それ自体によって、つまり経験的現実が拒む和解によってイデオロギーの共犯者となり、すでに和解が実現されているかのように人を欺く。芸術作品はそのア・プリオリ、いうなればその理念からして罪連関に陥っている。どのような芸術作品の成功もこうした罪連関を超越するが、他方、そうした成功のためには代償を支払わねばならない。それゆえ芸術作品の言語は沈黙へ立ち戻ろうとする。が、そうした沈黙はベケットの言葉によるなら、沈黙ノ冒涜にほかならない。（GS7, S. 202f.）

だがこの沈黙せよ／するな、とうながすものとは実際何なのか。それは神的な、レヴィナス的な意味での他者だろうか。しかしアドルノはそれにしたがうことはまさに主体が真の自由を得るために必要なのだ、という。それが彼の論理であり、彼をベンヤミンではなくヘーゲルに引きつける弁証法的所作である[25]。とはいえ彼はヘーゲルと違い、この反転の範囲を、闘争が刻印される身体としての芸術的テクストに限定する。反転の軌道を如実に示すのは、『美の理論』の次の言葉だろう。「芸術は対象的なものの認識でもなければ、その模写でもない。…むしろ芸術は現実に手を伸ばし、触れるやいなやぴくっと手を引っこめる。芸術の文字とはそうした動きの印である。」（GS7, S. 425.）

アドルノにとってオデュッセウスは道具的理性の伝記的形象であるだけでない。オデュッセウスが自然の力の前に抱く不安と恐怖、そしてそこから逃れるために発せられる叫び、あるいは彼が自分自身の内的な自然的衝動を抑圧するときに表れる苦悩の渋面、そして身体に刻み込まれた傷は、美的経験の最も奥深い真実を示している。美的経験の極北としてのユートピアを指し示すものは、物象化の極北を経験する者でなければならない。確かにオデュッセウスは理性の犠牲者であるが、「彼はまた同時に犠牲を廃棄するための犠牲なのである。支配者としての彼の諦念は、神話に対する闘争として、諦念と支配とをもはや必要としない社会を代理するものである。自分や他者に暴力を振るうためではなく、和解のために、自分自身を統御しうるようになる社会を。」(GS3, S. 74.)

芸術は苦悩(Leid)を表現するものだ、とアドルノはしばしばいう。苦悩とは彼によれば、ある個人の内的な感情を意味するのではない。かといって彼は何か苦悩それ自体といった形而上学的な事態を想定しているのでもない。それは作品に表れる相貌であり、その時々の社会の道徳的ないし文化的コードや技術的水準による表現力に依存しながら、同時にこれらに逆らおうとする作者自身の生が形態化したもの、と彼はとらえる。アドルノは作品解釈において観相学(Physiognomie)という方法を重視するが、それは、作品の外化した個別的形態――つまり「かたち」――こそが、既存の意味連関を強いる社会的圧力と、意味以前のわれわれの自然衝動とのコンフリクトが局在化される結節点だからである。そして作品の形態化へと昇華された苦悩は、もはや個人の単なる感情ではなく、作者の身体の延長でもなければ、個人史の延長でもない。昇華はむしろ一つの断念、つまり、自己の情念を直接的に外化させること、個人のナルシシズムをひそかに一般化することの禁止を意味している。これこそ図像化禁止の論理だ。これと引き換えに、個人はテクストのうちで、まさに文字(Schrift)として生き延びる。その意味でアドルノにとって、個人の自己告白を標榜するテクストほど愚劣なものはない。また逆に、作品を通して作者自身の人格に自己を感情移入することほど、鑑賞者としてあやまった行いはない、ということになる。ある作品が理解できるというのは彼の場合、一義的に理解されまいと抵抗した作者の身振りを、作品自身の形式に沿って鑑賞者自身がその都度主体的に反省し、批判的に再構成するという実践を絶えず要求する。

芸術とは、道具的な合理性と自然衝動の敵対的かつ共謀的な関係を徹底的に表現し、また表現することで反省しつくしたものであり、真正の芸術とは、理性が構築し要請する論理――端的にいうなら、同一化の圧力——とひそかに結託する自然的暴力を当の論理自身によって相殺するという行為を、最も極端な形で表している。だからこそアドルノにとっては、論理それ自体の存在を否定するのではなく、政治的な作用としてすら働くその圧力を中断させるように、いかに既存の論理構成を変えることができるか、ということが重要になるのだ。(26) それは彼自身の美学的論述の指針ともなっている。シェリー・W・ニコルセンは『美の理論』の構造についてこう述べている。「もしある点でわれわれが［『美の理論』という］作品を力作（tour de force）と見たならば、ここで見られるのは、作品が作品自身のうちで働く諸力の活動を通して老化し、死にゆくさまである。あらゆる概念がそれ自身のうちでぎょっとしている。つまり、配列がそれらを他の概念との相互関連のうちに置くのである。(27)」したがって芸術とは、サルトルのいうようにそこから——クリストフ・メンケの言葉を借りれば美学外的に(28)——何か社会的な実践やアクションが生じてくるようなものではない。あるいは政治的アンガージュマンを導出するものでもない。(29) それをアドルノに求めても無駄である。むしろ彼は、もっぱら作品自身の純然たる形式にそくして、社会のうちでくり返し再生産されてくるような合理性の圧力との葛藤をアレゴリカルに読みとるという労働に集中する。そこで彼が重視するのが、シンタクシス（統語）ではなくパラタクシス（並置）であり、星座的配置であり、シュールレアリスティックなモンタージュの手法であり、あのキアスム的な文体の対位法だ、ということになる。アドルノのこの姿勢に対しては、彼は造形芸術を含む全ての芸術のジャンルをエクリチュール（書かれたもの）に還元しようとしている、あるいは、人間的生の生産活動の総体を過度にテクスト化している、と反論することができる。さらに、社会批判の実践としての自己反省（とそれに付随する、レトリック重視のテクスト構築）に過剰な期待を求めていると反論することも可能だろう。とはいえこの反省は——ハーバーマスはそう判断したが——従来の古典的哲学に見られるような主観-客観関係の認識論的パラダイムに限界づけられているのではない。自己に備わる道具的合理性をいわば鏡として自己自身を道具化してしまった自然的生の身体的なゆがみに着目することとは、アドルノの解釈地平に、ゆがめられない生とは何か、抑圧されない生とはどうあるべきかを問うという病理学的な牽引力を与える。[30] アドルノは、正しき人間とは何か、よき人となりとは何か、とは問わない。主題となるのは、正しき「生」とは何かであり、この場合人間的行為の道徳的な正-不正をめぐる従来の問いの形式は、生自身にそなわる合理性の潜勢力との敵対的・共謀的関係——他者を抑圧し、自己を保存するメカニズム——の暴走をいかに抑え、自己自身とどのように和解するか、という問いへと、探究のパラダイムを変化させることになるだろう。それは一種の自然哲学的な道徳の要請だといっていい。ただしこの道徳は何が人間にとって「自然」であるかをポジティブに定立するものではない。むしろ徹底して人間が構築していった文化産業を解釈し尽くすことで、そこに潜む自然支配の実相をあぶりだし、その力を限界づける。[31] 結局のところ、真に人間的なものを経験するために、われわれはどの程度まで「自然」であればよいかということを、物象化された社会的身体としての文化的諸形象から逆説的に読み解く、というのがアドルノの狙いだといえる。なんと回りくどい、というかもしれない。しかし身体について直接的に表現することとは、アウシュヴィッツ以降は禁じられているのだ。アドルノの美学が凡百のカルチュラル・スタディや教養主義、骨董的な美術鑑賞と一線を画しているのは、そこに首尾一貫して身体への問いが、当の身体そのものに由来する暴力の支配領域に対するアンビヴァレントな距離意識とともに存しているからにほかならない。[32]

五、

この距離意識がもたらす美的経験とは何か、そしてそこに存する道徳的規範とは何か。たしかに、互いに敵対的な事柄をくり返し対比させ、これにそくして理性と自然、啓蒙と野蛮、死と生、あるいは文字としてのエクリチュールと、純粋な叫びとしての音楽といった事柄をキアスム的テーゼへと形式化しようとするアドルノの試みは、いかにも退屈である。このマンネリ化した対位法を単なる修辞的遊びだ、と切り捨てることはたやすい。しかし最終節では好意的に解釈し直し、このような結語を無理やり付しておくことにしたい。つまり、だれもエクリチュールを、今の自分とは全く関係のない「死んだ」言葉として突き放すことはできない。生きている限り、わたしは話しかけられている。誰に、何によってかわたしは話しかけられる、否、話しかけられていると思う、否、話しかけられていると思いたい。そしてわたしはそれを単に概念的に理解するだけではなく、自己の存在の全体でもってそれに近づき、それを模倣し、一体化したいと思う。そういうわたしの生存の欲望を構成する「呼びかけの光景」（バトラー）がある。それはジェイムスンがかつてアドルノのエクリチュール全体を言わばメタレベルで動機づけている根源的な音ないし名のようなものと論じた非表象的ミメーシスであり[33]、バトラーが崇高なる虚構とよぶ事態である[34]。それは人称も、時制も、顔も、無機物か有機物かの区別も曖昧な、言語以前の言語、生き生きした死者の声——この時点でわたしはアドルノ的なレトリックへと強いられることに気づく——、生物学的な意味での生命を剝奪されながらも、主体であるわたしに取りつき、わたしを道具にして生き延びる呼び声[35]、わたしの意識を混乱させ、わたしという物語の同一性へと侵襲を繰り返す、あるいは逆に、わたしという物語の真の構成者として主張する無数の声であり、時にアドルノはそれをルドルフ・ボルヒャルトやアイヒェンドルフの詩句に目配せを送りつつ、「ざわめき（Rauschen）」と呼ぶ[36]。

ざわめきはまた、彼とベンヤミンとの間で交わされるテーマに触れるもので、同時に両者の交わりの在り方を輪郭づけるものでもある。カフカをめぐるアドルノのベンヤミン宛書簡で、彼はカフカの寓話『父の気がかり』に出てくるオドラデク——星形の糸巻のような形状をした奇妙な生き物で、その笑いは落ち葉がカサカサ鳴る（rascheln）ように響く——を、死を（ほとんどヘーゲル的な意味で）止揚したものとして評価する。「あいつは果たして、死ねるのだろうか。死すべきものはみな、生きているあいだに目的をもち、活動し、自らをすり減らす。オドラデクはそうではない。いつの日か私の孫子の代に、糸くずをひきずりながら階段をころげたりしているのではなかろうか。誰の害にもなりそうにないが、自分よりも生き延びると考えると、ほとんど胸が締めつけられる心地がする。[37]」オドラデクは家長である父の心配の種であると同時に、家、所有、目的-手段といった近代的な装置をかいくぐって生き延びる、和解と希望の暗号でもある、とアドルノは述べている（Vgl., BB1, S. 92f.）。

ざわめきに対して、わたしはそれが何であったのかを定義できない。一方的に意味をあてがい、愛を贈り、それと同一化することは許されない。にもかかわらず、それは何かを語りかけてくる。その微妙な範囲で聴力を働かせつつ、アドルノはベンヤミンの手紙を聴き、彼から学ぶのだ。「手紙はベンヤミンにとって、はかなく移ろう運命を生きながらえるものの自然史的な形象であった。」（GS11, S. 586.）虚構としてのざわめきは、まさに他者を模倣し、同一化することの「正しき」空間を境界画定する、そのような限界づけを行うのかもしれない。『手紙の人　ベンヤミン』から再三、くり返しておこう。「〔手紙という〕形式は「書くという」最初の衝動の邪魔をすることはないが、この衝動と手紙の受信者との間に第三者、すなわち書かれることによる形態化を挿入する。あたかもこうした客観化の法則のもとで、場所と時間という誘因にもかかわらず、そしてその誘因のおかげで感情の動きがはじめて正当化されるかのように。…手紙を書くことで、硬直した語という媒体において生命あるものが偽装される。手紙のうちでひとは孤独を否定できるが、にもかかわらず遠方の者、孤独な人のままでいられるのだ。」（GS11, S. 584f.）

アドルノがいつ、どこで何をしたのか、その履歴書的なプロフィールは与えられている。だが彼について語ることを、どこで始め、どこで終わればよいか、どの程度行えば、彼が「誰であったか」という問いに答えたことになるのか、そしてどの程度行えば、彼から学び終えることになるのか、確定的なことをいうことはできない――おそらく彼ならば、人間とはそもそもそういう逆説へと、他者と自己を接続し、またこれを分かつある懐疑的な夢へと、ビオ・グラフィーをめぐる道徳的な迷いや不安へと巻きこまれた存在であり、まさにそれに曝されていることが人間の証明だというかもしれない。

（1）　わたしはここで、伝記ないし自伝という身体的テクスト――先走ることを恐れずいうなら、本章では自伝や伝記はある人物の身体的生を扱うだけでなく、テクスト自体がある種の身体性を帯びざるをえない、という想定から出発する――が持つ政治的な作用を念頭においている。この問題については本書第二章、第十章でも扱ってきたが、特に関連深い議論として、少々長くなるが、やはりジャック・デリダのニーチェ論に触れないわけにはいかない。一九七九年の講演「ニーチェの耳伝（otobiographie）」において彼は、ニーチェの自伝（autobiographie）的著作『この人を見よ』について、おおよそ次のように述べている。ひとは『この人を見よ』を読んでニーチェの生、あるいはその作品群について確定済みの意味といったようなものを理解し、確認することはできない。そのようなことはとうてい不可能である。たとえばニーチェの人生行路のアイデンティティを素朴に設定し、その作品群をこの生を条件づける（とされる）歴史的・社会的・生物的条件などに照らして理解することはできない。ましてやそうした諸条件に還元することはできない。作品群と生がそうした（前者から後者への）一方向的な関係性にあると確定することはできないし、そもそも両者の関係性はまったく不明瞭である。デリダは、こうした問題設定から可能な限り遠く離れて、こう主張する。つまり、ニーチェの自伝を読むという行為は、現在とは無関係な仕方で行われる回顧や学問的探求といったものではなく、ひとがニーチェという名のもとで理解されるべきコンテクストをそのつど生産するという、危険性を帯びた政治的行為なのだ、と。それは模倣の危険でもある。デリダは「模倣的《ミメティック》転倒ならびに倒錯の可能性」（Cl・レヴェック、C・V・マクドナルド編、『他者の耳――デリダ「ニーチェの耳伝」・自伝・翻訳』、浜名優美・庄田常勝訳、産業図書、一九八八年、五一頁）という言い方をしている。いうまでもなく彼はナチズムによるニーチェの「誤読」という歴史的事実を念頭において語っているのだが、彼によれば、そうした誤読、すなわち、書き手と読み手とが互いを巻きこむような仕方で展開されるコンテクストの再生産は、テクスト性一般といったものを構成する不可避的な要件ですらある。ある主体がテクストを書くこと、そして別の主体が――当たり前のことだが――このテクストを読むことを通してのみ、コンテクストといった事態は生ずる。その意味で、生や作品群を形成するとされる外的条件への参照は、あくまで副次的な意味を持つにすぎない。ある哲学者の固有名のもとで理解され、語られるテクストが存在する、そしてまさにそのことが哲学的テクストに、特権性とまではいかないものの、特異な力場を与えている、とデリダは示唆する。「伝記なるもの一般、とりわけ哲学者の伝記に関する新しい問題系は、［心理主義、精神分析主義、歴史主義、社会学主義といったタイプの経験的なプロセスに従って解明するよりも］もっと他の様々な方策［資源］を、少なくとも固有名詞と署名についての新しい分析を動員すべきなのである。」（同書、七頁。）ニーチェは自らの名のもと、自身の生を読者にさらす。そして彼は、それと引きかえに、読者を（あるいはその生を）、伝記――生についてのエクリチュール――という仕方で記される自らの作品へと引きこむ。「彼［ニーチェ］は自分自身に対して負債を負ったのであり、そして署名の効力で彼のテクストから残るものによって、われわれをその取引に巻き込んでしまっているわけである。」（同書、一三頁。）自身についての最高の読者と最低の読者を設定するというニーチェの所作――それは、承認と拒絶との幾重にも構造化された政治的力場を作動させずにはいられない――に見られるように、こうした戦略の大胆さ、斬新さにおいて、ニーチェは稀有の存在である、とデリダはいう。いずれにせよ、生と作品、筆者と読者といった単純な二分法は、ニーチェの場合、いたる所で効力を失うことになろう。

（2） Martin Heidegger, *Nietzsche : Der Wille zur Macht als Kunst*, *Gesamtausgabe Bd.43*, Bernd Heimbüchel（Hg.）, Vittorio Klostermann, Frankfurt a.M., 1985, S. 13.

（3） 自伝と伝記の差異、というやっかいな問題については、前章を参照。

（4） Heidegger, *Nietzsches Lehre vom Willen zur Macht als Erkenntnis*, *Gesamtausgabe Bd.47*, Eberhard Hanser（Hg.）, Vittorio Klostermann, Frankfurt a.M., 1989, S. 1f.

（5） これについては特に、三原弟平、『思想家たちの友情―アドルノとベンヤミン』（白水社、二〇〇〇年）の通読を勧める。

（6） この概念についてはアンナ・フロイト、『自我と防衛』、外林大作訳、誠信書房、二〇〇八年、一三五頁以下参照。

（7）この辺りの議論については『美の理論』における「直観性と概念性・物性格」と題された断章（GS7, S. 150 ff.）を参照。興味深いことにアドルノはここでハイデガーの講演『芸術作品の起源』の議論の援用し、こう述べている。「ハイデガーが観念論に反対して指摘している通り、芸術作品は単に物をその担い手として所有しているのではない。作品固有の客観化により、芸術は第二の物になるのだ。」（GS7, S. 152.）従来指摘されてきたフランクフルト学派の物象化論と後期ハイデガーの技術論との関連のみならず、芸術論という観点からいっても、アドルノとハイデガーには重なる部分が少なからずある。この問題は特に両者のヘルダーリン論のうちに尖鋭化して表れる。拙著、『ハイデガー　ポスト形而上学の時代の時間論』（大阪大学出版会、二〇〇八年）、一五一頁以下を参照。

（8）Vgl., NSI-1, S. 21 ; NSI-2, S. 69-72.

（9）ジョルジ・ルカーチ、『小説の理論』、原田義人・佐々木基一訳、筑摩書房、一九九四年、三〇頁。

（10）ルカーチ、前掲書、九〇頁。

（11）ルカーチ、前掲書、一〇一頁。

（12）ルカーチ、前掲書、一〇八頁。

（13）『啓蒙の弁証法』第五章の次のくだりを参照。「文明は、他者への有機的適合という本来のミメーシス的行為の代わりに、まず呪術的段階ではミメーシスの組織的操作を、そしてやがて歴史的段階では、合理的な実践つまり労働を置きかえる。支配されないミメーシスは追放される。」（GS3, S. 205.）

（14）アドルノは論考『音楽と言語についての断片』の中で音楽の理念を「神的な名の形態」と呼び、続けてこう述べている。「それは脱神話化され、影響作用という呪術から解放された祈りであり、すなわち、意味を伝えるのではなく名前それ自身を名指すという、いかに徒労に終ろうとも人間に不可欠の試みなのだ。」（GS16, S. 252.）権力を生じさせるいかなる作用、意味づけ、志向、道具的要素からも解放され、カントのいう「目的なき合目的性」と化したもの、それが神的な名であり、それに形を与えるのが音楽だ、とアドルノは言っている（同様の洞察は遺稿として残されたベートーヴェン論考にも見いだされる）。それはまさに神話と啓蒙との究極の二律背反を体現している。ちなみに『音楽と言語についての断片』は最初一九五三年に発表され、さらに新たな原稿を付け加え元の二倍以上になったものが『現代の作曲における音楽、言語とその関係』というタイトルで一九五六年に発表された。しかしアドルノは一九六三年に単著『幻想曲風に』を出版するに際して、最初のバージョンである『音楽と言語についての断片』をそのまま収録した。彼の思い入れが伺えるが、実際これはアドルノにおける音楽と言語の関係を考える上で非常に重要な断片だといえる。

(15) ジョージ・オーウェル、『一九八四年』、高橋和久訳、早川書房、二〇一〇年、五〇七頁以下参照。

(16) Cf., Gillian Rose, *The Melancholy Science : An Introduction to the Thought of Theodor W. Adorno*, Columbia University Press, New York, 1978, p. 13.

(17) こうした洞察に先駆者がいない、というわけではない。われわれはすぐさま、文化の記録であって同時に野蛮の記録でないようなものがいまだかつて存在したためしはない、というベンヤミンの歴史哲学テーゼを想起することができるだろうし、ゲアハルト・シュベッペンホイザーはジークフリート・クラカウアーが一九二七年に発表したエッセイにふれ、すでにここで理性と神話との絡まりあいが論じられていることに注目している（シュベッペンホイザー、『アドルノ―開放の弁証法』、徳永恂・山口祐弘訳、作品社、二〇〇〇年、四二―四三頁参照）。クラカウアーはアドルノの長年の友人であり、学問上の先輩にあたる。おそらく彼はアドルノにとって最初期のミメーシスの対象だったのだろう。一九六四年に発表された論考『風変わりなリアリスト――ジークフリート・クラカウアーについて』の中でアドルノはこう述べている。「何年ものあいだクラカウアーはわたしと一緒にきまって土曜日の午後、『純粋理性批判』を読んだ。…のちにわたしが伝承された哲学テクストとの関係において、その統一性や体系的な整合性に感銘を受けるよりも、むしろ、あらゆる閉ざされた学説の表層下でたがいに格闘しあう諸力の戯れに取り組み、成文化された哲学をその都度の諸力のせめぎあう場として考察するようになったとすれば、それは間違いなくクラカウアーが与えてくれた刺激のおかげである。」（GS11, S. 388f.）確かに「神話的思考とは自然の全能を確認するものである。時代とともに変わる構造の違いは様々であっても、神話的思考は、自然によって定められた枠を常に保っている。…自然的有機体を社会構造の手本として持ち上げる有機体的社会理論は、民族という運命的統一体を至高の統一体とみなすナショナリズムにおとらず神話的である。」（ジークフリート・クラカウアー、『大衆の装飾』、船戸満之・野村美紀子訳、法政大学出版局、一九九六年、四九頁）といった言述は、アドルノが述べたとしても違和感はない。

(18) ハーバーマスのアドルノ批判については、特に本書の第三章・第六章を参照。

(19) Cf., Robert Hullot-Kentor, *things beyond resemblance : Collected Essays on Theodor W. Adorno*, Columbia Univer-

sity Press, New York, 2006, pp. 2ff.

(20) フレドリック・ジェイムスン、『政治的無意識　社会的象徴行為としての物語』(大橋洋一・木村茂雄・太田耕人訳、平凡社、二〇一〇年)、五四九頁。ジェイムスン自身はここでは、先に挙げたベンヤミンの歴史哲学テーゼとともに、反ユダヤ主義とユートピア要求との絡まりあいを提示した『啓蒙の弁証法』の論述(同書第五章「反ユダヤ主義の諸要素─啓蒙の限界」)に示唆を受けている。なお一九六〇年代末にまで遡ることのできるジェイムスンのアドルノ解釈については、他に以下の文献を参照。ジェイムスン、『弁証法的批評の冒険　マルクス主義と形式』、荒川幾男・今村仁司・飯田年穂訳、晶文社、一九八〇年。Fredric Jameson, *Late Marxism : Adorno or the Persistence of the Dialectic*, Verso, London/New York, 2007.

(21) テリー・イーグルトン、『美のイデオロギー』、鈴木聡・藤巻明・新井潤美・後藤和彦訳、紀伊國屋書店、一九九八年、五五九頁参照。

(22) イーグルトン、前掲書、四九九頁参照。

(23) Cf., Karin Bauer, *Adorno's Nietzschean Narratives : Critiques of Ideology, Readings of Wagner*, State University of New York Press, 1999, pp. 77f., 217.

(24) アドルノの攻撃者としての側面が如実に表れているのは、ジャズやポピュラー・ミュージックを一律に罵倒するその露骨な差別意識だろう。特にスキャンダラスなのは、彼が未発表の原稿(一九三三年に執筆)の中で試みた、流行歌を組織的に笑いものにするために政治的権威に訴え、いかにそれが愚鈍な存在であるかを知らしめるために、流行歌の引用、パロディ、意図的編集を行いこれをラジオ放送で全国に流すべきだ、という提案である。その倒錯的ミメーシスは、反ユダヤ主義者のうちでユダヤ人の真似をすることが習性になっていない者はいないという『啓蒙の弁証法』の主張を自ら先取りしているようである。竹峰義和はこうまとめている。「ファシスト的な言説を巧みに模倣しながらアドルノが、みずからにとって流行歌が何を表しているのかをマイクの前で誇張的に実演してみせるようラジオ・アナウンサーに要求するとき、嫌悪する対象にミメーシス的に同化してみせるという退行的な欲望に二重に身をゆだねてしまったのである。」(竹峰義和、『アドルノ、複製技術へのまなざし　〈知覚〉のアクチュアリティ』、青弓社、二〇〇七年、四一-四二頁。)

(25) 周知のように、ヘーゲルは『精神現象学』における自己意識についてのくだりの中で「主人と奴隷の弁証法」を展開しているが、中川佳英はアドルノの芸術論がこの弁証法を下図にしていると指摘している。この指摘は重要である。中川佳英、「「支配へのミメーシス」、「震撼」とアドルノ『芸術理論』――〈主人と奴隷の弁証法〉をめぐって」(『ドイツ文学研究』第三三号、日本独文学会東海支部編、二〇〇一年、所収)参照。とはいえ、中川自身「そもそも〈主人と奴隷の弁証法〉における「震撼」とは、せんじ詰めれば「死という絶対的主人に対する恐れ」(Hegel, Ⅲ/153) すなわち自然への恐れである。」(中川、前掲書、一六七頁)と述べるように、そしてまた第五章で展開したように、アドルノの芸術論を考察する上では、震えや恐れの自覚としての自然美の経験(=崇高)というカント的文脈と切り離して考えることはできないのではないか。そもそも『美の理論』が全体として指し示すヘーゲルの位置価は必ずしも高いものではないため(たとえば本書第五章の注29を参照)、わたしはまだアドルノとヘーゲルの関係を本格的に究明する段階に至っていない。

(26) これをバトラーは、アドルノをめぐる道徳哲学的文脈の中でこう表現している。「つまり、問題は普遍性そのものではなく、文化的個別性に応えることのできない普遍性の作用であり、その適用範囲に含まれる社会的、文化的諸条件に応えて自らを定式化し直すことができない普遍性の作用なのである。」(Judith Butler, *Giving an Account of Oneself*, Fordham University Press, New York, 2005, p. 6.)

(27) Shierry Weber Nicholsen, *Exact Imagination, Late Work : On Adorno's Aesthetics*, The MIT Press, Cambridge, Massachusetts/London, England, 1999, p. 129.

(28) Vgl., Christoph Menke, *Die Souveränität der Kunst. Ästhetische Erfahrung nach Adorno und Derrida*, Suhrkamp, Frankfurt a.M., 1991.

(29) アドルノのサルトル批判については『文学ノート』に収められた一九六二年の論考『アンガージュマン』を参照(Vgl., GS11, S. 409-430.)。これによればアドルノが文学の政治化に警鐘を鳴らすのは、フランス流の「芸術のための芸術(l'art pour l'art)」とは対照的に、過去のドイツにおいて芸術があまりに政治的な役割をになわすぎたため、ということになる。

(30) こうした方向から『啓蒙の弁証法』を再評価していた筆頭は、アクセル・ホネットだった。詳しくは本書の第六章を参照。

(31) 本書第五章で論究したように、ここから「自然美」をめぐるアドルノの考察とカントの『判断力批判』との親和性が導出される。

(32) アドルノの美学を一種の身体論として読むという試みは、不当なほど軽視されてきたように思われる。『美の理論』についての最初のまとまった論集である *Materialien zur ästhetischen Theorie. Theodor W. Adornos Konstruktion der Moderne*（Burkhardt Lindner und W. Martin Lüdke (Hg.), Suhrkamp, Frankfurt a.M., 1980.）でも身体の問題は見いだせない。これに対して、やや不十分であるがブリリアントな洞察を見せているのは、やはり注30で触れたホネットに加え、イーグルトンである。特にイーグルトン、前掲書、四七三頁参照。

(33) Cf., Jameson, op. cit., p. 64.

(34) Cf., Butler, op. cit., p. 60.

(35) 生涯最後の年（二〇〇四年）に行ったジャン・ビルンバウムとのインタビューの中で、デリダは、ベンヤミンが死後に生き残るという意味での überleben と、生き続けるという意味での fortleben とを区別したことに言及し（ベンヤミン、『翻訳者の使命』参照）、自分の仕事の道標となってきた痕跡や幽霊的なものの概念は、まさに前者の根源的次元とつながるものであったと語っている（デリダ、『生きることを学ぶ、終に』、鵜飼哲訳、みすず書房、二〇〇五年、特に二五頁参照）。本章で幾度か目配せを送っているバトラーの著書『自分自身を説明すること』で論じられている überleben のモチーフは、この区別を引き継ぐものである（Cf., Butler, op. cit., pp. 141ff.）。さらに生き残りのモチーフと、アドルノ的な文体の含意する遅延性＝晩年性（lateness）との関係について、サイードが与えている重要な示唆も忘れることはできない。これについては本書の第十章の終盤でも触れたが、特にサイード、『晩年のスタイル』（大橋洋一訳、岩波書店、二〇〇七年）の第一章「時宜を得ていることと遅延していること」を参照。

(36) Rauschen についてはニコルセンの見事な分析も参照。Cf., Nicholsen, op. cit., pp. 59ff.

(37) 池内紀編訳、『カフカ短編集』、岩波文庫、二〇〇八年、一〇五頁。翻訳を一部改めた。

あとがき

本書に収められた十二本の論考の初出情報について掲載しておく。

序章　書き下ろし。

第一章「全体性の幻想――アドルノのワーグナー論再考」、『コンフリクトの人文学』第四号、大阪大学グローバルCOEプログラム・コンフリクトの人文学国際研究教育拠点編、大阪大学出版会、一二五―一五三頁、二〇一二年。

第二章「生の肯定か否定弁証法か――ニーチェとアドルノ」、『メタフュシカ』第三八号、大阪大学大学院文学研究科哲学講座編、九七―一一〇頁、二〇〇七年。

第三章「批判理論はどこまで歴史的たりうるか――アドルノにおける自然史の理念の理論的射程」、『倫理学年報』第五五集、日本倫理学会編、一四三―一五九頁、二〇〇六年。

第四章　「アドルノの知識人論――「風景」をキー・ワードとして」、日本倫理学会・第六一回大会口頭発表、慶應義塾大学、二〇一〇年。

第五章　書き下ろし。

第六章　「非同一的なものの承認――アドルノからホネットへ」、日独哲学シンポジウム依頼発表、大阪大学中之島センター、二〇〇六年。

第七章　「生命倫理の時間論――ハーバーマスとヨナスの議論を手がかりに――」、『医療・生命と倫理・社会』第八号、大阪大学大学院医学系研究科・医の倫理学教室編、一一二―一二五頁、二〇〇九年。

第八章　「非同一的な時間の承認――環境倫理学の枠組みの再編・拡張・統合のためのスケッチ」、『メタフュシカ』第四〇号、大阪大学大学院文学研究科哲学講座編、二七―三九頁、二〇〇九年。

第九章　「制度の道徳的基礎づけは可能か――ホネット『イデオロギーとしての承認――道徳と権力との連関に寄せて』から承認論の現在を読む」、批判的社会理論研究会・第二十一回研究例会口頭発表、大阪大学、二〇一二年。

第十章　「何が『君自身について物語れ』と命じるのか――自伝、伝記、そして生政治――」（“What compels you to tell about yourself?――Autobiography, biography, and biopolitics――”）、シンポジ

ウム「諸文化の境界における哲学像」依頼講演、ウラジオストク極東技術大学、二〇一一年。

第十一章「アドルノとは誰か——ビオグラフィーのビオポリティーク」、最先端ときめき推進事業「バイオサイエンスの時代における人間の未来」口頭発表、大阪大学、二〇一一年。

それぞれの章は書き下ろしの論考を除き、全て初出のものに大幅な加筆・修正を施してある。冗漫にならないよう心掛けたつもりだが、それでも今から全体を俯瞰すれば、くどくどしい表現や同じ内容の重複がいやでも目に付く。だいたいが論集であるから、そして何より事柄としての「アドルノ」を扱う以上、統一したテーマのもと淀みなく前から後ろへとスムーズに論述が展開するというわけにはいかない。ひたすら読者諸氏の御寛恕を乞うばかりだ。

ドイツでも日本でも似たような現象だと思うが、どうもアドルノについて論じようとすると、人は不可避的にビオグラフィーの形式へと誘われていくようだ。そして彼自身は、何度も繰り返すように、個人史について語ることに病的ともいうべき嫌悪を示していた。にもかかわらず、なぜ彼の言説はああまで生々しいのだろう、そしてなぜ研究者はこのパラドックスを哲学的な主題として取り上げないのだろう。この疑問をわたしは「ミメーシスとビオグラフィー」というテーマで数年来、整理しようと試みてきた。本書はこの延長線上に成立したといってよい。それは、偽装された自然物としての自己をいかに肯定できるかという命題に収斂するのかもしれない。アドルノが望んで自らを巻きこませたこの複雑なアポリアを解くために、本書では主にカント、ニーチェ、ワーグナーが召喚された。そして彼らとアドルノとの思想的連関については、実りある文献があまり存在しないために、わたしは何もかも、ほとんど一から学び直さねばならなかった。

本書を構成するテクストのうち、最も古いものは第三章で、これをわたしはフランクフルト大学留学時にドイツ語で書いた。これまた向こうみずに、当時世話教官だったアクセル・ホネット氏に読んでもらい、どこかの雑誌に掲載してくれないかと頼んだことがある。内容は非常にクリアーだ、ただし最後の節を除いては、というのが彼から得ることができたコメントの全てだった。肯綮《こうけい》に中《あた》る、としか言いようがないこの助言に従い、当該部分を全面的に手直ししたものを日本語で発表した。ホネット氏は、アドルノの最も有効な活用方法について知悉している哲学者の筆頭だと、いまでも確信している。

留学時代に何より驚いたのは、当然と言えば当然だが、ドイツにおけるアドルノ関連の文献の豊富さと議論の濃密さであった。そして日本に帰って研究を継続するにあたりこれまた驚いたのは、アメリカにおけるアドルノ研究の盛況ぶりとスケールの大きさだった。おそらくこれは当地でのアドルノ受容がマルクス主義というフレームを通して行われたという政治的事情が、良くも悪くも現在まで残っているからではないだろうか。当人たちにとっては強いられたアメリカ亡命が、フランクフルト学派のその後の発展に計り知れないほどの遺産を残す結果となったのだ。わたしが最も教えられたのはニコルセンの論集、そしてサイードの忘れ形見となったアドルノ論だった。日本語のテクストでは、短いものだが、中川佳英氏の論文が啓発的だったと思う。また本書の全体を貫くビオグラフィーのモチーフは、『この人を見よ』をめぐるデリダのニーチェ論に触発され、サイードやウェクスラーの自伝、自己説明についてのバトラーの議論などを経由するうちに醸成されてきた。第十章のサブタイトル「オートビオグラフィー・ビオグラフィー・ビオポリティーク」は自分の今後の研究にとって——もしこれを続けることができれば、の話だが——非常に重要な道標になると予感している。

ペーター・アルハイトとモーテン・ブラントは共著『自伝と美的経験——近代における自己の発見と変遷』（二〇〇六年）において、自伝的空間は近代以降、個人的なものとして美学化＝脱政治化される傾向にある、といった議論を展開している。要するに私的空間への引きこもりが顕著だと論じているのだが、これはある意味ではリュディガー・ブプナーのいう日常生活の美学化（趣味化）という現代的テーマと通底している。しかしこれがどういう意味で「脱政治化」であるのか、本当にそこでは、他者の生を巻きこむという意味での政治的な「力」――そもそもこれがいかなる意味で力（＝権力）と呼ばれるべきか、検討を要するのだが――が消失しているのか、根本から問いただす必要があるだろう。たとえば自伝的身体として効果を発揮し続ける、様々な鉤括弧つきの「三島由紀夫」、そして彼の生を分有した（と称する）数多くの伝記がわれわれを誘惑して止まないように、虚構《フィクション》として自己を物語ることの徹底化は、当の自己をある政治的な主体へと仕上げるだけでなく、そうして書かれたテクスト自体が、ほんらいその「外部」にいるはずの筆者を巻きこみ、相互の境界を不透明化する。しかもそれだけでなく、テクストの生みの親であるはずの筆者の生を左右するほどの政治的な「教育装置」として機能する場合だってあるのだ――。

話は尽きないが、もう擱筆する。本書は文部科学省科学研究費補助金（研究題目「現代フランクフルト学派研究：アドルノの影響作用史を基軸として」）による研究成果の一部でもある。また本書の出版に際しては、大阪大学出版会の若手研究者出版支援制度を活用させていただいた。出版会の岩谷編集長をはじめ、関係者の皆さんに深謝したい。実際の編集プロセスでは、二〇〇八年に拙著『ハイデガー　ポスト形而上学の時代の時間論』を上梓したときと同じく、同出版会の川上展代さんにお世話になりました。深く感謝申し上げます。そして何より、アドルノ、批判理論、ビオグラフィーに関する数多くの素晴らしい文献と出会えたことに、万感の思いをこめて、感謝する。

二〇一三年二月　入谷　秀一

Shierry Weber Nicholsen, *Exact Imagination, Late Work : On Adorno's Aesthetics*, The MIT Press, Cambridge, Massachusetts/London, England, 1999.

Gillian Rose, *The Melancholy Science : An Introduction to the Thought of Theodor W. Adorno*, Columbia University Press, New York, 1978.

テリー・イーグルトン『美のイデオロギー』鈴木聡・藤巻明・新井潤美・後藤和彦訳、紀伊國屋書店、1998年。

ジョージ・オーウェル『一九八四年』高橋和久訳、早川書房、2010年。

池内紀編訳『カフカ短編集』、岩波文庫、2008年。

ジークフリート・クラカウアー『大衆の装飾』船戸満之・野村美紀子訳、法政大学出版局、1996年。

エドワード・W・サイード『晩年のスタイル』大橋洋一訳、岩波書店、2007年。

フレドリック・ジェイムスン『弁証法的批評の冒険　マルクス主義と形式』荒川幾男・今村仁司・飯田年穂訳、晶文社、1980年。

同『政治的無意識　社会的象徴行為としての物語』大橋洋一・木村茂雄・太田耕人訳、平凡社、2010年。

竹峰義和『アドルノ、複製技術へのまなざし　〈知覚〉のアクチュアリティ』青弓社、2007年。

ジャック・デリダ『生きることを学ぶ、終に』鵜飼哲訳、みすず書房、2005年。

ゲアハルト・シュベッペンホイザー『アドルノ－解放の弁証法』徳永恂・山口祐弘訳、作品社、2000年。

中川佳英「「支配へのミメーシス」、「震撼」とアドルノ『芸術理論』 ── 〈主人と奴隷の弁証法〉をめぐって」、『ドイツ文学研究』第33号、日本独文学会東海支部編、2001年。

入谷秀一『ハイデガー　ポスト形而上学の時代の時間論』大阪大学出版会、2008年。

アンナ・フロイト『自我と防衛』外林大作訳、誠信書房、2008年。

三原弟平『思想家たちの友情－アドルノとベンヤミン』白水社、2000年。

ジョルジ・ルカーチ『小説の理論』原田義人・佐々木基一訳、筑摩書房、1994年。

Ｃｌ・レヴェック、Ｃ・Ｖ・マクドナルド編『他者の耳──デリダ「ニーチェの耳伝」・自伝・翻訳──』浜名優美・庄田常勝訳、産業図書、1988年。

訳、太田出版、2007年。

同『晩年のスタイル』大橋洋一訳、岩波書店、2007年。

ウイリアム・C．スペンジマン『自伝のかたち　一文学ジャンル史における出来事』船倉正憲訳、法政大学出版局、1991年。

玉井真理子・平塚志保編『捨てられるいのち、利用されるいのち ― 胎児組織の研究利用と生命倫理』生活書院、2009年。

ジャック・デリダ「ニーチェの耳伝　固有名詞のポリティーク ― ニーチェの教え」、Cl・レヴェック、C・V・マクドナルド編、『他者の耳 ― デリダ「ニーチェの耳伝」・自伝・翻訳 ― 』、浜名優美・庄田常勝訳、産業図書、1988年、所収。

ジャック・デリダ『生きることを学ぶ、終に』鵜飼哲訳、みすず書房、2005年。

マット・リドレー『ゲノムが語る23の物語』中村桂子・斉藤隆央訳、紀伊國屋書店、2001年。

第十一章

Karin Bauer, *Adorno's Nietzschean Narratives : Critiques of Ideology, Readings of Wagner*, State University of New York Press, 1999.
Judith Butler, *Giving an Account of Oneself*, Fordham University Press, New York, 2005.
Martin Heidegger, *Nietzsche : Der Wille zur Macht als Kunst, Gesamtausgabe Bd.43*, Bernd Heimbüchel（Hg.）, Vittorio Klostermann, Frankfurt a.M., 1985.
Ders., *Nietzsches Lehre vom Willen zur Macht als Erkenntnis*, *Gesamtausgabe Bd.47,* Eberhard Hanser（Hg.）, Vittorio Klostermann, Frankfurt a.M., 1989.
Fredric Jameson, *Late Marxism : Adorno or the Persistence of the Dialectic*, Verso, London/New York, 2007.
Robert Hullot-Kentor, *things beyond resemblance : Collected Essays on Theodor W. Adorno*, Columbia University Press, New York, 2006.
Burkhardt Lindner und W. Martin Lüdke（Hg.）, *Materialien zur ästhetischen Theorie. Theodor W. Adornos Konstruktion der Moderne*, Suhrkamp, Frankfurt a.M., 1980.
Christoph Menke, *Die Souveränität der Kunst. Ästhetische Erfahrung nach Adorno und Derrida*, Suhrkamp, Frankfurt a.M., 1991.

第十章

Friedlich Nietzsche, *Nietzsche Werke, Kritische Gesamtausgabe*, Giorgio Colli und Mazzino Montinari（Hg. ）, Walter de Gruyter, Berlin/New York.

*

Rosi Braidotti, Zur Transposition des Lebens im Zeitalter des genetischen Biokapitalismus, in : Martin G. Weiß（Hg.）, *Bios und Zoë. Die menschliche Natur im Zeitalter ihrer technischen Reproduzierbarkeit*, Suhrkamp, Frankfurt a.M., 2009.

Judith Butler, *Giving an Account of Oneself*, Fordham University Press, New York, 2005.

Anna Durnová/Herbert Gottweis, Politik zwischen Tod und Leben, in : Weiß（Hg.）, *Bios und Zoë. Die menschliche Natur im Zeitalter ihrer technischen Reproduzierbarkeit*.

Paul John Eakin, *Living Autobiographically : How We Create Identity in Narrative*, Cornell University Press, Ithaca/London, 2008.

Hilde Lindemann Nelson（ed.）, *Stories and Their Limits. Narrative Approaches to Bioethics*, Routledge, New York/London, 1997.

Dieter Thomä, *Erzähle dich selbst. Lebensgeschichte als philosophisches Problem*, Suhrkamp, Frankfurt a.M., 2007.

Weiß, Die Auflösung der menschlichen Natur, in : ders.（Hg.）, *Bios und Zoë. Die menschliche Natur im Zeitalter ihrer technischen Reproduzierbarkeit*.

Alice Wexler, *Mapping Fate : A Memoir of Family, Risk, and Genetic Research*, University of California Press, Berkeley/Los Angeles/London, 1996.

アリス・ウェクスラー『ウェクスラー家の選択：遺伝子診断と向きあった家族』武藤香織・額賀淑郎訳、新潮社、2003年。

ローレンツ・イェーガー『アドルノ－政治的伝記』大貫敦子・三島憲一訳、岩波書店、2007年。

ハック・グットマン「ルソーの『告白』 ── 自己のテクノロジー ── 」、ミシェル・フーコーほか、『自己のテクノロジー　フーコー・セミナーの記録』、田村俶・雲和子訳、岩波書店、1990年、所収。

エドワード・W・サイード『始まりの現象　意図と方法』山形和美・小林昌夫訳、法政大学出版局、1992年。

同『遠い場所の記憶 ── 自伝 ── 』中野真紀子訳、みすず書房、2003年。

同『権力、政治、文化（下）　エドワード・W・サイード発言集成』大橋洋一ほか

Nancy Fraser/Axel Honneth, *Umverteilung oder Anerkennung? Eine politisch-philosophische Kontroverse*, Suhrkamp, Frankfurt a.M., 2003.

Axel Honneth, Zwischen Hermeneutik und Hegelianismus. *John McDowell und die Herausforderung des moralischen Realismus*, in : ders., *Unsichtbarkeit. Stationen einer Theorie der Intersubjektivität*, Suhrkamp, Frankfurt a.M., 2003.

Ders., *Verdinglichung. Eine anerkennungstheoretische Studie*, Suhrkamp, Frankfurt a. M., 2005.

Ders., Anerkennung als Ideologie. Zum Zusammenhang von Moral und Macht, in : ders., *Das Ich im Wir. Studien zur Anerkennungstheorie*, Suhrkamp, Frankfurt a. M., 2010.

Ders., Organisierte Selbstverwirklichung. Paradoxien der Individualisierung, in : ders., *Das Ich im Wir.*

Ders., *Das Recht der Freiheit. Grundriß einer demokratischen Sittlichkeit*, Suhrkamp, Frankfurt a.M., 2011.

Rahel Jaeggi, Was ist eine（gute）Institution?, in : Rainer Forst（u.a., Hg.）, *Sozialphilosophie und Kritik*, Suhrkamp, Frankfurt a.M., 2009.

Christoph Menke, Das Nichtanerkennbare. Oder warum das moderne Recht keine »Sphäre der Anerkennung« ist, in : Forst（u.a., Hg.）, *Sozialphilosophie und Kritik*.

Hartmut Rosa, Von der stabilen Position zur dynamischen Performanz. Beschleunigung und Anerkennung in der Spätmoderne, in : Forst（u.a., Hg.）, *Sozialphilosophie und Kritik*.

アクセル・ホネット『自由であることの苦しみ ── ヘーゲル『法哲学』の再生』島崎隆ほか訳、未來社、2009年。

雨宮昭彦「労働の未来から市民参加の未来へ ── 現代ドイツにおける政策論争」、千葉大学『公共研究』第2巻第3号、2005年、所収。

ルイ・アルチュセール『再生産について（下） イデオロギーと国家のイデオロギー諸装置』西川長夫ほか訳、平凡社、2010年。

日暮雅夫『討議と承認の社会理論 ── ハーバーマスとホネット』勁草書房、2008年。

良訳、ダイヤモンド社、2001年。

日暮雅夫『討議と承認の社会理論 —— ハーバーマスとホネット』勁草書房、2008年。

広井良典『ケアを問いなおす —— 〈深層の時間〉と高齢化社会』筑摩書房、1997年。

同編著『「老人と子ども」統合ケア —— 新しい高齢者ケアの姿を求めて』中央法規出版、2000年。

同『持続可能な福祉社会 —— 「もうひとつの日本」の構想』筑摩書房、2006年。

同『生命の政治学 —— 福祉国家・エコロジー・生命倫理 —— 』岩波書店、2006年。

アンナ・ブラムウェル『エコロジー－起源とその展開』金子務監訳、河出書房新社、1992年。

吉永明弘「「環境倫理学」から「環境保全の公共哲学」へ —— アンドリュー・ライトの議論を導きの糸に」、千葉大学『公共研究』第5巻第2号、2008年、所収。

アラン・リピエッツ『政治的エコロジーとは何か —— フランス緑の党の政治思想 —— 』若森文子訳、緑風出版、2000年。

ビョルン・ロンボルグ『環境危機をあおってはいけない —— 地球環境のホントの実態』山形浩生訳、文藝春秋社、2003年。

第九章

Axel Honneth, Foucault und Adorno. Zwei Formen einer Kritik der Moderne, in : ders., *Die zerissene Welt des Sozialen. Sozialphilosophische Aufsätze*, Suhrkamp, Frankfurt a.M., 1990.
Ders., *Kampf um Anerkennung. Zur moralischen Grammatik sozialer Konflikte*, Suhrkamp, Frankfurt a.M., 1994.
Ders., Moralbewußtsein und soziale Klassenherrschaft. Einige Schwierigkeiten in der Analyse normativer Handlungspotenziale, in : ders., *Das Andere der Gerechtigkeit. Aufsätze zur praktischen Philosophie*, Suhrkamp, Frankfurt a.M., 2000.
Ders., Dezentrierte Autonomie. Moralphilosophische Konsequenzen aus der Subjektkritik, in : ders., *Das Andere der Gerechtigkeit.*
Ders., Posttraditionale Gemeinschaften. Ein konzeptueller Vorschlag, in : ders., *Das Andere der Gerechtigkeit.*

松田純『遺伝子技術の進展と人間の未来ードイツ生命環境倫理学に学ぶー』知泉書館、2005年。

ハンス・ヨナス「人体実験についての哲学的考察」、加藤尚武・飯田亘之編、『バイオエシックスの基礎ー欧米の「生命倫理」論』、東海大学出版会、1988年、所収。

第八章

Nancy Fraser/Axel Honneth, *Umverteilung oder Anerkennung? Eine politisch-philosophische Kontroverse*, Suhrkamp, Frankfurt a.M., 2003.
Axel Honneth, *Verdinglichung. Eine anerkennungstheoretische Studie*, Suhrkamp, Frankfurt a.M., 2005.
Jürgen Habermas, Auf dem Weg zu einer liberalen Eugenik? Der Streit um das ethische Selbstverständnis der Gattung, in : ders., *Die Zukunft der menschlichen Natur. Auf dem Weg zu einer liberalen Eugenik?*, Suhrkamp, Frankfurt a.M., 2005.
Ludwig Sieb, *Konkrete Ethik. Grundlagen der Natur- und Kulturethik*, Suhrkamp, Frankfurt a.M., 2004.
市野川容孝編『生命倫理学とは何か』平凡社、2002年。
井上美智子「幼児期の環境教育研究をめぐる背景と課題」、『環境教育』第19巻第１号、日本環境教育学会編、2009年、所収。
トーマス・エバーマン、ライナー・トランペルト『ラディカル・エコロジー』田村光彰ほか訳、社会評論社、1994年。
加藤尚武『環境倫理学のすすめ』丸善ライブラリー、2002年。
『平成20年版環境・循環型社会白書』、環境省。
ピーター・シンガー『グローバリゼーションの倫理学』山内友三郎・樫則章監訳、昭和堂、2005年。
竹門康弘・中西正己「環境としての「湖・川」」、高橋正立・石田紀郎編、『環境学を学ぶ人のために』、世界思想社、1993年、所収。
塚本正司『私たちは本当に自然が好きか』鹿島出版会、2007年。
ロデリック・Ｆ・ナッシュ『自然の権利 ── 環境倫理の文明史』松野弘訳、ＴＢＳブリタニカ、1993年。
イボンヌ・バスキン『生物多様性の意味　自然は生命をどう支えているのか』藤倉

水上英徳「批判的社会理論における承認論の課題ーハーバーマスとホネットー」、永井・日暮編著、『批判的社会理論の現在』、所収。
宮本慎也「承認とコミュニケーション」、『年報人間科学』第23号、大阪大学大学院人間科学研究科編、2002年、所収。

第七章

Friedlich Nietzsche, *Nietzsche Werke, Kritische Gesamtausgabe,* Giorgio Colli und Mazzino Montinari（Hg.）, Walter de Gruyter, Berlin/New York.

*

Dieter Birnbacher, *Bioethik zwischen Natur und Interesse*, Suhrkamp, Frankfurt a.M., 2006.
Volker Gerhardt, Geworden oder gemacht? Jürgen Habermas und die Gentechnologie, in : Matthias Kettner（Hg.）, *Biomedizin und Menschenwürde*, Suhrkamp, Frankfurt a.M., 2004.
Jürgen Habermas, Auf dem Weg zu einer liberalen Eugenik? Der Streit um das ethische Selbstverständnis der Gattung, in : ders., *Die Zukunft der menschlichen Natur. Auf dem Weg zu einer liberalen Eugenik?*, Suhrkamp, Frankfurt a.M., 2005.
Ders., Postscriptum（Jahreswende 2001/2002）, in : ders., *Die Zukunft der menschlichen Natur. Auf dem Weg zu einer liberalen Eugenik?*
Hans Jonas, *Das Prinzip Verantwortung. Versuch einer Ethik für die technologische Zivilisation*, Suhrkamp, Frankfurt a.M., 1988.
Andreas Kuhlmann, Zur Einleitung : Die bioethische Debatte in Deutschland, in : Birnbacher, *Bioethik zwischen Natur und Interesse.*
Ludwig Sieb, Moral und Gattungsethik, in : *Deutsche Zeitschrift für Philosophie, 50*（*2002*）*1*, Akademie.
伊佐智子「凍結保存精子を用いた死後生殖の法的及び倫理的検討」、『生命倫理』Vol.16 No. 1、日本生命倫理学会編、2006年、所収。
坂井律子『ルポルタージュ出生前診断』NHK出版、1999年。
品川哲彦「人間はいかなる意味で存続すべきかーヨナス、アーペル、ハーバマス」、『アルケー』No.13、関西哲学会編、2005年、所収。
保木本一郎『ヒトゲノム解析計画と法ー優生学からの決別』日本評論社、2003年。

Ders., *Die Zerrissene Welt des Sozialen. Sozialphilosophische Aufsätze*, Suhrkamp, Frankfurt a.M., 1990.

Ders., *Kampf um Anerkennung. Zur moralischen Grammatik sozialer Konflikte*, Suhrkamp, Frankfurt a.M., 1994.

Ders., *Das Andere der Gerechtigkeit. Aufsätze zur praktischen Philosophie*, Suhrkamp, Frankfurt a.M., 2000.

Ders., Kapriolen der Wirkungsgeschichte. Tendenzen einer Reaktualisierung Adornos, in : *Forschung Frankfurt 3-4*, Frankfurt a.M., 2003.

Ders., *Verdinglichung. Eine anerkennungstheoretische Studie*, Suhrkamp, Frankfurt a. M., 2005.

Christoph Menke, Tugend und Reflexion. Die »Antinomien der Moralphilosophie«, in : Axel Honneth（Hg.）, *Dialektik der Freiheit. Frankfurter Adorno-Konferenz 2003*, Suhrkamp, Frankfurt a.M., 2005.

Martin Morris, *Rethinking the Communicative Turn. Adorno, Habermas, and the Problem of Communicative Freedom*, State University of New York Press, 2001.

Lars Rensmann, Adorno at Ground Zero. Zur Vergegenwärtigung kritischer Theorie im Zeitalter postindustrieller Globalisierung, in : *Zeitschrift für kritische Theorie, Heft18-19*, zu Klampen, Lüneburg, 2004.

Silvia Specht, *Erinnerung als Veränderung. Über den Zusammenhang von Kunst und Politik bei Theodor W. Adorno*, Mäander, Mittenwald, 1981.

Christopher F. Zurn, Anerkennung, Umverteilung und Demokratie. Dilemmata in Honneths Kritischer Theorie der Gesellschaft, in : *Deutsche Zeitschrift für Philosophie, 53（2005）3*, Akademie.

岡崎晴輝『与えあいのデモクラシー ── ホネットからフロムへ』勁草書房、2004年。

加藤泰史「承認と排除－相互承認論の構造と限界」、入江幸男・霜田求編著、『コミュニケーション理論の射程』、ナカニシヤ出版、2000年、所収。

徳永恂「アドルノ対ハバーマス？」、同編、『フランクフルト学派再考』、弘文堂、1989年、所収。

永井彰・日暮雅夫編著『批判的社会理論の現在』晃洋書房、2003年。

日暮雅夫「承認論の現代的座標－ホネット社会理論の展開－」、『思想』2002年第3号、岩波書店、所収。

ジョージ・ハーバード・ミード『精神・自我・社会』河村望訳、人間の科学社、1995年。

neburg, 1995-2011.

ハンナ・アーレント『カント政治哲学講義録』ロナルド・ベイナー編、仲正昌樹訳、明月堂書房、2009年。

イマヌエル・カント『判断力批判（上）』牧野英二訳、カント全集８、岩波書店、1999年。

同『判断力批判（上）』篠田英雄訳、岩波書店、2002年。

同『カント全集21　書簡Ⅰ』北尾宏之・竹山重光・望月俊孝訳、岩波書店、2003年。

ジャック・デリダ『絵画における真理（上）』高橋允昭・安部宏慈訳、法政大学出版局、1997年。

同『エコノミメーシス』湯浅博雄・小森謙一郎訳、未來社、2006年。

ミシェル・トゥギーほか『崇高とは何か』梅木達郎訳、法政大学出版局、2011年。

ポール・ド・マン『美学イデオロギー』上野成利訳、平凡社、2005年。

ユルゲン・ハーバーマス『近代の哲学的ディスクルスⅠ』三島憲一・轡田収・木前利秋・大貫敦子訳、岩波書店、1990年。

リュディガー・ブプナー『美的経験』竹田純郎監訳、法政大学出版局、2009年。

細見和之「アドルノのカント論 ── あるいはメタクリティークのクリティーク」、現代思想３月臨時増刊号、特集：カント、青土社、1994年、所収。

三原弟平『カフカ・エッセイ』平凡社、1990年。

シュテファン・ミュラー＝ドーム『アドルノ伝』徳永恂監訳、作品社、2007年。

吉田眸「カフカのオデュッセウスの塞がれた耳」、『京都産業大学論集』人文科学系列第31号、2004年、所収。

ジャン＝フランソワ・リオタール『非人間的なもの　時間についての講話』篠原資明・上村博・平芳幸浩訳、法政大学出版局、2002年。

第六章

Jürgen Habermas, *Theorie des kommunikativen Handelns, Bd.I*, Suhrkamp, Frankfurt a.M., 1985.
Axel Honneth, *Kritik der Macht. Reflektionsstufen einer kritischen Gesellschaftstheorie*, Suhrkamp, Frankfurt a.M., 1985.
Ders., *Kritik der Macht. Reflektionsstufen einer kritischen Gesellschaftstheorie. Mit einem Nachwort zur Taschenbuchausgabe*, Suhrkamp, Frankfurt a.M., 1989.

入谷秀一『ハイデガー　ポスト形而上学の時代の時間論』大阪大学出版会、2008年。

第五章

J. M. Bernstein, Why Rescue Semblance? Metaphysical Experience and the Possibility of Ethics, in : Tom Huhn and Lambert Zuidervaart (ed.), *The Semblance of Subjectivity. Essays in Adorno's Aesthetic Theory*, The MIT Press, Cambridge, Massachusetts/London,England, 1997.

Carl Braun, *Kritische Theorie vesus Kritizismus : Zur Kant-Kritik Theodor W. Adornos*, Walter de Gruyter, Berlin/New York, 1983.

Alex Demirović, *Der nonkonformistische Intellektuelle. Die Entwicklung der Kritischen Theorie zur Frankfurter Schule*, Suhrkamp, Frankurt a.M., 1999.

Ludwig von Friedeburg und Jürgen Habermas (Hg.), *Adorno-Konferenz 1983*, Suhrkamp, Frankfurt a.M., 1983.

Christina Gerhardt, The Ethics of Animals in Adorno and Kafka, in : *New German Critique Nr.97*, Duke University Press, 2006.

Axel Honneth (Hg.), *Dialektik der Freiheit. Frankfurter Adorno-Konferenz 2003*, Suhrkamp, Frankfurt a.M., 2005.

Tom Huhn, Kant, Adorno, and the Social Opacity of the Aesthetic, in : Huhn and Zuidervaart (ed.), *The Semblance of Subjectivity. Essays in Adorno's Aesthetic Theory*.

Franz Kafka, *Die Erzählungen*, Roger Hermes (Hg.), Fischer, Frankfurt a.M., 2003.

Immanuel Kant, *Kritik der praktischen Vernunft*, Horst D. Brandt und Heiner F. Klemme (Hg.), Meiner, Hamburg, 2003.

Ders., *Kritik der Urteilskraft*, Heiner F. Klemme (Hg.), Meiner, Hamburg, 2009.

Burkhardt Lindner und W. Martin Lüdke (Hg.), *Materialien zur ästhetischen Theorie. Theodor W. Adornos Konstruktion der Moderne*, Suhrkamp, Frankfurt a.M., 1980.

Alastair Morgan, *Adorno's Concept of Life*, Continuum, London/New York, 2007.

Shierry Weber Nicholsen, *Exact Imagination, Late Work : On Adorno's Aesthetics*, The MIT Press, Cambridge,Massachusetts/London,England, 1999.

Gerhard Schweppenhäuser (Hg.), *Zeitschrift für kritische Theorie*, zu Klampen, Lü-

Bern/New York/Paris, 1989.
仲正昌樹「複製技術時代における脱物象化の可能性――〈ミメーシス〉をめぐるベンヤミンとアドルノの差異」、情況1・2月合併号、特集：フランクフルト学派と批判理論の可能性、1999年、情況出版、所収。

第四章

Alex Demirović, *Der nonkonformistische Intellektuelle. Die Entwicklung der Kritischen Theorie zur Frankfurter Schule*, Suhrkamp, Frankurt a.M., 1999.

Martin Heidegger, *Unterwegs zur Sprache, Gesamtausgabe, Bd.12*, Friedrich-Wilhelm von Herrmann（Hg.）, Vittorio Klostermann, Frankfurt a.M., 1985.

Ders., *Sein und Zeit*, Max Niemeyer, Tübingen, 2001.

Rahel Jaeggi, »Kein Einzelner vermag etwas dagegen«. Adornos *Minima Moralia* als Kritik von Lebensformen, in : Axel Honneth（Hg.）, *Dialektik der Freiheit. Frankfurter Adorno-Konferenz 2003*, Suhrkamp, Frankfurt a.M., 2005.

井上純一「拒否されたアイデンティティ－「ハルプユーデ」としてのアドルノ－」、『立命館国際研究』18巻３号、立命館大学国際関係学会編、2006年、所収。

『キルケゴールの講話・遺稿集８』飯島宗享編、大谷愛人・北田勝巳訳、新地書房、1980年。

ピエール・グロード、ジャン＝フランソワ・ルエット『エッセイとは何か』下澤和義訳、法政大学出版局、2003年。

エドワード・W・サイード『知識人とは何か』大橋洋一訳、平凡社、1995年。

同『遠い場所の記憶 ― 自伝 ― 』中野真紀子訳、みすず書房、2003年。

同『故郷喪失についての省察　１』大橋洋一ほか訳、みすず書房、2006年。

同『晩年のスタイル』大橋洋一訳、岩波書店、2007年。

同『権力、政治、文化（下）　エドワード・W・サイード発言集成』大橋洋一ほか訳、太田出版、2007年。

フレドリック・ジェイムスン『弁証法的批評の冒険　マルクス主義と形式』荒川幾男・今村仁司・飯田年穂訳、晶文社、1980年。

ジャック・デリダ『精神について：ハイデッガーと問い』港道隆訳、人文書院、1990年。

同『アポリア　死す ― 「真理の諸限界」を［で／相］待-機する』港道隆訳、人文書院、2000年。

Mythos und Moderne, Suhrkamp, Frankfurt a.M, 1983.
Ders., Auf dem Weg zu einer liberalen Eugenik? Der Streit um das ethische Selbstverständnis der Gattung, in : ders., *Die Zukunft der menschlichen Natur. Auf dem Weg zu einer liberalen Eugenik?*, Suhrkamp, Frankfurt a.M., 2005.
Axel Honneth, *Das Andere der Gerechtigkeit. Aufsätze zur praktischen Philosophie*, Suhrkamp, Frankfurt a.M., 2000.
Fredric Jameson, *Late Marxism : Adorno or the Persistence of the Dialectic*, Verso, London/New York, 2007.
W. Martin Lüdke, *Anmerkungen zu einer »Logik des Zerfalls« : Adorno-Beckett*, Suhrkamp, Frankfurt a.M., 1981.
Martin Jay, *Dialektische Phantasie. Die Geschichte der Frankfurter Schule und des Instituts für Sozialforschung 1923-1950*, Fischer, Frankfurt a.M., 1976.
Bernhard Lypp, Das Negative und die ästhetische Indifferenz. Abschließende Bemerkungen zu Adorno, in : Hartmut Schröter (Hg.), *Parabel. Technik und Kunst. Heidegger : Adorno*, Münster, 1988.
Martin Morris, *Rethinking the Communicative Turn. Adorno, Habermas, and the Problem of Communicative Freedom*, State University of New York Press, 2001.
Ulrich Müller, *Erkenntniskritik und Negative Metaphysik bei Adorno. Eine Philosophie der dritten Reflektiertheit*, Athenäum, Frankfurt a.M., 1988.
Sighard Neckel, Die Verwilderung der Selbstbehauptung. Adornos Soziologie : Veralten der Theorie — Erneuerung der Zeitdiagnose, in : Axel Honneth (Hg.), *Dialektik der Freiheit. Frankfurter Adorno-Konferenz 2003*, Suhrkamp, Frankfurt a.M., 2005.
Hartmut Scheible, Geschichte im Stillstand. Zur Ästhetischen Theorie Theodor W. Adornos, in : Heinz Ludwig Arnord (Hg.), *Theodor W. Adorno*, München, 1977.
Ders., *Theodor W. Adorno*, Rowohlt, Hamburg, 2003.
Silvia Specht, *Erinnerung als Veränderung. Über den Zusammenhang von Kunst und Politik bei Theodor W. Adorno*, Mäander, Mittenwald, 1981.
Anke Thyen, *Negative Dialektik und Erfahrung. Zur Rationalität des Nichtidentischen bei Adorno*, Suhrkamp, Frankfurt a.M., 1989.
Albrecht Wellmer, *Zur Dialektik von Moderne und Postmoderne. Vernunftkritik nach Adorno*, Suhrkamp, Frankfurt a.M., 1993.
Norbert Zimmermann, *Der ästhetische Augenblick. Theodor W. Adornos Theorie der Zeitstruktur von Kunst und ästhetischer Erfahrung*, Peter Lang, Frankfurt a.M./

ロドルフ・ガシェ「『この人を見よ』あるいは書かれた身体」、『現代思想』11月臨時増刊号、特集：ニーチェの思想、青土社、1998年、所収。

サラ・コフマン『ニーチェとメタファー』宇田川博訳、朝日出版社、1986年。

マーティン・ジェイ『弁証法的想像力』荒川幾男訳、みすず書房、2004年。

ジル・ドゥルーズ『ニーチェと哲学』足立和浩訳、国文社、1974年。

ジャック・デリダ、ジル・ドゥルーズ、ジャン＝フランソワ・リオタール、ピエール・クロソウスキー『ニーチェは、今日？』林好雄・本間邦雄・森本和夫訳、筑摩書房、2002年。

西尾幹二『ニーチェ　第一部』中央公論社、1977年。

林湛秀「ニーチェの『悲劇の誕生』－「合唱隊」の解釈をめぐって－」、『クヴェレ』第50号、大阪大学言語文化部編、1997年、所収。

ヴォルフガング・ミュラー＝ラウター『ニーチェ論攷』新田章訳、理想社、1999年。

フィリップ・ラクー＝ラバルト『近代人の模倣』大西雅一郎訳、みすず書房、2003年。

渡辺護『リヒャルト・ワーグナーの芸術』音楽之友社、1987年。

第三章

Jan Baars, Kritik als Anamnese : Die Komposition der *Dialektik der Aufklärung*, in : Harry Kunneman und Hent de Vries (Hg.), *Die Aktualität der Dialektik der Aufklärung. Zwischen Moderne und Postmoderne*, Campus, Frankfurt a.M./New York, 1989.
Norbert W. Bolz, *Geschichtsphilosophie des Ästhetischen. Hermeneutische Rekonstruktion der „Noten zur Literatur" Th. W. Adornos*, Gerstenberg, Hildesheim, 1979.
Karsten Fischer, *„Verwilderte Selbsterhaltung". Zivilisationstheoretische Kulturkritik bei Nietzsche, Freud, Weber und Adorno*, Akademie Verlag, Berlin, 1999.
Carl-Friedrich Geyer, *Aporien des Metaphysik- und Geschichtsbegriffs der Kritischen Theorie*, Wissenschaftliche Buchgesellschaft, Darmstadt, 1980.
Jürgen Habermas, *Theorie des kommunikativen Handelns, Bd.I*, Suhrkamp, Frankfurt a.M., 1981.
Ders., Die Verschlingung von Mythos und Aufklärung. Bemerkungen zur *Dialektik der Aufklärung* - nach einer erneuten Lekture, in : Karl Heinz Bohrer (Hg.),

徳永恂編『フランクフルト学派再考』弘文堂、1989年。

三宅幸夫「《トリスタン》前奏曲における高揚と持続の技法」、『年刊ワーグナー 1984』、日本ワーグナー協会編、音楽之友社、1984年、所収。

フィリップ・ラクー＝ラバルト『虚構の音楽 —— ワーグナーのフィギュール』谷口博史訳、未來社、1996年。

第二章

Friedlich Nietzsche, *Nietzsche Werke, Kritische Gesamtausgabe*, Giorgio Colli und Mazzino Montinari（Hg.）, Walter de Gruyter, Berlin/New York.

＊

Karin Bauer, *Adorno's Nietzschean Narratives : Critiques of Ideology, Readings of Wagner*, State University of New York Press, 1999.

Ruben Berrios, Nietzsche's Vitalistic Aestheticism, in : *Nietzsche-Studien, Bd.32*, Walter de Gruyter, Berlin/New York, 2003.

Josef Früchtl, Radikalität und Konsequenz in der Wahrheitstheorie. Nietzsche als Herausforderung für Adorno und Habermas, in : *Nietzsche-Studien, Bd.19*, Walter de Gruyter, Berlin/New York, 1990.

Max Horkheimer（Hg.）, *Zeitschrift für Sozialforschung, Jahrgang6/1937*, Deutscher Taschenbuch Verlag, München, 1980.

Lothar Jordan, Nietzsche : Dekonstruktionist oder Konstruktivist?, in : *Nietzsche-Studien, Bd.23*, Walter de Gruyter, Berlin/New York, 1994.

Karl Löwith, *Von Hegel zu Nietzsche, Sämtliche Schriften, Bd.4*, Metzler, Stuttgart, 1988.

Thomas Mann, Nietzsche's Philosophie im Lichte unserer Erfahrung, in : ders., *Leiden und Größe der Meister*, Fischer, Frankfurt a.M., 1982.

Reinhart Maurer, Nietzsche und die Kritische Theorie, in : *Nietzsche-Studien, Bd.10/11*, Walter de Gruyter, Berlin/New York, 1981/1982.

Peter Pütz, Nietzsche im Lichte der Kritischen Theorie, in : *Nietzsche-Studien, Bd.3*, Walter de Gruyter, Berlin/New York, 1974.

Norbert Rath, Zur Nietzsche-Rezeption Horkheimers und Adornos, in : Willem van Reijen und Gunzelin Schmid Noerr（Hg.）, *Vierzig Jahre Flaschenpost : ›Dialektik der Aufklärung‹ 1947-1987*, Fischer, Frankfurt a.M., 1987.

Mazzino Montinari (Hg.), Walter de Gruyter, Berlin/New York.

*

Jürgen Habermas, Eine Generation von Adorno getrennt, in : Josef Früchtl und Maria Calloni (Hg.), *Geist gegen den Zeitgeist. Erinnern an Adorno*, Suhrkamp, Frankfurt a.M., 1991.

Richard Klein, *Solidarität mit Metaphysik? : Ein Versuch über die musikphilosophische Problematik der Wagner-Kritik Theodor W. Adornos*, Königshausen & Neumann, Würzburg, 1991.

Hartmut Scheible, *Theodor W. Adorno*, Rowohlt, Hamburg, 2003.

Alfred Schmidt, Materialismus als nachmetaphysisches und metaphysisches Denken, in : Früchtl und Calloni (Hg.), *Geist gegen den Zeitgeist. Erinnern an Adorno*.

Albrecht Wellmer, *Zur Dialektik von Moderne und Postmoderne : Vernunftkritik nach Adorno*, Suhrkamp, Frankfurt a.M., 1985.

Ders., Über Negativität und Autonomie der Kunst. Die Aktualität von Adornos Ästhetik und blinde Flecken seiner Musikphilosophie, in : Axel Honneth (Hg.), *Dialektik der Freiheit. Frankfurter Adorno-Konferenz 2003*, Suhrkamp, Frankfurt a.M., 2005.

Slavoj Žižek, Foreword : Why is Wagner Worth Saving?, in : Theodor Adorno, *In Search of Wagner*, Rodney Livingstone (transl.), Verso, London/New York, 2005.

テリー・イーグルトン『美のイデオロギー』鈴木聡・藤巻明・新井潤美・後藤和彦訳、紀伊國屋書店、1998年。

クラウス・クライマイアー『ウーファー物語ーある映画コンツェルンの歴史ー』平田達治ほか訳、鳥影社、2005年。

エドワード・W・サイード『音楽のエラボレーション』大橋洋一訳、みすず書房、2006年。

マーティン・ジェイ『永遠の亡命者たちー知識人の移住と思想の運命』今村仁司・藤澤賢一郎・竹村喜一郎・笹田直人訳、新曜社、1989年。

高橋順一『響きと思考のあいだ —— リヒャルト・ヴァーグナーと十九世紀近代』青弓社、1996年。

龍村あや子「T・W・アドルノの『ワーグナー試論』 ——「ファンタスマゴリー」と「神話」をめぐって」、『年刊ワーグナー・フォーラム2006』、日本ワーグナー協会編、東海大学出版会、2006年、所収。

和・前田良三・杉橋陽一訳、みすず書房、2009年。
『ベートーヴェン　音楽の哲学』大久保健治訳、作品社、2010年。
『ヴァーグナー試論』高橋順一訳、作品社、2012年。
『ゾチオロギカ ── フランクフルト学派の社会学論集』三光長治・市村仁・藤野寛訳、平凡社、2012年。
Dialectic of Enlightment. Philosophical Fragments, Edmund Jephcott（transl.）, Stanford University Press, California, 2002.
In Search of Wagner, Rodney Livingstone（transl.）, Verso, London/New York, 2005.
Minima Moralia, Edmund Jephcott（transl.）, Verso, London/New York, 2005.
Aesthetic Theory, Robert Hullot-Kentor（transl.）, University of Minnesota Press, Minneapolis, 2008.

序章

Franz Kafka, *Die Erzählungen*, Roger Hermes（Hg.）, Fischer, Frankfurt a.M., 2003.
Konrad Paul Liessmann, Zum Begriff der Distanz in der »Ästhetischen Theorie«, in : Gerhard Schweppenhäuser und Mirko Wischke（Hg.）, *Impuls und Negativität : Ethik und Ästhetik bei Adorno*, Argument, Hamburg/Berlin, 1995.
Shierry Weber Nicholsen, *Exact Imagination, Late Work : On Adorno's Aesthetics*, The MIT Press, Cambridge, Massachusetts/London, England, 1999.
テリー・イーグルトン『美のイデオロギー』鈴木聡・藤巻明・新井潤美・後藤和彦訳、紀伊國屋書店、1998年。
ユルゲン・ハーバーマス『哲学的・政治的プロフィール　上』小牧治・村上隆夫訳、未來社、1984年。
ハインツ・ヒルマン「気になる子供オドラデク」、城山良彦・川村二郎編、『カフカ論集』、国文社、1975年、所収。
三光長治『晩年の思想　アドルノ、ワーグナー、鏡花など』法政大学出版局、2004年。
三原弟平『思想家たちの友情ーアドルノとベンヤミン』白水社、2000年。

第一章

Friedlich Nietzsche, *Nietzsche Werke, Kritische Gesamtausgabe*, Giorgio Colli und

NSⅣ-10 : Theodor W. Adorno, *Probleme der Moralphilosophie*（*1963*）, Thomas Schröder（Hg.）, *Nachgelassene Schriften Abt.IV : Vorlesungen, Bd.10*, Theodor W. Adorno Archiv（Hg.）, Suhrkamp, Frankfurt a.M., 2010.

BB1 : *Theodor W. Adorno Walter Benjamin Briefwechsel 1928-1940*, Henri Lonitz（Hg.）, *Theodor W. Adorno Briefe und Briefwechsel, Bd.1*, Theodor W. Adorno Archiv（Hg.）, Suhrkamp, Frankfurt a.M., 1994.

Tp : Theodor W. Adorno, *Traumprotokolle*, Christoph Gödde und Henri Lonitz（Hg.）, Suhrkamp, Frankfurt. a.M., 2005.

アドルノ全集・遺稿集・書簡集（邦訳・英訳）

『新音楽の哲学』渡辺健訳、音楽之友社、1973年。

『楽興の時』三光長治・川村二郎訳、白水社、1979年。

『アドルノ＝クシェネク往復書簡』深田甫訳、みすず書房、1988年。

『本来性という隠語 ── ドイツ的なイデオロギーについて』笠原賢介訳、未來社、1993年。

『プリズメン ── 文化批判と社会』渡辺祐邦・三原弟平訳、筑摩書房、1996年。

『ベンヤミン／アドルノ往復書簡　1928-1940』ヘンリ・ローニツ編、野村修訳、晶文社、1996年。

『キルケゴール　美的なものの構築』山本泰生訳、みすず書房、1998年。

『アルバン・ベルク ── 極微なる移行の巨匠』平野嘉彦訳、法政大学出版局、1999年。

『不協和音 ── 管理社会における音楽』三光長治・高辻知義訳、平凡社、2002年。

『マーラー　音楽観相学』龍村あや子訳、法政大学出版局、2005年。

『道徳哲学講義』船戸満之訳、作品社、2006年。

『啓蒙の弁証法 ── 哲学的断想 ── 』徳永恂訳、岩波書店、2007年。

『否定弁証法』木田元・徳永恂・渡辺祐邦・三島憲一・須田朗・宮武昭訳、作品社、2007年。

『美の理論』大久保健治訳、河出書房新社、2007年。

『ミニマ・モラリア ── 傷ついた生活裡の省察』三光長治訳、法政大学出版局、2009年。

『アドルノ　文学ノート１』三光長治・恒川隆男・前田良三・池田信雄・杉橋陽一訳、みすず書房、2009年。

『アドルノ　文学ノート２』三光長治・高木昌史・圓子修平・恒川隆男・竹峰義

Philosophie der neuen Musik, in : GS12
Versuch über Wagner, in : GS13
Mahler. Eine musikalische Physiognomie, in : GS13
Selbstanzeige des Essaybuches »Versuch über Wagner«, in : GS13
Über den Fetischcharakter in der Musik und die Regression des Hörens, in : GS14
Kritik des Musikanten, in : GS14
Fragment über Musik und Sprache, in : GS16
Wagners Aktualität, in : GS16
Form in der neuen Musik, in : GS16
Musik, Sprache und ihr Verhältnis im gegenwärtigen Komponieren, in : GS16
Spätstil Beethovens, in : GS17
Schubert, in : GS17
Zur Partitur des ›Parsifal‹, in : GS17
Nachtmusik, in : GS17
Über Jazz, in : GS17
Notiz über Wagner, in : GS18
Wagner und Bayreuth, in : GS18
Situation des Liedes, in : GS18
Chormusik und falsches Bewußtsein, in : GS18

アドルノ遺稿集・書簡集

NS Ⅰ-1 : Theodor W. Adorno, *Beethoven : Philosophie der Musik*, Rolf Tiedemann (Hg.), *Nachgelassene Schriften Abt.I : Fragment gebliebene Schriften, Bd.1*, Theodor W. Adorno Archiv (Hg.), Suhrkamp, Frankfurt a.M., 1994.

NS Ⅰ-2 : Theodor W. Adorno, *Zu einer Theorie der musikalischen Reproduktion*, Henri Lonitz (Hg.), *Nachgelassene Schriften Abt.I : Fragment gebliebene Schriften, Bd.2*, Theodor W. Adorno Archiv (Hg.), Suhrkamp, Frankfurt a.M., 2005.

NSⅣ-3 : Theodor W. Adorno, *Ästhetik* (*1958/9*), Eberhard Ortland (Hg.), *Nachgelassene Schriften Abt.IV : Vorlesungen, Bd.3*, Theodor W. Adorno Archiv (Hg.), Suhrkamp, Frankfurt a.M., 2009.

NSⅣ-4 : Theodor W. Adorno, *Kants »Kritik der reinen Vernunft«* (*1959*), Rolf Tiedemann (Hg.), *Nachgelassene Schriften Abt.IV : Vorlesungen, Bd.4*, Theodor W. Adorno Archiv (Hg.), Suhrkamp, Frankfurt a.M., 1995.

参照文献一覧

本書で引用、言及した文献を章ごとに示した。そのため一部重複して収録されているものもある。

アドルノ全集

GS: Theodor W. Adorno, *Gesammelte Schriften Bd.1-20*, Hg. von Rolf Tiedemann unter Mitwirkung von Gretel Adorno, Susan Buck-Morss und Klaus Schultz, Suhrkamp, Frankfurt a.M., 1970-86.

Der Begriff des Unbewußten in der transzendentalen Seelenlehre, in : GS1
Die Aktualität der Philosophie, in : GS1
Die Idee der Naturgeschichte, in : GS1
Thesen über die Sprache des Philosophen, in : GS1
Kierkegaard. Konstruktion des Ästhetischen, in : GS2
Dialektik der Aufklärung, in : GS3
Minima Moralia. Reflexionen aus dem beschädigten Leben, in : GS4
Negative Dialektik, in : GS6
Jargon der Eigentlichkeit. Zur deutschen Ideologie, in : GS6
Ästhetische Theorie, in : GS7
Theorie der Halbbildung, in : GS8
Aufzeichnungen zu Kafka, in : GS10
Auf die Frage : Was ist deutsch, in : GS10
Wissenschaftliche Erfahrung in Amerika, in : GS10
Der Essay als Form, in : GS11
Standort des Erzählers im zeitgenössischen Roman, in : GS11
Der Artist als Statthalter, in : GS11
Bibliographische Grillen, in : GS11
Der wunderliche Realist. Über Siegfried Kracauer, in : GS11
Engagement, in : GS11
Parataxis. Zur späten Lyrik Hölderlins, in : GS11
Einleitung zu Benjamins ›Schriften‹, in : GS11
Benjamin der Briefschreiber, in : GS11

ま行

や行

ら行

は行

さ行

た行

な行

人名索引

本索引には、アドルノ以外で本論・注において言及した主要な人名を収録した。

入谷　秀一（にゅうや　しゅういち）
1975年岡山県生まれ。文学博士。大阪大学大学院文学研究科、フランクフルト大学哲学部を経て、現在大阪大学大学院文学研究科の任期付き助教（2013年退任予定）。専門は哲学、ドイツ思想史。

主な業績：
『ハイデガー　ポスト形而上学の時代の時間論』（大阪大学出版会、2008年）、『グローバル・エシックス』（共著、ミネルヴァ書房、2009年）、『新しい時代をひらく　教養と社会』（共著、角川学芸出版、2011年）、『生命と倫理の原理論――バイオサイエンスの時代における人間の未来――』（共著、大阪大学出版会、2012年）、他。

かたちある生
――アドルノと批判理論のビオ・グラフィー――

2013年3月29日　初版第1刷発行　　［検印廃止］

著　者　入谷秀一

発行所　大阪大学出版会
代表者　三成賢次

〒565-0871　大阪府吹田市山田丘2-7
大阪大学ウエストフロント
TEL 06-6877-1614（直通）
FAX 06-6877-1617
URL : http://www.osaka-up.or.jp

印刷・製本　亜細亜印刷株式会社

ISBN 978-4-87259-419-5 C3010